沥青老化机理与再生技术

何兆益　著

科学出版社
北　京

内容简介

本书对沥青老化机理及沥青路面再生技术进行全面、系统、深入的介绍和论述，主要内容为：沥青路面再生方法及特点、沥青老化特征与再生机理、环保型高性能再生剂的研发及环境影响与评价、再生剂对老化沥青性能的影响、大掺量厂拌热再生沥青混合料配合比设计方法、大掺量厂拌热再生沥青混合料路用性能及疲劳特性、大掺量厂拌热再生沥青混合料施工工艺及工程应用示范。

本书可为沥青路面再生技术的研究和推广应用提供重要的理论依据及工程应用借鉴，同时本书可供道路工程专业相关设计、研究人员以及高等院校相关专业教师、高年级本科生、研究生参考、学习。

图书在版编目(CIP)数据

沥青老化机理与再生技术 / 何兆益著. — 北京：科学出版社，2021.3

ISBN 978-7-03-061894-8

Ⅰ.①沥…　Ⅱ.①何…　Ⅲ.①沥青路面–再生路面–路面施工　Ⅳ.①U416.217

中国版本图书馆 CIP 数据核字（2019）第 147842 号

责任编辑：冯　铂　肖慧敏 / 责任校对：彭　映

责任印制：罗　科 / 封面设计：墨创文化

科学出版社 出版

北京东黄城根北街16号

邮政编码：100717

http://www.sciencep.com

成都锦瑞印刷有限责任公司印刷

科学出版社发行　各地新华书店经销

*

2021 年 3 月第　一　版　　开本：787×1092　1/16

2021 年 3 月第一次印刷　　印张：16 1/4

字数：390 000

定价：148.00 元

前　　言

沥青路面在长期使用中面临老化和破损的问题，需要后期维修以保持性能，在此过程中，大量废旧沥青混合料因铣刨后未被利用而废弃，既浪费资源又对生态环境造成严重污染。因此实现废旧沥青路面材料的再生利用对于环境保护、资源有效利用与节约、推进交通建设可持续发展具有重要的理论意义以及显著的经济社会与环境效益。

本书依托的国家自然科学基金面上项目“热、光、水耦合条件下 SBS 改性沥青老化机理研究及高性能再生剂开发”(51278513)、重庆市科技攻关项目“大掺量废旧沥青混合料厂拌热再生关键技术及应用”等科技项目对沥青路面厂拌热再生技术展开了全面、系统、深入的研究，取得了包括发明专利、学术论文、地方技术标准在内的一系列创新性成果，作者汇集这些成果著为此书，旨在为沥青路面厂拌热再生技术的研究和推广应用奠定坚实的理论与应用基础。

作者团队在综述沥青路面老化研究及沥青路面再生方法的基础上，自主研发热、光、水耦合加速老化试验箱，借助耦合老化试验装置，通过沥青基本性能指标、动态剪切流变试验(DSR)、弯曲梁流变试验(BBR)、美国公路战略研究计划(SHRP)等沥青宏观性能及组分分析和傅里叶变换红外光谱(FTIR)、凝胶渗透色谱(GPC)和核磁共振氢谱(^{1}H-NMR)等微观试验手段，分别对基质沥青、苯乙烯-丁二烯-苯乙烯嵌段共聚物(SBS)改性沥青耦合老化行为规律进行系统深入研究，建立了物理性能、流变特性等非线性耦合老化速率预测微分方程和芳香度等微观结构老化动力学方程，揭示了沥青耦合老化机理，并在此基础上首次提出了沥青界面活性理论的再生机理。

基于界面活性理论，针对基质沥青和 SBS 改性沥青，作者团队自主研发了环保型、高性能 RA-2 型基质沥青再生剂和 ZZ 型改性沥青再生剂，首次深入开展再生剂有害成分及环境影响评价研究，系统提出再生剂技术指标及环境评价指标。通过宏观性能与傅里叶变换红外光谱、差示扫描量热法(DSC)等微观研究手段，分析了热氧、紫外光老化前后再生沥青性能的变化规律，证实再生剂对老化沥青的改善机理和效果，并在此基础上提出了再生沥青技术标准建议。

基于不同废旧沥青混合料(RAP)掺量，作者团队还系统研究并提出了大掺量厂拌热再生沥青混合料配合比设计方法，对大掺量厂拌热再生沥青混合料的路用性能、疲劳特性等进行了研究和验证。通过厂拌热再生工程的规模化应用示范，对现场拌和、摊铺、碾压等施工工艺进行研究，提出了大掺量厂拌热再生沥青混合料路面施工质量控制方法，为厂拌热再生技术的推广应用提供了重要参考。

感谢冉龙飞博士以及张瑜、曹青霞、刘丽、张杰文、王玉杰、柴子钦、俞志龙、董玲云等硕士为本书所做的研究工作和提供的大量数据；感谢陈龙、姚启文、杨德胜、何森等硕士参与书稿的校对、编排工作；最后衷心感谢科学出版社的同志为本书的审校、编辑、出版所付出的辛勤努力。

目　　录

第 1 章　绪论 ······ 1
1.1　沥青路面再生技术背景和意义 ······ 1
1.2　沥青路面再生方法及特点 ······ 2
1.2.1　就地冷再生 ······ 2
1.2.2　就地热再生 ······ 3
1.2.3　厂拌冷再生 ······ 3
1.2.4　厂拌热再生 ······ 3
1.3　国内外技术概况 ······ 4
1.3.1　国外技术概况 ······ 4
1.3.2　国内技术概况 ······ 6
1.4　主要技术内容 ······ 7
第 2 章　沥青老化与再生机理 ······ 9
2.1　室内加速耦合老化试验装置的开发 ······ 9
2.2　耦合老化条件的确定 ······ 15
2.3　基质沥青老化特征与机理研究 ······ 20
2.4　SBS 改性沥青老化特征与机理研究 ······ 29
2.4.1　SBS 改性沥青耦合老化宏观性能研究 ······ 29
2.4.2　SBS 改性沥青耦合老化微观结构研究 ······ 39
2.4.3　SBS 改性沥青耦合老化机理 ······ 52
2.5　沥青再生理论 ······ 55
2.6　本章总结 ······ 59
第 3 章　环保型高性能再生剂的研发 ······ 61
3.1　再生剂的主要作用 ······ 61
3.2　基质沥青高性能再生剂研发 ······ 62
3.2.1　原材料选择 ······ 62
3.2.2　再生剂配方确定 ······ 65
3.2.3　再生剂性能对比研究 ······ 68
3.2.4　再生剂性能技术标准 ······ 71
3.2.5　再生剂制备工艺 ······ 74
3.3　SBS 改性沥青高性能再生剂研发 ······ 75
3.3.1　原材料选择 ······ 75

3.3.2 再生剂配方确定 …… 78
3.3.3 再生剂性能对比研究 …… 84
3.3.4 再生剂性能技术标准 …… 94
3.3.5 再生剂制备工艺 …… 96
3.4 再生剂环境影响与评价 …… 97
3.4.1 基质沥青再生剂的环境影响与评价 …… 97
3.4.2 SBS 改性沥青再生剂的环境影响与评价 …… 107
3.5 本章总结 …… 111
第 4 章 再生剂对老化沥青性能的影响 …… 114
4.1 再生剂对老化基质沥青性能的影响 …… 114
4.1.1 老化沥青与再生沥青的制备 …… 114
4.1.2 再生剂对老化沥青物理力学性能的影响 …… 115
4.1.3 再生剂对老化沥青感温性能的影响 …… 125
4.1.4 再生剂对老化沥青耐久性能的影响 …… 129
4.1.5 再生剂对老化沥青化学组分的影响 …… 131
4.2 再生剂对老化 SBS 改性沥青性能的影响 …… 135
4.2.1 再生 SBS 改性沥青常规性能 …… 135
4.2.2 再生 SBS 改性沥青 SHRP 指标 …… 136
4.2.3 再生 SBS 改性沥青红外光谱分析 …… 142
4.2.4 再生 SBS 改性沥青 DSC 分析 …… 145
4.2.5 再生 SBS 改性沥青抗热氧老化性能 …… 146
4.2.6 再生 SBS 改性沥青抗紫外光氧老化性能 …… 149
4.2.7 再生 SBS 改性沥青化学组分分析 …… 152
4.3 厂拌热再生沥青技术要求 …… 154
4.4 本章总结 …… 155
第 5 章 大掺量厂拌热再生沥青混合料配合比设计方法 …… 158
5.1 再生沥青混合料配合比设计理论依据 …… 158
5.2 再生基质沥青混合料配合比设计 …… 158
5.2.1 试验材料 …… 159
5.2.2 再生基质沥青混合料级配设计 …… 160
5.2.3 确定最佳沥青用量 …… 165
5.2.4 不同 RAP 掺量对再生基质沥青混合料配合比设计的影响 …… 169
5.3 再生 SBS 改性沥青混合料配合比设计 …… 173
5.3.1 试验材料 …… 173
5.3.2 再生 SBS 改性沥青混合料级配设计 …… 177
5.3.3 确定最佳沥青用量 …… 182

5.4 本章总结 …… 195
第 6 章 大掺量厂拌热再生沥青混合料路用性能 …… 197
6.1 大掺量再生基质沥青混合料性能 …… 197
6.1.1 再生基质沥青混合料的高温稳定性 …… 197
6.1.2 再生基质沥青混合料的低温抗裂性 …… 199
6.1.3 再生基质沥青混合料的水稳定性 …… 200
6.2 大掺量再生 SBS 改性沥青混合料性能 …… 205
6.2.1 再生 SBS 改性沥青混合料高温稳定性 …… 205
6.2.2 再生 SBS 改性沥青混合料低温抗裂性 …… 207
6.2.3 再生 SBS 改性沥青混合料水稳定性 …… 208
6.3 本章总结 …… 210
第 7 章 大掺量厂拌热再生沥青混合料疲劳特性 …… 211
7.1 疲劳行为分析方法 …… 211
7.1.1 现象学法 …… 211
7.1.2 力学分析法 …… 212
7.2 疲劳试验方法选取 …… 212
7.2.1 间接拉伸试验 …… 213
7.2.2 四点弯曲试验 …… 213
7.2.3 梯形悬臂梁弯曲试验 …… 214
7.3 疲劳试验试件成型方法 …… 214
7.4 疲劳试验参数的选择 …… 215
7.4.1 疲劳试验加载控制模式 …… 215
7.4.2 疲劳试验应力比 …… 215
7.4.3 疲劳试验荷载波形和频率 …… 216
7.4.4 疲劳试件疲劳破坏标准和试验温度的确定 …… 216
7.4.5 疲劳试验仪器 …… 216
7.5 再生基质沥青混合料劈裂强度试验 …… 217
7.5.1 再生基质沥青混合料劈裂强度及结果分析 …… 217
7.5.2 再生基质沥青混合料疲劳试验荷载应力确定 …… 218
7.6 再生基质沥青混合料疲劳试验结果分析 …… 218
7.6.1 大掺量 RAP 对再生基质沥青混合料疲劳性能影响 …… 218
7.6.2 疲劳破坏过程中的位移分析 …… 222
7.6.3 大掺量 RAP 再生基质沥青混合料疲劳寿命预估 …… 225
7.7 再生 SBS 改性沥青混合料劈裂强度试验 …… 226
7.8 再生 SBS 改性沥青混合料疲劳试验结果分析 …… 226
7.8.1 RAP 掺量对疲劳性能的影响 …… 227

7.8.2 应力比对疲劳性能的影响……228
7.8.3 再生方式对疲劳性能的影响……230
7.8.4 疲劳寿命方程分析……231
7.9 本章总结……232
第 8 章 大掺量厂拌热再生沥青路面施工工艺及工程示范……234
8.1 施工流程……234
8.2 RAP 的回收、预处理、储存……234
8.2.1 RAP 的回收……234
8.2.2 RAP 的预处理……235
8.2.3 RAP 的储存……235
8.3 大掺量厂拌热再生沥青混合料拌制……235
8.3.1 拌和设备概况……235
8.3.2 新、旧料的预热温度……236
8.3.3 再生沥青混合料拌和……237
8.4 大掺量厂拌热再生沥青混合料现场摊铺……237
8.4.1 摊铺前的准备……237
8.4.2 摊铺作业……238
8.4.3 大掺量厂拌热再生沥青混合料碾压……240
8.5 大掺量厂拌热再生沥青路面质量检测……244
8.5.1 路面平整度检测……244
8.5.2 路面压实度检测……245
8.6 工程示范……247
8.7 本章总结……248
主要参考文献……249

第1章 绪 论

1.1 沥青路面再生技术背景和意义

近年来，随着我国社会经济与科学技术的不断发展，以公路和城市道路为主体所形成的道路交通运输业发展迅速，在整个综合交通运输体系中起着举足轻重的作用，路面功能的保持与恢复将逐渐成为我国各级道路建设与管理部门的主要任务。而在整个道路网中，绝大部分道路是沥青路面，特别是20世纪90年代以来我国修筑的大量高等级路面经过多年的使用逐渐进入大中修期，沥青路面维修工作量将越来越大，在路面的维修养护和改扩建过程中必将产生大量的废旧沥青混合料。因此如何有效地利用废旧沥青混合料，也就成为道路技术人员和科研人员探讨的热门课题之一。

多年来，世界各国广泛进行沥青混合料再生利用的试验研究，取得丰硕成果，沥青混合料再生利用技术已成为当代公路建设中的重大科学技术之一。沥青路面热再生技术在国外已被普遍采用，但在国内则刚刚起步，处于技术探索阶段，尚未大量推广应用。

在过去的二十年里，我国的公路建设事业得到了迅速的发展。截至2018年底，全国等级公路里程达到477万千米，其中高速公路总里程13.6万千米，居世界第一位。在我国已建成的高速公路和一级公路路面中，沥青路面占了80%左右的比重。按照沥青路面的设计寿命和实际使用情况，许多高速公路沥青路面在巨大交通量的作用下已不堪重负，不少已进入或接近大中修期。据估算，从现在起每年约有12%的沥青路面需要翻修，其中大部分采用铣刨旧面层后加铺新面层的措施。据统计，仅高速公路旧沥青混合料废弃量每年已达220万吨，而这个数字将以每年15%的速度增长，10年之后，旧沥青混合料每年将达到1000万吨。对于这些被铣刨下来的废旧沥青混合料，如果仅仅采用简单抛弃的处理方式，不仅会占用大量的土地，而且还会造成周边环境的污染，另外对我国这样优质沥青极为匮乏的国家来说，也是一种极大的资源浪费，同时大量新石料的开采还会带来植被破坏、水土流失等严重的生态环境破坏。当已建成的道路损坏后，必须找到较经济环保的道路修复方法，将废旧的铣刨沥青混合料进行再生利用即是其中的技术手段之一。

目前我国还没有完全掌握废旧沥青混合料的再生技术，这些为数巨大的沥青混合料只能白白地废弃掉，因此，旧沥青路面再生问题的解决已迫在眉睫。而国外对于沥青混合料再生技术的研究开始于20世纪40年代，取得了较大突破，目前已有与再生技术匹配的施工设备面世并投入使用，实践工程表明沥青再生是可以实现的。因此，对于我国这种人均自然资源相对匮乏的国家来说，在公路建设日益快速发展的今天，沥青再生技术的研究具有重要而深远的意义。特别是近年来，国际形势的变化导致国际原油价格居高不下，沥青价格也一涨再涨，所以开展沥青再生研究更显现实意义和经济价值。开展废旧沥青混合料再生关键技术及应用研究，循环利用旧路面材料中的沥青和碎石，最大限度地利用了资源，通过废旧沥青混合料再生技术，可以 100%处理沥青路面维修时产生的废料，减少公路工程对新的优质沥青资源的占用，对于降低公路建设成本、保护环境、合理利用资源有着极其重大的意义，是一项符合可持续发展战略的技术措施，具有显著经济效益和社会、环境效益。

1.2　沥青路面再生方法及特点

沥青路面再生技术是将需要翻修或者废弃的旧沥青路面，经过翻挖、回收、破碎、筛分，再添加适当比例的新集料、新沥青材料和再生剂，重新拌和，形成具有一定路用性能的再生沥青混合料，用于铺筑路面面层或基层的整套工艺技术。沥青路面再生技术按施工温度、加热方式可分为冷拌再生法和热拌再生法；按废旧料拌和场地、施工工艺和设备的不同可分为就地再生法和厂拌再生法。因此，沥青路面再生技术可分为就地冷再生、就地热再生、厂拌冷再生、厂拌热再生共四种施工方法。

1.2.1　就地冷再生

就地冷再生(cold in-place recycling，CIPR)也称现场冷再生，即充分利用现有铺层材料(面层甚至基层)，必要时加入部分新骨料，并按比例加入一定量的添加剂(水泥、乳化沥青、泡沫沥青等)，在自然环境温度下就地连续地完成材料的铣刨、破碎、拌和、摊铺及压实成型，从而修筑出具有所需性能的新基层的作业过程。可见，道路的就地冷再生属于道路维修改造的范畴，它是国外 20 世纪 80 年代后期迅速发展起来的一种新技术，目前已成为国际上道路维修改造的主要方法之一，其中再生层主要用作道路的基层。

根据国外的施工材料介绍，与在旧铺层上加铺新料的维修方法相比，浅层就地冷再生可降低成本约 20%，深层就地冷再生可降低成本约 40%。提高旧路等级，可以通过基层承载力的提高从根本上实现道路等级的提高，这一点对低等级公路的改造尤其有特殊的意义。

冷再生施工将产生均匀的较厚铺层，不存在传统施工方法中有时出现的较薄铺层间的薄弱界面。由于冷再生施工为一次性作业方式，再生机组在暴露的路基上只通过一次，所以与传统的施工方法相比，机组对路基的损害很小，所有的旧铺层材料全部就地利用，从而大大减少了新材料的用量，节约了资源。

现场冷再生主要有两种方式：一种方式是利用专用再生机在现场铣刨、破碎、加入新料(包括乳化沥青或其他再生剂、稳定剂和集料)、拌和、摊铺和预压，再由压路机进一步压实，这种再生路面主要用于低等级路面和高等级路面基层(但将提高路面高程)，不适用于高级路面的面层，一般用于二级及以下的道路；另一种方式是在旧路面上洒布再生剂封层，再生剂能渗入 5～6mm，激活表层被氧化沥青的活性，并形成抵抗燃油泄漏的封层，延长路面的使用寿命 2～3 年，这种再生方式其实属于预防性养护范畴，适用范围窄，并且应充分考虑其对路面抗滑性能的影响。

1.2.2　就地热再生

就地热再生(hot in-place recycling，HIPR)也称热表面再生，是利用一套沥青路面热再生机组对旧沥青路面进行加热软化，然后耙松、铣刨、收集到机组的卧式连续搅拌机上，添加新骨料、补充新沥青(再生剂)，经拌和后输送到机组的摊铺器上，摊铺、捣实、熨平，再用压路机压实，完成旧路的就地再生翻新的一项技术。

就地热再生是对旧沥青路面就地加热、翻松、拌和、摊铺、压实，一次性将沥青路面翻新成型的施工方法。此方法是在现场加热旧沥青路面，施工容易受气候的影响，寒冷季节一般不宜施工。该技术曾被认为是道路工业的一次革命，但是就地热再生也存在诸多局限性，主要表现在：①处理厚度小，适合处理车辙、泛油、麻面和磨光等表面缺陷，但对需进行结构性再生(中、下面层以至基层损坏的情况)的路面大修无能为力；②由于其不加入新料或加得很少，无法有效调整配合比，对表面层集料级配不满足要求的路面难以适用；③添加新骨料搅拌重铺后将改变原路面的标高，对于标高受限制道路路面不太适用；④对层厚不均匀或质量状况变化大的路面难以保证质量要求。

1.2.3　厂拌冷再生

厂拌冷再生(cold mix-plant recycling，CMPR)是用乳化沥青或热态的低黏度沥青与常温的废旧沥青混合料、新集料拌和成再生沥青混合料，运到工地后，经摊铺、压实而成型路面的施工方法。这种方法用黏度较低的沥青材料，稍予加热，和常温的旧料、新集料拌和成混合料，即冷料热油的再生施工方法。

厂拌冷再生需铣刨沥青路面材料，运回搅拌厂，经过破碎、筛分作为再生骨料，加入水泥或石灰、粉煤灰、乳化沥青等稳定剂和新料进行搅拌，然后铺筑于基层或底基层。这项技术难以充分利用废弃材料中的旧沥青，但其生产过程对拌和设备要求不高，对于不能热再生回收的旧料，如改性沥青混合料、老化严重难以再生的混合料，可以有效解决旧料废弃和环境污染问题，在国外早期再生中被普遍采用。但由于旧集料不加热，旧沥青混合料只能当作骨料利用，与热再生技术相比，再生效果不好，再生沥青混合料一般用于高等级公路基层或底基层。

1.2.4　厂拌热再生

厂拌热再生(hot mix-plant recycling，HMPR)是先将旧沥青路面铣刨后运回工厂，通过破碎、筛分后，根据旧料中沥青含量、沥青老化程度、旧料级配等指标，掺入一定数量的新集料、新沥青和再生剂，重新进行配合比设计，使混合料达到规范规定的各项指标，按照与新建沥青路面完全相同的方法重新铺筑。再生沥青混合料的厂拌热再生施工工艺主要包括废旧沥青混合料(RAP)回收、RAP 预处理、加热和拌和、运输、摊铺、碾压等，与普通的热拌沥青混合料工艺相比不同点主要是增加了 RAP 的回收和预处理，以及集中拌和时的旧料预热装置、再生剂添加装置。厂拌热再生与就地热再生相比，具有以下优点：①由于有精确的计量、筛分控制装置，能够保证配合比的精度，获得更好的旧沥青混合料的再生质量；②再生沥青混合料可应用于沥青路面各结构层次的路面大中修工程，而不是仅局限于沥青表面层的功能修复。

综上所述，四种再生技术各有特点和适用条件，应根据道路等级、交通状况、路面结构、破坏状况、施工设备和施工条件等，经科学论证合理选择再生技术方案，以达到全寿命周期技术经济最优的目的。

我国早期沥青路面高速公路大多已使用多年，沥青路面老化严重，结构承载力明显下降，路面开始出现坑洞、龟裂、沉陷、车辙等破坏现象，未来随着交通量的增长，我国沥青路面逐步进入大修养护期，沥青路面养护技术需求激增。与其他再生技术相比，厂拌热再生技术由于能实现 RAP 的大掺量循环再生利用，大量节约沥青和碎石，且最大限度地保证沥青混合料性能和质量，成为一项具有生命力的节能环保高性能沥青路面再生技术。

本书主要依托作者主持完成的国家自然科学基金面上项目“热、光、水耦合条件下 SBS 改性沥青老化机理研究及高性能再生剂开发”（51278513）、重庆市重点科技攻关项目“大掺量废旧沥青混合料厂拌热再生关键技术及应用”等科技项目及应用示范成果，对沥青老化规律与老化机理、环保型再生剂研发以及沥青路面厂拌热再生技术进行系统、深入、全面的论述和介绍，以期为我国沥青路面再生养护技术的进步和推广应用提供借鉴和参考。

1.3 国内外技术概况

1.3.1 国外技术概况

沥青路面再生技术的研究最早是 1915 年在美国开始的，但之后由于大规模的新路建设，这项技术没有得到足够的重视，再生沥青路面铺筑技术进展较慢。1973 年石油危机爆发，石油供应困难，筑路用的砂石材料供应不足，旧沥青路面材料再生利用作为解决上述问题和困难的一个重要对策措施，才又重新引起人们的重视。1974 年美国开始重新研究这项技术，并且迅速在全国推广应用。据美国联邦公路管理局的统计，1980 年 25 个州共使用了 200 万吨的热拌再生沥青混合料，1981 年 40 个州使用的数量达到 350 万吨，到 1985 年再生沥青混合料的用量就猛增到近 2 亿吨，接近全部路用沥青混合料数量的一半。

由于沥青路面再生利用大有可为，研究工作得到美国联邦公路管理局的大力资助。与此同时，美国交通运输研究委员会、美国材料与试验协会、美国沥青路面工艺学会通过主持召开有关沥青路面再生利用的各种学术会议，有力地推动了该项研究工作的进展和交流。1981 年美国交通运输研究委员会编制出版了《路面废料再生指南》，同年美国沥青协会出版了《沥青路面热拌再生利用手册》，1983 年该协会又出版了《沥青路面冷拌再生技术手册》，这表明美国的沥青路面再生技术已经达到相当成熟的地步。

日本从 1976 年开始进行沥青路面再生技术的研究，1980 年其厂拌再生的热拌混合料累计数量已达 50 万吨，再生利用的路面废料已超过 50%；1984 年 7 月，日本道路协会出版了《路面废料再生利用技术指南》，并且将有关厂拌再生技术编成了手册，在全国推广应用。

苏联 1966 年出版了《沥青混凝土废料再生利用技术的建议》一书；1979 年又出版了《旧沥青混凝土再生混合料技术准则》，提出了适于不同条件下再生利用的方法，其中规定再生沥青混合料只可用于高级路面的基层和低级路面的面层；1984 年苏联又出版了《再生路用沥青混凝土》一书，并在生产中广为应用，仅列宁格勒市因推广沥青路面再生技术每年节约沥青材料用量就达 1400 吨之多。

欧洲一些国家对再生技术的研究开展相对较晚。20 世纪 70 年代中期，联邦德国、荷兰、芬兰等国家相继进行小规模试验，并迅速推广应用。相比之下，联邦德国再生技术研究的发展速度较快，居欧洲首位。联邦德国首先将厂拌再生技术应用于高速公路路面养护，到 1978 年已经将全部废弃路面材料加以再生利用。

近几年国外已经开始研究改性沥青的再生技术，并且在部分地区进行了应用。Negulescu 等研究了改性沥青的再生技术，对室内老化沥青和回收沥青分别加入新沥青进行再生，性能测试结果显示再生方法是可行的，他们计划通过对试验路的进一步观测提出合适的施工控制条件。Mohammad 等利用红外光谱和热分析技术研究了改性沥青老化后的变化，回收了旧路面的沥青，分析了其物理性能和化学成分，通过加入新的改性沥青进行再生，并测试了其性能。Shen 等研究了橡胶改性沥青再生技术，认为 15%的 RAP 掺量是可行的，再生沥青混合料的路用性能与新拌混合料没有明显区别。Shen 等根据 Surperpave 配合比设计理论，分别选用沥青和再生剂作为再生组分制备再生沥青混合料，通过测试混合料体积指标、动稳定度、间接拉伸强度，发现再生剂对废旧沥青混合料性能的改善效果优于沥青，而当 RAP 掺量大于 10%时，只有采用再生剂制备的再生沥青混合料路用性能才能满足要求。Vadle 等通过测试再生沥青混合料的低温性能、间接拉伸强度以及疲劳性能，研究了再生剂和 RAP 掺量对再生沥青混合料路用性能的影响，结果表明，当 RAP 掺量不大于 30%时，添加掺量为 10%的再生剂，路用性能接近新沥青混合料。Serji 等借用动态剪切流变仪和弯曲梁流变仪研究了再生剂对老化沥青及其混合料性能的影响规律，研究表明，再生剂掺量在一定范围内，随着掺量的增加，再生沥青混合料的高温性能降低，但其低温抗裂性能和抗疲劳性能反而增强。Karlsson 等通过微观层面的研究，借助红外光谱分析，结合动态剪切流变试验和斯托克-爱因斯坦方程，研究了再生剂向老化沥青的渗透行为，结果表明，再生剂向老化沥青内部的渗透时间通常在 48～144h，且渗透时间受分子尺寸、结构、温度、分子间作用力等多方面影响，通过提高渗透温度、降低再生剂黏度、扩大渗透分子尺寸和极性可提高再生剂向老化沥青内部的渗透速率。

纵观欧美国家沥青混合料再生技术研究发展的状况，可以看出欧美国家特别重视再生技术的研究，他们在再生沥青混合料的拌制工艺以及与之配套的各种挖掘、铣刨、破碎、拌和等机具的研制方面，都取得了很大的成就，已经形成了一套比较完善的再生技术，并且达到了规范化和标准化的成熟程度。国外虽然在再生技术方面起步较早，但其研究成果尚不能完全适用于我国道路交通量、路面结构、路面材料及施工设备等实际情况，且国外厂拌热再生技术 RAP 掺量通常较低，一般不超过 30%。

1.3.2　国内技术概况

我国开始研究沥青混合料再生技术是在 20 世纪 70 年代，1982 年，交通部科技局将沥青路面再生利用作为重点科技项目下达，由同济大学负责该课题研究，对沥青路面再生技术开展了比较系统的试验研究；1985 年，建设部组织上海、南京、天津、武汉等市政部门和苏州市公路局、哈尔滨建筑工程学院等单位进行专题研究；1991 年 6 月发布了《热拌再生沥青混合料路面施工及验收规程》(CJJ 43— 91)，该规程对再生沥青混合料所用矿料、沥青的品质及混合料技术提出了要求。但由于课题的不配套，尤其没有可供实际施工使用的沥青再生设备，CJJ 43— 91 规程无法推广使用。20 世纪 90 年代，沥青路面再生技术的研究与推广几乎被搁置，新颁布的《公路沥青路面养护技术规范》(JTJ 073.2— 2001)中论述再生沥青混合料的条款仍因技术陈旧、缺乏先进的再生设备而没有跳出 CJJ 43— 91 规程的局限。

我国最近几年也逐步开始了对改性沥青混合料再生的探索。同济大学、山西省公路局、湖北省公路局科研所、西安公路研究所、河南省交通厅科研所、河北省交通科研所、山东省济宁市公路总段、东南大学、江西省公路局以及湖南省公路局等单位，已经在再生机理的理论、再生设计方法、再生剂的质量技术指标、热法和冷法再生的施工工艺、再生机械设备等诸多方面取得了一定的成果，将我国沥青路面再生利用技术研究提高到了新的水平。

与此同时，西安筑路机械有限公司、吉林省公路机械厂等国内工程机械行业知名企业也都在研究开发适合我国国情的沥青路面再生设备，相信不久的将来，在公路养护工作中，这些再生机械将大显身手，给我们带来可观的经济效益和环境效益。

张道义等探讨了对再生沥青进行改性的可行性，在短期老化后的改性沥青中添加沥青添加剂 Tafpack Super(TPS)、路孚 8000 等改性剂，通过再生沥青基本性能试验比较了不同添加剂的作用。赵利明研究了老化 SBS 改性沥青路面的现场热再生技术，进行了沥青混合料的室内试验，并给出了老化 SBS 改性沥青路面就地热再生的配合比设计，通过现场试验检验了室内试验成果并对老化SBS改性沥青路面再生后的路用性能做了综合评定。徐世法、王冲等主要研究再生 SBS 改性沥青混合料的抗老化性能，对再生沥青拌制的混合料及新鲜沥青混合料进行室内短期与长期老化，并对老化后的沥青混合料进行性能试验与对比评价，分析了再生沥青混合料的抗老化性能及其老化规律。

1982 年，同济大学对旧沥青混合料的再生机理和再生设计方法进行了较为深入的研究，研究了再生剂的作用和再生剂的质量技术指标，此外，还在室内就再生沥青混合料的物理力学性能进行了系统的评价性试验，并在此基础上建立起沥青混合料的再生设计方法。同年，山西省结合油路的大中修工程铺筑沥青再生试验段超过 80 千米。1983 年建设部下达了“废旧沥青混合料再生利用”的研究项目，主攻方向是把旧渣油路面加入适当的轻油使之软化，来代替常规沥青混合料，铺筑层次是解决用量较多的面层下层，拌和设备方面则运用现有设备作适当改装，经过三年的努力，在苏州、武汉、天津、南京四个城市铺筑了 30000 平方米以上的试验路。经路用效果观测表明，再生路面的综合使用品质不低于常规热拌沥青混合料路面。湖南省将乳化沥青加入旧渣油表处面层料，并分别用拌和法和层铺法修筑了再生试验路，也证明了此技术的可行性和经济性。甘肃省兰州公路总段从1983 年以来采用阳离子乳化沥青作再生剂对夏兰路、兰包路、甘川路进行冷法再生沥青路面施工，同时对兰空—榆中机场专用道路、中川路、西兰路、兰三路进行热法再生路面施工。云南省 1983～1988 年分别对昆洛、昆畹、贵昆路进行再生沥青路面试验研究，这些旧沥青路面再生利用工作都取得成功，为我国旧沥青路面再生提供了宝贵经验。但这些旧沥青路面再生利用都是在旧渣油路面或中轻交通量公路上进行的，RAP 掺配比例较低，且在高等级公路(重交通量公路)上应用研究不足。

1.4 主要技术内容

本书依托国家自然科学基金面上项目“热、光、水耦合条件下 SBS 改性沥青老化机理研究及高性能再生剂开发”(51278513)、重庆市重点科技攻关项目“大掺量废旧沥青混合料厂拌热再生关键技术及应用”等科技项目研究成果，分别通过宏观和微观试验手段研究不同沥青在热、光、水耦合作用下的化学组分、结构特征及流变性能的演变规律，分析耦合老化方式下沥青老化特征，揭示沥青的老化机理。在此基础上，研发高效环保沥青再生剂来改善老化沥青的基本性能，并进行大掺量再生沥青混合料配合比组成设计、路用性能、疲劳特性和施工技术研究，形成大掺量厂拌热再生路面技术系统成果，提高再生沥青路面的耐久性，为我国沥青路面废料再生利用提供科学理论依据与参考。

本书包括的主要内容有：

(1) 热、光、水耦合作用下沥青性能的演变规律及老化机理。

选取国内外有代表性的多种基质沥青、SBS 改性沥青、经室内不同程度老化的老化沥青及从废旧路面回收的废旧沥青，通过热、光、水耦合老化条件下沥青四组分与物化性能的变化来研究沥青老化特征的演变规律。表征指标主要包括沥青组分、针入度、延度、软化点、黏度等细观和红外光谱微观指标，并研究不同表征指标对沥青老化程度的敏感性。

(2) 环保型沥青再生剂研发与性能验证。

在分析沥青热、光、水耦合老化作用下老化特征及机理的基础上，研发一种环保再生剂来提高再生沥青的使用性能与再生沥青混合料的路用性能。通过再生沥青的基础技术指标如针入度、软化点、延度、黏度的改善情况，系统研究再生沥青基本物化性能、抗老化性能及再生沥青混合料的路用性能，全面验证所研发的再生剂效果。

(3) 再生剂的掺量设计与成品制备工艺分析。

通过研究不同掺量再生剂下的再生沥青与再生沥青混合料性能，进而确定再生剂掺量与再生性能之间的关系。同时，确定大掺量 RAP 掺配比例下不同老化程度的废旧沥青与废旧沥青混合料再生所需的再生剂掺量。研究再生剂制备时的原材料添加顺序、制备温度、搅拌时间等，以及再生剂在废旧沥青混合料使用中的添加方式、加热温度、拌和时间等工艺。

(4) 老化(废旧) 基质和 SBS 改性沥青混合料的性能分析与评价。

通过资料搜集和实地调研，分析重庆、贵州等地区目前常用沥青混合料种类和厂拌热再生施工中存在的不足；通过室内试验研究废旧沥青路面铣刨旧料中回收沥青的密度、黏度、针入度、软化点、延度，铣刨旧料中集料的压碎值、针片状、密度和级配等物理力学特性指标，全面系统地评价废旧沥青混合料的性能，为后续的系统研究提供支撑。

(5) 废旧基质和 SBS 改性沥青老化、再生机理及再生沥青胶结料性能。

借助红外光谱等微观手段对老化前后的沥青性能进行评价，分析沥青的老化内在机理；在不同再生剂掺量下，通过对不同老化程度再生沥青胶结料三大指标、高温性能、低温性能进行试验，研究再生剂对再生沥青胶结料抗老化性能的影响，通过对比分析研究，同时为再生剂的掺量优化提供理论支撑。

(6) 大掺量废旧沥青再生混合料的配合比设计方法。

针对重庆、贵州等地区 RAP 的不同掺量，通过室内试验，研究再生沥青混合料级配组成、新沥青掺量及再生剂掺量对再生沥青混合料性能的影响，综合考虑再生剂的性能、价格、掺量等多个方面，开展综合性经济效益对比分析，并提出在不同 RAP 掺量下再生沥青混合料的级配组成设计方法和控制指标等。

(7) 大掺量废旧沥青再生混合料的路用性能研究。

针对重庆、贵州等地区掺加了不同比例 RAP 的再生沥青混合料，通过室内外试验研究，开展再生沥青混合料的高温性能、低温性能、水稳性能、疲劳特性等多方面性能的研究，以全面评价不同 RAP 掺量的再生沥青混合料路用性能。同时考虑 RAP 变异导致再沥青混合料发生变异，通过室内试验研究 RAP 掺量变化情况下再生沥青混合料性能的改变，为再生沥青混合料的生产质量控制提供依据。

(8) 大掺量废旧沥青再生混合料厂拌热再生施工工艺及质量控制。

对 RAP 回收及预处理、再生沥青混合料的厂拌热再生生产工艺及沥青路面的摊铺和碾压进行系统研究，并对再生沥青混合料进行现场试验检测及性能分析，在此基础上提出大掺量再生沥青混合料厂拌热再生施工工艺、施工质量关键控制指标及施工质量控制方法。

第 2 章　沥青老化与再生机理

自然界中多种不利因素耦合作用，会对沥青造成严重的老化，从而导致沥青路面的破坏。目前，沥青及沥青混合料老化研究主要是通过旋转薄膜烘箱和压力老化试验装置来完成，忽略了沥青路面老化需同时承受自然界中高温、紫外光辐射和空气中水蒸气的相互耦合作用，因此迫切需要开发一套室内沥青加速耦合老化模拟试验装置，在分析沥青老化指标基础上，确定沥青耦合老化试验参数，进而精准分析沥青在耦合条件下老化特征与机理的演变情况。

2.1　室内加速耦合老化试验装置的开发

1. 耦合老化因素的选择

在自然界中存在众多对沥青路面不利的因素，包括行车荷载碾压作用、摩擦作用、动水压力作用、紫外光辐射作用、氧气老化加成和脱氢缩合作用、热辐射作用等等，在上述这些影响因素中，太阳辐射、温度和水等因素作用影响显著，并且在先前研究中并未得到有效重视，因此是本书重点探讨的部分。换言之，由于沥青路面在自然界中主要经受太阳光辐射、高温及空气中水蒸气等多种不利因素的相互耦合作用，因此太阳辐射、温度及水是室内加速耦合老化试验装置研发需要考虑的最主要的三个因素。

1) 太阳辐射

太阳辐射是提供给地球上人类乃至其他生物赖以生存的主要能源，以光、热为主。由于我国地域辽阔，不同地区地理条件及气候状况差异较大，根据太阳辐射量一般分为五个地区，如表 2-1 所示。

表 2-1　中国太阳光辐射分区

分类	辐射量/［kJ/(cm^2·a)］	全国分类地区
A	≤420	贵州、四川
B	420～500	福建、浙江和广东的部分地区及长江中下游地区
C	500～580	山东、河南、吉林、辽宁、云南、河北东南部、广东南部、福建南部、江苏北部、安徽北部、山西南部、新疆北部、陕西北部、甘肃东南部
D	580～750	内蒙古南部、宁夏南部、甘肃中部、青海东部、西藏东南部、新疆南部、河北西北部等地
E	≥750	甘肃北部、宁夏北部、新疆南部和青藏高原等地

太阳光谱中主要包括红外光、紫外光、可见光，其中紫外光在太阳整个辐射能中所占的比例为 5%，光谱范围约为 100～400nm，对生物及地面物体危害极大，如图 2-1 所示。

随着全球有害气体的不断排放，温室效应严重加剧，阻挡紫外线的天然保护伞臭氧层逐渐衰弱，给长期裸露在外的路面材料造成了极大影响。沥青路面因长期暴晒于太阳光下，受太阳光谱紫外光的辐射，路表沥青的大量化学键断裂，从而沥青逐渐劣化，最终沥青路面被破坏。沥青中典型化学键能及与其能量相适应波长如表 2-2 所示。

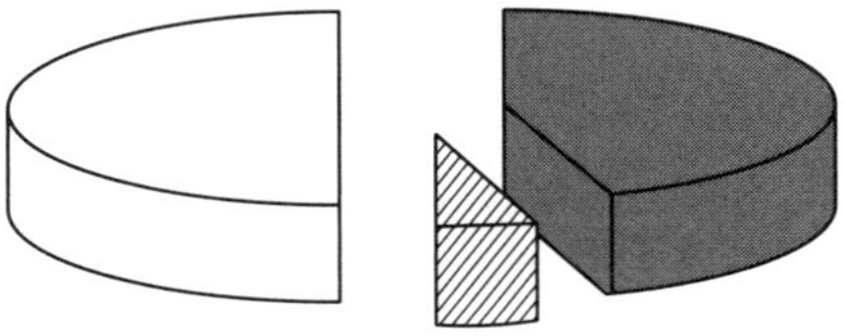

图 2-1　太阳光谱组成

表 2-2　沥青中典型化学键能及与其能量相适应波长

化学键	键能/(kJ/mol)	波长/nm	化学键	键能/(kJ/mol)	波长/nm
O—H	110.5	259	C—O	84.0	340
C—F	105.4	272	C—C	83.1	342
C—H	98.8	290	C—C	78.5	364
N—H	93.4	306	C—N	69.5	410

如表 2-2 所示，造成沥青化学键断裂的波长介于 259～410nm 之间，以紫外光为主，因此寻找辐射光源是研发室内加速耦合老化试验装置的一项重要工作。目前用于高分子材料模拟紫外光照射试验的人工光源以紫外灯管、氙灯、阳光型碳弧灯和高压汞灯四种光源为主，但各有其优缺点，具体如表 2-3 所示。

表 2-3　四种人工光源特点及用途

光源	特点	用途
紫外灯管	1. 波谱多处于 260nm 左右； 2. 功率小，介于 30～100W	餐饮、医疗杀菌消毒
氙灯	1. 波谱与太阳光接近； 2. 需进行隔热处理； 3. 无法起到加速作用	模拟太阳光照射
阳光型碳弧灯	1. 光谱及能量分布接近于太阳光； 2. 紫外光能量主要集中在 370～390nm	模拟太阳光照射
高压汞灯	1. 紫外光能量大，约占总辐射能量的 1/2； 2. 光谱范围 250～440nm，富于紫外短波辐射； 3. 受热温度一般低于 90℃； 4. 寿命期较短，连续工作时间不得高于 360h	模拟加速破坏

由表 2-3 分析可知：紫外灯管功率较小，氙灯和阳光型碳弧灯波谱与太阳光较为接近，对沥青加速老化均难以见到效果；高压汞灯紫外光能量大，光谱波长介于造成沥青化学键断裂相适应的波长范围内，对沥青类高分子材料加速破坏效果较为显著，是模拟温度低于 90℃紫外光加速老化的理想光源。但其受温度和连续工作时间的限制，为了模拟沥青路面

在全寿命周期内受自然界太阳辐射，需根据不同地区选择不同功率的高压汞灯作为辐射光源，因此在室内加速耦合老化试验装置体内顶部预留2支高压汞灯接口，在试验过程可根据需要选择1～2支汞灯单独或共同作为辐射光源。目前市场上高压汞灯功率多以100W、200W和500W为主。

2）温度

相关研究表明，温度是加速沥青老化最直接的因素，温度越高，沥青路面出现老化越严重，破坏越快。沥青路面温度场受气温、太阳辐射、风速等环境因素的影响。由于沥青路面多以黑色为主，具有较强的吸热能力，在夏季受日照情况下，其表面温度增加可用公式(2-1)进行推算。

$$\Delta t = a_{su} \cdot j / a_0 \tag{2-1}$$

式中，a_{su}——沥青材料表面的日照吸收率，沥青混合料日照吸收率a_{su}=0.65～0.80；

j——日射量，取710kcal/(m^2·h)；

a_0——放射系数，当风速为零时的放射系数a_0=20kcal/(m^2·h·℃)。

由式(2-1)计算可知，当风速为零时沥青路面表面温度较气温增加约23～30℃。目前，我国沥青混合料试验大多采用60℃这一标准试验温度，但我国绝大部分地区夏季沥青路面表面温度均在此温度以上。依据JTG E20—2011车辙试验的相关要求，在高温条件下试验温度可采用70℃及更高温度，因此室内加速耦合老化试验装置应具备温度控制装置，即制冷装置和制热装置，温度控制范围一般不得低于70℃。参考沥青旋转薄膜烘箱有关技术指标要求，为了确保试验装置温度均匀度为±0.5℃，精度为0.1℃，还必须在箱体内增加风机这一装置。

3）水(相对湿度)

国内部分学者在研究沥青的老化过程中，对SHRP压力老化试验(PAV)进行改进，通入0.2MPa的水汽以模拟沥青受空气中水分的影响，研究水影响因子对沥青老化性能的影响，研究证明：水分的存在能够加剧沥青的老化进程。沥青路面在实际使用过程中，晴天主要受空气内水分的影响，雨天路面排水强度小于降水强度，形成表面径流或路面积水。因此，水是开发室内加速耦合老化试验装置需考虑的主要因素之一。为了确保试验装置体内相对湿度范围为5%～98%，波动度为±2.5%，控湿精度能达到0.1%，在研发过程中需同时考虑加湿装置和干燥装置，采用锅炉加热产生蒸气后进入工作箱体内。为了避免缺水对试验过程产生影响，试验装置供水采用平衡补水盒，通过水管直接连接到自来水阀，自动为设备供水，原理如图2-2所示。

2. 结构组成

在分析耦合老化主要影响因素的基础上，确定了室内加速耦合老化试验装置主要由制冷装置、加热装置、加湿装置、干燥装置、紫外线辐照装置、风机等结构组成，以模拟沥青材料在自然界经受太阳辐射、高温及空气中水蒸气等不利因素的耦合老化作用。为了保证耦合老化装置成为正常工作的试验系统，还必须配置密封箱、支架、人机对话装置和多个传感器。在优先考虑节约能源的基础上，同时保证耦合老化装置既能对沥青胶结料，也能对沥青混合料老化进行评价，试验装置工作室尺寸采用 $D\times W\times H$=400mm×400mm×500mm，如图 2-3 所示。

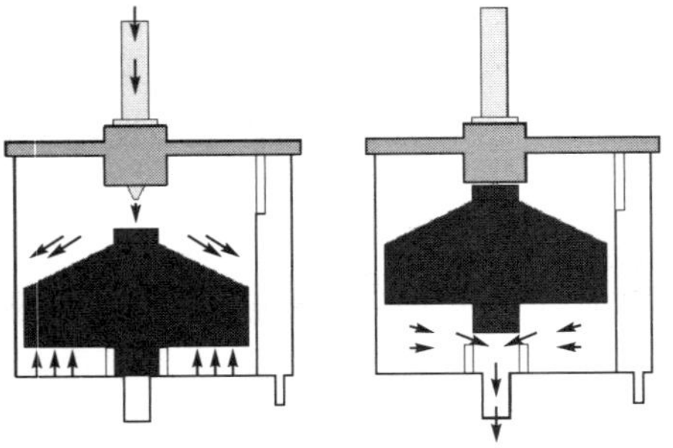

图 2-2　平衡补水盒工作原理图

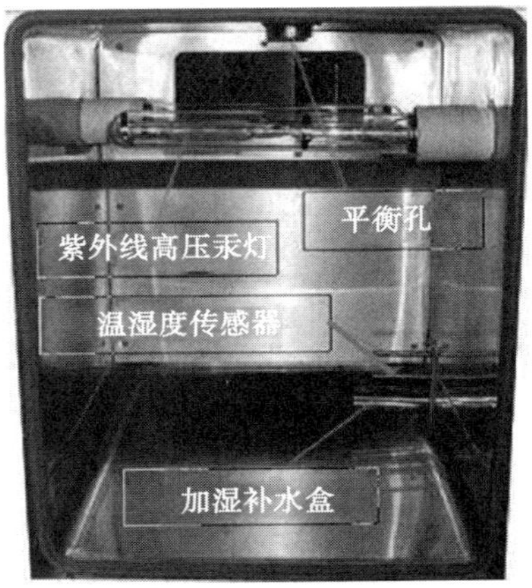

图 2-3　试验装置工作室布置图

综合以上分析，沥青耦合老化试验装置由支架、密封箱、制冷装置、加热装置、加湿装置、干燥装置、紫外线辐照装置、风机、人机对话装置和多个传感器组成。密封箱、制冷装置、加热装置、加湿装置、干燥装置、紫外线辐照装置、风机和人机对话装置均设置在支架上；制冷装置和加热装置的热交换部均设置于密封箱的内壁上；加湿装置的出气口与密封箱内部连通；干燥装置的出气口与风机的进气口连通，风机的出气口与密封箱内部连通；紫外线辐照装置的发光部设置于密封箱内；多个传感器设置于密封箱内；制冷装置、加热装置、加湿装置、干燥装置、紫外线辐照装置、风机和多个传感器均与人机对话装置通信连接。其中传感器包括温度传感器、湿度传感器和气压传感器，它们实时对密封箱内的环境状态进行监测，并实时动态地通过人机对话装置反馈给操作人员，操作人员通过显示屏和多个按钮对设备进行操作，各结构组成原理图如图 2-4 所示，元件布置图如图 2-5 所示。

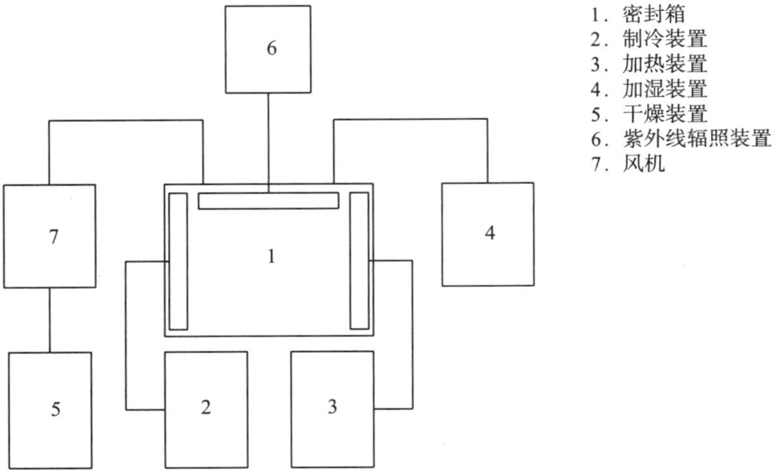

图 2-4　耦合老化试验装置结构组成原理图

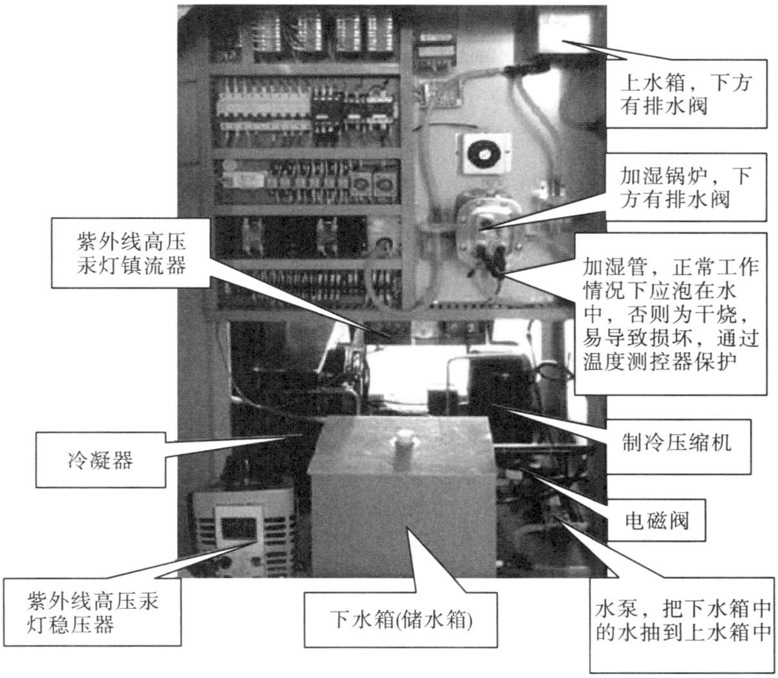

图 2-5 耦合老化试验装置元件布置图

为了耦合老化试验过程中便于操作，避免紫外线辐射对人体造成伤害，室内加速耦合老化试验装置还进行了一些人性化设计。工作室内部选用优质镜面不锈钢板制作，在箱门合理位置设置透明窗口，用以观测室内试样的变化；观察窗采用多层中空钢化玻璃以及可开关控制的照明灯，内侧胶合片式导电膜，具有透明、隔热、不易产生蒸汽结霜等优点；箱体的门与箱体之间采用双层耐老化硅胶密条，以确保测试区的密闭；设备外壳采用特氟龙喷涂，工艺先进、线条流畅，美观大方，如图 2-6 所示。

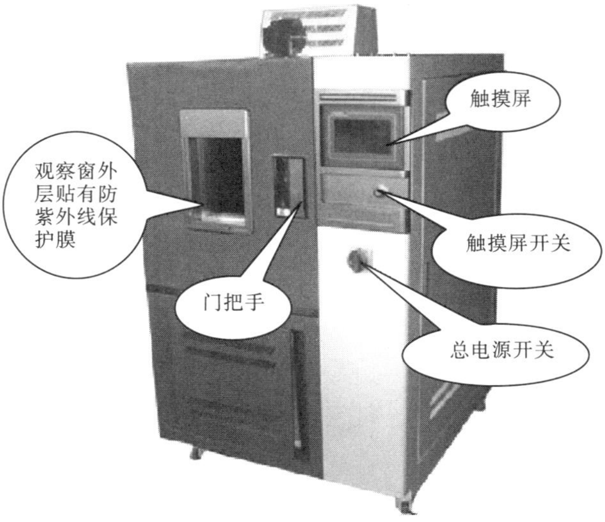

图 2-6 耦合老化试验装置外观图

3. 操作步骤

耦合老化试验装置的一般试验步骤如下：将薄膜烘箱试验(TFOT)盘(内径 φ140mm×深 h9.5～10mm)放在天平上，向盘中加入(50±0.5)g 经旋转薄膜烘箱试验(RTFOT)老化后的沥青残留物，摊铺成约 3.2mm 厚的沥青膜。通过耦合老化设备触屏面板调节至需要的温度和湿度，等待容器内部的温度和湿度稳定，一般不少于 5h，如图 2-7 所示。

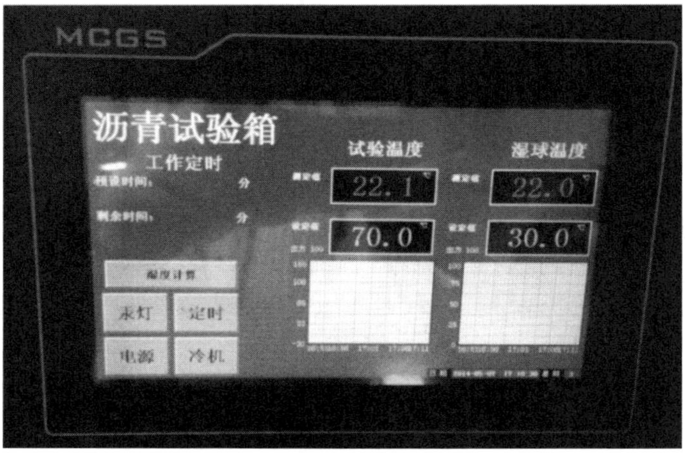

图 2-7　试验装置触屏

然后将注入样品后的盘放置于试验架上，样品表面与灯管的距离为 35cm。待容器内部的温度和湿度再次稳定后，打开并调节电压按钮控制紫外光辐射强度，通过紫外光辐照计(图 2-8)实测，并通过定时按钮设定老化时间，老化时间到后，设备会自行关机。为了避免紫外线辐射对人体造成伤害，在紧急情况下需打开容器门时，谨记需要先关掉光照控制按钮。

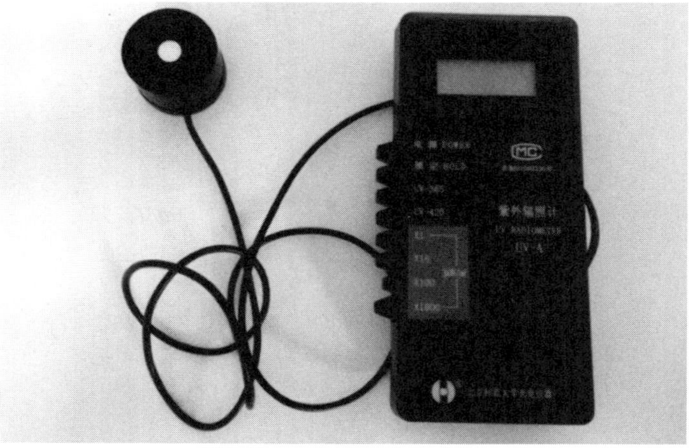

图 2-8　紫外光辐照计

综上所述，室内加速耦合老化试验装置能根据不同地区的气候特点，模拟沥青及沥青混合料在经受自然界高温、太阳光辐射和空气中水蒸气等多种不利因素作用下的长期老化性能，该装置已申报国家专利(专利号：201410056038.0)。

2.2　耦合老化条件的确定

沥青的老化不仅需经历拌和及铺筑过程中的短期老化，还需在一个漫长周期内承受自然界中热、紫外光和水等不利因素的耦合作用。本书研究采用 RTFOT 模拟沥青短期老化及自主研发的沥青热、光、水耦合老化(CA)试验装置模拟长期老化两阶段，从而模拟沥青路面在使用寿命周期内发生的挥发、氧化、聚合等一系列老化过程。依据 JTG E20—2011 采用 RTFOT 进行短期老化模拟，老化温度为 163℃，老化时间 85min，经 RTFOT 老化后的沥青试样再放入热、光、水耦合老化(CA)试验装置中进行长期老化。在查阅及调研全国气候资料的基础上，采用正交试验确定辐射强度、温度及相对湿度(水)3 大因素的最不利组合。

1. 辐射强度的选择

紫外辐射一般是由太阳辐射强度决定的，由表 2-1 可知，贵州、四川盆地周围等地区太阳辐射强度最低，青藏高原太阳辐射强度最高。

由相关资料可知：全国紫外辐射强度可根据 30×10^3J/(cm^2·a) 分界线大致划分为两个部分，分界线以南紫外辐射较弱，以北则相对较强。根据辐射强度的大小，可将全国紫外辐射强度划分为(50～35)$\times10^3$J/(cm^2·a)、(35～25)$\times10^3$J/(cm^2·a)和(25～20)$\times10^3$J/(cm^2·a)三个梯度。

通过对我国八个地区共 2698 组直接辐射的分光测量资料进行统计，实际天气情况下紫外总辐射的月平均日总量覆盖了前述太阳辐射 5 类地区，既涵盖了青藏高原这类紫外线高辐射地区，也包括了四川盆地一带低辐射地区，如表 2-4 所示。

表 2-4　全国不同地区实际紫外总辐射

地点	月平均日总量/［J/(cm^2·d)］				年平均日总量/［J/(cm^2·d)］
	1 月	4 月	7 月	10 月	
成都	31.0	63.2	86.6	55.2	0.01639
哈尔滨	29.7	78.2	100.8	54.4	0.01827
广州	51.0	51.0	88.7	80.8	0.01885
上海	41.8	70.3	91.6	68.6	0.01891
武汉	36.0	66.1	103.3	70.3	0.01915
北京	42.7	95.0	102.9	75.7	0.02197
和田	42.2	93.0	112.0	76.7	0.02249
拉萨	85.0	121.7	138.6	113.5	0.03185

从表 2-4 可知，我国地域辽阔，不同地区的紫外辐射强度不同，东南西北差异较大，本书辐射强度选择参考拉萨、北京和成都三个地区进行模拟试验。按照目前我国沥青路面 10 年的大中修周期测算，同时依据表 2-3 高压汞灯连续工作时间不得高于 360h(即 15d)和耦合老化箱面积进行计算，结果如表 2-5 所示。

表 2-5　沥青耦合加速模拟老化辐射强度计算表

地区	年平均日总量/[J/(cm^2·d)]	大中修周期/年	辐射面积/cm^2	耦合老化时间/d	汞灯辐射强度/W
成都	0.01639				266
北京	0.02197	10	1600	15	356
拉萨	0.03185				517

根据表 2-5 的计算结果，在考虑沥青胶结料耦合老化 15d 的基础上，沥青耦合老化试验中紫外辐射强度分别选择 300W、400W 和 500W 三个水平进行正交试验。

2. 温度的选择

沥青路面在实际使用过程中，夏季高温是加速沥青老化的重要原因之一。

全国约 1/3 的地区夏季温度均在 40℃左右，由前述公式(2-1)可知沥青路面表面温度较气温增加约 23～30℃，因此沥青路面表面温度在太阳辐射下温度最高将达到 70℃。依据表 2-3 耦合老化箱高压汞灯受热温度一般低于 90℃，在考虑试验安全的情况下，同时考虑室内模拟温度与路面实际温度相适应，研究沥青耦合老化试验中温度分别选择 50℃、60℃、70℃三个水平进行正交试验。

3. 相对湿度(水)的选择

沥青路面在使用过程中，裸露在空气中的沥青必然全年经受空气中水蒸气的耦合作用。

从相关资料发现：中国西北部年平均相对湿度基本都在 30%～40%，空气较为干燥；南方地区年平均相对湿度大，约为 70%以上，气候较为潮湿；其余地区年平均相对湿度均在 50%左右。综上所述，为了模拟沥青在路面使用过程中受水的影响，本书研究沥青耦合老化试验中相对湿度分别选择 30%、50%、70%三个水平进行正交试验。

本书选用线型 SBS 改性剂和中海(ZH)70#A 级沥青制备 SBS 改性沥青(L-ZH)。采用正交试验 L9(3^4)共 9 组试验，试验因素水平及正交试验分别如表 2-6 和表 2-7 所示。

表 2-6　SBS 改性沥青耦合老化试验因素水平表

因素	水平		
	1	2	3
A：辐射强度(光)/W	300	400	500
B：温度(热)/℃	50	60	70
C：相对湿度(水)/%	30	50	70

表 2-7　SBS 改性沥青耦合老化正交试验表

编号	A：辐射强度(光)/W	B：温度(热)/℃	C：相对湿度(水)/%
1	300(1)	50(1)	30(1)
2	300(1)	60(2)	50(2)
3	300(1)	70(3)	70(3)
4	400(2)	50(1)	50(2)
5	400(2)	60(2)	70(3)
6	400(2)	70(3)	30(1)
7	500(3)	50(1)	70(3)
8	500(3)	60(2)	30(1)
9	500(3)	70(3)	50(2)

注：括号内的 1、2、3 表示水平，见表 2-6。

在前述老化宏观指标评价体系基础上，对经 RTFOT 短期老化后的 SBS 改性沥青耦合老化 15d，通过对耦合老化前后针入度(25℃)①、延度(10℃)、黏度(135℃)及弹性恢复(25℃)进行测试，结果如表 2-8 所示。

表 2-8　SBS 改性沥青耦合老化前后试验结果表

编号	针入度/0.1mm	延度(10℃)/cm	黏度(135℃)/(mPa·s)	弹性恢复(25℃)/%
RTFOT	36	65	2380	89
1	32	47	3375	60
2	29	45	3035	57
3	30	45	3413	56
4	28	40	3668	48
5	27	42	3565	53
6	26	39	3465	49
7	26	38	3670	40
8	26	38	3615	41
9	25	35	4007	43

分别对 SBS 改性沥青耦合老化 15d 后的残留针入度比、延度保留率、黏度老化指数和残留弹性恢复比进行计算，结果如表 2-9 所示。

表 2-9　SBS 改性沥青耦合老化正交试验结果表

编号	残留针入度比/%	延度保留率/%	黏度老化指数/%	残留弹性恢复比/%
1	88.9	72.3	141.8	67.4
2	80.6	69.2	127.5	64.0
3	83.3	69.2	143.4	62.9

① 全书针入度均在 25℃下测得。

续表

编号	残留针入度比/%	延度保留率/%	黏度老化指数/%	残留弹性恢复比/%
4	77.8	61.5	154.1	53.9
5	75.0	64.6	149.8	59.6
6	72.2	60.0	145.6	55.1
7	72.2	58.5	154.2	44.9
8	72.2	58.5	151.9	46.1
9	69.4	53.8	168.4	48.3

计算表 2-9 统计量的观测值，考虑显著性水平 a=0.10，临界值 $F_{0.90}(2,2)$=9.00 方差分析如表 2-10 所示。

表 2-10　试验结果方差分析

试验指标	统计参数	试验因素		
		A	B	C
残留针入度比/%	K_{j1}	253	239	233
	K_{j2}	225	228	228
	K_{j3}	214	225	231
	S_j^2	267	36	5.1
	均方差	134	18	2.6
	F 值	14.86	2.00	0.29
延度保留率/%	K_{j1}	211	194	192
	K_{j2}	186	192	185
	K_{j3}	171	183	191
	S_j^2	271	19	11
	均方差	136	9.5	5.5
	F 值	15.08	1.05	0.61
黏度老化指数/%	K_{j1}	413	450	439
	K_{j2}	449	429	450
	K_{j3}	474	457	447
	S_j^2	643	143	21
	均方差	321	71	10
	F 值	35.71	7.92	1.16
残留弹性恢复比/%	K_{j1}	194	176	169
	K_{j2}	169	170	166
	K_{j3}	139	166	167
	S_j^2	506	2.5	0.8
	均方差	253	1.3	0.4
	F 值	28.10	0.14	0.05

注：下标 j=A，B，C，即试验因素。

根据表 2-10 计算得到的方差分析 F 值，分析辐射强度、温度及相对湿度对考核指标残留针入度比、延度保留率、黏度老化指数和残留弹性恢复比影响的主次顺序，结果汇总如表 2-11 所示。不同的试验条件对 SBS 改性沥青耦合老化贡献大小不同，具体分析如下。

(1) 由方差分析表 2-10 看出，因素 A 辐射强度作用显著，即认为辐射强度是造成 SBS 改性沥青在实际路面使用过程中老化破坏的主要因素，B、C 的作用不显著，即可以认为温度和相对湿度是影响沥青路面在使用过程老化的次要因素。

(2) 残留针入度比、延度保留率、残留弹性恢复比越小，说明 SBS 改性沥青老化越严重，其中 $K_{A1}>K_{A2}>K_{A3}$，即 500W 辐射强度对 SBS 改性沥青耦合老化影响最大；$K_{B1}>K_{B2}>K_{B3}$，即 70℃温度对 SBS 改性沥青耦合老化影响最大；$K_{C1}>K_{C3}>K_{C2}$，即 50%相对湿度对 SBS 改性沥青耦合老化影响最大。

(3) 黏度老化指数越大，说明 SBS 改性沥青老化越严重，其中 $K_{A3}>K_{A2}>K_{A1}$，即 500W 辐射强度对 SBS 改性沥青耦合老化影响最大；$K_{B3}>K_{B1}>K_{B2}$，即 70℃温度对 SBS 改性沥青耦合老化影响最大；$K_{C2}>K_{C3}>K_{C1}$，即 50%相对湿度对 SBS 改性沥青耦合老化影响最大。

(4) 从以上 4 个老化指标分析可知，辐射强度 500W、温度 70℃及相对湿度 50%是最易造成 SBS 改性沥青耦合老化的因素。分析其原因，主要是由于 SBS 改性剂中聚丁二烯主链段上的双键和—CH_2—CH_2—键很脆弱，很容易在紫外线辐射下发生断裂，C═C 也容易断链而降低主链上的不饱和度，进而产生氧化降解反应。在实际使用过程中，虽然沥青路面受温度的影响，部分季节路面温度甚至高达 70℃以上，但温度对沥青内部的组分变化影响较小，因此相对于太阳光的紫外光辐射，其影响相对较小。湿度是沥青裸露在空气中不可避免的影响因素，沥青中含有的许多极性基团及 SBS 在紫外光及热氧条件下生成的 C—O 等都具有亲水性，与水分子形成氢键，促进沥青质分子向沥青-水界面移动，硬化速率加快，同时水分子在热氧老化条件下使温度进一步升高，加快了沥青老化进程，但相对湿度过大，在沥青膜表面形成了一层水膜，使紫外光产生了部分散射，降低了紫外光辐射强度，由此可知，空气中相对湿度是造成 SBS 改性沥青耦合老化的影响因素之一。

表 2-11　改性沥青耦合老化各指标直观分析结果汇总

考核指标	因素主次顺序	最易造成老化的条件
残留针入度比/%	A＞B＞C	A3B3C2
延度保留率/%	A＞B＞C	A3B3C2
黏度老化指数/%	A＞B＞C	A3B3C2
残留弹性恢复比/%	A＞B＞C	A3B3C2

由表 2-11 可知，对 SBS 改性沥青耦合老化 4 个指标影响因素进行综合比选，最终找出最易造成老化的组合为 A3B3C2，即耦合老化辐射强度(紫外光)为 500W、温度(热)为 70℃、相对湿度(水)为 50%。

2.3　基质沥青老化特征与机理研究

1. 基质沥青的老化特征

沥青在储运、加工、施工及使用过程中，由于长期暴露在空气中，在光照、风雨、温度变化等自然条件以及加热搅拌、铺筑碾压、行车荷载等外在条件的作用下，会发生一系列的物理及化学变化，如蒸发、脱氢、缩合及氧化等。此时，沥青中除含氧官能团增多外，其他化学组成也有变化，最后是沥青逐渐硬化、变脆、开裂，沥青所表现出的这种胶体结构、理化性质或机械性能的变化称为老化。老化后的沥青路面会产生各种病害，从而影响沥青路面的使用性能，如图 2-9 所示。

图 2-9　沥青老化后产生的路面病害

一般认为，石油沥青老化过程是在温度和空气中氧的作用下，渣油中的芳烃、胶质和沥青质产生部分氧化脱氢生成水，而余下的重油组分的活性基团互相聚合或缩合生成更高分子量物质的过程，其转化过程简单表示如下：芳烃→胶质→沥青质→碳青质→焦炭。

石油沥青氧化的结果，除组成上发生变化，饱和分、芳香分和胶质减少，而沥青质相对增多外，在胶体分散体系结构上，由于沥青质的增加，分散相相对增多，饱和分、芳香分和胶质减少，分散介质的溶解能力不足，或由于氧化使分子聚集而形成网络结构，沥青由溶胶型逐步向溶胶-凝胶型和凝胶型转化。这种转化反映在理化性质上为软化点升高，针入度、延度降低，黏度增加，流动性也大为降低。

沥青材料经过长期自然因素作用后，回收沥青的化学组分与原沥青相比较有明显的变化，表现为油分减少、胶质和沥青质增多。沥青的组分变化主要是由氧化、缩合作用造成的。在沥青中油分的分子量较小，氧化缩合作用的结果使其中芳香烃分子量增大，向胶质转化，而饱和烃由于分子比较稳定，变化不大，胶质最终向沥青质转化，沥青质本身则聚合成更大的分子。

沥青老化会使沥青路面的高温抗车辙性能增强，但对低温性能和抗疲劳性能则造成不利影响，同时老化会使沥青结合料变得干涩硬脆，沥青的黏附性和胶结能力变差。已有的研究结果表明，沥青的针入度和延度，尤其是沥青老化后的针入度和延度与沥青路面的抗裂性能有非常密切的关系。

沥青的老化直接影响了路面的寿命和性能。在路面施工中沥青始终处于高温状态，受热会产生短期老化，而在路面使用过程中，由于沥青长期裸露在自然环境中，同时还要受到汽车荷载等的作用而产生长期老化。

从沥青在道路的使用过程来看，其老化可分为三个阶段。

1) 运输、储存、加热过程中的老化

沥青从炼油厂炼制出来后，一直装在保温的沥青罐内，经历热态储存、热态运输、储油罐内预热、配油罐内调配等过程，受热使沥青中的轻质组分不断挥发，使得沥青变硬、变脆、黏结性降低。若与空气接触，还会使沥青发生氧化反应，使其针入度下降、延度减小、软化点升高。

2) 沥青加热搅拌和铺筑过程中的老化

沥青在拌和机内与热矿料混合，其温度一般高达 160～180℃，直接导致沥青的氧化和组分挥发，除了加热温度影响外，拌和时间、沥青用量、拌和机类型也会造成拌和过程中沥青的老化。一般来说，拌和温度越高、沥青膜越薄，沥青的老化也越严重。沥青一方面突然经受高温，另一方面又接触热空气，加速了沥青组分挥发和沥青氧化，因此沥青在此阶段的老化是最严重的。表 2-12 是拌和前后沥青性质变化的实测值，针入度下降幅度超过了 20%。

表 2-12　沥青拌和前后的性质变化实测值

项目	标号针入度 100～200		标号针入度 80～100	
	沥青罐内	拌和后回收	沥青罐内	拌和后回收
针入度/0.1mm	108	68	87	56
软化点/℃	42.5	48.5	47.0	51.5
黏度(60℃)/(Pa·s)	100	244	180	348

3) 沥青在路面使用中的老化

沥青在路面使用过程中由于受环境因素和荷载作用的影响，特别是水分、紫外线、氧气的长期作用，也会引起老化。在沥青路面使用早期，沥青老化较快，针入度急剧变小，其后继续，但趋于缓慢。沥青的长期老化主要是其在使用过程中发生氧化、挥发、聚合、触变、脱水收缩、分离和析出等，最终使得沥青的黏度增大、针入度和延度减小。

2. 基质沥青的老化机理

1) 沥青老化的组分变化理论

沥青是由多种化合物组成的混合物，成分复杂，从化学元素构成来看，主要是碳和氢，另外含有少量的硫、氮以及一些金属元素。由于沥青成分的复杂性，目前还不能准确地研究沥青的各元素在沥青性能中发挥的作用。为便于分析，人们利用沥青不同组成对不同溶剂的溶解性，按照化学成分和物理性质相近的原则将沥青分离成几个部分，称为沥青材料的组分。

据研究，L. W. Cotbett 将沥青分为 4 个组分，然后再按一定比例两两调和，以考察化学组成对沥青理化性能的影响，调和结果如表 2-13 所示。这说明，当沥青的各组分单独存在时，饱和分和芳香分的针入度极大，软化点很低，黏度也小，可认为它们是沥青中的软组分，起塑化剂作用；而胶质、沥青质的针入度为零，软化点都很高，胶质的黏度比饱和分和芳香分大三四个数量级，因此可以认为它们是硬组分，在沥青中起稠化剂作用。

表 2-13　沥青的两组分调和结果

项目		调和比例	针入度/0.1mm	软化点/℃	延度/cm		黏度(99℃)/(Pa·s)
					25℃	4℃	
沥青		—	90	—	100+	6	—
四组分	饱和分 S	—	300+	19	—	—	22
	芳香分 Ar	—	300+	24	—	—	64
	胶质 R	—	0	77	—	—	1.1×10^5
	沥青质 As	—	0	190	—	—	—
两组分调和	S+R	29/71	90	—	100+	1	—
	S+As	61/39	90	—	4	1	—
	Ar+R	45/55	90	—	100+	0+	—
	Ar+As	75/25	90	—	49	9	—

注：“—”表示数据缺省。

表 2-14 和图 2-10 中的研究还表明，化学组成与沥青的胶体性能之间存在着如下联系。

(1) 沥青中饱和分的含量不能过多，饱和分过多，将使沥青中分散介质的芳香度过低，不能形成稳定的胶体分散体系。

(2) 沥青中芳香分的存在是必需的，它的存在提高了沥青中分散介质的芳香度，使胶体体系易于稳定。

(3) 胶质本身具有良好的塑性和黏附性，是沥青中必不可少的组分，它能使沥青质稳定地胶溶于体系中。

(4) 沥青质的存在可改善沥青的高温性能，但沥青质含量过多，会使沥青的延度大大减少，易于脆裂。

表 2-14　几种不同沥青的组分含量测试结果

项目	芳香分/%	饱和分/%	胶质/%	沥青质/%
70#基质沥青	32.58	26.37	30.61	10.44
老化沥青	25.36	26.12	31.88	16.64
再生沥青	35.68	25.54	29.73	9.05

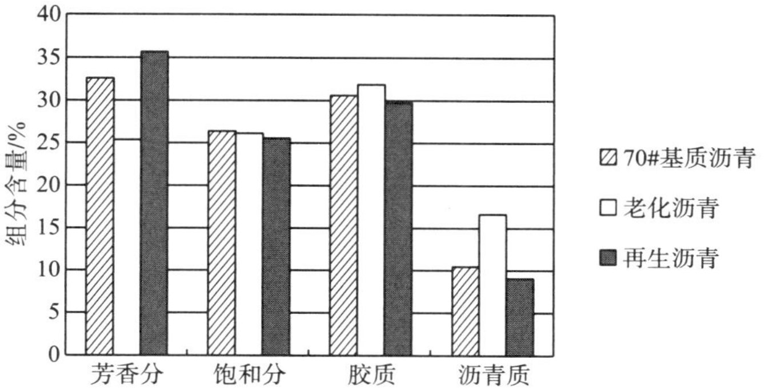

图 2-10　几种不同沥青的组分含量

日本 COSMO 公司的田中晴等也对沥青的化学组成与沥青物理性质的影响进行了深入的研究，考察沥青的针入度、软化点、高温黏度等指标与沥青组分及相对分子质量的关系，并分析得出以下结论。

(1) 重质成分(沥青质和胶质)使针入度变小，轻质成分(芳香分和饱和分)使针入度变大。

(2) 沥青软化点与饱和分或芳香分、胶质、沥青质的 3 个参数回归的相关系数都很高，且重质成分(沥青质和胶质)使软化点升高，轻质成分(饱和分或芳香分)使软化点降低。

(3) 沥青在 120℃、150℃、180℃高温条件下的黏度与饱和分或芳香分、胶质、沥青质的 3 个参数回归的相关系数都大于 0.9，且重质成分(沥青质和胶质)使高温黏度增大，轻质成分(饱和分或芳香分)使高温黏度减小。

(4) 对针入度和高温黏度来说，它们与沥青组分的关系是对数关系，所以组分很小的变化都会对针入度和黏度有很大的影响。

沥青在使用中由于空气、温度和阳光的作用会老化变质，究其原因主要是化学组成发生变化而使其胶体性质变化。表 2-15 为孤岛原油沥青经薄膜烘箱试验老化前后性能及组分变化，表 2-16 为美国某沥青在道路上使用 18 年以后组分和性质的变化。这两个表中数据所反映的规律是很一致的，即沥青老化后针入度减小、软化点增高、延度减小。化学组成的主要变化是芳香分含量减少，沥青质的含量增多，从表 2-14 与图 2-10 结果来看，也能得出相同结论。

表 2-15　孤岛原油沥青经薄膜烘箱试验老化前后性能及组分变化

项目		孤岛原油沥青	
		TFOT 前	TFOT 后
针入度/0.1mm		92	49
软化点/℃		46.6	52.0
延度(15℃)/cm		82	9
组分/%	饱和分	11.6	11.8
	芳香分	30.7	28.7
	胶质	37.8	33.5
	沥青质	19.9	26.0

表 2-16　美国某沥青在道路上使用 18 年后组分和性质的变化

项目		原样沥青	18 年后试样
针入度/0.1mm		65	24
黏度(60℃)/(Pa·s)		315	1840
组分/%	饱和分	9.3	10.3
	芳香分	34.3	24.6
	胶质	40.5	40.8
	沥青质	15.9	24.3

我国在“七五”计划期间也修筑了许多试验路，并对这些路面的使用状况进行了多年的跟踪观测以及在现场进行取样分析。表 2-17 为沈大高速公路经 10 年使用后的跟踪观测结果，表 2-18 为江苏某一级公路使用 10 年后跟踪取样的分析结果。由表中的观测结果可以看出，沥青在性质和组分方面的变化规律与表 2-14、图 2-10 是相同的。

表 2-17　沈大高速公路原始沥青及回收沥青的性质

项目		原始沥青	铺路 2 年后	铺路 8 年后	铺路 10 年后	
					坚实路面	断裂路面
针入度/0.1mm		128	82	65	55	40
软化点/℃		40.5	46.0	48.5	54.4	57.5
延度(15℃)/cm		>140	85	23	16.2	8.3
延度(25℃)/cm		>140	140	97	71	69
密度(25℃)/(g/cm^3)		1.0450	1.0162	1.0334	1.0280	1.0110
组分/%	饱和分	24.62	23.00	24.24	23.64	21.47
	芳香分	34.27	28.41	21.43	23.79	22.43
	胶质	37.89	39.80	38.73	35.58	41.77
	沥青质	3.22	8.79	15.60	16.99	14.33

表 2-18　江苏某一级公路原始沥青及回收沥青的性质

项目		原始沥青	7 年后试样	10 年后试样
针入度/0.1mm		86	53	30
软化点/℃		47.5	53.0	67.0
延度/cm	15℃	>120	55	8
	25℃	>150	70	19
四组分/%	饱和分	18.6	16.8	16.0
	芳香分	30.2	25.1	21.2
	胶质	47.5	46.0	48.1
	沥青质	3.7	12.1	14.7

针对基质沥青老化特征与机理研究，本书选择了重庆渝长高速公路及贵州某一高速路的废旧沥青混合料回收旧沥青，并对回收沥青做了组分分析。原样沥青选用 AH-70#基质沥青，采用 SHRP 体系中 PAV 模拟沥青老化过程，对老化前后的沥青进行组分分析，结果如表 2-19 和图 2-11 所示。

表 2-19　原样沥青老化前后组分对比

项目	沥青组分	原样沥青	PAV 老化沥青
四组分/%	饱和分	9.85	10.06
	芳香分	48.12	40.25
	胶质	30.36	32.08
	沥青质	11.67	17.61

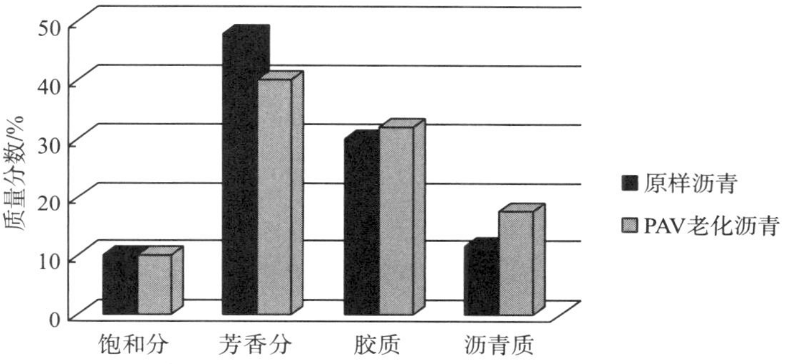

图 2-11　原样沥青老化前后的组分含量对比

综合以上沥青老化前后组分变化情况，虽然老化前后沥青各组分比例变化情况不尽相同，但是依然可以看出一定的变化规律：沥青老化后与老化前的组分含量对比，饱和分显示小幅度增加或减少，芳香分含量明显减少且减少幅度较大，胶质稍有减少或增加，沥青质大幅度增加。

国内外研究表明，大多沥青老化过程中组分变化都是以芳香分和沥青质的变化最为显著，这为沥青再生提供了很好的参考，即从组分构成角度考虑，应尽量以恢复芳香分和沥青质的构成协调为主，下面对几种组分的转移情况进行分析。

(1) 饱和分变化不大。沥青老化时，饱和分变化主要包括两个方向，一方面其受热发生断链反应，生成更轻的成分，受热挥发而质量减少；另一方面，沥青受热过程中，沥青质发生开环、断链反应，向饱和分及芳香分等轻质组分转化，引起轻质组分的增加。可见，PAV 老化过程中，这两个方向的变化对饱和分含量而言速率相差不大，故饱和分含量变化不明显。

(2) 芳香分含量减少最显著。原因在于芳香分受热发生缩和反应，向重质组分转化，从而含量减少。

(3) 胶质含量变化不大。沥青老化过程中，一方面芳香分缩合向胶质转化；另一方面，胶质向沥青质缩合转化，二者速率决定了胶质含量的增减，如果前者变化速率大于后者，胶质含量增加，相反则胶质含量减少。

(4)沥青质含量明显增加。主要原因在于老化时胶质发生缩合反应生成沥青质，使得沥青质含量增加。

由于不同组分在沥青中分别起到不同的作用，组分之间保持合适比例对沥青性能十分重要。而沥青在使用过程中，由于空气、温度等的作用，导致沥青中组分间发生转化、比例调整，到达一定程度后表现为外在性能的变化，即为沥青的老化。

2)沥青老化的相容性变化理论

(1)沥青的相容性和溶度参数。

一种沥青能否形成稳定的溶液，不取决于溶质颗粒的大小，而取决于溶质(沥青质)在溶剂(软沥青质)中的溶解度和溶剂对溶质的溶解能力，这就是所谓的相容性理论。希尔布莱德曾提出“溶解度参数”理论，认为在一种溶液中，溶质的溶解度参数与溶剂的溶解度参数的差值小于某一定值时，即能形成稳定的溶液。对此可用式(2-2)表示。

$$\Delta\delta = \delta_{AT} - \delta_{M} < K \tag{2-2}$$

式中，$\Delta\delta$——沥青质与软沥青质溶解度参数差值，$(\mathrm{cal/cm^3})^{1/2}$；

δ_{AT}——沥青质的溶解度参数，$(\mathrm{cal/cm^3})^{1/2}$；

δ_{M}——软沥青质的溶解度参数，$(\mathrm{cal/cm^3})^{1/2}$；

K——要求的溶解度参数差值的限值，$(\mathrm{cal/cm^3})^{1/2}$。

根据有关研究，国产沥青的沥青质溶解度参数与软沥青质溶解度参数的差值($\Delta\delta$)的上限值为$0.76(\mathrm{cal/cm^3})^{1/2}$。毋庸置疑，沥青溶解度参数差值与其相容性有密切的关系，当$\Delta\delta < 0.76(\mathrm{cal/cm^3})^{1/2}$时，得到的混溶物有较好的相容性，即溶解度参数差值小于$0.76(\mathrm{cal/cm^3})^{1/2}$的沥青表现出较好的相容性；反之，则混溶物的相容性较差。

(2)老化沥青的相容性。

为了工程应用方便，假设沥青是由沥青质为溶质溶于软沥青质为溶剂的浓溶液。优良的沥青其沥青质与软沥青质应有很好的相容性，也就是沥青质与软沥青质的溶解度参数很接近(或溶解度参数差值很小)，则它们可以形成稳定的浓溶液。随着沥青的老化，沥青及其组分中各种化合物发生脱氢、聚合和氧化等化学变化，溶解度参数随之变化。

通常沥青质的溶解度参数δ_{AT}的增大比软沥青质的溶解度参数δ_{M}的增大要快，所以老化后沥青的沥青质与软沥青质溶解度参数差值$\Delta\delta$增大，破坏了沥青中沥青质与软沥青质的相容性，因而引起沥青路用性能的衰降。沥青各组分在老化前后溶解度参数变化如表2-20所示。

表2-20　沥青各组分老化前后溶解度参数的变化

沥青组分	沥青状态	溶解度参数 $\delta/(\mathrm{cal/cm^3})^{1/2}$	沥青质与软沥青质溶解度参数差值 $\Delta\delta/(\mathrm{cal/cm^3})^{1/2}$	溶解度参数变化 $\Delta\delta^*/(\mathrm{cal/cm^3})^{1/2}$
饱和分(S)	老化前	8.3464	1.4558	—
	老化后	8.6252	1.9872	0.2788
芳香分(Ar)	老化前	9.0453	0.7567	—
	老化后	8.9904	1.6220	0.0549

续表

沥青组分	沥青状态	溶解度参数 $\delta/(cal/cm^3)^{1/2}$	沥青质与软沥青质溶解度参数差值 $\Delta\delta/(cal/cm^3)^{1/2}$	溶解度参数变化 $\Delta\delta^*/(cal/cm^3)^{1/2}$
胶质(R)	老化前	9.5313	0.2702	—
	老化后	9.6666	0.9458	0.1333
沥青质(As)	老化前	9.8020	—	—
	老化后	10.6124	—	0.8104

注："—"表示数据缺省。

从组分变化及相容性变化理论综合理解，沥青老化过程中，各组分构成比例的变化，引起沥青中沥青质与软沥青质溶解度参数的变化，导致沥青质与软沥青质溶解度参数差值增大，因而其相容性降低，最终表现为沥青路用性能衰降。

3) 沥青老化的橡胶理论

(1) 沥青的橡胶结构。

美国于 1987 年建立了一项为期 5 年、耗资 1.5 亿美元的研究计划——美国公路战略研究计划(SHRP)，通过大批科研工作者历时 5 年的辛勤工作，在科研过程中开发出体积排出色谱(SEC)和离子交换色谱(IEC)，采用体积排出色谱或离子交换色谱将石油沥青分离成相对分子质量大小不同的馏分，或分离成酸性分(强酸、弱酸)、碱性分(强碱、弱碱)、中性分和两性分，试图考察酸性分、碱性分、中性分和两性分与沥青路用性能的关系。

SHRP 研究结果显示：两性分含有沥青中最具极性和芳香性的分子，这些分子的相对分子质量很大，两性分是提高沥青黏度的主要组分。

科研人员做了如下工作：在四种沥青中分别加入等量的两性分、碱性分、酸性分和中性分，以混合物黏度(60℃)为考核指标，分别考察各个组分对黏度的影响，并且考察沥青在缺少两性分存在时的性质。结果表明，两性分的加入大大提高了沥青的黏度，碱性分对提高沥青的黏度有较大的作用，酸性分在一定程度上也能提高沥青的黏度，而中性分的加入则导致了混合物的黏度较母体沥青的黏度有所降低。混合物黏度大大低于母体沥青的黏度，与母体沥青相比，混合物具有较低的弹性模量。结果再次证明了两性分是提高沥青黏度的主要组分。

SHRP 研究人员在以上研究的基础上认为沥青是两性沥青质型网状分子结构，在网状分子结构中含一种油相。沥青最为重要的化学性质是网状结构及油相的分子大小分布，使网状交联在一起的极性相互作用。

通过以上的分析，SHRP 研究人员发现沥青同橡胶有很大的相似性。橡胶也是一种网状聚合物，在网状结构中含有增塑剂(通常为石油系油类，橡胶轮胎含有 25%的油)，增塑剂在橡胶中的作用就像油在两个移动的物体之间起到的润滑作用一样，能促进加工时橡胶大分子之间的相互移动。这种橡胶分子间润滑作用的产生，主要是由于增塑剂分子包围了橡胶大分子，小分子容易运动，带动了大分子相对运动，减低了橡胶分子上的界面能，降低了分子内部的抗形变能力，克服了橡胶分子之间直接的相互滑动摩擦和范德瓦耳斯力所产生的黏附力。

(2)橡胶理论中的沥青老化。

沥青在老化中的流变性质、变化结果的影响因素与指标等，可通过相关试验进行探讨。表 2-21 列出了国内几种沥青的原样沥青和 RTFOT 残留沥青的动态剪切试验结果，从中可以看出沥青老化后复数剪切模量 G^*有较大的增加，相位角 δ 有所减小。这说明沥青中的弹性部分在复数剪切模量中所占比重有所增大，黏性部分在复数剪切模量中所占比重反而有所减少。原因是油相(一般为芳香族分)氧化成沥青质，导致网状分子过多而油分不足，使得沥青变得脆硬，此时的沥青表现出较多的弹性性质。

表 2-21　国内几种沥青的原样沥青和 RTFOT 残留沥青的动态剪切试验结果

沥青品种	原样沥青				RTFOT 残留沥青			
	温度/℃	G^*/Pa	$\tan\delta$	$G^*/\sin\delta$	温度/℃	G^*/Pa	$\tan\delta$	$G^*/\sin\delta$
克拉玛依	52	6962	6.343	7050	52	11850	4.132	12200
	58	3221	8.417	3240	58	5521	5.133	5620
	64	1578	11.530	1580	64	2693	6.581	2720
欢喜岭	52	4923	7.277	4980	52	12410	4.125	12800
	58	2182	10.360	2190	58	5500	5.441	5590
	64	1024	15.480	1030	64	2516	7.625	2540
茂名	52	4112	13.000	4120	52	7831	7.518	7940
	58	1936	19.340	1940	58	3587	10.460	3600
	64	958	31.510	958	64	1708	15.500	1710
胜利	52	3680	7.210	3705	52	9680	4.033	5730
	58	1675	11.610	1680	58	4350	5.121	4430
	64	845	18.720	846	64	2134	6.851	2160

通过表 2-21 分析得出，大分子组分的含量对沥青的性质有较大的影响。例如沥青 B 为优质沥青，含有适量的大分子或网状组分。沥青 A 含有过多的网状分子而油分不足，会开裂。沥青 C 含网状分子少而油分多，会剥落。沥青老化是当油相(一般为芳香族分)氧化成沥青质时使沥青 B 变成沥青 A。油相成分、网状结构与极性相互作用这些化学性质尚难以计测，也未被充分了解。因此，流变学这一黏弹性的计量标准发展成为一种便利的物理性质计量法，它把沥青性能同化学性质联系起来。

(3)沥青老化的评价指标。

目前对于沥青老化性质的评价指标有沥青老化前后的针入度、软化点、延度、黏度以及 SHRP 体系中的 RTFOT、BBR、DSR 指标等。沥青的老化是由氧化、挥发、聚合、触变、脱水收缩、分离和析出等造成的，老化后的沥青会变硬、变脆，黏度增加，黏附能力下降，因此使用这些指标可以较好地评价沥青的老化性能。

目前我国用于评价沥青路用性能的常规技术指标有针入度、针入度指数、环球软化点、延度、黏度、脆点等。其中，针入度、延度、脆点反映了沥青的低温性能；软化点反映了沥青的高温性能；针入度指数可以反映沥青的温度敏感性；黏度不仅与沥青的施工温度有关，而且从评价沥青路面高温稳定性出发，沥青的黏度特别受到重视。

与目前我国采用的经验型沥青路用性能指标不同，美国公路战略研究计划(SHRP)提出了基于沥青胶结料路用性能的《Superpave 沥青胶结料规范》。采用 SHRP 动态剪切流变仪，通过测量沥青胶结料的复数剪切模量 G^*和相位角 δ 来表征沥青胶结料的黏性和弹性性质。由于疲劳开裂发生在路面使用一段时间后的中低温度，因此采用反映沥青疲劳开裂路用性能的流变力学指标来考察沥青老化后的性能，测量 $G^*/\sin\delta$，分析老化条件下疲劳特性的变化趋势，该规范以全新的路用性能评价指标和试验方法在世界范围内逐渐得以推广。

沥青经老化后，其路用性能会发生不同程度的改变，可以通过不同的测试手段进行分析研究。本试验首先通过沥青常规三项指标分析沥青在 RTFOT 老化之后的高低温性能，研究沥青的老化特性，然后进一步通过黏度指标研究光老化试验对沥青黏度及温度敏感性的影响，最后采用 SHRP 动态剪切流变仪，通过测量沥青胶结料的复数剪切模量 G^*和相位角 δ 来分析光老化对沥青胶结料的黏弹性能和疲劳性能的影响。通过对老化前后沥青胶结料路用性能变化较为全面的分析，探索沥青的光热老化特性。

由于老化对沥青性能的影响主要发生在较薄的表层，用于老化试验研究的沥青试样膜厚度较薄，因此收集的老化沥青试样量较少。对于沥青光老化后黏弹性能的评价借鉴 SHRP 规范的 DSR，所需的试样沥青用量不大，又可以将沥青老化后的性能和实际路用性能的研究联系起来，因此，DSR 是一种较好的老化沥青性能评价技术手段，也是目前沥青老化性能研究中，应用最多、最为可靠的一种试验方法。

2.4　SBS 改性沥青老化特征与机理研究

探究 SBS 改性沥青的老化与机理是分析再生沥青混合料的基础，而改性沥青里面含有改性剂，其强度提高来源于 SBS 聚合物在基质沥青中形成的连续空间网络结果。但是，改性剂品种繁多，各种改性剂的老化特征与机理均不同。因此，对 SBS 改性沥青老化特征与机理进行研究十分必要。

2.4.1　SBS 改性沥青耦合老化宏观性能研究

沥青老化过程中宏观性能指标的变化，主要表现在老化前后物理性能及流变特性的变化。针入度、软化点、延度三大指标因其简单、直观的优点，在道路沥青性能评价体系中占据着重要作用。对于 SBS 类改性沥青，弹性恢复性能主要由 SBS 改性剂提供，而 SBS 改性沥青在老化过程中，不仅基质沥青轻质组分发生挥发，同时伴随着 SBS 改性剂发生裂解，因此弹性恢复是评价 SBS 改性沥青老化的重要宏观指标。沥青作为一种黏弹性材料，对温度较为敏感，主要表现在黏度、动态剪切流变及低温蠕变等流变性能的变化。

1. 物理性能老化规律

为了分析不同耦合老化条件下 SBS 改性沥青三大指标及弹性恢复等物理性能指标的变化。选取中海(ZH)、韩国 SK 生产的两种基质沥青分别与星型(S)、线型(L)SBS 改性剂制备 4 种 SBS 改性沥青，分别测试原样沥青(Ori)，经 RTFOT 短期老化，分别耦合老化 5 天(5dCA)、10 天(10dCA)和 15 天(15dCA)的针入度、软化点、延度(10℃)及弹性恢复(25℃)指标。同时以 RTFOT 老化后各性能指标为基准，计算 SBS 改性沥青耦合老化前后残留针入度比、软化点增长比、延度保留率、残留弹性恢复比，如表 2-22～表 2-29 和图 2-12 所示。

表 2-22　沥青不同耦合老化时间针入度结果汇总表　(单位：0.1mm)

老化时间	ZH	SK	L-ZH	S-ZH	L-SK	S-SK
Ori	71	72	42	48	49	51
RTFOT	57	53	36	39	41	40
5dCA	44	42	30	34	35	35
10dCA	34	34	27	29	30	30
15dCA	30	31	25	25	26	26

表 2-23　沥青不同耦合老化时间残留针入度比计算结果汇总表　(单位：%)

老化时间	ZH	SK	L-ZH	S-ZH	L-SK	S-SK
5dCA	77.2	79.2	83.3	87.2	85.4	87.5
10dCA	59.6	64.2	75.0	74.4	73.2	75.0
15dCA	52.6	58.5	69.4	64.1	63.4	65.0

表 2-24　沥青不同耦合老化时间软化点结果汇总表　(单位：℃)

老化时间	ZH	SK	L-ZH	S-ZH	L-SK	S-SK
Ori	48.6	48.4	61.5	59.5	63.2	62.0
RTFOT	54.3	54.8	59.9	56.7	60.1	58.1
5dCA	58.6	58.0	72.5	69.4	73.5	72.4
10dCA	60.5	61.0	73.3	70.8	74.8	74.2
15dCA	64.0	63.5	74.1	70.9	75.5	74.5

表 2-25　沥青不同耦合老化时间软化点增长比计算结果汇总表　(单位：%)

老化时间	ZH	SK	L-ZH	S-ZH	L-SK	S-SK
5dCA	107.9	105.8	121.0	122.4	122.3	124.6
10dCA	111.4	111.3	122.4	124.9	124.5	127.7
15dCA	117.9	115.9	123.7	125.0	125.6	128.2

表 2-26　沥青不同耦合老化时间延度(10℃)结果汇总表　(单位：cm)

老化时间	ZH	SK	L-ZH	S-ZH	L-SK	S-SK
Ori	38	25	78	71	68	70
RTFOT	26	16	65	54	49	50
5dCA	11	9	47	34	26	25
10dCA	5	4	41	28	19	15
15dCA	2	1	35	25	15	5

表 2-27　沥青不同耦合老化时间延度保留率(10℃)计算结果汇总表　(单位：%)

老化时间	ZH	SK	L-ZH	S-ZH	L-SK	S-SK
5dCA	42.3	56.3	72.3	63.0	53.1	50.0
10dCA	19.2	25.0	63.1	51.9	38.8	30.0
15dCA	7.7	6.3	53.8	46.3	30.6	10.0

表 2-28　SBS 改性沥青不同耦合老化时间弹性恢复(25℃)结果汇总表　(单位：%)

老化时间	L-ZH	S-ZH	L-SK	S-SK
Ori	92	94	86	75
RTFOT	89	88	73	65
5dCA	60	55	39	35
10dCA	51	45	30	26
15dCA	43	35	21	18

表 2-29　SBS 改性沥青不同耦合老化时间残留弹性恢复比(25℃)结果汇总表　(单位：%)

老化时间	L-ZH	S-ZH	L-SK	S-SK
5dCA	67.4	62.5	53.4	53.8
10dCA	57.3	51.1	41.1	40.0
15dCA	48.3	39.8	28.8	27.7

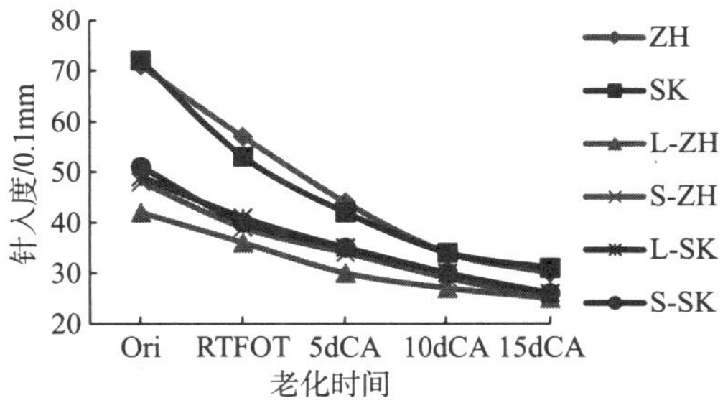

(a)针入度

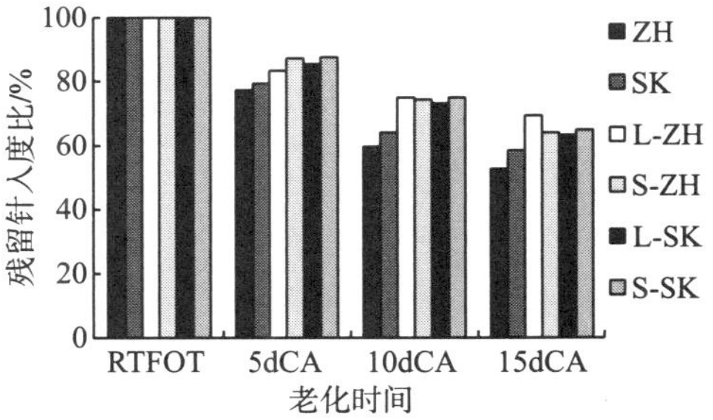

(b)残留针入度比

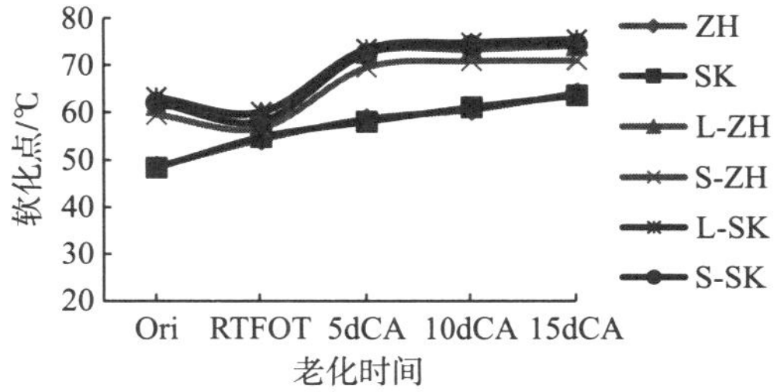

(c) 软化点

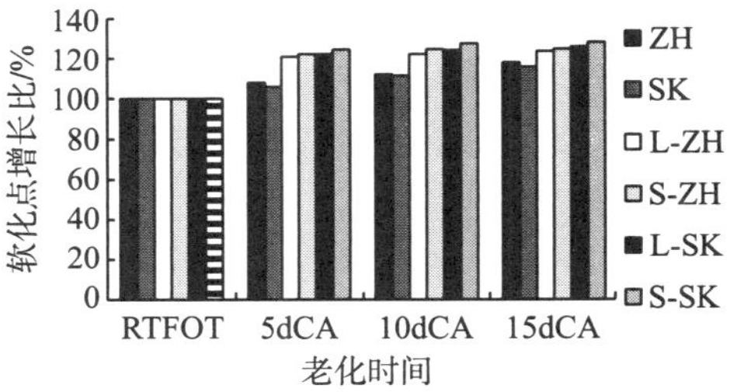

(d)软化点增长比

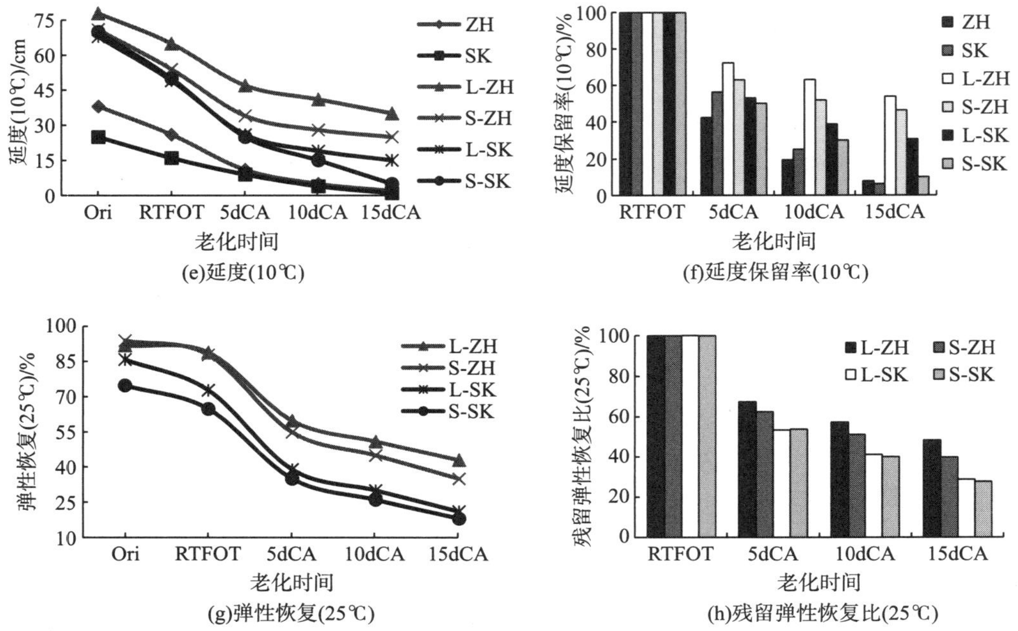

图 2-12　沥青耦合老化物理性能指标变化图

SBS 改性沥青是由基质沥青和 SBS 改性剂组成的混溶体，其老化过程比基质沥青更为复杂，在 SBS 改性沥青老化过程中，改性剂的老化和基质沥青的老化同时发生，它们的共同作用决定了 SBS 改性沥青的老化性能，由图 2-12 分析可知：

(1) RTFOT 短期老化和热、光、水耦合老化(CA)均导致基质沥青和 SBS 改性沥青的针入度降低，但 4 种改性沥青的残留针入度比均高于 2 种基质沥青，表明 SBS 改性沥青的抗老化能力优于基质沥青。当不同类型 SBS 改性剂或不同基质沥青相互混溶时，残留针入度比相差不大。

(2) 与 RTFOT 短期老化后和热、光、水耦合老化(CA)后导致 2 种基质沥青软化点单一增加相比，SBS 改性沥青老化后的软化点变化较为复杂。4 种 SBS 改性沥青在 RTFOT 短期老化后均出现降低现象，随着耦合老化的进行，软化点又呈现增长趋势，且前 5d 变化趋势较为明显，而后变化趋于平缓，但在相同条件下 SBS 改性沥青的软化点高于基质沥青，表明 SBS 改性剂可以显著提高沥青的高温性能。分析其原因，主要是 SBS 改性沥青软化点变化由 SBS 改性剂和基质沥青老化综合作用决定。SBS 改性沥青在 RTFOT 短期老化过程中，试验温度达 160℃以上，基质沥青部分发生氧化，软化点升高，同时 SBS 改性剂由于氧化降解，分子量降低，以 SBS 改性剂为主体的网络结构逐渐破坏，导致改性沥青软化点下降。显然，在 RTFOT 老化过程中，SBS 氧化降解占据着主导地位。随着耦合老化的进行，SBS 改性剂在多因素耦合作用下，紫外辐射占据着主导地位，导致紫外线对 SBS 改性剂快速劣化，使其降解逐渐达到了一个稳定的水平，此时基质沥青的缩合反应逐渐占据着主导地位，导致 SBS 改性沥青的软化点开始逐渐升高。当采用不同类型 SBS 改性剂对相同基质沥青进行改性时，线型 SBS 改性剂软化点略低于星型SBS改性剂；当采用相同类型SBS改性剂对不同基质沥青进行改性时，软化点相近。

(3) RTFOT短期老化和热、光、水耦合老化(CA)均使基质沥青和SBS改性沥青的延度(10℃)减小，尤其是耦合老化后，下降更为明显，但相比于基质沥青，SBS改性沥青老化后的延度明显高于基质沥青，表明SBS改性沥青具有良好的抗低温开裂能力。尤其是基质沥青经15d耦合老化后，延度(10℃)几乎发生脆断，极容易发生低温开裂。当采用不同类型SBS改性剂对相同基质沥青进行改性时，线型SBS改性剂后期延度明显高于星型SBS改性剂，经15d耦合老化后，线型SBS改性沥青延度(10℃)比星型SBS大10cm左右，表明线型SBS改性剂具有更优越的抗耦合老化能力；而采用相同类型SBS改性剂对不同基质沥青进行改性时，经15d耦合老化后，ZH沥青延度(10℃)是SK沥青延度(10℃)的2～3倍，这可能是由基质沥青化学组成不同造成的。

(4) 弹性恢复作为SBS改性沥青特有的物理性能指标，随着老化时间的延长，弹性恢复均呈现下降的趋势。采用相同类型SBS改性剂对不同基质沥青进行改性时，ZH沥青相对于SK沥青，抗老化性能更为优越；采用不同类型SBS改性剂对相同基质沥青进行改性时，线型SBS改性剂相对于星型SBS改性剂，具有更好的抗老化性能。

综合以上分析，SBS改性沥青与基质沥青老化过程中具有相似的性能变化规律，即针入度、延度及弹性恢复均减小，软化点增大，各指标变化速率随老化时间推移逐渐变缓。掺入SBS改性剂后，在相同条件下改性沥青各指标性能绝对值明显高于基质沥青，且各指标变化速率低于基质沥青，表明SBS改性剂的掺入可有效改善沥青的抗耦合老化性能。当采用不同类型SBS改性剂对相同基质沥青进行改性时，线型SBS改性剂具有更优越的抗耦合老化能力，采用相同类型SBS改性剂对不同基质沥青进行改性时，ZH沥青与SBS制备得到的改性沥青抗老化性能更为优越。

2. 流变特性老化规律

1) 黏度

沥青流变特征体系中，黏度指标是最为简便且常用的指标之一，它所表征的沥青特性是基本技术性质而非经验特性的，因此不受试验体系及试件尺寸的影响。同时黏度指标与沥青其他性能参数(如针入度、软化点等)存在较好的相关关系。因此，相比针入度体系指标，黏度指标具有一定的科学性和合理性。

沥青温度敏感性好，当沥青加热熔融至200℃时，沥青黏度小至10^{-1}Pa·s数量级，同水差不多，而冬天严寒状态下的沥青为固体，黏度可高达10^{11}Pa·s，故沥青黏度范围非常大。沥青属于高分子材料，黏度是其平均分子量的宏观表征，沥青平均分子量大则黏度相对较大，反之则黏度较小。本书采用布氏DV-Ⅱ+型黏度计仪(转子S26、转速100r/min)测试原样基质沥青和SBS改性沥青(Ori)，经RTFOT短期老化后，分别耦合老化5d、10d和15d五种不同老化条件下的黏度(135℃)，结果如表2-30所示。同时以RTFOT老化后的黏度指标为基准，进行黏度老化指数计算，结果如表2-31所示。

表 2-30　沥青不同耦合老化时间黏度结果汇总表　（单位：mPa·s）

老化时间	ZH	SK	L-ZH	S-ZH	L-SK	S-SK
Ori	632	554	1625	1400	1853	1769
RTFOT	880	796	2380	2089	2328	2256
5dCA	1332	1211	2880	2764	3068	2825
10dCA	1705	1749	3525	3346	3944	3422
15dCA	2075	2223	4007	3840	4416	3949

表 2-31　沥青不同耦合老化时间黏度老化指数计算结果汇总表　（单位：%）

老化时间	ZH	SK	L-ZH	S-ZH	L-SK	S-SK
5dCA	151.4	152.1	121.0	132.3	131.8	125.2
10dCA	193.8	219.7	148.1	160.2	169.4	151.7
15dCA	235.8	279.3	168.4	183.8	189.7	175.0

由上述可知，沥青是典型的温度敏感性材料，黏度随温度变化程度直接反映了沥青温度敏感性，由图 2-13 可知：

(1) SBS 改性沥青和基质沥青经耦合老化后，黏度增加，表明老化作用增强了沥青抵抗剪切变形的能力，提高了沥青抵抗永久变形的能力。

(2) 黏度随老化程度的加深呈增长的趋势，SBS 改性沥青变化幅度较基质沥青小，表明 SBS 改性剂的掺入抑制了沥青老化过程中黏度的增长。

(3) 黏度老化指数可在一定程度上反映沥青的老化进程，指数越大，表明老化前后黏度差异越大，老化越严重，指数较小时，说明黏度变化小，老化程度较轻。SBS 改性沥青黏度老化指数在老化进程中小于基质沥青，表明 SBS 改性剂掺入提高了沥青的抗耦合老化性能。

(4) 四种 SBS 改性沥青耦合老化后，黏度及老化指数结果差距不明显，未体现出不同 SBS 结构或不同基质沥青对改性沥青黏度增长有明显差异。

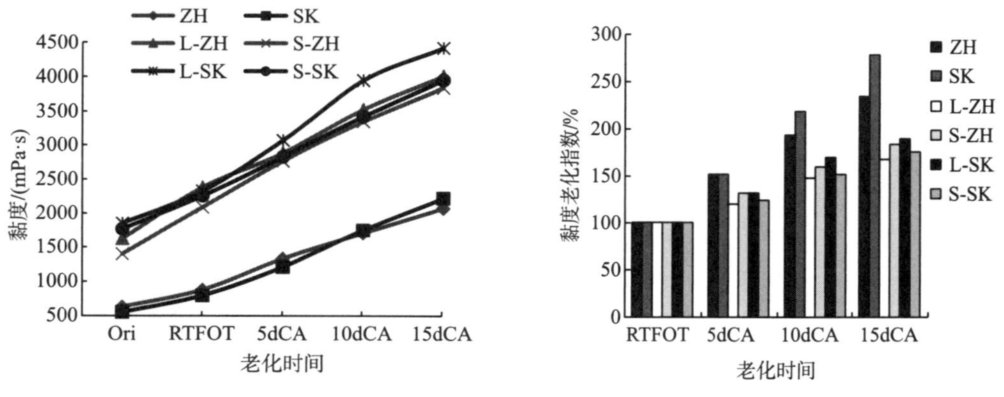

图 2-13　沥青耦合老化黏度（135℃）变化图

2)动态剪切流变性能

DSR 是美国 Superpave 性能试验中的一种，其从根本上改变了现行试验方法和规范中以纯经验为主的不足，同时避免了经验评价指标所带来的局限性。本书采用动态剪切流变试验仪分别对基质沥青和 SBS 改性沥青经 RTFOT 老化前后试样进行试验，试验原理如图 2-14 所示。试验采用应变控制模式，原样应变值 12%，老化后试样应变值 10%，试验频率均为 10rad/s，直径 25mm、试样厚度 1mm。依据原样沥青车辙因子不小于 1.0kPa 以及 RTFOT 残留物车辙因子不小于 2.2kPa 的要求，确定各种沥青 PG 分级，以此作为研究不同耦合老化状态下流变性能变化的试验温度，分别如表 2-32 及图 2-15、图 2-16 所示。

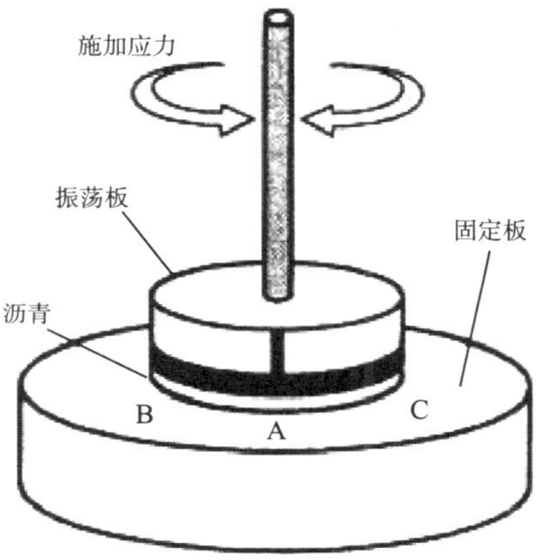

图 2-14　DSR 工作原理图

表 2-32　沥青 $G^*/\sin\delta$ 试验结果　（单位：kPa）

状态	温度/℃	ZH	SK	L-ZH	S-ZH	L-SK	S-SK
Ori	64	5.28	3.52	15.45	17.48	6.46	6.75
	70	2.46	1.91	7.89	8.10	3.43	3.55
	76	1.20	0.83	4.07	4.29	1.86	1.97
	82	0.59	—	2.23	2.35	1.10	1.20
	88	—	—	1.27	1.29	0.69	0.80
RTFOT	64	11.69	8.67	8.57	19.80	13.11	11.73
	70	4.51	3.61	6.35	10.87	6.88	5.97
	76	2.22	1.78	4.28	5.96	3.54	3.10
	82	1.00	0.91	2.72	2.88	1.89	1.73
	88	0.48	—	1.60	1.82	1.04	1.04
沥青使用性能等级		PG76	PG70	PG82	PG82	PG76	PG76

注：“—”表示数据缺省。

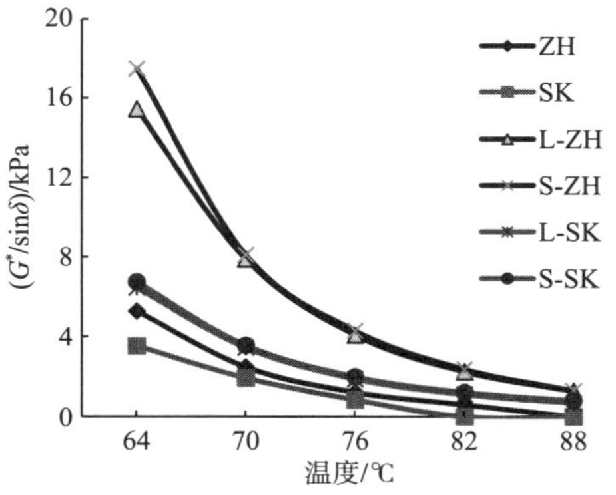

图 2-15　原样沥青 $G^*/\sin\delta$ 与温度关系图

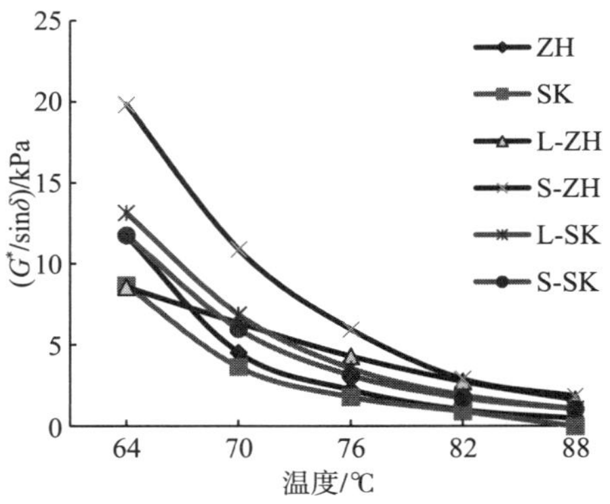

图 2-16　沥青 RTFOT 后 $G^*/\sin\delta$ 与温度关系图

由表 2-32 和图 2-15、图 2-16 可知：

(1)温度对于原样及经 RTFOT 短期老化后的沥青试样车辙因子 $G^*/\sin\delta$ 有着明显的影响，车辙因子 $G^*/\sin\delta$ 随着温度的升高不断降低，表明沥青随温度不断升高，抗永久变形能力不断降低。

(2)沥青老化后，流动性降低，车辙因子 $G^*/\sin\delta$ 在相同温度条件下呈现不同程度的升高。

(3)掺入 SBS 改性剂后，改性沥青车辙因子 $G^*/\sin\delta$ 较基质沥青都有明显的提高，表明 SBS 改性剂的掺入使沥青具有更好的抗永久变形的能力。

通过上述确定基质沥青和 SBS 改性沥青试验温度后，采用动态剪切流变试验仪测试基质沥青和 SBS 改性沥青，经 RTFOT 短期老化后，分别耦合老化 5d、10d 和 15d 五种不同老化条件下的车辙因子 $G^*/\sin\delta$，结果如表 2-33 所示。同时以 RTFOT 老化后的车辙因子为基准，进行车辙因子增长比计算，结果如表 2-34 所示。

表 2-33　沥青不同耦合老化时间车辙因子 $G^*/\sin\delta$ 结果汇总表　(单位：kPa)

老化时间	ZH	SK	L-ZH	S-ZH	L-SK	S-SK
Ori	1.20	1.91	2.23	2.35	1.86	1.97
RTFOT	2.22	3.61	2.72	2.88	2.54	3.10
5dCA	6.25	8.62	2.95	3.96	3.56	4.91
10dCA	10.09	11.24	3.90	4.84	4.32	5.65
15dCA	19.92	20.77	5.68	7.49	8.49	6.77

表 2-34　沥青不同耦合老化时间车辙因子 $G^*/\sin\delta$ 增长比计算结果汇总表　(单位：%)

老化时间	ZH	SK	L-ZH	S-ZH	L-SK	S-SK
5dCA	281.5	238.8	108.5	137.5	140.2	158.4
10dCA	454.5	311.4	143.4	168.1	170.1	182.3
15dCA	897.3	575.3	208.8	260.1	334.3	218.4

由表 2-33、表 2-34 和图 2-17 可知：

(1) SBS 改性沥青和基质沥青老化后，车辙因子 $G^*/\sin\delta$ 增加，表明老化后沥青出现硬化及脆化现象，提高了沥青抵抗剪切变形的能力，提高了沥青混合料抵抗永久变形的能力。

(2) 车辙因子 $G^*/\sin\delta$ 伴随老化进行呈现增长的趋势，SBS 改性沥青增长比小于基质沥青，表明 SBS 改性剂的掺入抑制了车辙因子 $G^*/\sin\delta$ 的增加。

(3) 车辙因子 $G^*/\sin\delta$ 增长比的大小可一定程度上反映沥青的老化程度，增长比越大，表明老化前后辙因子 $G^*/\sin\delta$ 差异越大，老化越严重；车辙因子 $G^*/\sin\delta$ 增长比较小时，说明车辙因子 $G^*/\sin\delta$ 变化小，老化程度较轻。SBS 改性沥青车辙因子 $G^*/\sin\delta$ 增长比在相同老化条件下小于基质沥青，表明 SBS 改性剂掺入提高了沥青的抗耦合老化性能。

(4) 同黏度老化指数变化规律相似，四种改性沥青在耦合老化的末期，L-ZH 改性沥青车辙因子 $G^*/\sin\delta$ 增长比最小，表明其抵抗耦合老化的能力最好，但从另外三种改性沥青车辙因子 $G^*/\sin\delta$ 增长比来看，未体现出不同 SBS 结构或不同基质沥青与改性沥青车辙因子增长比合理的规律性。

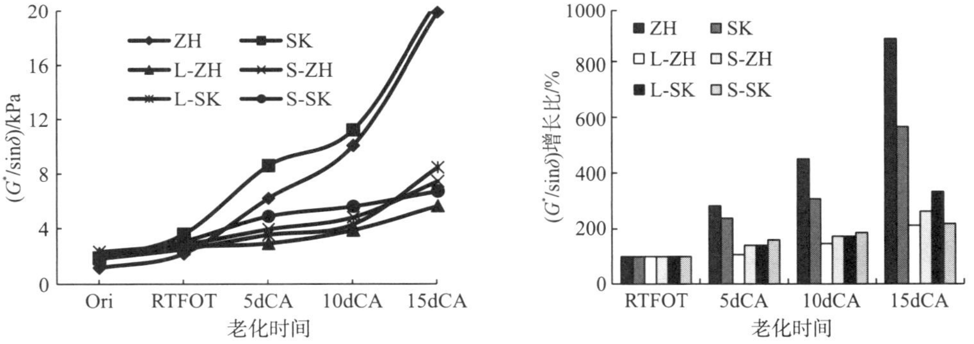

图 2-17 沥青耦合老化车辙因子 $G^*/\sin\delta$ 变化图

3) 低温蠕变性能

沥青混合料低温开裂性能主要取决于沥青结合料的性能和沥青用量，与集料级配的关系较小。目前我国评价沥青混合料的低温抗裂性能大多按照《公路沥青路面施工技术规范》(JTG F40—2004)进行，即对密级配沥青混合料在-10℃温度条件下进行弯曲梁流变试验。

为了对比分析耦合老化对基质沥青和 SBS 改性沥青低温性能的影响，本书采用弯曲梁流变仪进行基质沥青和 SBS 改性沥青，经 RTFOT 短期老化后，分别耦合老化 5d、10d 和 15d 五种不同老化条件下-10℃弯曲梁流变试验。BBR 通过在沥青梁上施加恒定蠕变荷载，进而通过计算机自动采集荷载和变形曲线，计算蠕变劲度模量 S 和蠕变速率 m 等行为参数，结果如表 2-35 所示。同时，以 RTFOT 老化后的蠕变劲度模量为基准，进行蠕变劲度增长比计算，结果如表 2-36 所示。

表 2-35　沥青不同耦合老化时间低温蠕变劲度模量 S 结果汇总表　（单位：MPa）

老化时间	ZH	SK	L-ZH	S-ZH	L-SK	S-SK
Ori	286	299	230	235	242	245
RTFOT	336	350	265	270	278	280
5dCA	398	409	292	300	306	312
10dCA	420	431	305	320	315	340
15dCA	470	478	316	334	330	357

表 2-36　沥青不同耦合老化时间蠕变劲度增长比计算结果汇总表　（单位：%）

老化时间	ZH	SK	L-ZH	S-ZH	L-SK	S-SK
5dCA	118.5	116.9	110.2	111.1	110.1	111.4
10dCA	125.0	123.1	115.1	118.5	113.3	121.4
15dCA	139.9	136.6	119.2	123.7	118.7	127.5

由表 2-35、表 2-36 和图 2-18 可知：

(1) SBS 改性沥青和基质沥青耦合老化后蠕变劲度模量 S 明显增加，表明耦合老化使沥青在低温条件下脆化现象突出，降低了路面低温抗裂能力。

(2) 蠕变劲度模量 S 伴随耦合老化进行呈现增长趋势，SBS 改性沥青低温蠕变劲度模量在相同老化下条件下较基质沥青小，表明 SBS 改性剂的掺入提高了沥青的低温抗裂能力。

(3) 蠕变劲度增长比的大小在一定程度上可反映沥青的老化程度，增长比越大，表明老化前后蠕变劲度模量差异越大，老化越严重，增长比较小时，说明蠕变劲度模量变化小，老化程度较轻。SBS 改性沥青蠕变劲度变化幅度较基质沥青小，表明 SBS 改性剂的掺入提高了沥青的抗老化性能。

(4) 当采用不同类型 SBS 改性剂对相同基质沥青进行改性时，在相同老化条件下线型 SBS 改性剂低温劲度小于星型改性剂，表明线型 SBS 改性剂抵抗路面开裂的能力更好；当采用相同类型 SBS 改性剂对不同基质沥青进行改性时，相同老化条件下 ZH 沥青低温劲度小于 SK 沥青，表明 ZH 沥青与 SBS 改性剂熔融后制备的改性沥青抵抗路面开裂的能力更强。

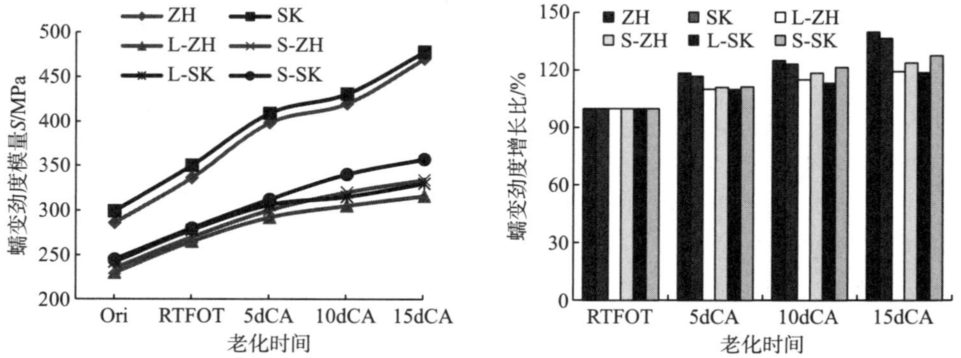

图 2-18　沥青耦合老化蠕变劲度变化图

通过对基质沥青和SBS改性沥青在不同耦合老化条件下黏度、车辙因子$G^*/\sin\delta$和蠕变劲度模量等流变特性指标进行对比分析，可以得出以下结论。

(1) SHRP指标所反映的沥青性能老化规律与常规物理性能指标类似：沥青经耦合老化后，黏度及车辙因子$G^*/\sin\delta$不断增加，低温蠕变劲度模量S不断增大的同时蠕变速率m逐渐减小，表明老化后沥青出现硬化及脆化现象，高温性能得到增强，低温性能则不断劣化。

(2) 在相同耦合条件下，基质沥青的指标变化大于改性沥青，表明SBS改性剂的存在提高了改性沥青的抗老化性能。

(3) 从不同类型的改性剂或者不同基质沥青对改性沥青抗耦合老化能力的改善效果来看，线型SBS改性剂具有更优越的抗耦合老化能力，ZH沥青与SBS制备得到的改性沥青抗老化性能更为优越。

2.4.2　SBS改性沥青耦合老化微观结构研究

通过对基质沥青和SBS改性沥青耦合老化规律的对比分析，SBS改性沥青耦合老化宏观性能表现为软化点、黏度、车辙因子、低温蠕变劲度模量增大，针入度、延度、弹性恢复均减小，这与基质沥青变化规律基本一致，最大的区别在于SBS改性剂的掺入在一定程度上抑制了耦合老化进程，即各宏观指标的变化幅度小于基质。为了深入探究SBS改性沥青耦合老化规律，需对其耦合老化过程中化学组分及微观结构进行深入的分析。

本书在SBS改性沥青耦合老化宏观性能研究的基础上，选择中海(ZH)基质沥青及与线型SBS改性剂(L)制备的改性沥青(L-ZH)经RTFOT老化，再分别经5d、10d和15d耦合老化后，采用FTIR、GPC和^{1}H-NMR等手段对比分析基质沥青和SBS改性沥青化学组分及微观结构的变化。

1) 耦合老化沥青组分及胶体结构分析

沥青老化过程中，沥青中沥青质、胶质、芳香分和饱和分四组分的变化极为复杂。本研究依据JTG E20—2011采用溶剂沉淀及色谱柱法，对基质沥青和SBS改性沥青经旋转薄膜烘箱试验短期老化后，再分别经5d、10d和15d耦合老化，测试不同老化条件下四组分百分含量，结果如表2-37所示。同时分别以RTFOT老化后四组分百分含量为基准，计算不同耦合老化时间下四组分变化率，结果如表2-38所示。

表2-37　不同老化时间下沥青四组分百分含量　（单位：%）

老化时间	基质沥青(ZH)				SBS改性沥青(L-ZH)			
	沥青质	胶质	饱和分	芳香分	沥青质	胶质	饱和分	芳香分
Ori	9.05	28.32	13.35	49.28	15.05	26.97	12.67	45.31
RTFOT	11.02	29.00	13.45	46.53	16.60	26.54	12.50	44.36
5dCA	12.63	28.35	13.70	45.32	17.98	25.62	12.58	43.82
10dCA	12.80	28.64	13.65	44.91	18.35	25.50	12.61	43.54
15dCA	13.05	28.91	13.54	44.50	18.51	25.49	12.67	43.33

表 2-38　不同耦合老化时间下沥青四组分变化率　　（单位：%）

老化时间	基质沥青(ZH)				SBS 改性沥青(L-ZH)			
	沥青质	胶质	饱和分	芳香分	沥青质	胶质	饱和分	芳香分
5dCA	14.6	2.2	1.9	2.6	12.5	3.2	0.6	1.2
10dCA	16.2	1.2	1.5	3.5	15.9	3.6	0.8	1.8
15dCA	18.4	0.3	0.7	4.4	17.3	3.6	1.3	2.2

由表 2-37、表 2-38 和图 2-19、图 2-20 可知：

(1) SBS 改性剂因高速剪切和溶胀作用，增加了沥青黏稠度，使其具有较大的表面积，吸附了部分胶质和分散介质，从而 SBS 改性剂掺入使沥青质百分含量相对增加，其余三组分胶质、饱和分和芳香分百分含量出现不同程度的下降。

(2) 随着耦合老化的进行，沥青质百分含量上升、芳香分百分含量降低，而饱和分和胶质百分含量变化不大，但变化规律较为复杂，有时增加有时减少。这是因为沥青老化过程主要是芳香分—胶质—沥青质组分转移的过程，胶质百分含量变化受芳香分向胶质转变速率、胶质向沥青质转变速率两个因素的双重影响。

(3) SBS 改性沥青中沥青质及芳香分变化率较基质沥青低，表明 SBS 改性剂掺入抑制了沥青中芳香分—胶质—沥青质的转变速率。

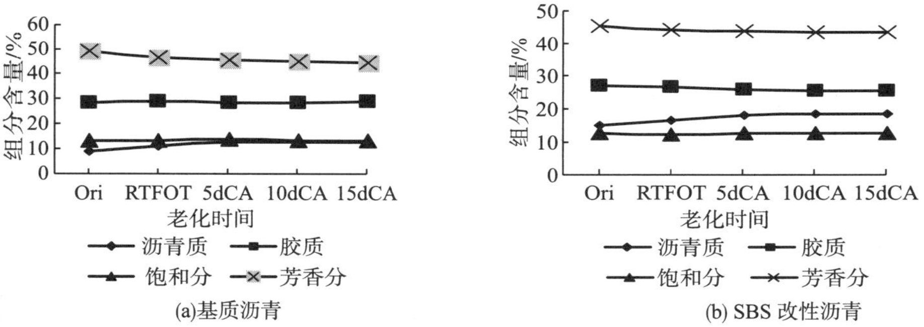

图 2-19　不同老化时间下沥青四组分百分含量

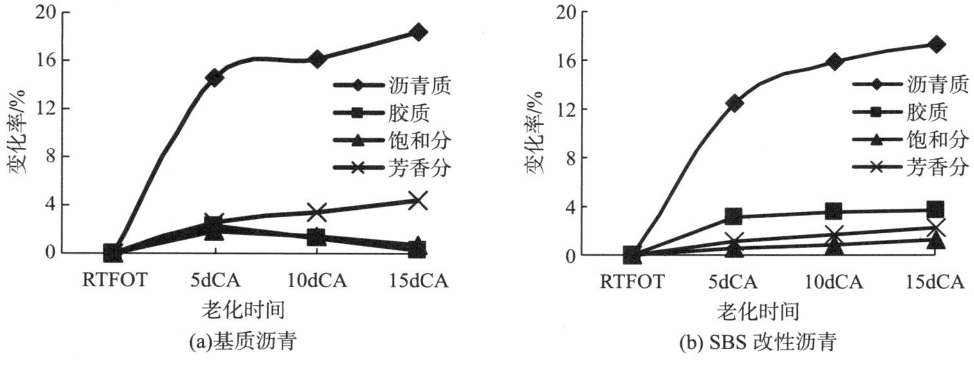

图 2-20　沥青四组分随耦合老化时间变化图

(4) 在沥青耦合老化过程中，沥青质的变化最为显著，在耦合老化前 5d 百分含量增加变化较快，伴随着耦合老化进一步继续，各组分变化趋于平缓。这是因为随着耦合老化的进行，沥青质又会发生断链、开环等反应，向饱和分和芳香分转化，从而使饱和分含量变化较小。

Saddiqui 研究认为凝胶指数能很好地反映软沥青的胶溶能力，也能很好地反映沥青在老化过程中胶体结构的变化，胶溶能力越好，沥青越稳定，抗老化能力越强。通过基质沥青和 SBS 改性沥青四组分百分含量，可以计算各老化时间下的凝胶指数，如表 2-39 所示。

表 2-39　沥青不同耦合老化时间下的凝胶指数

沥青类型	Ori	RTFOT	5dCA	10dCA	15dCA
基质沥青	0.289	0.324	0.357	0.360	0.362
SBS 改性沥青	0.384	0.410	0.440	0.448	0.453

由表 2-39 和图 2-21 可知：

(1) SBS 改性沥青在同一老化时间下，凝胶指数均大于基质沥青，表明 SBS 改性剂的掺入使沥青胶溶能力更好，状态更稳定，抗耦合老化能力更强。

(2) 随着耦合老化的进行，基质沥青和 SBS 改性沥青凝胶指数均呈现上升趋势，在 RTFOT 短期老化及耦合老化前 5d 时间内，凝胶指数变化速率较快，随着耦合老化的进行，凝胶指数变化趋于平缓。

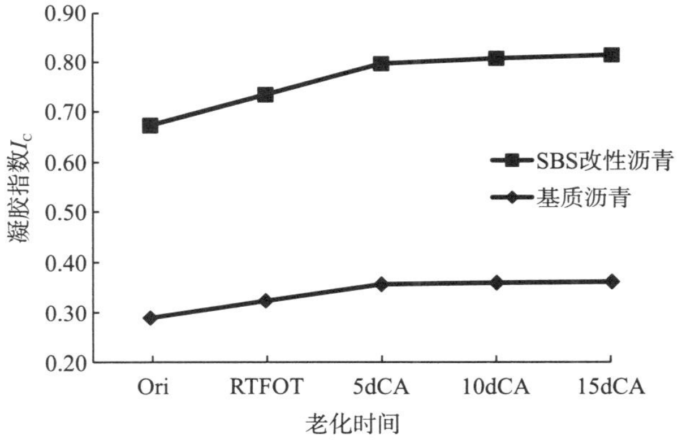

图 2-21　沥青凝胶指数 I_C 随耦合老化时间变化图

2) 耦合老化沥青官能团分析

在沥青化学结构分析过程中，最常用的方法为 FTIR，其因分辨率高、样品需要量少、测定速度快而在现代材料分析中得到了广泛的应用。当用一束波长 0.5～1000μm 的红外光照射沥青样品时，某些波长的红外光由于被沥青样品选择吸收(样品分子中的原子振动能级和转动能级发生跃迁)而形成红外吸收光谱。每一种物质都会有其特有的谱图，以波数 σ (或波长 λ) 为横坐标，以透射比 T 为纵坐标的谱图，其中吸收峰的位置由波数表示，吸收强度由 T%表示。通过红外光谱图能够鉴别物质的类型及所包含官能团种类，如表 2-40 所示。在明确常见官能团的吸收峰位置及吸收峰强度的前提下，只要将得到的沥青红外光谱图与常见官能团的吸收峰位置及强度做出对照，即可得出不同物质在不同老化状态下的主要官能团变化情况。

表 2-40　沥青官能团红外光谱吸收频率

化合物类型	键型	吸收强度	吸收峰位置/cm^{-1}
烷烃	C—H	强	2960～2850
烯烃及芳烃		中等	3100～3010
炔烃		强	3300
烷烃	C—C	弱	1200～700
烯烃	C═C	不定	1680～1620
炔烃	C≡C	不定	2200～2100
醛	C═O	强	1740～1720
酮		强	1725～1705
酸及酯		强	1770～1710
酰胺		强	1770～1710
醇及酚	O—H	不定，尖锐	3650～3610
氢键结合的醇及酚		强，宽	3400～3200
胺	N—H	中等，双峰	3500～3300

除上述表 2-40 中的常见官能团外，沥青中官能团主要以芳环形式存在，C═C 伸缩振动频率位于 1370～1610cm^{-1}之间，在区间内会出现 3～4 个吸收带，分别位于(1380±10)cm^{-1}、(1600±10)cm^{-1}和 1450～1500cm^{-1}。其中 1450～1500 cm^{-1}和 1600cm^{-1}具有高度芳香烃特征吸收峰。砜基包括 O═S═O 对称和反对称伸缩振动，均会出现很强的吸收峰，分别位于 1160～1125cm^{-1}和 1330～1275cm^{-1}。亚砜基包括苄基亚砜和脂肪族亚砜的伸缩振动，两者频率基本相同，均位于 1030～1060cm^{-1}。

芳香分、饱和分作为沥青中百分含量最多的两种成分，主要以苯环形式存在，C—H 的面外弯曲振动频率大多位于 860～670cm^{-1}之间。但苯环取代形式多样，故而强度、振动频率都会随着取代基位置改变而有所不同，如表 2-41 所示。

表 2-41　苯环不同取代基的红外光谱吸收频率

取代基位置	振动频率/cm^{-1}	取代基位置	振动频率/cm^{-1}
0	670(强)	1，2，4	760～870，680～720
1	730～770(强)，690～710(强)	1，3，5	820～900，660～720
1，2	735～770	1，2，3，4	780～820，670～720
1，3	750～810，690～710	1，2，3，5	825～890
1，4	810～833	1，2，4，5	840～895
1，2，3	720～810	1，2，4，6	850～860，780～810，720～740

为了对比分析基质沥青和 SBS 改性沥青在 RTFOT 短期老化和不同时间耦合老化条件下沥青官能团的变化，本书在分析沥青耦合老化规律的基础上，选择中海基质沥青(ZH)和掺入线型改性剂(L)制备的 SBS 改性沥青进行红外光谱分析。试验采用美国 PerkinElmer 公司生产的 Spectrum100 傅里叶变换红外光谱仪，波数范围为 400～4000cm^{-1}，分辨率为 4cm^{-1}，试验结果分别如图 2-22 和图 2-23 所示。

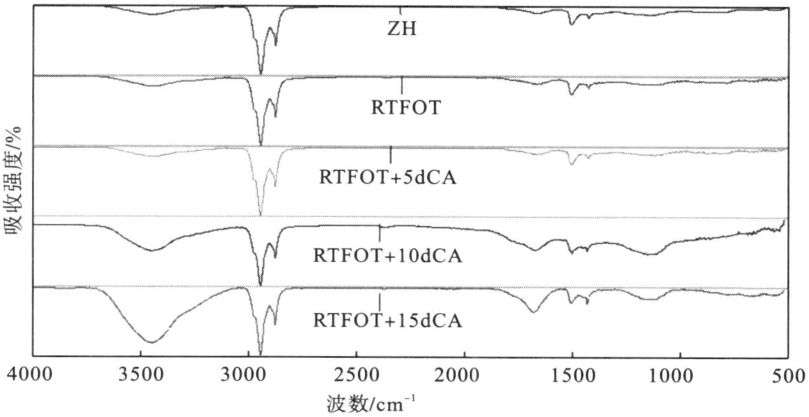

图 2-22　基质沥青随老化时间红外光谱图

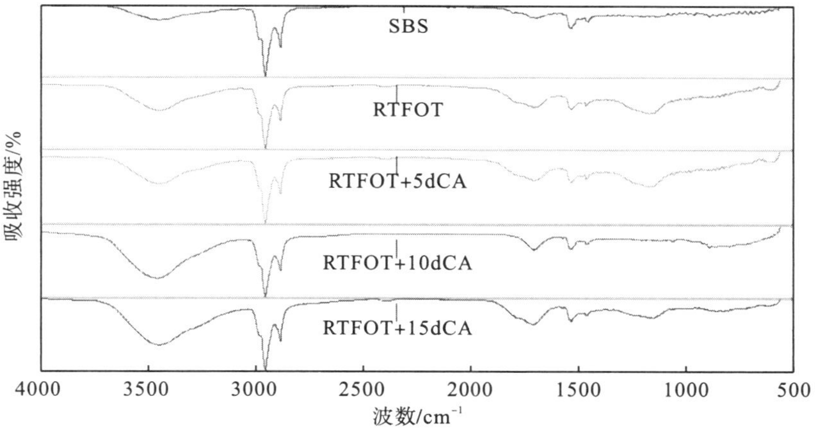

图 2-23　SBS 改性沥青随老化时间红外光谱图

由图 2-22 和图 2-23 可知：

(1) 基质沥青老化前谱图中以 3420cm^{-1} 为中心的吸收带呈宽状分布且表现为单峰，经判断应该为 O—H 的伸缩振动峰，2917cm^{-1} 及 2847cm^{-1} 为脂肪族甲基及亚甲基中 C—H 的伸缩振动吸收峰，1616cm^{-1} 是 C═O 伸缩振动吸收峰，其中也可能包含 C═C 的吸收峰，小于 1000cm^{-1} 处的 716cm^{-1} 是烷基振动引起的吸收峰，1072cm^{-1} 是 S═O 的官能团振动引起的吸收峰，1381cm^{-1} 和 1457cm^{-1} 是由烷烃甲基和亚甲基中包含的 C—C 伸缩振动引起的吸收峰，由此可见，基质沥青中主要官能团均能从其红外光谱中得到体现。

(2)沥青的红外光谱图在不同老化状态下，特征吸收峰位置基本相同，但相对强度有所不同，尤其是 3420cm^{-1}处的 O—H 吸收峰、1670cm^{-1}处的 C═O 吸收峰及 1030cm^{-1}附近的 S═O 吸收峰。说明经过 RTFOT 短期老化及耦合老化后，沥青中含氧官能团的含量显著增加，沥青在老化过程中发生了明显的氧化反应。

(3)对照基质沥青与 SBS 改性沥青老化前的红外谱图，沥青改性后多数官能团吸收峰除位置稍有偏移外并未出现明显差异，只是改性后的沥青在 791cm^{-1}出现了明显的吸收峰，表明加入 SBS 聚合物以后出现了丁二烯嵌段—C═C—弯曲振动吸收峰。

(4)SBS 改性沥青经过不同时间的耦合老化后，吸收峰强度产生较大变化，官能团增加到 4 个，分别是 1670 cm^{-1}附近的 C═O 吸收峰，在 1030cm^{-1}附近的 S═O 吸收峰，3449cm^{-1}处的 O—H 吸收峰及位于 791cm^{-1}处的丁二烯吸收峰。

为了进一步对比分析沥青老化前后官能团的变化，本书采用三个评价指标，分别为丁二烯指数 DI、羰基指数 CI 和亚砜基指数 SI。为了消除因制样厚度及涂膜厚度等影响因素对试验结果造成的影响，以全部光谱的面积作为参比来定义羰基指数、亚砜基指数及丁二烯指数，即分别用丁二烯基(930～980cm^{-1})吸收峰面积、羰基(1673～1724cm^{-1})与亚砜基(981～1103cm^{-1})吸收峰面积与全部峰谱(450～4000cm^{-1})面积之比来表征。丁二烯指数 DI、羰基指数 CI 及亚砜基指数 SI 的计算式如下。

$$\mathrm{DI}=\frac{A_{\mathrm{C=C烯烃}}}{A_{总}} \tag{2-3}$$

$$\mathrm{CI}=\frac{A_{\mathrm{C=O}}}{A_{总}} \tag{2-4}$$

$$\mathrm{SI}=\frac{A_{\mathrm{S=O}}}{A_{总}} \tag{2-5}$$

式中，$A_{\mathrm{C=C烯烃}}$——丁二烯基吸收峰面积；

$A_{\mathrm{C=O}}$——羰基吸收峰面积；

$A_{\mathrm{S=O}}$——亚砜基吸收峰面积；

$A_{总}$——峰谱总面积。

本书采用 OMINIC 红外光谱分析软件，将图 2-22、图 2-23 的红外光谱面积进行统计，并代入式(2-3)～式(2-5)中，计算得到沥青老化前后的 CI、SI 及 DI。为了体现沥青在不同时间耦合老化过程中的指标变化速率，参照残留针入度比定义对各种沥青耦合老化前后官能团指数增长比进行计算，结果如表 2-42、表 2-43 所示。

表 2-42　沥青老化后官能团指数表　　(单位：%)

沥青类型	指标	Ori	RTFOT	5dCA	10dCA	15dCA
基质沥青	羰基指数 CI	2.62	3.99	4.86	5.28	5.39
	亚砜基指数 SI	2.37	4.15	4.56	4.80	4.92
SBS 改性沥青	羰基指数 CI	2.79	3.58	4.22	4.56	4.63
	亚砜基指数 SI	3.16	3.76	4.12	4.31	4.39
	丁二烯指数 DI	1.84	1.28	1.04	0.92	0.83

表 2-43 沥青不同耦合老化时间官能团指数增长比 (单位：%)

沥青类型	指标	5dCA	10dCA	15dCA
基质沥青	羰基指数 CI	121.7	132.3	135.1
	亚砜基指数 SI	109.8	115.5	118.4
SBS 改性沥青	羰基指数 CI	117.9	127.4	129.3
	亚砜基指数 SI	109.6	114.6	116.8
	丁二烯指数 DI	81.3	71.9	64.8

由表 2-42、表 2-43 和图 2-24 可知：

(1) 无论是基质沥青还是 SBS 改性沥青，随着老化时间的延长，亚砜基指数和羰基指数均呈现增加的趋势，但在相同老化条件下，基质沥青羰基指数和亚砜基指数增长速率快于 SBS 改性沥青，表明 SBS 改性剂的掺入，抑制了沥青官能团的变化。

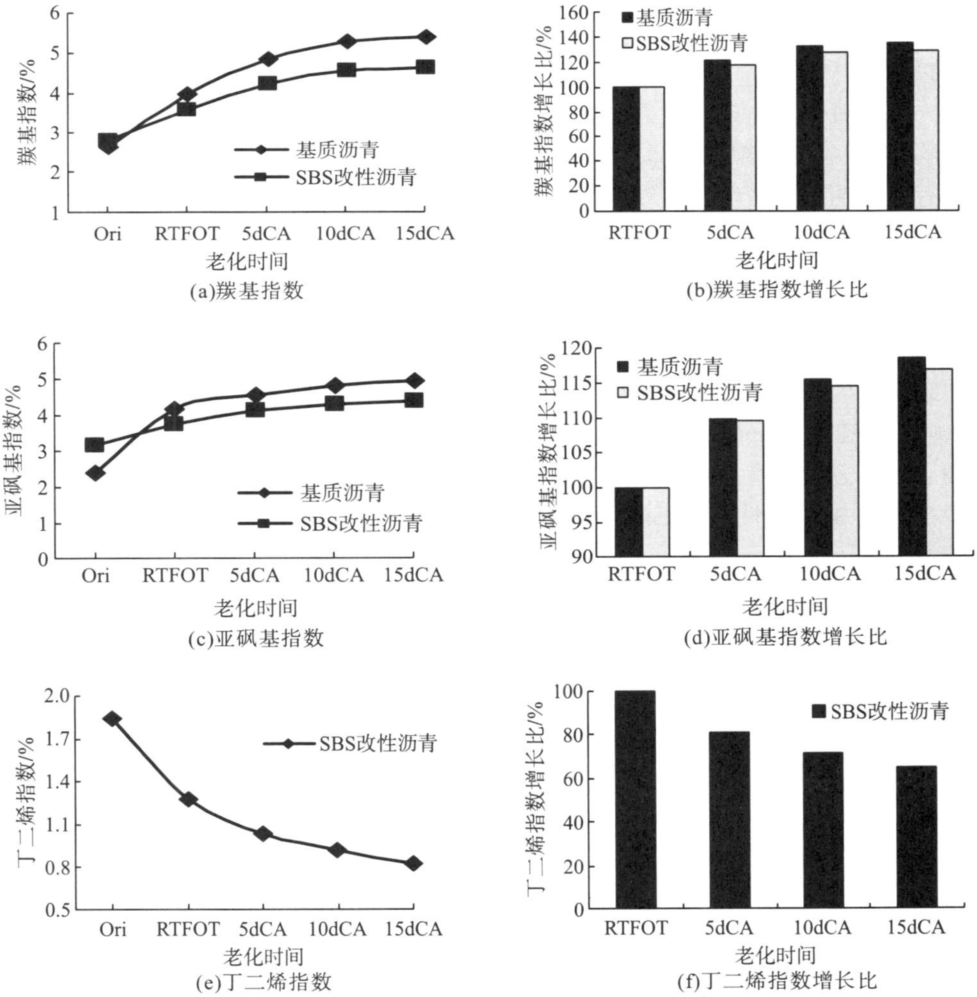

图 2-24 沥青官能团指数随老化时间变化图

(2) 基质沥青和 SBS 改性沥青在耦合老化前 5d 羰基指数增幅最大，此后羰基含量增长趋于平缓，表明在老化过程中起始氧化反应比较剧烈，越到后期氧化反应的速率越慢。羰基的生成是碳链的断键与氧的加成反应，只要有光照或者温度，氧化反应会持续进行直到全部 C═C 断裂。但在实际老化过程中羰基含量并未持续较快增长而是由快到慢，其可能的原因有两点：一是沥青老化前碳链中不饱和双键较多，外界能量作用使 C═C 断裂，断开的 C═C 与氧结合生成 C═O，随着老化过程的进行，碳链断裂能参与反应的不饱和双键随之减少，反应速度减缓，这是浓度对反应速率产生影响的一个方面；二是老化作用致使沥青膜表层部分产生硬化，阻碍氧气进入下层沥青，同时光辐射无法作用到下层沥青，导致氧化反应速率的减缓。沥青中极性分子容易和沥青中的有机硫化物反应生成含有亚砜基官能团的成分，C—S—C 变为 S═O。由于硫的化学活性较碳更高，在外界作用下，硫元素能快速参与反应。而在老化后期，亚砜基含量增长缓慢的主要原因是受到活性硫含量的限制，能参与反应的硫含量降低致使化学反应速率降低。加上前期老化反应形成的表层硬化薄膜对光老化形成阻隔作用，致使光氧反应减缓。所以，随着老化的进行，亚砜基含量的增加速率减缓甚至不变。

(3) 791cm^{-1} 处的丁二烯吸收峰强度在老化过程中逐渐弱化，表明 SBS 改性沥青老化过程中，SBS 改性剂出现了较为明显的降解反应，在 RTFOT 老化阶段丁二烯指数变化明显，表明 SBS 在高温热老化过程中稳定性受到严重破坏，随着耦合老化的进行，丁二烯指数亦有比较明显的变化，但比 RTFOT 老化阶段稍有减弱。

3) 耦合老化沥青分子量分析

GPC 是测定高分子物质平均分子量及其分布的一种液相色谱。色谱图一般以淋出时间为横坐标，以淋出体积为纵坐标，并通过软件对谱图进行处理则可得出相应的分子量及其分布的相关数据。本书采用 PL-GPC50 型凝胶渗透色谱仪，柱子长为 300mm，共 3 根，溶剂为四氢呋喃，流速为 1.0mL/min，试样溶液浓度为 2.0mg/mL，进样量为 50μL。

为了对比分析基质沥青和 SBS 改性沥青在耦合老化中分子量的变化情况，首先需研究沥青在掺入 SBS 改性剂后 GPC 谱图的变化情况。基质沥青及 SBS 改性沥青的 GPC 谱图如图 2-25 所示。

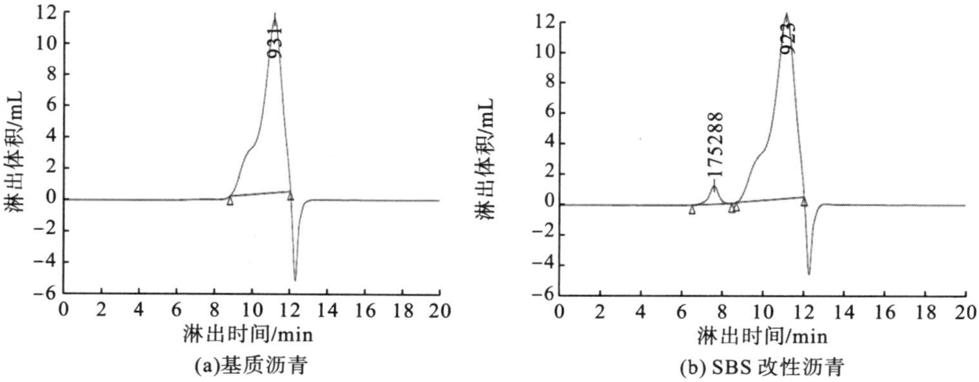

图 2-25 基质沥青与 SBS 改性沥青 GPC 谱图

由图 2-25 可以发现：

(1) 沥青的 GPC 谱图是具有一定宽度分布的谱带，这是沥青复杂的多分子结构的谱图表征。沥青淋洗时间从 8min 开始至 12min 完全结束，在淋洗第 10min 左右出现拐点，说明此处对应的分子尺寸较少，按照沥青四组分分组法，最先淋洗出来的应该是分子较大的沥青质部分，之后依次是胶质、芳香分及饱和分。

(2) SBS 改性沥青较基质沥青多一个峰，且位于前面的一个峰较弱，位于后面的一个峰较强。由于 SBS 改性剂的分子量比基质沥青的分子量大出许多，同时 SBS 在改性沥青中的掺量较低，位于前面的较弱的峰是 SBS 聚合物相的分子量分布，位于后面的较强的峰是沥青相的分子量分布，SBS 改性剂的分子量分布在 $10^{4.6}$～$10^{6.2}$ 之间，基质沥青分子量分布仍然在 10^{2}～$10^{4.4}$，SBS 的加入对基质沥青的分子量无影响。

根据图 2-26，对比分析 SBS 改性沥青老化前后的 GPC 谱图可知，老化前，基质沥青与 SBS 改性剂分子量分布之间有较为明显的间隔，表明在老化前基质沥青与聚合物改性剂的分子量大小差异明显，老化后基质沥青与 SBS 改性剂的分子量分布部分重合，大分子沥青与小分子 SBS 改性剂在分子量上没有明显界限。

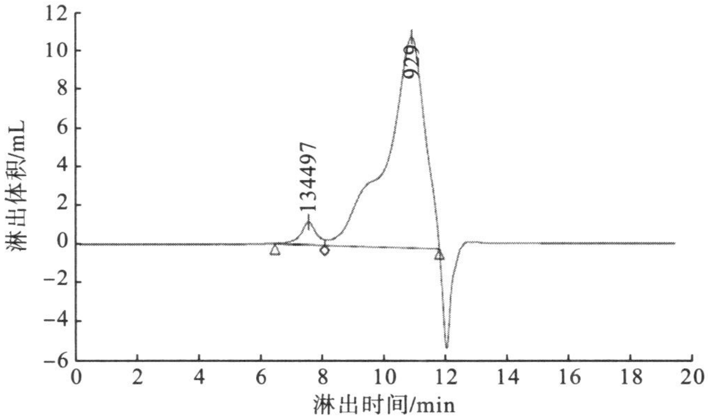

图 2-26　SBS 改性沥青老化后 GPC 谱图

对于沥青及 SBS 改性沥青这类高分子混合物，是没有固定的分子量的，从色谱图上得出的分子数据只是一个统计平均数，在 GPC 谱图上常用的平均分子量有数均分子量 M_n 和重均分子量 M_w，计算公式如下所示。

$$M_n = \sum N_i \cdot M_i / \sum N_i = \sum W_i / \sum W_i \cdot M_{i-1} \tag{2-6}$$

$$M_w = \sum W_i \cdot M_i / \sum W_i \tag{2-7}$$

式中，N_i——分子量为 M_i 的分子数量；

W_i——分子量为 M_i 的组分的分子数量。

为了对比分析基质沥青和 SBS 改性沥青在不同老化状态下的平均分子量，根据 GPC 对数据进行处理。在沥青耦合老化规律研究的基础上，本书主要分析 ZH 基质沥青和掺入线型改性剂制备的 SBS 改性沥青，在 RTFOT 短期老化和 15d 热、光、水耦合老化条件下平均分子量分布情况，如图 2-27 所示。

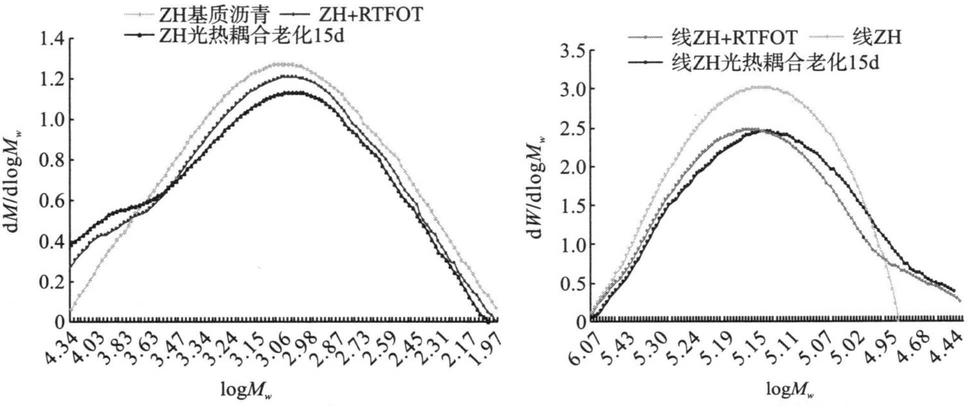

(a)基质沥青　　(b)SBS 改性沥青

图 2-27　基质沥青与 SBS 改性沥青不同老化状态下平均分子量分布

由图 2-27 可知：

(1)基质沥青分子量的分布范围为 $10^{1.9}$～$10^{4.4}$，分子量间大小的差异明显，数均分子量在 10^3 左右浮动。沥青老化后，分子量的变化较大，主要表现为随着老化程度的加深，大分子物质含量增加，小分子物质含量有所减少，但不如大分子物质增加那么明显，分子量处于中间大小的物质含量减少。老化后，GPC 曲线的分散性增大，在 RTFOT 老化后分散性增加较多，在耦合老化阶段变化较小。

(2)SBS 改性沥青在老化后，分子量分布均有向右移动的趋势，且分子量分布曲线在老化后被“压扁”，即曲线分散性变大，尤其是小分子量物质的增加比例明显，中等大小分子含量有较明显的减少，大分子物质虽在含量上有所减少，但最大分子依旧保持在 $10^{6.07}$～$10^{5.83}$ 左右。

平均分子量依然是沥青老化后分子量变化最直观的表征，本书将图 2-27 基质沥青和 SBS 改性沥青中的沥青相和聚合物相的数均分子量 M_n 和重均分子量 M_w 进行统计，结果如表 2-44 所示。

表 2-44　不同老化状态下的平均分子量

材料类型	平均分子量	Ori	RTFOT	15dCA
L-ZH 中聚合物相	M_n	136427	128050	117072
	W_w	166317	156792	145112
L-ZH 中的沥青相	M_n	1902	1968	2074
	W_w	3963	4368	4847
ZH 基质沥青	M_n	1908	1990	2060
	W_w	3951	4467	4577

由表 2-44 分析可知：

(1)基质沥青老化后，沥青相重均分子量与数均分子量都有不同程度的增加，分子量分布曲线左移，大分子物质增加，小分子物质减少。

(2)SBS 改性沥青耦合老化后，聚合物相重均分子量与数均分子量都呈现下降趋势，主要是因为 SBS 聚合物改性剂逐步老化降解。

(3) SBS 改性沥青经 RTFOT 短期老化后，虽然沥青相中重均分子量与数均分子量都有不同程度的增加，但 SBS 改性沥青增加幅度小于基质沥青，RTFOT 老化后，数均分子量基质沥青提高 4.3%，SBS 改性沥青提高 3.5%，重均分子量基质沥青提高 13.1%，SBS 改性沥青提高 10.2%，表明 SBS 改性剂的掺入提高了沥青的抗老化能力。

(4) SBS 改性沥青经耦合老化后，虽然沥青相中重均分子量与数均分子量都有不同程度的增加，但 SBS 改性沥青增加幅度稍大于基质沥青，因为随着耦合老化的进行，沥青质又会发生断链、开环等反应，向饱和分和芳香分转化。

4) 耦合老化沥青化学结构分析

沥青结构和化学组成是影响路面使用质量的重要因素，决定着路面的服役寿命和使用性能，研究沥青化学结构对于探讨沥青老化进程及机理至关重要。本书采用 ^{1}H-NMR 来研究沥青老化前后氢原子的分布和原子含量，通过计算得到碳原子分布。

核磁共振波谱法是以四基甲硅为标准物质，氘代三氯甲烷($CHCl_3$)作为有机溶剂的物质结构研究分析手段。以四基甲硅的吸收峰为原点，测出其他结构上的氢原子特征吸收峰位与原点的相对距离，称为化学位移，以 δ(ppm)标识，沥青中各类氢原子共振谱图的归属及范围如表 2-45 所示。根据 ^{1}H-NMR 谱图中化学位移及核磁共振氢谱图中环状结构 β 位质子(H_β)及其更远的—CH_3、—CH_2—质子(H_γ)，饱和碳链上的 α 位—CH_3、—CH_2—质子(H_α)，芳香环上的质子(H_{Ar})的积分曲线进行吸收峰面积计算，可得到各类氢原子的百分含量。

表 2-45　沥青中各类氢原子共振谱图的归属及范围

符号	δ 的范围/ppm	质子类型	
		主要的	次要的
H_γ	0.5～1.0	芳香环 β 位和 β 位更远的—CH_2—质子	环烷烃—CH_2—质子
H_β	1.0～2.0	环烷烃或芳香环 β 位和 β 位更远的—CH_3 质子	β 位—CH_3 质子
H_α	2.0～4.0	脂肪族 α 位—CH_3、—CH_2—、═CH 质子	—
H_{Ar}	6.0～9.0	芳香环上的质子	—OH 上的质子
H_{b1}	5.3～5.4	1、4 不饱和烯烃上的质子	—
H_{b2}	4.9～5.0	1、2 不饱和烯烃上的质子	—

注：“—”表示数据缺省。

为了对比分析基质沥青和 SBS 改性沥青在耦合老化条件下沥青化学结构的变化，在分析沥青耦合老化规律的基础上，选择 ZH 基质沥青和掺入线型改性剂制备的 SBS 改性沥青进行 ^{1}H-NMR 分析，如图 2-28 和图 2-29 所示。同时为了分析沥青老化前后各类型氢原子的含量变化，本书通过 MestreNovo 核磁处理软件对各吸收峰分别进行积分，计算各类氢的吸收峰积分面积占总面积的百分含量，以表征不同归属的氢原子的含量，计算结果如表 2-46 所示。

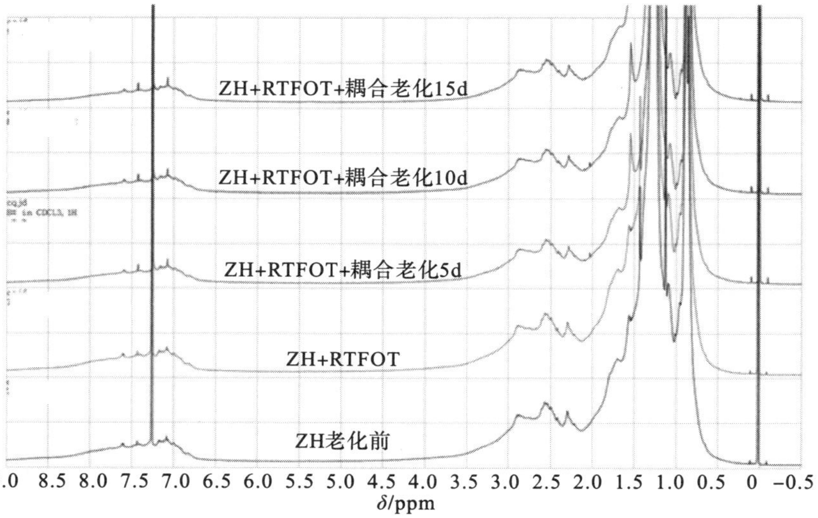

图 2-28　基质沥青不同老化状态下 ^{1}H-NMR 谱图

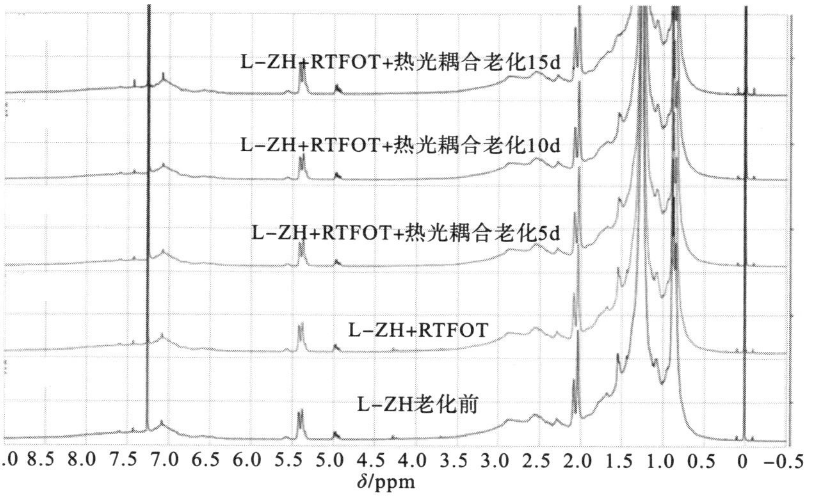

图 2-29　SBS 改性沥青不同老化状态下 ^{1}H-NMR 谱图

表 2-46　沥青各类型氢原子吸收峰积分面积占比　　（单位：%）

类型	老化状态	H_{Ar}	H_α	H_β	H_γ	H_b	$H_\gamma+H_\beta$	$H_{sat}=H_\alpha+H_\beta+H_\gamma$
基质沥青	Ori	6.7	10.6	59.2	22.5	—	80.7	93.3
	RTFOT	5.6	13.0	61.2	20.2	—	81.4	94.4
	5dCA	6.5	12.2	57.7	23.6	—	81.3	93.5
	10dCA	6.9	11.8	56.6	23.7	—	81.3	93.1
	15dCA	6.8	12.1	56.2	24.9	—	81.1	93.2

续表

类型	老化状态	H_{Ar}	H_α	H_β	H_γ	H_b	H_γ+H_β	H_{sat}=H_α+H_β+H_γ
SBS 改性沥青	Ori	6.3	11.7	62.7	17.8	1.5	79.9	93.7
	RTFOT	7.4	10.2	64.3	17.5	0.9	81.8	91.7
	5dCA	7.9	11.5	63.0	17.0	0.7	80.0	91.5
	10dCA	7.8	11.2	63.4	16.7	0.6	80.1	91.6
	15dCA	8.5	10.8	62.8	17.6	0.6	80.4	90.9

注：“—”表示数据缺省。

上述结果为不同时间耦合老化过程中，沥青各相关微观指标的变化情况，为了体现沥青在不同时间耦合老化过程中各项指标的变化速率情况，以 RTFOT 老化后氢原子含量为基准，参照残留针入度比和残留延度比的定义，对各种沥青耦合老化前后各类氢原子增长比进行计算，结果如表 2-47 所示。

表 2-47　不同耦合老化时间氢原子增长比　　（单位：%）

老化时间	基质沥青			SBS 改性沥青		
	H_{Ar}	H_α	H_γ+H_β	H_{Ar}	H_α	H_γ+H_β
5dCA	116.1	93.8	99.9	106.8	112.7	97.8
10dCA	123.2	90.8	99.9	105.4	109.8	97.9
15dCA	121.4	93.1	99.6	114.9	105.9	98.3

由图 2-28、图 2-29、图 2-30 和表 2-46、表 2-47 结果可知：

(1) 沥青的核磁氢谱主要由两大部分组成，位于谱图左侧的部分是芳香族区，此处的氢原子归属主要为芳香环上的氢原子，位于谱图右侧多种吸收峰均属于脂肪族区，此处的氢原子都在饱和碳键上。

(2) 基质沥青和 SBS 改性沥青经耦合老化后，芳香环上的质子 H_{Ar} 增加，说明芳香环上的氢原子减少，表明沥青在老化过程中，苯环结构上发生了氢的取代反应。饱和碳链上的 α 位甲基、亚甲基质子 H_α 含量增加，H_α 的大小变动表明沥青在老化过程中发生了结构异化。H_β 和 H_γ 分别表示环状结构 β 位及其更远的—CH_3、—CH_2—质子，它们的总含量大小决定着整个沥青分子中直链部分氢原子的多少，其值越大，表明链的长度越长，反之则链的长度越短。可以看到，经过 RTFOT 老化后，H_γ+H_β 的值增大，即老化后，脂肪侧链的长度增加。

(3) 基质沥青在耦合老化前 5d，H_{Ar} 的值有较大改变，但其改变趋势与 RTFOT 老化又有所不同，经耦合老化后 H_{Ar} 值由 5.6%增加到 6.5%，然后继续增加到 6.9%，在耦合老化 15d 时达到 6.8%，说明耦合老化过程中，芳香结构氢原子增加了。H_α 在耦合老化过程中的变化并未呈现明显趋势，而是在 12%左右波动，H_β 和 H_γ 的含量总和在 RTFOT 老化过程中有较大增长，但经耦合老化阶段却又略微下降，15d 耦合老化后与 RTFOT 老化后的结果相差不大，这可能是由于沥青分子异构化的结果。SBS 改性沥青经耦合老化后 H_{Ar}

百分含量有所增加，H_{Ar}的含量在11%左右浮动，说明尽管在耦合老化作用下，沥青分子依然产生分子异构，但是异构方式与RTFOT老化可能存在差异。$H_\gamma+H_\beta$含量总的来说呈增大趋势，表明脂肪侧链的长度增加，这一点与基质沥青在耦合老化的链长变化稍有差异。

(4) 由图2-29发现，SBS改性沥青较基质沥青多出一个特有的H_b吸收峰。随着老化程度的加深，相对含量逐渐降低，主要原因为在耦合老化过程中，烯烃官能团C═C断裂或重组，氢原子部分转变为其他的原子类型。

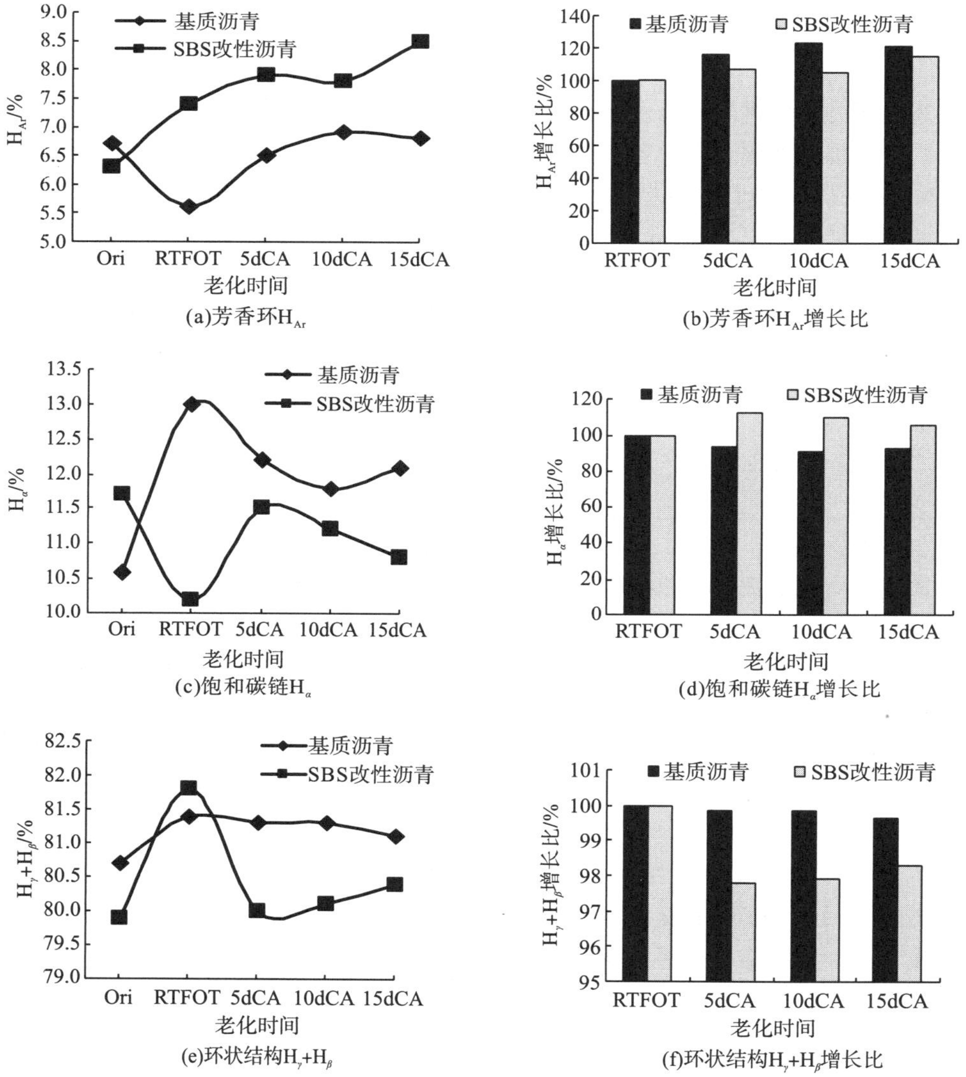

图2-30　沥青不同老化时间下H原子变化图

2.4.3　SBS改性沥青耦合老化机理

通过对SBS改性沥青在耦合老化条件下宏观性能指标及化学组成、微观结构进行对比研究，发现 SBS 改性剂的存在抑制了物理性能、流变特性、化学组分及官能团等变化。本节将通过沥青宏观指标、微观结构随耦合老化时间速率的变化及相互关联度分析，从而揭示 SBS 改性沥青耦合老化机理。

1. 微观组分变质

通过正交试验分析可知，在模拟路面实际使用经受热、光、水耦合老化过程中，紫外光辐射是最重要的主导因素，而热和水的存在是影响反应进程快慢的重要因素。沥青中的官能团以 C—H、C—O 和 C═C 为主，沥青材料在经受自然界热、光、水等不利因素耦合作用的过程中，太阳辐射中的紫外光极易造成沥青中化学键断裂而老化。通过对比分析基质沥青、SBS 改性沥青不同时间耦合老化后的微观结构及宏观性能变化，发现 SBS 改性沥青老化是由沥青相及 SBS 改性剂老化两部分相互作用的结果。

1) 沥青相

沥青受到紫外线辐射后，C═C、C—H 和 C—O 断裂，生成自由基，当与 O_2 接触并发生反应时，轻质组分不断向沥青质聚合转化，同时沥青在施工过程中经热氧老化产生的氢过氧化物和羰基基团在光照的作用下也会处于激活状态，从而进一步引发氧化老化。沥青在耦合老化过程中发生自由基反应，以链引发、链增长、链终止作为反应历程，结果如图 2-31 所示。

$$\mathrm{R{-}H+O_2 \longrightarrow R\cdot+HOO\cdot}$$
$$\mathrm{R\cdot+O_2 \longrightarrow ROO\cdot}$$
$$\mathrm{ROO\cdot+R{-}H \longrightarrow ROOH+C\cdot}$$
$$\mathrm{ROOH \longrightarrow R\cdot+HO\cdot}$$
$$\mathrm{HO\cdot+R{-}H \longrightarrow R\cdot\ H_2O}$$
$$\mathrm{R\cdot+R\cdot \longrightarrow R{-}R}$$

图 2-31　沥青相自由基链引发、链增长与链终止

沥青的耦合老化速度与温度有直接的关系，路面在经受自然界不利因素耦合作用的过程中，温度一般低于 70℃，氧化反应较为缓慢，O_2 被吸收存在于沥青中，参与沥青中酯类活性基团的聚合、转化，生成大分子极性含氧基团。除此之外，由于空气中水蒸气的存在，沥青中含有的羰基、羧酸和脂酸等极性基团具有亲水性，能与 H_2O 分子形成氢键，同时沥青质、酸性成分的油水界面张力受水的 pH 影响较大，沥青中的极性基团引起沥青质向沥青－水界面移动，在界面上富集形成结构膜，随耦合老化时间的延长，沥青质自缔合使沥青－水界面结构膜产生明显的硬化现象，最终发展为不可逆变化。因此，热、水的催化作用加速了沥青相的老化效果。

2) SBS 改性剂

SBS 改性剂聚丁二烯—CH_2—CH_2—和主链段上的双键很脆弱，很容易在耦合老化作用下受太阳辐射而发生断裂，C═C 也容易断裂而降低主链上的不饱和度，进而与 O_2 接触产生氧化降解反应。耦合老化时 SBS 聚合物中丁二烯链段与苯乙烯链段均发生了氧化

反应，致使 SBS 改性沥青老化后的羰基官能团显著增加。尽管星型改性剂与线型改性剂具有不同的交联方式，但其氧化过程并不出现显著差异，再次解释了为什么 SBS 改性沥青中改性剂类型对改性沥青的抗老化性能的影响没有明显差异。同时，耦合老化与单纯的热老化的聚合物氧化机理差异在于苯乙烯链段。SBS 改性剂聚丁二烯、聚苯乙烯耦合老化过程分别如图 2-32、图 2-33 所示。

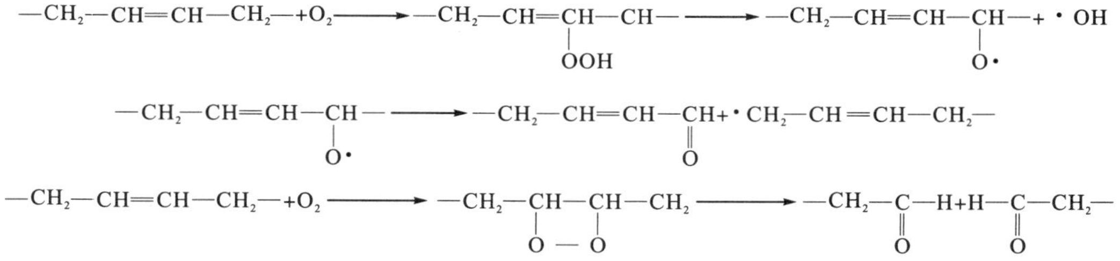

图 2-32　聚丁二烯耦合老化过程示意图

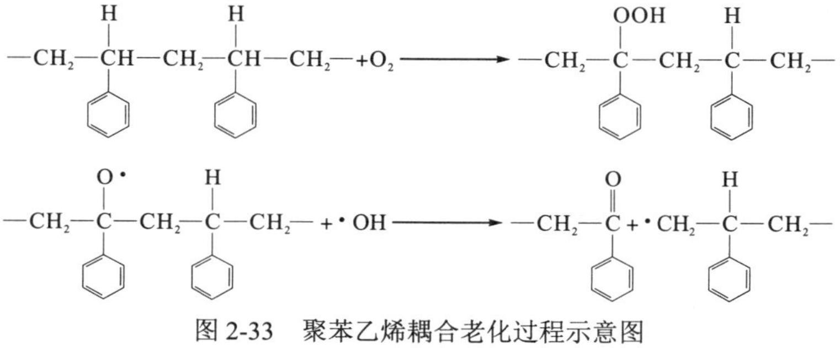

图 2-33　聚苯乙烯耦合老化过程示意图

一般情况下，SBS 高分子聚合物对水是比较稳定的，但其在老化过程中产生的碳原子、氧原子等杂原子极性较强，在温度、水分子催化作用下容易降解或发生进一步的氧化反应，促进 SBS 老化进程的加速，如图 2-34 所示。高温、潮湿的老化环境会加速自由基链的产生，使高分子断裂并生成低分子物和极性基团，同时 SBS 聚合物中聚丁二烯链段含有大量双键，在湿热环境下发生水合反应，使极性基团增多，因极性基团亲水性又会进一步加剧沥青老化恶性循环。

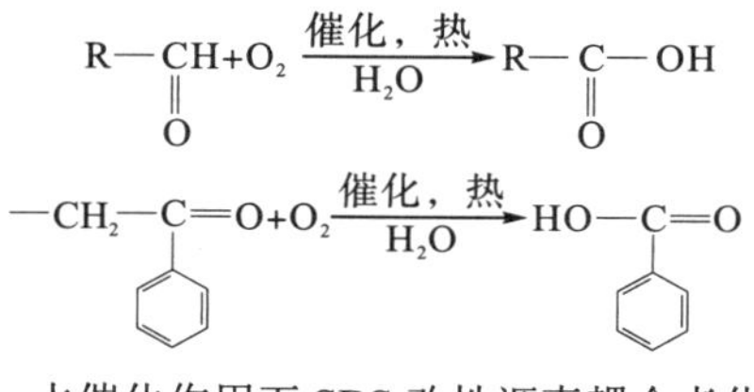

图 2-34　热、水催化作用下 SBS 改性沥青耦合老化过程示意图

2. 宏观性能劣化

基于前述耦合老化过程中微观组分变质分析可知，沥青的耦合老化，热、光、水等各种外界因素是老化的催化剂，而氧化则是老化的本质。在老化因素的长期作用下沥青相和

SBS 改性剂本身微观组分产生变质，进而引发 SBS 改性沥青整体微观结构衰变，最终导致宏观路用性能的劣化。

基于前述的老化试验和影响因素分析可知，尽管沥青相和 SBS 改性剂老化过程和产物复杂且不尽相同，但其总体老化本质是类似的，即在外界因素作用下，活性键被激活，进而发生氧化反应生成极性基团，极性基团的聚集使得分子间作用力增大，同时聚合反应生成大分子物质，使其沥青质含量增加，导致黏度和脆性增大，低温延伸及韧性减小。在 SBS 改性沥青中，由于改性剂均匀分散在沥青相中，或与沥青发生交联，使得 SBS 有机会参与沥青的自由基反应，链段中较高活性的基团夺取沥青相中的自由基使其发生反应，在一定程度上通过自身老化抑制了沥青的老化反应。沥青相对 SBS 聚合物主链段的裹覆则在一定程度上保护了 SBS 链段薄弱点，有效降低了 SBS 链段的氧化降解。因此 SBS 改性剂在沥青相中能够起到抗老化剂作用，有效延缓了 SBS 改性沥青的老化速率，从而使改性沥青表现出优于基质沥青的抗耦合老化性能。

沥青性能取决于自身各组分形成的稳定微观结构。对于 SBS 改性沥青，稳定的微观结构不仅取决于基质沥青相自身的结构稳定性，同样取决于 SBS 改性剂与基质沥青相的相互作用、溶解度参数以及分子结构，相互作用越强，溶解度参数以及分子结构越接近，相互之间的相容性就越好，结构越稳定。从沥青胶体结构理论出发，SBS 改性沥青是由聚乙烯嵌段形成分散相，聚丁二烯嵌段形成连续相，通过溶胀作用均匀分散在基质沥青相中形成的稳定溶液。原健安等的相关研究也指出，SBS 改性沥青的良好稳定结构是由于 SBS 的溶解度参数与基质沥青相中的软沥青质溶解度参数接近，通常情况下 SBS 改性剂与芳香分含量高的沥青的相容性比较好。因此可认为无论是基质沥青还是 SBS 改性沥青都遵从希尔布莱德提出的聚合物相容性理论。SBS 改性剂与沥青相组分的劣化，不仅导致沥青相本身溶液体系的不稳定，还会导致 SBS 改性剂与沥青溶液体系的不稳定，进而导致 SBS 改性沥青整体结构的衰变。

未老化的改性沥青中 SBS 均匀分布在基质沥青相中，形成交联网络结构，良好的组分组成以及稳定的相容结构反映在宏观性能上必然是SBS改性沥青路用性能的良好改善。而随着老化的进行，组分的变质以及稳定结构的破坏反映在宏观性能上则表现为黏度增大，延伸性减小，整体性能劣化。SBS 改性剂的降解在导致改性沥青改性效果劣化的同时，一定程度上也阻止了基质沥青相的劣化，因此 SBS 改性沥青在使用过程中表现出优于基质沥青的路用性能和抗老化性能。

综上所述，沥青老化过程的实质可以描述为微观组分变质→微观结构衰变→宏观性能劣化：在热、光、水耦合老化因素的作用下，首先导致沥青中各组分发生变化，如芳香分含量减少，沥青质含量增加，SBS 改性剂裂解，进而导致结构稳定性降低，最终表现为沥青宏观路用性能衰减。

2.5　沥青再生理论

要实现沥青的再生，可以从沥青老化的机理来分析。从组分构成考虑，老化表现为沥青组分间的转移，因此，如果通过添加再生剂使沥青组分构成恢复到原来的状态，则可实现再生的目的；从相容性理论考虑，沥青老化是由于溶质与溶剂的溶解度参数失调，故通过添加外加剂使二者溶解度参数重新接近，到达协调状态则能实现再生。以下从五个方面分析沥青再生的理论。

1. 组分协调理论

在石油工业中，根据沥青是混合物的原理，将几种不同的组分进行调配，可以得到性质各异的调和沥青，或者将某种组分，如富芳香分油与某种高黏度的沥青调配，或者将某种低黏度的软沥青与高黏度的沥青相调配，都可以获得不同性质的新沥青材料。从组分构成角度来说，沥青老化就是沥青组分间的转移导致的组分失调。因此旧沥青的再生，就是根据生产调和沥青的原理，在旧沥青中，加入某种组分的低黏度油料(即再生剂)，或者加入适当稠度的沥青材料，经过调配，使调配后的再生沥青具有适当的黏度和所需要的路用性质，以满足筑路的要求。这一过程就是沥青的再生过程，因此再生沥青实际也是一种调和沥青。

组分协调理论就是从化学组分出发，认为将老化沥青和原样沥青的组分进行比较，向老化沥青中加入所失去的组分(沥青再生剂)，使组分重新协调，就能恢复沥青的原有性能。这一过程是根据石油工业中生产调和沥青的工艺原理来实现旧沥青的再生的。分别选用两种再生剂进行试验，称为A型和B型，掺加8%的再生剂进行试验，各沥青样品的组分分析情况如图2-35所示。由图2-35可见，添加再生剂可使沥青组分发生明显改变，但是完全恢复到原样沥青的组分构成比例是比较困难的。对比A、B两种再生剂，A再生剂的主要组分和沥青的饱和分、胶质类似，B再生剂的主要组分则是与沥青的芳香分相似；A再生剂使老化沥青的饱和分和胶质增加，而B再生剂使老化沥青的芳香分含量有显著提高。可见二者的自身组成差异较大，该差异对沥青性能会有一定的影响。

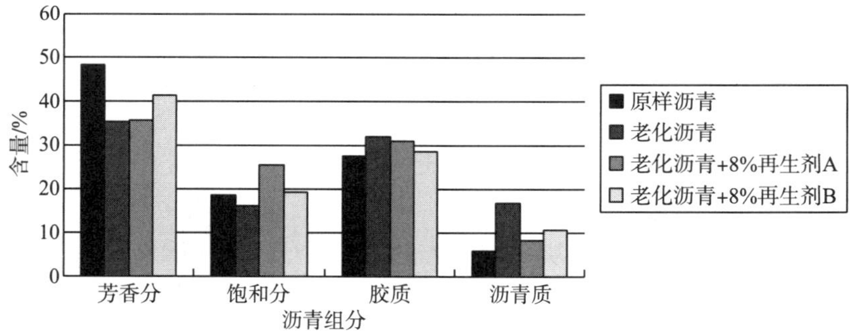

图2-35　老化沥青再生前后的组分含量

尽管从理论上讲调节组分是沥青再生的基本途径，然而根据旧沥青组分，对照优质沥青的组分来确定旧沥青应该补充的组分及其数量，以获得品质优良的再生沥青的生产工艺却难以实现，并且最佳组分比例事实上也难以确定，因此一般实际工程中很少采用这种方法来再生沥青。

2. 相容性理论

相容性理论从化学热力学出发，认为如能掺入一定的再生剂使沥青组分间溶解度参数差值减小，沥青就可实现再生。

从化学角度看，沥青再生就是沥青老化的逆过程，根据相容性理论，就是使沥青中沥青质和软沥青质的溶解度参数差值减小的过程。由此可见，沥青再生的方法就是采取一定的技术措施，使已经老化的沥青中沥青质和软沥青质溶解度参数差值减小，最终使已经老化的沥青路用性能得到改善。掺加再生剂一方面可以使沥青质的相对含量降低，从而提高沥青质在软沥青质中的溶解度，同时掺加再生剂后又可以提高软沥青质对沥青质的溶解能力，使沥青质和软沥青质溶解度参数差值减小，从而改善沥青的相容性。但是沥青质和软沥青质的溶解度参数计算复杂，应用时会面对很多难题，因此在实际工程中也不常用此法。

3. 橡胶理论

从橡胶理论的角度来看，老化沥青的再生实际上就是在老化沥青的网状结构中加入适量的油料，以补充沥青随着老化而失去的油相，恢复油相对沥青中大分子的润滑作用。从沥青的流变性质上来说，就是使沥青的相位角有所增大，恢复沥青的黏性部分，使沥青的劲度减小，提高沥青的低温抗裂性能。而要得到最佳的再生效果，需要添加的油基本有三种类型：芳香族、环烷族、石蜡族。其中芳香族分子最少、最密实，环烷族大小中等，石蜡族分子最大、密实性最差。

SHRP 研究人员将老化沥青与芳香族、环烷族、粗柴油进行拌和，通过试验发现芳香族油和老化沥青拌和后可获得性能较好的铺路沥青。当油相的总芳香族油增加时，则疲劳破坏的温度会降低，而环烷族、粗柴油的增加会减少疲劳破坏的次数。

这些结果同橡胶很相似，橡胶增量油中的芳香性增加，可改善橡胶的抗开裂和抗扯裂性能。当在沥青或橡胶的网状结构上加压或疲劳作用时，大分子(环烷族、石蜡族)的柔软性低，不易在网状结构中移动，从而降低了材料的抗裂和疲劳性能。因此，大分子对于低温抗裂性能无明显作用，网状结构很容易破坏。

芳香族油之所以对老化沥青具有良好的再生效果，主要是由于芳香族油的分子最小，具有优良的溶解性和贯入性。分子量越小，分子越容易运动，对大分子之间的润滑作用就越明显，从这一点来说，芳香族油比分子量相对比较大的环烷族、石蜡族油料在再生方面具有一定的优势。同时，由于芳香族油料对老化沥青具有优良的溶解性和贯入性，这样就可将大分子链间的许多连接点隔断，使网状结构中的连接点大大减少，降低老化沥青的刚度。良好的溶解性和贯入性也可使处于凝胶状态的沥青产生溶胀，从而促使了大分子之间的相互运动，增加了大分子的柔顺性。

4. 基于性能的再生理论

组分构成、相容性理论及橡胶理论为再生剂的开发提供了较好的思路，不少人曾付诸试验，但结果却并不理想。原因是多方面的，其最主要的原因在于沥青组成的复杂性。沥青形成需要经过漫长久远的地质年代的沉淀反应和冗杂的提炼工艺，其复杂的化学构成和性质，无论从组分构成理论还是相容性理论都难以准确地认识和描述。因此，完全依照这两种理论去寻找合适的再生剂配方也是十分复杂的，在理论分析、室内试验和实际工艺操作等各个环节都面临相当大的困难。

虽然如此，目前再生剂材料的选择仍然是以上述两个理论为参照，多采用适当低黏油分辅以必要的改性组分调和而成，以再生沥青的性能为主要指标进行相关研究和评价。鉴于按照组分构成或相容性协调理论进行再生剂开发存在着诸多的困难，研究者开始转换思路，直接着眼于再生后沥青的性能，以此为基础开发再生剂配方、进行用量设计、生产控制等。

沥青老化后主要表现为高温指标上升，低温指标下降，因此，从期望的再生效果而言，主要是恢复沥青的低温指标或变形性能，通过调节沥青的芳香分含量比增加饱和分具有更好的再生效果。一些研究也表明，再生剂最好是芳香芬油类，这样它和老化沥青拌和后可得出适合的铺路沥青，这也为再生剂的开发提供一定的参考。

5. 基于界面活性理论

再生剂的组成原料应该能够增加老化沥青再生后胶体结构的稳定性，与老化沥青有较好的相容性，即能够溶解和分散沥青质，达到改善老化沥青黏度、调节老化沥青流变行为的目的。姚家鑫研发的再生剂由芳香油分和塑化剂组成，耿九光研制的再生剂由芳香油分、增塑剂及少量的改性添加剂和抗老化剂组成，张瑜提出的再生剂配方为基质油、增塑剂及少量的软化剂、增黏树脂和抗老化剂。本书研发的自制再生剂成分主要由芳香油分、增塑剂，外加少量改性剂、增黏剂和抗老化剂组成。由此可见，再生剂中80%～90%的成分主要由富含芳烃的基质油分和增塑剂组成，因此，该两种成分对老化沥青的作用机理直接决定着再生剂的再生效果。

再生剂的作用机理可以借助表面活性理论，表面活性剂由亲水基(极性部分)和憎水基(非极性部分)组成。其中，亲水端与水相似，使表面活性分子有趋于水的趋势；憎水端阻止其在水中溶解而从水中迁移，有逃逸出水的趋势。在这两种倾向的驱使下，表面活性剂吸附在水的表面，降低了其界(表)面张力。当加入一些不溶或微溶于水的物质时，表面活性剂可以自聚在这些物质表面形成有序的组合体，被表面活性剂包裹的胶团增加了再生剂的溶解能力。

借助表面活性剂的作用机理，本书可以将沥青质作为极性部分，软沥青作为非极性部分，再生剂作为“表面活性剂”。从再生剂红外光谱图分析得出结论，四种再生剂中均含有极性的酯羰基、羟基和亚砜基及非极性的甲基和亚甲基部分，再生剂中这些基团主要由富含芳香分的基质油分和增塑剂提供。根据“相似相溶”原理，其中极性端与沥青质具有很好的相容性，而非极性端则与软沥青相亲，再生剂在沥青质与软沥青之间形成一层“界面膜”，具体的作用过程如图2-36所示。从图2-36中可以看到，老化后再生沥青发生了氧化、聚结反应，小分子相互聚结生成大分子结构，沥青分子间的作用力增强，抵抗形变的刚性增大，再生剂加入后，在沥青质表面形成一层有序的组合体，促进聚合物大分子间或链段间的运动，起到润滑和增溶作用。这个理论可以有效地解释再生剂的加入使老化沥青的黏度减小，流动性增大，低温变形能力得到提高的原因。

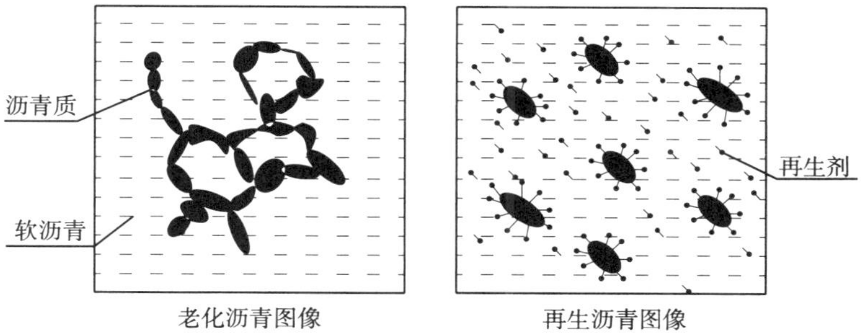

图 2-36 界面活性理论作用机理图

2.6 本 章 总 结

本章介绍了基质沥青的老化特征与机理，同时在自主研发的热、光、水耦合老化装置的基础上，研究了 SBS 改性沥青的老化机理。研究表明：SBS 改性沥青和基质沥青在应用工程中的老化影响因素是相同的，影响沥青老化的外部因素主要包括热挥发、光氧化作用、自然风化硬化和渗流硬化，其中热挥发和光氧化作用是沥青在加工使用过程中发生老化的主要原因。

(1)通过对比研究基质沥青和 SBS 改性沥青不同耦合老化时间前后三大指标、弹性恢复等常规物理性能指标变化规律，结果表明 SBS 改性沥青具有与基质沥青耦合老化过程中相似的物理性能变化规律，即针入度、延度及弹性恢复均减小，软化点增大，各指标变化速率随老化时间推移逐渐变缓。

(2)采用布氏旋转黏度试验(RV)、DSR 和 BBR 等 SHRP 手段，对比研究基质沥青和 SBS 改性沥青不同耦合老化时间前后流变特性变化规律，结果表明 SBS 改性沥青耦合老化后，反映流变特性的黏度及车辙因子 $G^{*}/\sin\delta$ 不断增大，低温蠕变劲度模量 S 不断增大的同时蠕变速率 m 逐渐减小。

(3)通过对比研究不同耦合老化条件下，线型和星型 SBS 改性沥青物理及流变特性变化规律，结果表明 SBS 改性剂的掺入抑制了沥青在耦合老化过程中宏观性能指标的变化，线型 SBS 改性剂具有更优越的抗耦合老化能力。

(4)通过对比研究基质沥青和 SBS 改性沥青不同耦合老化时间前后四组分及凝胶指数的变化，结果表明沥青耦合老化后，沥青质上升、芳香分下降，饱和分和胶质变化较小，凝胶指数变大，轻质组分发生了挥发或组分转移。SBS 改性剂掺入使胶溶能力更好，沥青更稳定，抗耦合老化能力更强。

(5)采用 FTIR 对比研究基质沥青和 SBS 改性沥青不同耦合老化时间前后官能团变化情况，结果表明 SBS 改性沥青耦合老化后，沥青相中羰基、亚砜基含氧官能团的含量显著增加，改性剂中丁二烯官能团的含量则逐渐减少。

(6)采用 GPC 对比研究基质沥青和 SBS 改性沥青不同耦合老化时间前后分子量变化情况，结果表明 SBS 改性沥青耦合老化后，沥青相重均分子量与数均分子量都有不同程度的增加，分子量分布曲线左移，大分子物质增加，小分子物质减少，SBS 聚合物相重均分子量与数均分子量则呈现下降趋势。

(7) 采用 ^{1}H-NMR 通过对比研究基质沥青和 SBS 改性沥青不同耦合老化时间前后沥青中氢原子的分布和原子含量变化情况，结果表明 SBS 改性沥青耦合老化后芳香环上的质子 H_{Ar} 减少，饱和碳链上的 α 位—CH_3、—CH_2—质子 H_α 含量增加，环状结构 $H_\gamma+H_\beta$ 的值增大，SBS 改性剂 H_b 吸收峰相对含量逐渐减少，揭示了沥青在耦合老化过程中发生了氢的取代、结构异化等反应，改性剂烯烃官能团 C═C 在老化过程中发生了断裂或重组。

(8) 沥青相和 SBS 改性剂在耦合老化条件下微观组分变质，最终导致宏观性能劣化，揭示了 SBS 改性沥青耦合老化机理，表明在经受自然界热、光、水等不利因素耦合作用下，太阳辐射是造成 SBS 改性沥青中沥青相轻质组分挥发并发生芳构化反应、SBS 聚合物氧化降解的主要因素，高温、潮湿环境则会加剧沥青耦合老化恶性循环。

第 3 章 环保型高性能再生剂的研发

3.1 再生剂的主要作用

再生剂具有恢复老化沥青性能的效用，其作用在于调节老化沥青的黏度，渗入旧料中与老化沥青充分交融，使在老化过程中凝聚起来的沥青质重新溶解分散，增大沥青质的流动性，调节沥青的胶体结构，从而达到改善和恢复沥青流变性质、还原沥青性能的目的。再生剂种类较多，不同再生剂的成分、性质差别较大，国内由于再生技术应用起步较晚，尚未出台合适的再生剂技术标准，给工程应用中再生剂的选择和质量控制带来了很多不便。

研究表明，再生剂有如下作用：

(1) 调节旧沥青的黏度，使旧沥青过高的黏度降低，达到沥青混合料所需的黏度。使过于脆硬的旧沥青混合料软化，以便其在机械和热的作用下充分分散，并与新沥青、新集料均匀混合。

(2) 渗入旧混合料中与旧沥青充分交融，使在老化过程中凝聚起来的沥青质重新溶解分散，调节沥青胶体结构，从而改善沥青流变性质。

(3) 有效分散聚集的沥青质。富含芳香分的低黏度油料具有良好的溶解和分散沥青质的能力，从而能够快速渗透老化沥青内部，改善沥青胶体结构组成与分布。

(4) 增强沥青的耐候性能。通常情况下，再生剂中均包含一些外加剂，如抗老化剂、抗剥落剂、抗紫外光剂、增黏树脂等。上述材料能够与芳香分组分在改善老化沥青性能的同时，进一步提升抗气候劣化的能力。

从化学组分的角度分析沥青的老化机理，很容易联想到沥青的再生方法：要使老化沥青恢复原有性能，只需将老化沥青与原沥青组分进行比较后，向老化沥青中加入所缺少的那部分组分，使组分重新协调。这种想法理论上是可行的，但资料显示，过去曾有人试图通过比较旧沥青与优质沥青的组分，来决定旧沥青中应添加的组分，进而找到与这种组分匹配的再生剂，但这种尝试没有成功，其原因如下。

首先，将沥青分为几个性质相近且与路用性能有一定联系的组。由于沥青的化学结构极其复杂，即使四组分(饱和分、芳香分、胶质和沥青质)相同的沥青，它们的油源基属及生产工艺不同，化学结构可能会相差很远，其路用性能可能也有很大差别。其次，要合成某种固定组分的再生剂，从工艺上来说有相当大的难度，对设备和工艺都有很高的要求，成本也高。所以企图以化学成分为指标来控制旧沥青的再生是不现实的，事实上市场上常见的沥青再生剂多是以适当低黏油分辅以必要改性组分调合而成的。沥青路面再生剂目前在国内应用尚不广泛，但其在国外路面养护和改建工程中已经是常规产品，具有相应产品标准和使用规范，品种繁多，性能各异，与之相比有关其制备的报道则相对较少，一般多见于专利。目前我国的厂拌热再生技术还没有形成完善的技术体系，而国外不论是再生剂的标准化，还是再生规范都比较完善。因此有必要对再生剂开展进一步研发，对再生剂的性能和技术标准进行研究，以完善我国再生沥青路面技术体系，并为该技术的推广应用提供科学的指导。

3.2　基质沥青高性能再生剂研发

3.2.1　原材料选择

1. 再生剂材料的因素的最优水平及最优水平组合

由本书第二章的沥青再生机理研究可知，沥青再生剂必须具备调节老化沥青黏度、恢复老化沥青流变性的作用，并且再生剂本身要有一定的稳定性、流动性和安全性，因此根据预选的几种材料，进行性能分析，设计正交实验表如表 3-1 所示。

表 3-1　正交实验材料及比例设计

试验编号	基质油分	增塑剂	增黏树脂
1		B1	C9
2	油分 A1	B2	C5
3		B3	C1
4		B1	C1
5	油分 A2	B2	C9
6		B3	C5
7		B1	C5
8	油分 A3	B2	C1
9		B3	C9

以针入度指标为例，由表 3-2 和表 3-3 分析知，不同材料配制得到的再生剂对老化沥青的针入度改善效果不同，基质油分与增塑剂的种类对其影响较大。根据试验结果进行分析，确定因素的最优水平及最优水平组合如下。

(1) A 因素的 1 水平所对应的试验指标之和为 $K_{A1}=169$；A 因素的 2 水平所对应的试验指标之和为 $K_{A2}=177$；A 因素的 3 水平所对应的试验指标之和为 $K_{A3}=207$。由此可见，A 因素对试验结果有影响，并且从 $K_{A1}<K_{A2}<K_{A3}$ 可知，A3 为 A 因素的最优水平，其次为 A2。

(2) B 因素的各水平试验指标之和为 $K_{B1}=185$，$K_{B2}=182$，$K_{B3}=186$。由此可见，B 因素对试验结果有影响，并且从 $K_{B2}<K_{B1}<K_{B3}$ 可知，B3 为 B 因素的最优水平，其次为 B1。

(3) C 因素的各水平试验指标之和为 $K_{C1}=188$，$K_{C2}=182$，$K_{C3}=183$。由此可见，C 因素对试验结果有影响，并且从 $K_{C2}<K_{C3}<K_{C1}$ 可知，C1 为 C 因素的最优水平，其次为 C3。

因此，这三个因素的最优水平组合为 A3B3C1，其次为 A2B1C3。即当油分 A3、增塑剂 B3、树脂 C9 与松节油按一定的比例配制，可得到对老化沥青针入度改善效果较好的再生剂。

表 3-2　预选材料对老化沥青针入度的改善

编号	再生剂配方				再生沥青针入度/0.1mm
	基质油分 A	增塑剂 B	增黏树脂 C	软化剂 D	
1	A1	B1	C9	D	58
2	A1	B2	C5	D	54
3	A1	B3	C1	D	57
4	A2	B1	C1	D	58
5	A2	B2	C9	D	60
6	A2	B3	C5	D	59
7	A3	B1	C5	D	69
8	A3	B2	C1	D	68
9	A3	B3	C9	D	70

表 3-3　材料正交试验结果分析

试验号	因素		
	基质油分 A	增塑剂 B	增黏树脂 C
1	A1	B1	C1
2	A1	B2	C5
3	A1	B3	C9
4	A2	B1	C9
5	A2	B2	C1
6	A2	B3	C5
7	A3	B1	C5
8	A3	B2	C9
9	A3	B3	C1
K_1	169	185	188
K_2	177	182	182
K_3	207	186	183
k_1	56.3	61.7	62.7
k_2	59.0	60.7	60.7
k_3	69.0	62.0	61.0
极差 R	12.7	1.3	2.0
主次顺序		A＞C＞B	
最优水平	A3	B3	C1
最优组合		A3B3C1	

2. 再生剂材料的热稳定性

由于再生剂加入到老化沥青混合料中，混合料的拌和温度达到 170～180℃，在此温度下搅拌会加速沥青的老化与再生剂的挥发，因此再生剂必须要具备一定的热稳定性，才能满足现场施工的使用要求。

本节通过调节选定材料的搭配与比例，来检测再生剂半成品的老化性能。老化试验方案采用旋转薄膜烘箱试验，根据《公路工程沥青及沥青混合料试验规程》(JTG E20—2011) 中的 T 0610—2011 方法，将 35g 试验样品置于玻璃试验瓶中，在 163℃下持续加热老化 85min，然后测定其质量变化率，结果如表 3-4～表 3-7 所示。

表 3-4　第一组老化试验结果

试验编号	再生剂配方					RTFOT 质量损失/%
	基质油分	增塑剂	增黏树脂	软化剂	抗老化剂	
1	A1					7.96
2	A2	B1 15%	C5 5%	D 7%	K 3%	8.80
3	A3					14.28
4	A1					6.73
5	A2	B2 15%	C1 5%	D 10%	—	7.21
6	A3					14.99
7	A1					3.26
8	A2	B3 15%	C9 5%	D 10%	—	3.88
9	A3					7.72

注：“—”表示数据缺省。

由表 3-4 的结果可以看出，当基质油分的种类改变而其他成分不变时，再生剂老化后的质量损失不同，含 A3 的样品质量损失最大，因此可知油分 A3 的热稳定性差于 A1、A2，故排除油分 A3。

表 3-5　第二组老化试验结果

试验编号	再生剂配方				RTFOT 质量损失/%
	基质油分	增塑剂	增黏树脂	软化剂	
1		B1			6.69
2	A1 75%	B2	C9 5%	D 5%	7.57
3		B3			2.50
4		B1			3.81
5	A2 80%	B2	C9 3%	D 2%	3.89
6		B3			1.66

由表 3-5 的结果可以看出，当增塑剂的种类改变而其他成分不变时，再生剂老化后的质量损失不同，含 B3 的样品质量损失最小，因此可知油分 B3 的热稳定性优于 B1、B2，故选择 B3 为再生剂的增塑助剂。

表 3-6　第三组老化试验结果

试验编号	再生剂配方				RTFOT 质量损失/%
	基质油分	增塑剂	增黏树脂	软化剂	
1	A2 70%	B3 15%	C5 5%	D 10%	4.68
2	A2 70%	B3 15%	C9 5%	D 10%	4.72
3	A2 70%	B3 15%	C1 5%	D 10%	4.80

由表 3-6 的结果可以看出，当增黏树脂的种类改变而其他成分不变时，再生剂老化后的质量损失基本相同，因此可知增黏树脂的种类对再生剂的热稳定性无显著影响。但考虑到再生剂的再生性能及再生剂的成本，选择性价比较高的 C9 增黏树脂，经试验验证其符合再生剂的技术指标要求。

表 3-7　第四组老化试验结果

试验编号	再生剂配方					RTFOT 质量损失/%
	基质油分	增塑剂	增黏树脂	软化剂	抗老化剂	
1	A2 70%	B3 15%	C5 15%	D 0%	—	4.75
2	A2 70%	B3 15%	C9 10%	D 5%	—	4.70
3	A2 70%	B3 15%	C9 5%	D 10%	—	4.72
4	A2 70%	B3 15%	C1 5%	D 5%	K 5%	4.40
5	A2 70%	B3 15%	C1 5%	D 7%	K 3%	4.48

注：“—”表示数据缺省。

由表 3-7 可见，软化剂及抗老化剂的比例对再生剂的热稳定性影响不大，添加抗老化剂后的再生剂 RTFOT 试验质量损失有所降低，但降低幅度不大。因此，再生剂的制备可考虑添加一定比例的软化剂与抗老化剂。

3.2.2　再生剂配方确定

根据前面的研究，按照一定的比例试配再生剂，并添加 8%至老化沥青中，测试再生沥青的针入度，结果如表 3-8 所示。

表 3-8　再生沥青的针入度测试值

试验编号	再生剂配方					沥青针入度/0.1mm
	基质油分 75%	增塑剂 15%	增黏树脂 5%	软化剂 3%	抗老化剂 2%	
1	—	—	—	—	—	32
2	A1	B1	C9	D	K	58
3	A1	B2	C5			54
4	A1	B3	C1			63
5	A2	B1	C5			57
6	A2	B2	C1			60

续表

试验编号	再生剂配方					沥青针入度/0.1mm
	基质油分 75%	增塑剂 15%	增黏树脂 5%	软化剂 3%	抗老化剂 2%	
7	A2	B3	C9			68
8	A3	B1	C1			64
9	A3	B2	C9			62
10	A3	B3	C5			76

注："—"表示数据缺省。

由表 3-8 可见，不同材料组合配制的沥青再生剂，按 8%比例加入同一老化沥青中，所得再生沥青的针入度测试值不同，且不同的基质油分、增塑剂、增黏树脂组合有一定的规律。基质油分 A3 对再生沥青针入度的改善效果优于 A1、A2，增塑剂 B3 的再生效果最好，增黏树脂、软化剂及抗老化剂对再生沥青的针入度影响不太显著。

综上所述，再生剂的配方成分确定为基质油分 A2、增塑剂 B3、增黏树脂 C9、软化剂 D 及抗老化剂 K。按照一定比例配制得到再生剂样品，添加 8%至老化沥青后所得的再生沥青各项指标如表 3-9 及图 3-1、图 3-2 所示。黏度测试采用布氏旋转黏度计，如图 3-3 所示。

表 3-9　再生沥青的常规指标测试结果

项目	针入度/0.1mm	软化点/℃	延度(15℃)/cm	黏度(135℃)/(mPa·s)
老化沥青	30	60.9	6.2	1134
R-1	61	55.1	38.7	618
R-2	55	55.7	44.2	668
R-3	59	52.3	42.4	638
R-4	65	50.6	21.6	593

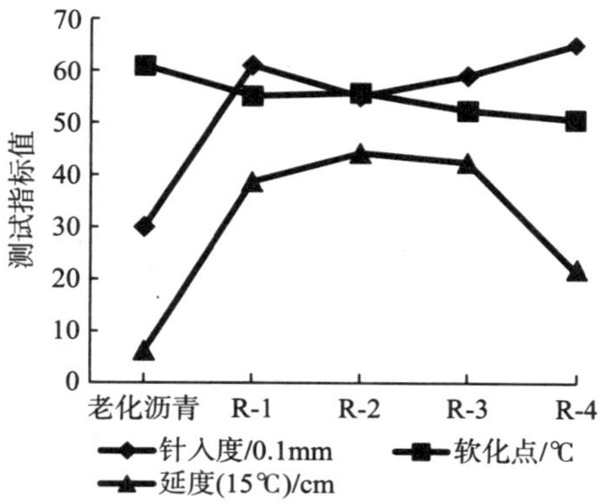

图 3-1　再生沥青的常规指标测试结果

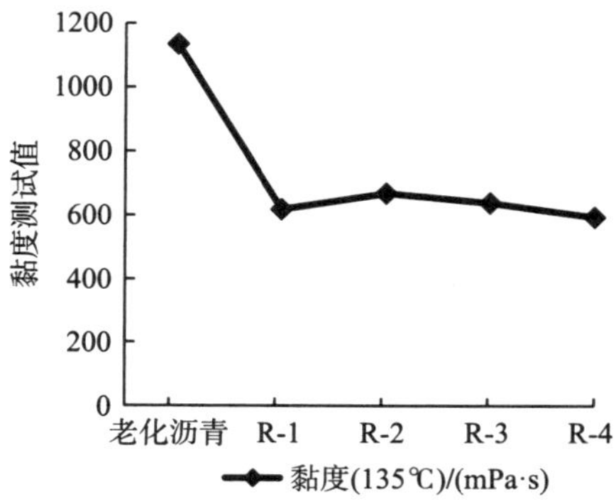

图 3-2　再生沥青的黏度测试结果

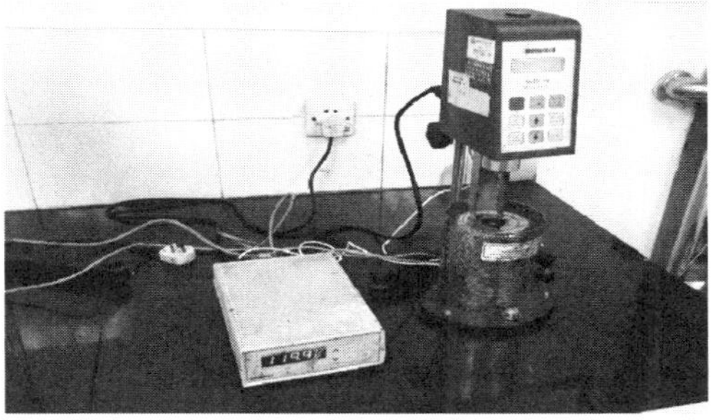

图 3-3　布氏旋转黏度仪

由表 3-9 的结果分析可见，几种再生剂样品的加入都可以使老化沥青的针入度增大、软化点降低、延度增大及黏度减小，且对软化点的降低程度基本一致。其中，R-1 与 R-3 的综合再生效果良好，再生沥青的各项指标较均衡；R-2 对延度的改善效果较好，改善后的延度是原老化沥青延度的 7 倍；R-4 对针入度的改善效果较好，针入度增幅大于 100%，软化点也适当下降，但延度较差。因此，通过调整 R-4 的材料组合及成分比例，来提高再生剂对老化沥青延度的改善作用。调整后的再生沥青延度测试结果如表 3-10 所示。

表 3-10　再生沥青的延度测试结果

试验编号	再生剂配方					延度(15℃)/cm
	基质油分	增塑剂	软化剂 D	增黏树脂 C9	抗老化剂 K	
1	A2 85%	HS 10%				78.8
2	A2 80%	HS 5%+HD 10%				89.7
3	A2 80%	HD_2 15%	2%	2%	1%	110.8
4	A2 80%	HJ 15%				91.5
5	A2 80%	HD_1 15%				57.5

由表 3-10 的结果分析可见，调整后的再生剂使老化沥青的延度有所提高，当再生剂配方为 A2+HD_2+D+C9+K 时，再生沥青的延度测试值最大，表明这一配方的再生剂对老化沥青的延度改善效果最理想。因此，按此配方制成再生剂样品，按老化沥青质量比的 8%添加至老化沥青制成再生沥青，测试再生沥青的各项指标，结果如表 3-11 及图 3-4 所示。从再生试验结果可见，再生沥青的针入度增大、软化点降低、延度增大，且延度增幅度大于 10 倍，这充分说明添加再生剂后，老化沥青的性能得到较大程度恢复，各项指标接近于原样沥青。

表 3-11　再生沥青三大指标

项目	针入度/0.1mm	软化点/℃	延度(15℃)/cm
老化沥青	30	60.9	6.2
再生沥青	66	48.3	89.0

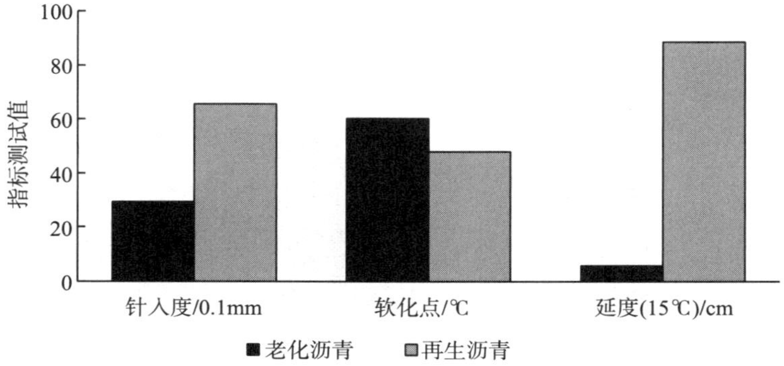

图 3-4　再生沥青三大指标

3.2.3　再生剂性能对比研究

根据再生沥青性能试验结果，随着再生剂掺量的增加，再生沥青针入度和延度(15℃)增大、软化点降低、黏度(135℃)减小。从组分分析和胶体理论解释，老化沥青由于沥青质浓度增大、轻质组分减少，分散介质的溶解能力不足，生成较大的胶团，或者分子聚集形成网状结构，使得沥青非牛顿流体的性质表现突出，故老化沥青的软化点升高、针入度减小、黏度增大。再生剂富含轻质组分，作为分散相添加到沥青溶液中，随着掺量增加，沥青胶体结构逐渐由凝胶型向溶一凝胶体结构转变，软化点、针入度、黏度等指标逐渐恢复。

对比四种再生剂的效果，掺量相同时，2 型再生剂对沥青针入度、软化点的影响比较显著，尤其是针入度指标，采用 2 型再生剂的沥青针入度提高很大，而采用本课题组自主研发的 RA-2 型再生剂(发明专利号：ZL201210325878. 3)的沥青，延度增加较快，优于其他再生剂。1 型再生剂(南京某大学研发的橡胶填充油型沥青再生剂)的三大指标改善效果都不理想，尤其是针入度和延度指标的改善效果远小于其他三种再生剂。黏度的降低效果也是 RA-2 型再生剂的作用较好。综合各项指标，可以认为 RA-2 型再生剂对旧沥青的再生效果要优于其他三种再生剂。结果如表 3-12 和图 3-5、图 3-6 所示。

对于主要路用性能而言，老化沥青再生过程主要表现为高温性能下降和低温性能上升，因此从沥青性能的角度来看，确定再生剂掺量时需要考虑高温性能和低温性能都能满足要求的共同范围，存在一个最佳掺量。同时，还必须考虑沥青的其他性能指标，如黏度(135℃)，试验结果表明黏度(135℃)随着再生剂掺量的增大而减小，黏度减小表示沥青的施工性能的提高。因此，表中的 RA-2 型再生剂使老化沥青的黏度大大降低，提高了沥青的施工和易性。

表 3-12　几种再生剂的再生性能比较结果

项目	针入度/0.1mm	软化点/℃	延度(15℃)/cm	黏度(135℃)/(mPa·s)
原老化沥青	31	60.9	6.2	1134
1 型再生剂	47	56.0	8.2	1060
2 型再生剂	66	47.6	39.6	468
RA-2	52	55.7	44.2	648
RA-3	60	52.3	42.4	612

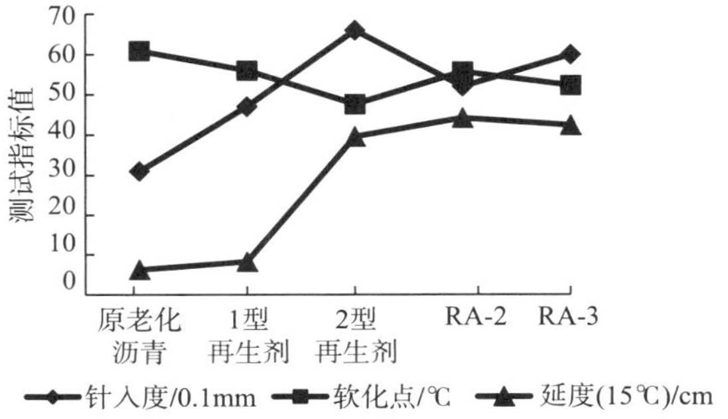

图 3-5　几种再生剂的再生效果对比

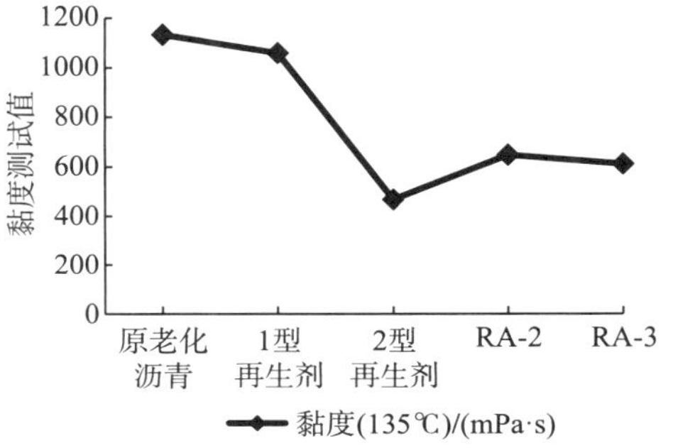

图 3-6　几种再生沥青的黏度测试结果

沥青再生后的性能评价基本上与原样沥青的评价指标相同，例如检测再生沥青的针入度、延度、软化点、黏度、针入度指数、SHRP 试验指标等。除此以外，再生沥青还有一个重要性能需要检测，那就是再生沥青的耐久性。由于再生技术使用的是废旧路面的材料，回收得到的沥青老化程度不同，集料的破碎程度和磨损程度也有所差异，因此再生后的沥青及沥青混合料耐久性如何，再生后的沥青路面使用年限多长，都是需要研究的。故本书进行了再生沥青的老化试验，即沥青的二次老化，来研究再生沥青的耐久性。根据沥青老化与再生机理，进行老化性能试验，再生沥青 RTFOT 前后的性能测试结果如表 3-13 所示。

表 3-13　再生剂对老化沥青性能改善及还原后抗老化性能

项目	原样沥青	老化沥青	再生沥青	再生沥青老化后
针入度/0.1mm	75	42	71	66
延度（15℃）/cm	＞100.0	15.0	＞100.0	53.6
软化点/℃	50.2	67.3	56.1	57.0
黏度（135℃）/（Pa·s）	0.45	1.49	0.67	0.83

由表 3-13 中沥青三大指标试验得知，经过 RTFOT 试验与 PVA 试验后的老化沥青使用再生剂还原后，其针入度、延度、软化点三大基本指标都得到了恢复，并且与原样沥青（AH-70#基质沥青）的指标基本吻合，达到了还原老化沥青的目的。同时在对还原后的沥青继续进行老化试验后，发现还原后的老化沥青抗老化性能也达到了要求，其老化后的针入度、延度、软化点三大指标还高于原沥青老化后的三大指标，说明再生剂的抗老化性能较好。

本书采用 1 型、RA-2 型两种再生剂进行研究，其中 RA-2 型再生剂为自主研发的环保型沥青再生剂，1 型再生剂为南京某大学研发的橡胶填充油型沥青再生剂，再生剂各项性能试验结果如表 3-14 所示。由于组分分析的复杂性和准确性较难控制，因此对 1 型、RA-2 型再生剂进行了黏度、密度、闪点试验及 RTFOT 老化，参考推荐的再生剂技术标准可以看出，两种再生剂均能够满足要求。

表 3-14　两种再生剂的技术指标测试值

指标		建议值	RA-2 型再生剂	1 型再生剂
黏度/(Pa·s)	25℃	0.5～20	0.82	0.55
	135℃	0.01～0.2	0.01	0.06
流变指数(25℃)		≥0.9	0.95	0.93
芳香分含量/%		≥30	56	61
闪点/℃		≥190	210	196
TFOT(163℃，5h)	黏度比(135℃，后/前)	<3	1.26	1.88
	质量损失/%	<4	1.37	1.75

分别采用这两种再生剂后，再生沥青的各项性能良好，指标试验结果如表 3-15 所示。从表 3-13 与表 3-15 可以看出，再生沥青的各项常规指标均接近 70#基质沥青的标准值，并且经老化试验后的指标测试值除了延度之外，也基本满足 70#基质沥青的规范要求。由此可见，本书所开发的再生剂对老化沥青具有良好的再生效果，并且其本身的抗老化性与再生沥青的老化性能良好，是一款性能优良的新型再生剂，再生剂成品如图 3-7 所示。

表 3-15　两种再生沥青的常规指标试验结果

指标	单位	70#基质沥青标准要求	再生沥青	
			添加 1 型	添加 RA-2 型
针入度(25℃，5s，100g)	0.1mm	60～80	70	71
针入度指数 PI	—	-1.5～+1.0	0.3	0.2
软化点(R&B)，不小于	℃	47.0	50.2	53.6
延度(15℃)，不小于	cm	100	>100	>100
闪点，不小于	℃	260	296	290
黏度(135℃)	Pa·s	—	0.57	0.67
TFOT(或 RTFOT)后				
质量变化，不大于	%	±0.80	-0.19	-0.22
残留针入度比，不小于	%	61	74	69
残留延度(10℃)，不小于	cm	6	13	12

注：“—”表示数据缺省。

图 3-7　自主研发的再生剂成品

3.2.4　再生剂性能技术标准

目前，国外的沥青再生利用技术发展很快，研究成果比较成熟，对再生剂的技术指标与质量也提出了不少标准。而我国的沥青再生技术研究起步较晚，目前尚处于探讨阶段，并未大量推广。因此，关于再生剂的技术指标与质量要求还没有统一标准，仅有学者提出过相关的建议值，如表 3-16～表 3-20 所示。

表 3-16　我国的再生剂技术指标建议值

黏度/(Pa·s)		流变指数(25℃)	芳香分含量/%	闪点/℃	薄膜烘箱试验(163℃，5h)	
25℃	135℃				黏度比(135℃，后/前)	质量损失/%
0.5～20	0.01～0.2	≥0.9	≥30	≥190	＜3	＜4

表 3-17　美国维特根公司再生剂质量标准

技术指标	目的	试验方法	L*	M*	H*
黏度(60℃)/(Pa·s)	调节再生混合料中沥青黏度	ASTM D2174-071	0.08～0.5	1～4	5～10
闪点/℃	施工安全性	ASTM D92-72	＞177	＞177	＞177
挥发性					
初期沸点/℃			＞149	＞149	＞149
2%	防止由于挥发而引起硬化和污染空气	ASTM D160-61	＞191	＞191	＞191
5%			＞210	＞210	＞210
黏附性(N/P)	防止离析	ASTM D2006-070	＞0.5	＞0.5	＞0.5
化学组成(N+A1/P+A2)	再生沥青的耐久性	ASTM D2006-070	0.2～1.2	0.2～1.2	0.2～1.2
密度	用于密度计算	ASTM D70-72	实测	实测	实测

注：*表示适宜的抽吸温度(施工温度)，其中 L=46℃，M=88℃，H=93℃。

表 3-18　日本的再生剂质量标准

技术指标	试验方法	质量要求
动黏度(60℃)/St	JIS K 2283	80～1000
闪点/℃	JIS K 2265	＞230
薄膜烘箱试验前后黏度比(60℃)	JIS K 2283	＜2
薄膜烘箱试验后质量变化率/%	JIS K 2207	＜±3
相对密度	JIS K 2249	报告
组分分析	—	报告

注：“—”表示数据缺省。

表 3-19 美国 ASTM 热拌沥青混合料再生剂规范

技术指标	RA1		RA5		RA25	
	Min	Max	Min	Max	Min	Max
黏度(60℃)/(Pa·s)	0.05	0.18	0.18	0.9	0.9	4.5
闪点/℃	218	—	218	—	218	—
饱和分/%	—	30	—	30	—	30
RTFOT 老化试验						
残留黏度比	—	3	—	3	—	3
重量变化/%	—	4	—	4	—	4
相对密度	报告					

注："—"表示数据缺省。

表 3-20 苏联再生剂质量标准

技术指标	蒸馏萃取物	残留萃取物
化学成分		
链烃～环烷烃/%	7～10	12～17
芳香烃/%	85～90	75～85
树脂/%	5～7	5～8
黏度(60℃，5s)/St	5	13
加热损失(160℃，h)/%	0.13	0.44
闪点/℃	＞190	＞200

本书主要针对废旧沥青厂拌热再生技术进行研究，而厂拌热再生使用的再生剂一般为高芳香分油类，对于这种再生剂，其技术要求包括化学组成和技术性能等，主要有如下四个方面。

1) 再生剂的化学组成

再生剂必须具有溶解和分散沥青质的能力，而且旧沥青中沥青质含量越高，沥青越硬，要求再生剂具有溶解和分散的能力也就越高。富含芳香分的低黏度油料具有溶解和分散沥青质的能力，而饱和分则是沥青质的促凝剂。因此，有学者提出再生剂中芳香分含量多少应当作为衡量再生剂品质的技术指标之一。如学者邓宁(Dunning)提出，再生剂的芳香分含量应大于 60%。吕伟民指出，表面张力可以表征再生剂对沥青质的溶解能力，表面张力越大，再生剂的再生效果越好。不过值得注意的是国外沥青的沥青质含量通常较高，约为 15%～20%，经路用老化后，沥青质含量更高，故要求再生剂含有较高的芳香分是很正常的。旧沥青沥青质含量不同，为达到相同再生效果所需要的再生剂芳香分含量也不同。在旧沥青沥青质含量很少的情况下，低芳香分再生剂与富芳香分再生剂具有同样的再生效果。但将较多的饱和分(包括有蜡质及非蜡质的饱和物)加入老化沥青会对沥青性能产生不利影响，具体说就是蜡质含量过大会使沥青的高温性能和低温性能变差，影响路面的使用品质。所以从组分上讲，再生剂中的油分应是富芳香分而少饱和分。但各个国家对于这一点的看法不尽相同，部分国家标准中明确规定了芳香分的含量范围，另外的则没有要求。

根据本书的分析结果，沥青老化中组分变化的一般规律是芳香分的显著减少和沥青质的显著增加。采用不同再生剂的沥青试验也表明，通过调节沥青中芳香分含量可获得更好的再生效果。因此建议选取再生剂芳香分含量这一要求，作为评价再生剂质量的重要指标之一。

2）再生剂的黏度

由于再生剂一般是在实际工程翻修或再生应用中直接喷洒到旧料上去的，还要使再生剂渗透到老化的沥青中与之充分融合，以达到再生改性的作用。能否在有限的拌和时间与老化沥青充分融合分散，主要取决于再生剂渗透力，再生剂需具有可喷洒性和很强的渗透能力。

一般来说，黏度越低，则再生剂的渗透能力也越强，所以再生剂应该具有低黏度。但是如果低黏度的油分太多，则加入到老化沥青后在施工热拌和以后的使用中挥发也会越快，抗老化性能降低，所以再生剂黏度也不能太低。因此，在再生剂的黏度选择上需兼顾这两方面的影响，黏度也是再生剂最主要的质量指标之一。

3）再生剂的抗老化性能

再生剂的耐候性直接影响到再生剂的长期使用性能。在热再生工程中，再生剂将受到加热高温的影响，再生混合料铺筑在路面使用阶段，其还将受到光、空气等自然因素的作用，因此要有效地延长再生路面的使用寿命，就要求再生剂具有良好的抗热、光、水等抗老化性能。对此可以采用耦合环境条件下的薄膜烘箱试验前后黏度比和质量损失来控制。

4）安全性能

沥青再生施工过程中，需将混合料加热到160～170℃或更高，再生剂也需加热到该温度范围，施工环境的安全性尤为重要。为确保施工人员的安全，在施工喷洒和加热拌和时不产生闪火或烟雾现象，就要求再生剂具有较高的闪点，防止高温作业时产生明火而引发火灾。另外，再生剂原材料中不能含有有毒有害物质，以防止污染环境和中毒事件的发生。

我国目前还没有制定再生剂的相应规范，只是在20世纪80年代初少数单位曾制定过企业标准，提出过一些再生剂的技术指标建议值，其他国家如美国、日本都有详细的再生剂质量标准。综合以上各再生剂标准，成品再生剂质量控制指标主要集中在施工性能、化学组成、安全性能及抗老化性能等方面。结合室内试验，综合考虑检测工作具有可操作性及试验方法便于推广，可将表3-16技术指标作为沥青再生剂质量控制标准。

根据本书分析，芳香分含量对再生剂使用效果可能是一个关键指标。美国ASTM热拌沥青混合料再生剂规范提出饱和分不大于30%的要求，苏联提出蒸馏萃取物和残留萃取物芳香分含量范围，通过“芳香分含量不小于30%”的要求保证再生剂中芳香分的含量，该标准较宽，主要是考虑到以前该指标应用较少，有一个适应的过程，同时由于组分分析设备不普及，将该指标设为可选项。

基于上述内容，本书提出用于厂拌热再生的轻油型复合再生剂技术指标建议值(表 3-21)，该技术指标建议值与我国原有的指标建议值(表 3-16)相比，有以下指标变化：黏度(25℃)上限值减小、芳香分含量不小于 45%、闪点不小于 210℃、TFOT 试验后的质量损失小于 3%。首先，由于所研发的再生剂为轻油型，且主要用于含基质沥青的厂拌热再生，故芳香分含量有所偏高。其次考虑到施工安全性，与沥青闪点不小于 190℃的指标相比，提出再生剂的闪点为 210℃，比原有建议值更严格，更有利于保证实际工程项目的施工安全，且不影响再生剂的性能与沥青再生效果。最后，TFOT 试验后的质量损失也严于原有建议值，是因为该轻油型复合再生剂的质量损失对再生效果影响较大，当质量损失大于 3%后不能保证再生效果，也难以保证再生剂本身的耐热性、耐候性。综上，本书提出以下建议值，为我国的沥青再生剂开发研究提供了一定参考价值。

表 3-21　轻油型复合再生剂技术指标建议值

黏度/(Pa·s)		流变指数(25℃)	芳香分含量/%	闪点/℃	薄膜烘箱试验(163℃，5h)	
25℃	135℃				黏度比(135℃，后/前)	质量损失/%
0.5～10	0.01～0.2	≥0.9	≥45	≥210	<3	<3

3.2.5　再生剂制备工艺

本节研发的再生剂是一种低黏度油分与其他添加剂复配的新型环保沥青再生剂，根据其原材料性质及再生剂技术要求，制备工艺主要包含以下三个方面。

1) 增黏树脂的破碎工艺

由于市售增黏树脂多为固体块状或大颗粒状，在沥青再生剂的制备过程中需要将块状树脂破碎成细小颗粒状或粉末状，以便其在油分中分散均匀。

2) 成分的添加顺序

本节研发的再生剂成分有油状物、液体、固体块状或颗粒、粉末等，这几种成分的添加顺序会影响再生剂制备的生产效率与再生剂性能。因为增塑剂与软化剂为液体状，加热容易挥发，而增黏树脂与抗老化剂是固体，需要溶解分散，所以制备再生剂时，首先加热基质油分，然后往油分中依次加入增黏树脂与抗老化剂并搅拌，最后加入软化剂与增塑剂搅拌均匀。

3) 成分的加热与搅拌

本节所研发的再生剂需在 60～90℃加热条件、300～500r/min 转速下匀速搅拌 2～5min，使得再生剂各成分充分混合均匀，并且保证其良好的高温稳定性。

3.3 SBS 改性沥青高性能再生剂研发

SBS 改性沥青经受自然界热、光、水等不利因素耦合作用后，不仅沥青相中轻质组分挥发并发生芳构化反应，同时 SBS 聚合物发生氧化降解，从而使沥青逐渐劣化，最终导致沥青路面在没有达到设计使用年限便出现功能性病害。再生剂研发应以沥青耦合老化机理为依据，以恢复路面病害和避免出现类似病害为出发点，以延长沥青路面使用寿命为目的。对于 SBS 改性沥青，要将老化沥青恢复至原样沥青相同结构是很难实现的，特别是将裂解后的 SBS 改性剂恢复至原样结构。基于此，本书结合“改性再生”理念，即将“再生”确定为性能的恢复，“改性”确定为性能的提高。

3.3.1 原材料选择

1. 性能要求

经过耦合老化的 SBS 改性沥青黏度增大，低温延度减小，沥青变硬变脆，抗疲劳性能降低。出现该现象的主要原因为：一方面沥青本身在高温拌和、运输、摊铺及路面投入使用的过程中会发生聚合、氧化等反应，沥青质含量增多，沥青硬度增大，脆性增强；另一方面，SBS 改性剂中的丁二烯嵌段活性高，容易在热氧、光氧环境中发生裂解反应。可见，SBS 改性沥青再生剂的主要作用为调节老化沥青的黏度、增加沥青的低温柔韧性及补充老化过程所消耗的轻质组分，从而恢复改性沥青老化后的路用性能。因此，沥青再生剂应具备以下几种性能要求。

1) 良好的流动性和渗透性

一般来讲，黏度小的再生剂渗透性相对较好，但并不是黏度越小越好，黏度过小，再生剂容易在高温作用下挥发，抗老化性能反而降低。

2) 良好的溶解和分散能力

沥青老化后沥青质的含量增多，沥青变硬，研究表明，富含芳香分的低黏度油料具有良好的溶解和分散沥青质的能力。表面张力可以表征再生剂对沥青质的溶解能力，表面张力越大，再生剂的再生效果越好。

3) 施工安全性

沥青再生路面施工过程中，需将混合料加热到 160～170℃或更高，再生剂也需加热到该温度范围，施工环境的安全性尤为重要，因此再生剂应具有足够高的闪点，防止高温作业时产生明火而引发火灾。

4) 良好的耐候性

再生剂的耐候性直接影响到再生剂的长期使用性能。在热再生阶段，再生剂受到高温作用，在路面使用过程中，其还会受到各种自然因素的影响，因此再生剂必须具有抗热、光、水等作用的能力。

2. 原材料选择原则

综上所述，再生剂与沥青一样，是含有多种成分的混合物，应根据性能要求对其进行组合设计，但目前具有溶解、再生或改善等功能的材料种类繁多，筛选出合适的品种较为困难。本书在寻求再生剂原材料方面，主要从功能性要求、安全性和经济环保性进行考虑，使其既满足沥青再生功能需要，又有效降低合成再生剂的成本。

3. 改性再生剂原材料

在改性沥青耦合老化过程中，不仅沥青相中轻质组分挥发并发生芳构化反应，SBS聚合物还会发生氧化降解，导致沥青相中芳香分含量减少，沥青质含量增加，同时 SBS改性剂含量因氧化降解而减少。

再生剂原材料首先选择高芳香分的基质油分，以恢复旧沥青在耦合老化过程中损失的部分；其次因沥青耦合老化导致芳香分向沥青质转变，沥青黏度增大，韧性减小，故需选择具有软化作用的增塑剂，以增加沥青的塑性变形能力，改善沥青的高温延展性及低温抗裂性；最后新成分的加入必然导致再生剂与旧沥青之间相容性失去平衡，需选择增黏树脂来增加轻质组分稳定性及增强再生剂与老化沥青之间的相容性。除此之外，为了弥补 SBS改性沥青在耦合老化过程中因氧化降解造成的损失，需掺入适量的 SBS 改性剂，以提高再生剂或再生沥青的路用性能。为了提高 SBS 改性沥青再生剂的长期稳定性，还可选择抗老化组分。

1) 基质油分

基质油分在沥青再生剂中是主要成分，其作用是补充老化沥青中损失的轻质组分，增加芳香烃含量，使老化沥青软化、溶解沥青质。基质油分是再生剂中比例最大的组分，因此需选择含有大量芳香分、具有良好安全性能和抗老化性能的基质油分。本书选用的基质油分有油分 A1、油分 A2、油分 A3。

2) 增塑剂

增塑剂在沥青再生剂中的主要作用是软化沥青，增加沥青的塑性变形能力，并且改善沥青的高温延展性及低温抗裂性。本书备选用的增塑剂有 B1、B2、B3 三种。

3) 增黏树脂

增黏树脂主要包括天然产物及其衍生物、合成树脂两大类，其中合成树脂类用途较为广泛，包括芳香族、脂环族和石油树脂脂肪族。增黏树脂在沥青再生剂中的作用是增强再生剂的高温稳定性，使其具有一定黏度，从而提高其相容性和储存耐久性。为增加再生剂与芳香油分的相容性，本书选用芳香族石油树脂 C1、C5、C9 作为增黏组分，其性能指标如表 3-22 所示。

表 3-22　增黏树脂性能指标

规格	测试方法	单位	规范值
软化点	ASTM E28-58	℃	110
酸值	ASTM D-974	Vol%	0.5Max
灰分	ETM E-99	Vol%	0.1Max
比重	ASTM D71-72A	g/cm^3	1.06～1.09
色号	ASTM D-1544	#	8～18

4) SBS 改性剂

从 SBS 改性沥青耦合老化规律分析可知，线型改性剂具有比星型改性剂较优越的抗耦合老化能力，这与目前我国主要采用线型改性剂制备 SBS 改性沥青相一致。改性沥青再生剂的制备需选择与原沥青同型号、分子量及前段比相近的改性剂。本书为了便于研究，主要选择线型 SBS 聚合物改性剂。

5) 抗老化剂

由于沥青长期暴露于光、热、水自然环境中，所以在再生剂里添加一定比例的抗老化成分可以改善老化沥青的再次老化性能，增强再生沥青混合料的路用耐久性。本书选择的抗老化剂由抗氧剂、光稳定剂和抗剥落剂组成。

(1) 抗氧剂顾名思义就是指能够延缓或者抑制沥青与空气中氧气接触而发生氧化反应的化合物，主要由芳香胺类、受阻酚类和辅助抗氧剂组成。由于受阻酚类抗氧剂与大多数的聚合物具有很好的相容性且具有良好的抗热氧老化作用，其被广泛应用于高分子材料中。本书选用的抗氧剂 K1 为一种多元受阻酚型抗氧剂，其化学指标如表 3-23 所示。

表 3-23　抗氧剂 K1 化学指标

化学指标	参数或特征	化学指标		参数或特征
外观	白色结晶粉末	挥发分		≤0.5%
主含量	≥98%	溶解性		澄清、透明
熔点	110～125℃	透光率(10g/100nm)	425nm	≥96%
灰分	≤0.1%		500nm	≥98%

(2) 光稳定剂是指一些能够抑制高分子材料在日光或紫外光作用下，吸收紫外线能力而引发自动氧化反应的化合物。按其作用机理大致可分为光屏蔽剂、紫外线吸收剂、猝灭剂和自由捕获剂，其中紫外线吸收剂是目前使用最广泛的一类光稳定剂。本书选择与聚合物相容性好且具有良好热稳定性的紫外线吸收剂 U 作为光稳定剂，其性能指标如表 3-24 所示。

表 3-24　紫外线吸收剂 U 性能指标

外观	主含量	熔点/℃	灰分/%	挥发分/%	溶解性	透光率(10g/100nm)/%	
						425nm	500nm
白色结晶粉末	≥98%	110～125	≤0.1	≤0.5	澄清、透明	≥96	≥98

(3)抗剥落剂与集料在表面形成物理吸附，或者进行化合反应，从而提高沥青与集料的黏附性，使其具有良好的抗水损害性能。目前常用的抗剥落剂主要有多元胺类和非胺类两种，其中多元胺类再生剂遇热易分解，大多数胺类物质的分解温度在170℃以下，致使其在 SBS 改性沥青中的使用受到限制。非胺类抗剥落剂则主要以磷羟基为主，分解温度均在200℃以上，具有良好的抗老化性能和环保性。本书选用非胺类抗剥落剂，其性能参数如表 3-25 所示。

表 3-25　抗剥落剂性能指标

外观	闪点/℃	气味	比重(25℃)	黏度/(mPa·s)	
				25℃	38℃
棕色黏稠液体	>200	轻微	0.97	900	300

综上所述，调节沥青的黏度主要通过补充低黏度油分，而富含芳香分的油分对沥青质具有良好的溶解分散能力，因此，本书选用抗老化性能优异且富含芳香分的油分作为再生剂研发的基质油分。同时，为了补充老化过程中改性沥青反应所消耗的改性剂组分，需在再生剂组分中增加改性剂组分来提高再生沥青的低温性能。沥青老化使沥青分子之间相互聚合、氧化，导致老化沥青的极性增加，分子间作用力增强，而增塑剂可以插入到聚合物分子链之间，增加分子链运动能力，削弱分子链之间的相互作用力，提高老化沥青的低温延度，因此增塑剂也是再生剂中不可或缺的一部分。另外，当基质油分、改性剂、增塑剂作为再生剂的基本组分时，存在轻质组分和增塑剂形成的体系黏度过小及与改性剂的相容性不好的问题，因此可以加入增黏树脂增加轻质组分的稳定性及再生剂与老化沥青间的相容性。最后，为进一步提高再生剂长期耐久性和耐候性，加入抗老化剂作为再生剂组分之一，抗老化剂由抗氧剂、光稳定剂、抗剥落剂组成，主要用以提高再生剂抗热氧、光氧及水的作用。

3.3.2　再生剂配方确定

从以上制备工艺不难发现，SBS 改性沥青再生剂制备需经历轻质组分材料优选、不含抗老化剂的溶胀改性液配比确定及抗老化剂配比确定三个重要步骤。

1. 轻质组分材料优选

沥青老化后组分变化的一般规律是芳香分显著减少和沥青质显著增加。目前国内外大多建议选取再生剂的芳香分含量作为评价再生剂质量的重要指标之一，有学者甚至提出再生剂的芳香分含量应大于 60%。而沥青中芳香分的大量损失会导致老化后沥青针入度显著降低，故可将其变化作为衡量是否在热再生过程中掺加再生剂的重要参考指标。根据以上分析，本书向基质油分中掺入 3%基质油分质量的增黏树脂和 30%基质油分质量的增塑剂制备得到轻质组分，以针入度为考察指标，按正交试验确定基质油分、增黏树脂和增塑剂材料的选择，如表 3-26 所示。

表 3-26　轻质组分材料选择正交试验表

编号	再生剂配方			针入度/0.1mm
	基质油分 A	增塑剂 B	增黏树脂 C	
1	A1	B1	C9	58
2	A1	B2	C5	54
3	A1	B3	C1	57
4	A2	B1	C1	58
5	A2	B2	C9	60
6	A2	B3	C5	59
7	A3	B1	C5	69
8	A3	B2	C1	68
9	A3	B3	C9	70
K_1	169	185	188	
K_2	177	182	182	
K_3	207	186	183	
R	38	4	6	

由上表分析得知，不同材料配制得到的再生剂轻质组分针入度效果不同，基质油分与增塑剂的种类对其影响较大，各因素最优水平组合如下。

(1) A 因素的 1 水平所对应的试验指标之和为 K_{A1}=169；A 因素的 2 水平所对应的试验指标之和为 K_{A2}=177；A 因素的 3 水平所对应的试验指标之和为 K_{A3}=207。由此可见，A 因素对试验结果有影响，并且从 $K_{A1}<K_{A2}<K_{A3}$ 可知，A3 为 A 因素的最优水平，其次为 A2。

(2) B 因素的各水平试验指标之和为 K_{B1}=185，K_{B2}=182，K_{B3}=186；由此可见，B 因素对试验结果有影响，并且从 $K_{B2}<K_{B1}<K_{B3}$ 可知，B3 为 B 因素的最优水平，其次为 B1。

(3) C 因素的各水平试验指标之和为 K_{C1}=188，K_{C2}=182，K_{C3}=183。由此可见，C 因素对试验结果有影响，并且从 $K_{C2}<K_{C3}<K_{C1}$ 可知，C1 为 C 因素的最优水平，其次为 C3。

2. 不含抗老化剂的溶胀改性液配比确定

本试验采用 $L_9(3^4)$，即四因素三水平正交设计，共 9 个试验组，试验因素水平如表 3-27 所示。由于再生剂中改性剂组分在 160～180℃时溶解性好，当温度超过 180℃时会导致改性剂高温聚结成团，不利于分散，制备再生剂的试验温度为 160～170℃。剪切速率一般为 3000～5000r/min，本试验采用的剪切速率为 4000 r/min，同时剪切时间 D 也是影响试验结果的因素之一，应予考虑。对应的正交试验表如表 3-28 所示。A、B、C 分别为改性剂、增黏树脂及增塑剂占基质油分的质量百分数。

表 3-27　溶胀改性液（不含抗老化剂）试验因素水平表

因素	水平 1	水平 2	水平 3
A：改性剂占基质油分的质量百分数/%	5	15	25
B：增黏树脂占基质油分的质量百分数/%	1	3	5
C：增塑剂占基质油分的质量百分数/%	10	20	30
D：剪切时间/min	30	40	50

表 3-28　溶胀改性液（不含抗老化剂）正交试验表

编号	A/%	B/%	C/%	D/min
1	5（1）	1（1）	10（1）	30（1）
2	5（1）	3（2）	20（2）	40（2）
3	5（1）	5（3）	30（3）	50（3）
4	15（2）	1（1）	20（2）	50（3）
5	15（2）	3（2）	30（3）	30（1）
6	15（2）	5（3）	10（1）	40（2）
7	25（3）	1（1）	30（3）	40（2）
8	25（3）	3（2）	10（1）	50（3）
9	25（3）	5（3）	20（2）	30（1）

注：A、B、C 表示因素，括号内的 1、2、3 表示水平，见表 3-27。

将 9 组溶胀改性液（不含抗老化剂）分别按质量百分数为 5%的比例加入到老化 SBS 改性沥青中，测试再生改性沥青的针入度、延度（5℃）、软化点及黏度（135℃），所得结果如表 3-29 所示。

表 3-29　溶胀改性液（不含抗老化剂）正交试验所得结果

编号	针入度/0.1mm	延度（5℃）/cm	软化点/℃	黏度（135℃）/（mPa·s）
1	50	33.0	60	955
2	64	43.0	57	1050
3	66	42.5	58	890
4	56	33.7	61	1146
5	62	37.0	59	1230
6	61	36.0	61	1202
7	67	39.2	62	1205
8	57	36.5	63	982.5
9	57	36.4	62	1160

将所得试验结果进行直观分析，分析结果如表 3-30 所示。其中 K_{A1} 为 A 因素 1 水平对应的试验指标之和，即对应针入度的 K_{A1}=50+64+66=180，对应延度（5℃）的 K_{A1}=33.0+43.0+42.5=118.5，对应软化点的 K_{A1}=60+57+58=175，对应黏度（135℃）的 K_{A1}=955+1050

+890=2895。其他 K 值的计算以此类推。R 值为 K_1、K_2、K_3 的极差，R=max(K_1、K_2、K_3)−min(K_1、K_2、K_3)，A 因素针入度对应的 R=181−179=2，其他 R 值的计算以此类推。

表 3-30　试验结果直观分析

试验指标	统计参数	A	B	C	D
针入度/0.1mm	K_1	180	173	168	169
	K_2	179	183	177	192
	K_3	181	184	195	179
	R	2	11	27	23
延度(5℃)/cm	K_1	118.5	105.9	105.5	106.4
	K_2	106.7	116.5	113.1	118.2
	K_3	112.1	114.9	118.7	112.7
	R	11.8	10.6	13.2	11.8
软化点/℃	K_1	175	183	184	181
	K_2	181	179	180	180
	K_3	187	181	179	182
	R	12	4	5	2
黏度(135℃)/(mPa·s)	K_1	2895	3306	3139.5	3345
	K_2	3578	3262.5	3356	3457
	K_3	3347.5	3252	3325	3018.5
	R	683	54	216.5	438.5

注：A、B、C 表示因素，见表 3-27。

根据表 3-30 计算得到的 R 值，分别分析各项试验因素对考察指标影响的主次顺序，结果汇总如表 3-31 所示。

表 3-31　各指标直观分析结果汇总

考核指标	因素主次顺序	正交中较好条件
针入度/0.1mm	C＞D＞B＞A	A2B3，2C3D1
延度(5℃)/cm	C＞A=D＞B	A1B2，3C3D2
软化点/℃	A＞C＞B＞D	A1B2C3D2
黏度(135℃)/(mPa·s)	A＞D＞C＞B	A1B2，3C1D3

不同的再生剂组分对再生沥青的贡献大小不同，具体分析如下。

(1) 改性剂占基质油分的质量百分数 A：对软化点和黏度(135℃)影响最大，改性剂掺量越大，对再生沥青的软化点和黏度(135℃)的贡献越大，正交试验中较好的条件为水平 1。其次对延度(5℃)影响较大，正交试验中较好条件同样为水平 1，故最后选定 A 比例为水平 1，即 5%。

(2) 增黏树脂占基质油分的质量百分数 B：对针入度及软化点的影响较大，其次为延度(5℃)和黏度(135℃)，正交试验中较好条件为水平 2 和水平 3，考虑到经济性，最终选定 B 比例为水平 2。

(3) 增塑剂占基质油分质量百分数 C：对针入度和延度(5℃)的贡献最大，其次为软化点。加入的增塑剂含量越大，针入度越小，延度(5℃)越大，软化点越低。增塑剂对黏度(135℃)的影响则不是很明显。综合来看，正交试验中较好的条件为水平 3。

(4) 剪切时间 D：对针入度及黏度(135℃)的贡献最大，其次为延度(5℃)。剪切时间过短，不能充分地将各种原料进行剪切，难以形成均匀混合体；剪切时间过长，各种原料又会高速运动，相互碰撞而产生聚结，不利于均匀分散。正交试验中较好条件为水平 2。

依据表 3-31 进行综合比选，确定最优组合为 A1B2C3D2，即基质油分∶增塑剂∶增黏树脂∶SBS 改性剂=1.00∶0.30∶0.03∶0.05，剪切时间为 40min。

3. 抗老化剂配比确定

抗老化剂配比确定同样采用 $L_9(3^3)$，即三水平三因素正交设计，共 9 组试验，其中因素 E、F、G 分别为抗氧剂、紫外线吸收剂、抗剥落剂占再生剂的质量百分数，将 RTFOT 老化后的黏度比(60℃)、质量损失以及水煮法抗剥落率作为控制指标。因素水平如表 3-32 所示，正交试验、结果、直观分析结果分别如表 3-33～表 3-35 所示。

表 3-32　抗老化剂试验因素水平表

因素	水平 1	水平 2	水平 3
E：抗氧剂占再生剂的质量百分数/%	0.1	0.3	0.5
F：紫外线吸收剂占再生剂的质量百分数/%	0.1	0.3	0.5
G：抗剥落剂占再生剂的质量百分数/%	0.1	0.3	0.5

表 3-33　抗老化剂正交试验表

编号	E/%	F/%	G/%
1	0.1(1)	0.1(1)	0.1(1)
2	0.1(1)	0.3(2)	0.3(2)
3	0.1(1)	0.5(3)	0.5(3)
4	0.3(2)	0.1(1)	0.3(2)
5	0.3(2)	0.3(2)	0.5(3)
6	0.3(2)	0.5(3)	0.1(1)
7	0.5(3)	0.1(1)	0.5(3)
8	0.5(3)	0.3(2)	0.1(1)
9	0.5(3)	0.5(3)	0.3(2)

注：E、F、G 表示因素，括号内的 1、2、3 表示水平，见表 3-32。

表 3-34　抗老化剂正交试验结果

编号	RTFOT 老化后的质量损失/%	RTFOT 老化后的黏度比(60℃)	水煮法抗剥落率/%
1	1.26	1.22	5.92
2	1.33	1.25	3.63
3	1.36	1.29	2.97
4	1.28	1.30	3.35

续表

编号	RTFOT 老化后的质量损失/%	RTFOT 老化后的黏度比(60℃)	水煮法抗剥落率/%
5	1.41	1.46	2.50
6	1.23	1.23	4.82
7	1.39	1.36	2.96
8	1.20	1.22	4.61
9	1.24	1.24	3.05

表 3-35　抗老化剂正交试验结果直观分析

试验指标	统计参数	E	F	G
RTFOT 老化后的质量损失/%	K_1	3.95	3.92	3.69
	K_2	3.99	3.93	3.85
	K_3	3.82	3.76	4.16
	R	0.17	0.17	0.47
RTFOT 老化后的黏度比(60℃)	K_1	3.76	3.88	3.67
	K_2	3.99	3.93	3.79
	K_3	3.82	3.76	4.11
	R	0.23	0.17	0.44
水煮法抗剥落率/%	K_1	12.52	12.23	15.35
	K_2	10.67	10.74	10.03
	K_3	10.62	10.84	8.43
	R	1.90	1.49	6.92

注：E、F、G 表示因素，见表 3-32。

将各个指标直观分析结果进行汇总，结果如表 3-36 所示。

表 3-36　各指标直观分析结果汇总

考核指标	因素主次顺序	正交中较好条件
RTFOT 老化后的质量损失/%	G>F>E	E3F3G1，E3F3G2
RTFOT 老化后的黏度比(60℃)	G>E>F	E1F3G1，E1F3G2
水煮法抗剥落率/%	G>E>F	E3F2G3，E3F2G2

其中各因素对考核指标影响的主次顺序如下。

(1)抗氧剂占再生剂的质量百分数 E：抗氧剂对 RTFOT 老化后的黏度比(60℃)及水煮法抗剥落率的影响较大，其次为 RTFOT 老化后的质量损失，抗氧剂的含量越大，RTFOT 老化后的质量损失越小，综合看试验结果中较好条件为水平 3。

(2)紫外线吸收剂占再生剂的质量百分数 F：紫外线吸收剂对 RTFOT 老化后的质量损失的影响较大，对 RTFOT 老化后的黏度比(60℃)及水煮法抗剥落率的影响次之，当水平为 3 时，RTFOT 老化后的质量损失和 RTFOT 老化后的黏度比(60℃)均最小，故选择水平 3 为较好的条件。

(3)抗剥落剂占再生剂的质量百分数 G：抗剥落剂对 RTFOT 老化后的质量损失、黏度比（60℃）及水煮法抗剥落率的影响都比较大，随着抗剥落剂掺量的增大，水煮法抗剥落率越来越小，但是 RTFOT 老化后的质量损失和黏度比（60℃）均增大，综合选择抗剥落剂的水平为 2。

依据表 3-36 进行综合比选，最优的组合为 E3F3G2，即抗氧剂、紫外线吸收剂、抗剥落剂分别占溶胀改性液质量的 0.5%、0.5%、0.3%。

3.3.3　再生剂性能对比研究

为评价本书自主研发的 SBS 改性沥青再生剂 ZZ（发明专利号：ZL201410059091. 6）的性能效果，在分析国内外再生剂技术指标的基础上，选择再生剂 DN100、DN101 及 RA-2 等进行对比。

分别选择目前评价普遍采用的再生剂组分参数、安全性参数、黏度参数、表面张力参数、热稳定性能参数、抗老化性能参数六种进行系统的对比分析，评价过程如下。

1. 再生剂的官能团组成

芳香族化合物主要有 5 个峰区：600～690cm^{-1} 波段的 C—H 面外弯曲、950～1225cm^{-1} 波段的 C—H 面内弯曲、1430～1600cm^{-1} 波段的芳香骨架振动、1660～2000cm^{-1} 波段的 C—H 面外弯曲振动的泛频及组频峰、3030～3040cm^{-1} 波段的 Ar—H 特征峰。通常芳香化合物的主要判别依据是 1430～1600cm^{-1} 区域的芳香骨架振动峰和 3030cm^{-1} 的 C—H（Ar—H）峰，尤其前者对鉴别芳环更有决定意义。为了研究再生剂中芳香族化合物的组成，将自制再生剂 ZZ 与另外三种再生剂（RA-2、DN100、DN101）的红外光谱进行了对比。试验采用薄膜法，将四种再生剂试样涂微量于压好的光谱纯 KBr 晶片上，置于高压汞灯下照射，至试样完全干燥后进行红外光谱测定，测定结果如图 3-8 所示。

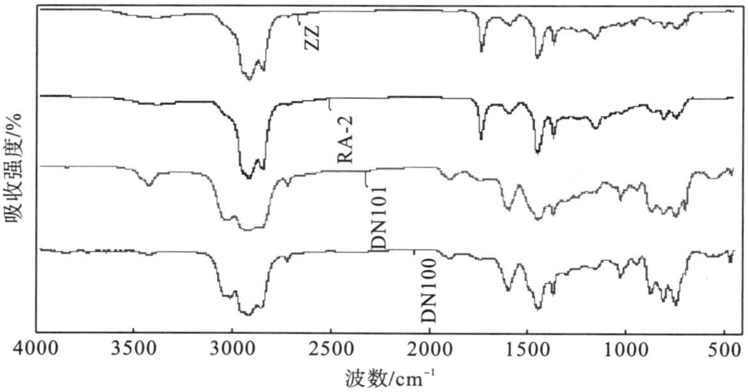

图 3-8　四种再生剂红外光谱图

由图 3-8 分析可知：

（1）4 种再生剂在（1600±10）cm^{-1}、1450～1500cm^{-1} 和（1380±10）cm^{-1} 波段出现了 3～4 个芳烃骨架特征峰，在 3030～3040cm^{-1} 波段出现了微弱的 Ar—H 特征峰，在 690～900cm^{-1}

波段出现了 C—H 面外弯曲特征峰，表明四种再生剂均含有芳香族化合物。

(2)4 种再生剂在 870～670cm^{-1} 波段出现了苯环上的 C—H 面外弯曲振动吸收峰，在 1030cm^{-1} 处出现了 S═O 振动峰，在 1750cm^{-1} 处出现了酯羰基 C═O 键伸缩振动峰，在 2858～2924cm^{-1} 波段出现了═CH_2 反对称和对称伸缩振动峰，在 2958cm^{-1} 处出现了—CH_3 反对称和对称伸缩振动峰，在 3430cm^{-1} 处出现了含有 O—H 振动吸收峰，表明再生剂中含有非极性的甲基、亚甲基和极性的酯羰基、羟基、亚砜基。

沥青中的芳香族化合物包括芳香分和饱和分，在溶解老化沥青的同时确保再生剂的相容性。目前国内外再生剂相关规范一般均要求对其芳香族化合物组分含量进行测试，如美国及我国现行再生剂规范均要求饱和分含量不得低于 30%，同时我国早期再生剂规范提到芳香分含量也不得低于 30%的相关要求，芳香分含量为实测，以适应沥青不同老化程度的需要。

2. 再生剂安全性

参考《公路工程沥青及沥青混合料试验规程》(JTG E20—2011)中的 T 0611 沥青闪点与燃点试验(克利夫兰开口杯法)，对自制再生剂 ZZ 与另外三种再生剂(RA-2、DN100、DN101)进行闪点测试，结果如表 3-37 所示。

表 3-37　四种再生剂闪点试验结果

技术指标	试验方法	ZZ	RA-2	DN100	DN101
闪点/℃	T 0611	245	225	206	215

由以上试验结果可知，闪点是现场施工安全性的保障指标之一。现有沥青再生剂闪点一般在 210℃左右，远没有达到《公路沥青路面再生技术规范》(JTG F41—2008)中闪点不低于 220℃的要求，而自制再生剂的闪点则远超过这一技术指标的要求。

3. 再生剂黏度

再生剂黏度是调和沥青性能的重要指标，也是再生沥青均匀性的重要保障。目前国内外再生剂规范均对沥青再生剂黏度提出了具体要求，但由于所采取的试验方法不一致，各指标不尽统一。本书参考《公路工程沥青及沥青混合料试验规程》(JTG E20—2011)中的 T 0619 沥青运动黏度试验(毛细管法)，对自制再生剂 ZZ 与另外三种再生剂(RA-2、DN100、DN101)进行黏度(60℃)测试，结果如表 3-38 所示。

表 3-38　四种再生剂黏度试验结果

技术指标	试验方法	ZZ	RA-2	DN100	DN101
黏度(60℃)/(Pa·s)	T 0619	0.48	0.32	0.23	1.35

从再生剂的状态以及试验结果来看，除 DN101 的黏度(60℃)较大外，其余三种再生剂黏度比较相近且较小，黏度小有利于再生剂渗透进入老化沥青内，但黏度太小对再生沥青的路用性能不利，会使得再生路面更容易发生车辙等变形现象。

4. 再生剂表面张力

吕伟民将流变指数和表面张力作为评价再生剂的指标，其中流变指数为评价再生剂恢复老化沥青流变性的指标，表面张力则是评价再生剂溶解和分散沥青质能力的指标，我国早期提出的再生剂技术指标建议值也将二者纳入其中。由于流变指数和表面张力早期测试较为困难，在我国现有规范中未被列入。随着测试技术的进步，目前流变指数多采用 SHRP 动态剪切流变特性进行表征。为了评价再生剂溶解和分散沥青质的能力，本书参考《混凝土外加剂匀质性试验方法》(GB/T 8077—2012)，对自制再生剂 ZZ 与另外三种再生剂(RA-2、DN100、DN101)进行表面张力测试，结果如表 3-39 所示。

表 3-39　四种再生剂基本性能指标对比

技术指标	试验方法	ZZ	RA-2	DN100	DN101
表面张力/(10^{-3}N/m)	GB/T 8077	52.4	49.9	49.0	39.2

一般来说，表面张力越大，再生剂溶解和分散能力越强，再生剂更有利于与老化沥青混合，相容性越高。

5. 再生剂热稳定性能

再生剂热稳定分析采用差示扫描量热法(DSC)进行，同研究 SBS 改性沥青耦合老化的方法类似。再生剂的 DSC 曲线可以反映再生剂的热稳定性，再生剂是由多组分组成的复杂有机物，不同组分的性能不同，因此，DSC 曲线中表现出的是由多组分随温度而发生能量变化的重叠峰，吸热(放热)峰的大小、峰产生的温度范围反映了再生剂的微观性能。

本研究选用了德国 NETZSCH 公司生产的 STA449C 综合热分析仪对四种再生剂进行热分析试验。该仪器温控范围是-190～600℃，称重解析度 0.1μg。由于再生剂使用的温度不超过 200℃，试验设定温度范围为 25～300℃，升温速度为 10℃/min。

一般来说，吸热(放热)峰越高，峰越宽，说明再生剂在该温度范围内发生变化的组分越多，在宏观上表现为再生剂性能发生的变化越大。反之，DSC 曲线变化平缓，表示再生剂热稳定性良好。本书采用起始氧化温度、氧化放热峰顶温度及测定温度范围内的热焓变化来表征再生剂的热稳定性，起始氧化温度和氧化放热峰顶温度越高，热焓变化越小，再生剂的热稳定性越好。四种再生剂 ZZ、RA-2、DN100、DN101 的 DSC 曲线如图 3-9 所示。

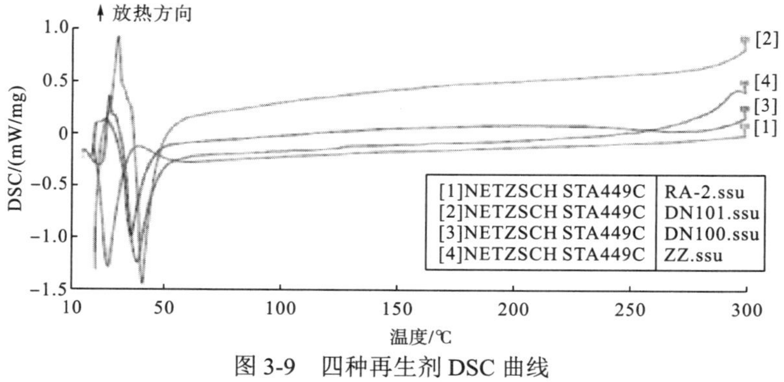

图 3-9　四种再生剂 DSC 曲线

通过对图 3-9 的分析，统计四种再生剂的吸(放)热区间、对应区间吸(放)热量及峰顶温度，结果如表 3-40 所示。

表 3-40　再生剂吸(放)热量测试结果

再生剂		ZZ	RA-2	DN100	DN101
区间吸热量	温度区间/℃	30～200	39～300	29～70	34～50
	峰顶温度/℃	38.5	60.9	35.9	40.9
	吸热量/$(J·g^{-1})$	112.5	187.3	47.9	36.8
区间放热量	温度区间/℃	200～300		70～300	50～300
	峰顶温度/℃	277.8		208.6	180.0
	放热量/$(J·g^{-1})$	51.3		147.8	351.8
总热量/$(J·g^{-1})$		163.8	187.3	195.7	388.6

由图 3-9 和表 3-40 分析可知：

(1) 在 25～50℃低温区段，均有一个吸热峰和放热峰出现，导致该现象出现的原因可能是发生了气体吸附或再生剂中有些组分处于过冷非晶态，在达到玻璃化转变温度之后结晶，放出大量结晶热而产生放热峰，随着温度的升高，结晶熔融，出现吸热峰。表明该温度区间不能用来评价再生剂的热氧稳定性。

(2) 四种再生剂在 50～200℃中温区段 DSC 曲线变化平缓，继续升温到 200～300℃高温区段，除了再生剂 RA-2 外，其余三种再生剂均出现放热峰，表明在高温区段发生了燃烧或氧化降解反应。

(3) ZZ、DN100 和 DN101 再生剂在 200～300℃温度区间主要发生放热反应，但 ZZ 再生剂较 DN100 和 DN101 再生剂峰顶温度高，放热区间窄，总放热量小，表明热稳定性更好。而 RA-2 再生剂主要发生的是吸热反应，表明 RA-2 再生剂在整个区段以缩聚反应和挥发为主。

(4) 总热量为区间放热量与区间吸热量之和，总热量越大，反应的组分越多，热稳定性越差，即四种再生剂的热稳定性从小到大的顺序为 DN101＜DN100＜RA-2＜ZZ。

6. 再生剂抗老化性能

再生剂的抗老化性能又称再生剂的耐久性能，直接影响到沥青再生剂的长期使用性能。在热再生阶段，再生剂受到高温作用，在路面使用过程中其还会受到各种不利因素的耦合作用。由 SBS 改性沥青耦合老化研究可知，沥青路面主要需经历施工阶段的短期热氧老化和使用过程中的长期热、光、水耦合老化。因此，本书分别对再生剂在热氧作用条件下的抗老化性能以及在热、光、水耦合条件下的抗老化性能进行分析，以期全面探究所研发的再生剂长期性能的优劣。

1) RTFOT 热老化

依据《公路沥青及沥青混合料试验规程》JTG E20—2011 中的 T 0610 方法，分别对 ZZ、RA-2、DN100、DN101 沥青再生剂进行旋转薄膜烘箱老化试验，以模拟沥青再生剂在高温拌和状态下的老化过程，RTFOT 老化前后四种再生剂质量变化及黏度比(60℃)如表 3-41 所示。

表 3-41　RTFOT 老化前后四种再生剂质量变化及黏度比

再生剂	ZZ	RA-2	DN100	DN101
RTFOT 老化前后质量变化/%	2.86	3.56	9.16	3.20
RTFOT 老化前后黏度比(60℃)	1.3	1.8	2.1	1.5

由表 3-41 可见，四种再生剂 RTFOT 老化前后质量变化和黏度比具有很好的相关性，RTFOT 老化后的质量变化越小，黏度比越小，再生剂的抗老化性能越好。总体来看，再生剂抗老化性的顺序为 DN100＜RA-2＜DN101＜ZZ。

为了更深入地研究热氧短期老化后 ZZ、RA-2、DN100、DN101 四种再生剂的微观变化，分别进行 RTFOT 老化前后红外光谱试验，试验方法同研究 SBS 改性沥青耦合老化过程中官能团变化的方法类似，试验结果如图 3-10 所示。

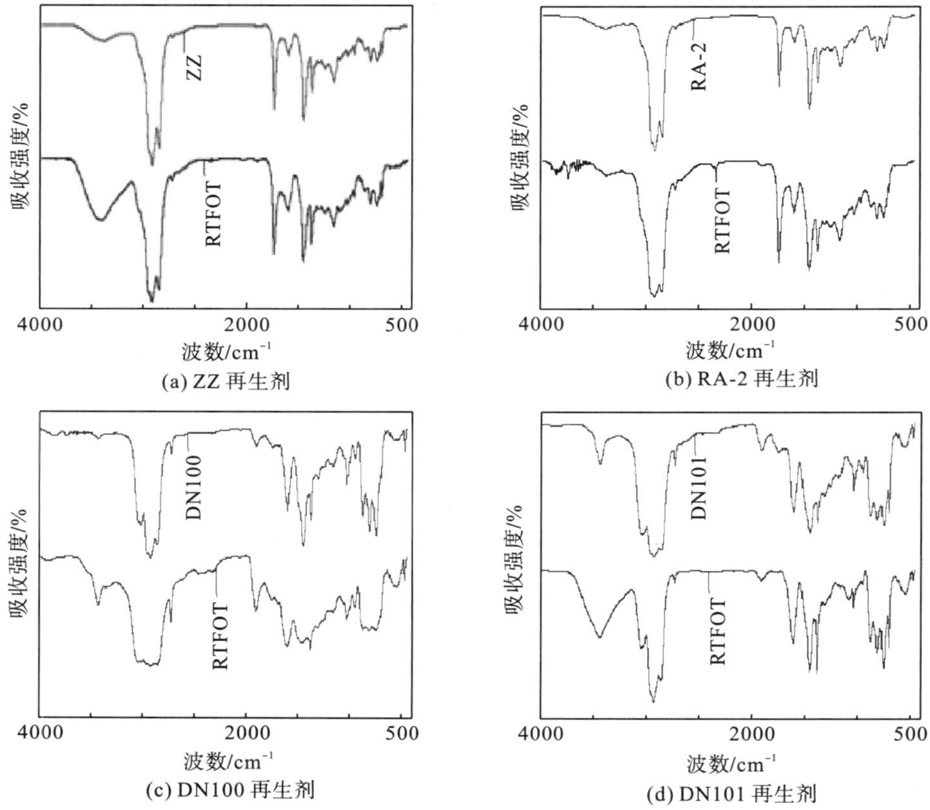

(a) ZZ 再生剂　(b) RA-2 再生剂　(c) DN100 再生剂　(d) DN101 再生剂

图 3-10　四种再生剂 RTFOT 老化前后红外光谱图

由图 3-10 可知，四种再生剂在 RTFOT 老化前后，峰产生的位置没有发生大的变化，只是峰的强度不同，部分官能团的峰面积发生了较大的变化。在 2850～3000cm^{-1} 波段出现了饱和烷烃 C—C 及 C—H 伸缩振动，在 800～1250cm^{-1} 波段出现了 C—C 骨架振动，在 900～1000cm^{-1} 波段出现了直链 C═C 骨架振动，在 1380～1600cm^{-1} 波段和 650～900cm^{-1} 波段分别出现了苯环 C═C 和 C—H 吸收峰，在 1500～1650cm^{-1} 波段出现了 C═O 吸收峰，在 1030～1060cm^{-1} 波段出现了 S═O 吸收峰。

为了进一步分析再生剂 RTFOT 老化前后的官能团变化关系，本书提出再生剂官能团变化的三个评价指标，分别为芳烃指数 FI、羰基指数 CI、亚砜基指数 SI。

$$FI = \frac{A_{\text{C—C芳烃}}}{A_{\text{总}}} \tag{3-1}$$

$$CI = \frac{A_{\text{C═O}}}{A_{\text{总}}} \tag{3-2}$$

$$SI = \frac{A_{\text{S═O}}}{A_{\text{总}}} \tag{3-3}$$

式中，$A_{\text{总}}$ ——峰谱总面积；

$A_{\text{C═C芳烃}}$ ——芳烃基吸收峰面积；

$A_{\text{C═O}}$ ——羰基吸收峰面积；

$A_{\text{S═O}}$ ——亚砜基吸收峰面积。

对图 3-10 的红外光谱面积进行统计，计算得到四种再生剂的羰基指数 CI、亚砜基指数 SI、芳烃指数 FI，如表 3-42 所示。为了能够更加清晰地比对四种再生剂的指数变化关系，绘制得到三个指数变化对比情况，如图 3-11 所示。

表 3-42　四种再生剂 RTFOT 老化前后指数　　（单位：%）

再生剂	老化方式	羰基指数	亚砜基指数	芳烃指数
ZZ	Ori	5.34	6.13	17.75
	RTFOT	6.43	6.56	16.66
RA-2	Ori	5.23	6.08	17.50
	RTFOT	6.90	6.61	16.62
DN100	Ori	2.46	4.11	23.40
	RTFOT	4.79	4.54	19.33
DN101	Ori	2.58	3.47	20.05
	RTFOT	3.14	4.03	18.22

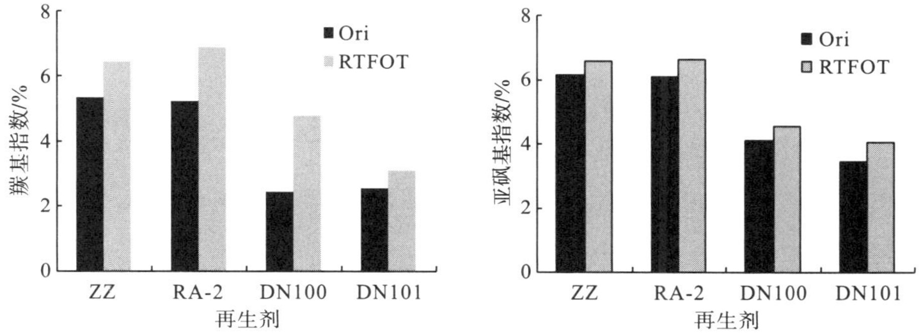

(a)羰基指数　　(b)亚砜基指数

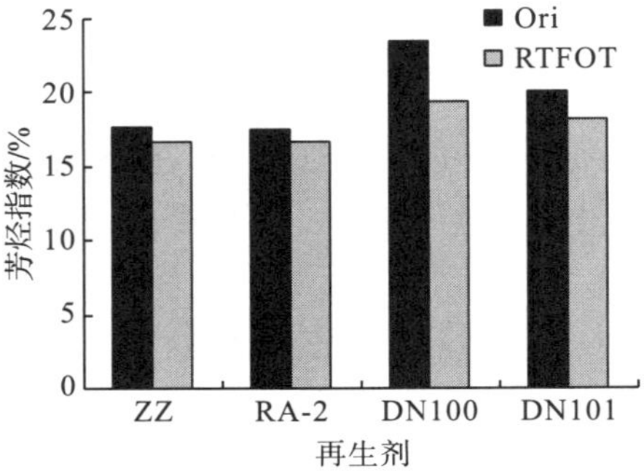

(c)芳烃指数

图 3-11　四种再生剂 RTFOT 老化前后指数变化图

由表 3-42 和图 3-11 分析可知：

四种再生剂热氧老化后均表现为羰基指数和亚砜基指数增大，芳烃指数减小。研究发现，再生剂在热、氧作用下，发生化学键的断裂，形成自由基，从而引发自由基反应，生成了大量的含羰基醛、酮、酯或羧酸等。自由基反应包括链引发、链增长、链终止三个阶段。

(1) 链引发。

再生剂中的高分子受到热氧环境的作用，在化学键活跃的位置（如分子结构中的C═C处）发生自由基引发反应。

$$RH \longrightarrow R\cdot + H\cdot$$

$$RH + O_2 \longrightarrow R\cdot + HOO\cdot$$

(2) 链增长。

链引发一旦发生，引发的自由基捕获空气中的氧气分子，迅速生成过氧化自由基，随后过氧化自由基与再生剂中的高分子化合物相互作用，夺取其中的 H 原子而生成氢过氧化物和另一个自由基。

$$R\cdot + O_2 \longrightarrow ROO\cdot$$

$$ROO\cdot + RH \longrightarrow R\cdot + ROOH$$

随着反应的进行，生成越来越多的过氧化物 ROOH，在热氧或紫外光作用下，ROOH 发生歧化反应从而产生新的自由基。

$$ROOH \longrightarrow RO\cdot + HO\cdot$$

$$RO\cdot + RH \longrightarrow R\cdot + ROH$$

$$HO\cdot + RH \longrightarrow R\cdot + H_2O$$

红外光谱显示，再生剂经过热氧老化后，羰基含量增加，主要原因为再生剂中的高分子化合物发生了复杂的自由基反应。例如，RO 发生歧化反应，生成羰基。

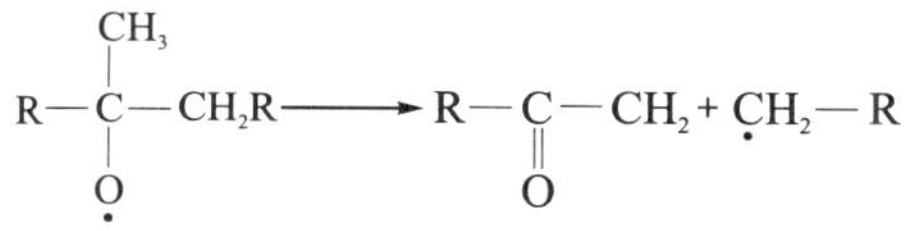

另外，对红外光谱进行分析发现，四种再生剂经过热氧老化后，亚砜基含量均增多，这是由自由基反应的产物氢过氧化物与含硫化合物发生氧化反应形成的。例如：

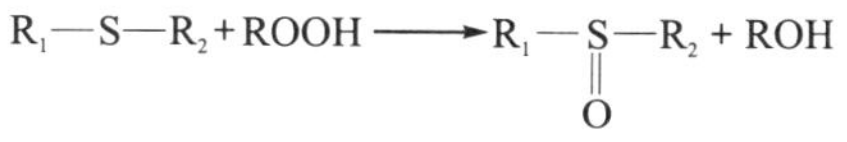

(3)链终止。

当自由基达到一定浓度后，自由基相互碰撞发生双基耦合反应，导致链终止。

$$R\cdot + R\cdot \longrightarrow R—R$$

$$ROO\cdot + ROO\cdot \longrightarrow ROOR + O_2$$

$$R\cdot + ROO\cdot \longrightarrow ROOR$$

再生剂中硫元素发生了硫化反应，使亚砜基的含量增多，热老化使再生剂中的芳烃油分挥发、氧化或聚合，进而再生剂的芳烃指数下降。因此再生剂在热氧老化过程中，与氧发生反应生成的羰基和亚砜基使再生剂的极性增强，分子间的相互作用力增加，从而使再生剂的黏度增加。芳烃油分的减少使再生剂的黏度进一步增加，质量损失增加。

四种再生剂热氧老化前后羰基指数的变化顺序为 ZZ＜DN101＜RA-2＜DN100，亚砜基指数的变化顺序为 ZZ＜DN100＜RA-2＜DN101，芳烃指数的变化顺序为 ZZ＜DN101＜RA-2＜DN100。综合三种指数的变化趋势，抗热氧老化性能优劣排序为 ZZ＞DN101＞RA-2＞DN100，与表 3-41 中再生剂 RTFOT 老化前后的质量损失与黏度比(60℃)性能指标评价结果一致。

2)耦合老化

沥青耦合老化研究表明，太阳光谱中紫外光波段对沥青路面老化起到不可忽视的作用。再生剂在光照下是否会发生键的断裂，从而引发一系列的氧化降解反应，主要取决于其所吸收光波对应的能量是否大于化学键的强度。沥青再生剂作为高分子材料化合物，其主要分子的化学键键能如表 3-43 所示。

表 3-43　沥青再生剂中主要分子的化学键键能

化学键	O—H	C—H	C—O	C—C	C═C
键能/($kJ\cdot mol^{-1}$)	463.0	413.6	351.6	347.9	615.3

由表 3-43 可知，再生剂中主要分子的化学键断裂所需的能量一般小于紫外光在 200～400nm 波长范围所具有的能量，因此，在长期自然环境作用下，再生剂很容易受到紫外光老化作用，从而使再生剂的分子结构变化，造成再生剂黏度增加，再生效果降低。

为了进一步分析沥青再生剂在使用过程中经受的自然界热、光、水的耦合作用，在分析 SBS 改性沥青耦合老化的基础上，将经 RTFOT 老化后的沥青再生剂在温度 70℃、辐照度 500W、相对湿度 50%条件下分别耦合老化 5d、10d 及 15d，然后测试不同耦合老化时间前后四种再生剂的质量变化、黏度比及结构官能团指数变化。其中质量变化及黏度比如表 3-44 所示。

表 3-44　四种再生剂耦合老化前后质量变化和黏度比

老化时间	ZZ		RA-2		DN100		DN101	
	质量变化/%	黏度比	质量变化/%	黏度比	质量变化/%	黏度比	质量变化/%	黏度比
5d	2.88	1.2	3.65	1.9	8.98	2.0	3.01	1.4
10d	3.12	1.5	3.95	2.3	9.05	2.3	3.56	1.6
15d	3.78	2.1	4.77	3.1	10.76	3.4	4.64	2.4

由表 3-44 分析可知：

(1) 质量变化与黏度比之间有很好的关联性，质量变化越大，黏度比变化越大。

(2) 随着耦合老化时间的延长，四种再生剂的质量变化越大，黏度比越大。四种再生剂的抗老化性能优劣的顺序为 ZZ＞DN101＞RA-2＞DN100。

为了进一步研究沥青再生剂在耦合老化条件下发生的微观变化，本书将耦合老化 5d、10d、15d 后的四种再生剂进行红外光谱分析，如图 3-12 所示。

由图 3-12 中统计得到四种沥青再生剂的羰基、芳烃基、亚砜基的峰谱面积，计算得到再生剂 ZZ、RA-2、DN100、DN101 耦合老化不同时间的羰基指数、亚砜基指数及芳烃指数，计算结果及曲线图分别如表 3-45 和图 3-13 所示。

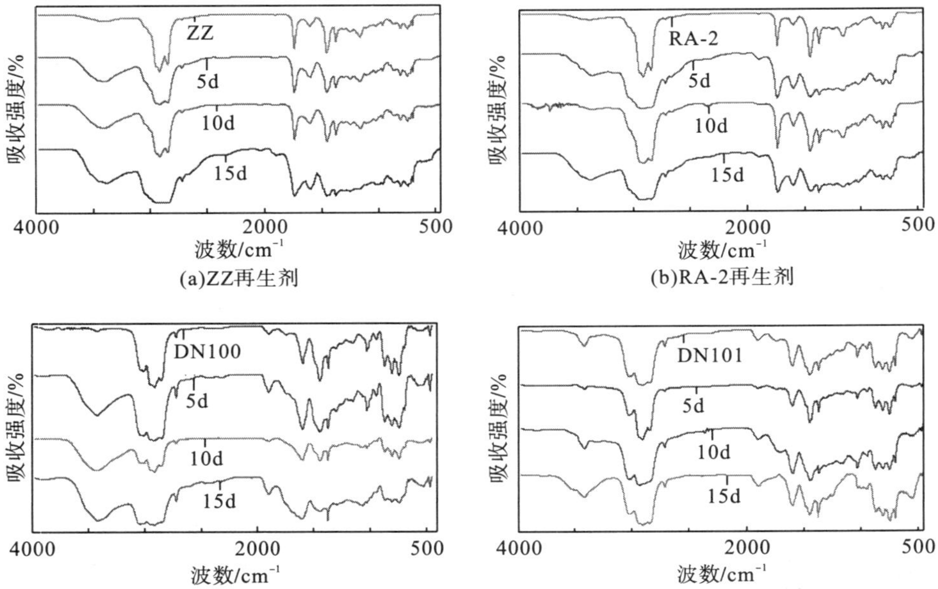

(a)ZZ再生剂　(b)RA-2再生剂

(c)DN100再生剂　(d)DN101再生剂

图 3-12　四种再生剂不同耦合老化时间红外光谱图

表 3-45　四种再生剂不同耦合老化时间官能团指数　（单位：%）

再生剂	官能团	Ori	RTFOT	5dCA	10dCA	15dCA
ZZ	羰基指数	5.34	6.43	6.49	6.55	6.92
	亚砜基指数	6.13	6.56	6.77	6.90	6.99
	芳烃指数	17.75	16.66	15.77	15.59	14.80
RA-2	羰基指数	5.23	6.90	7.24	7.43	9.67
	亚砜基指数	6.08	6.61	7.55	7.83	8.91
	芳烃指数	17.50	16.62	17.38	16.94	15.27
DN100	羰基指数	2.46	4.79	3.52	3.62	7.51
	亚砜基指数	4.11	4.54	4.43	4.89	5.59
	芳烃指数	23.40	19.33	19.70	14.58	14.13
DN101	羰基指数	2.58	3.14	2.93	3.34	4.50
	亚砜基指数	3.47	4.03	3.58	3.67	4.66
	芳烃指数	20.05	18.22	13.17	10.88	8.45

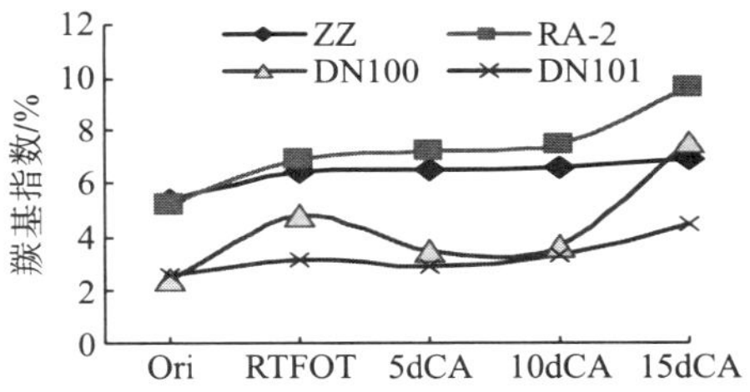

(a)羰基指数

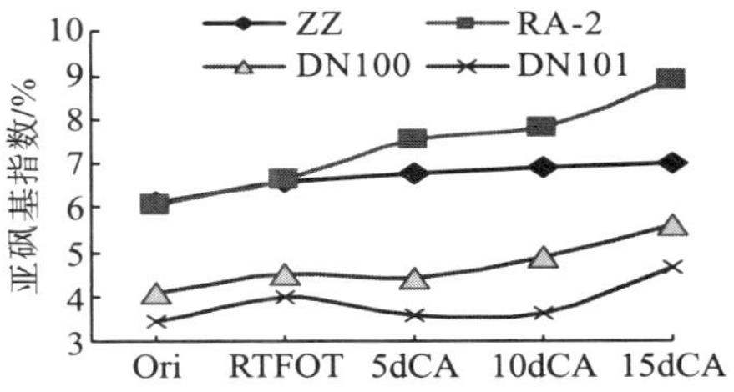

(b)亚砜基指数

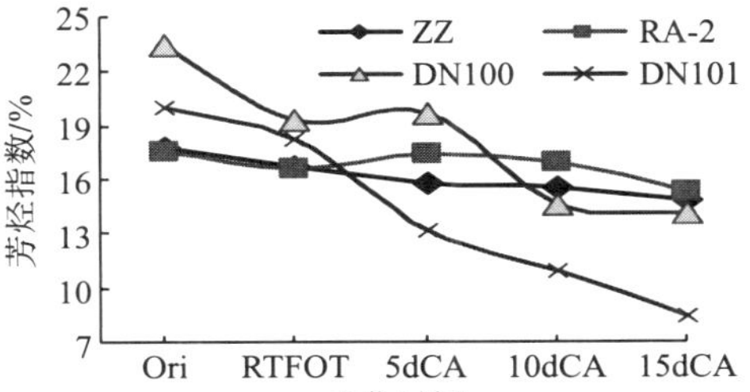

(c)芳烃指数

图 3-13　四种再生剂不同耦合老化时间官能团指数变化图

由表 3-45 和图 3-13 分析可知：

(1) 随着耦合老化时间的增加，四种沥青再生剂均出现羰基指数、亚砜基指数增大，芳烃指数减小的现象。发生该现象的主要原因是在热、光、水的催化作用下，耦合老化过程以紫外光老化为主，当紫外光的能量高于再生剂中高分子所含化学键的键能时，会导致化学键断裂或被激活，从而发生一系列的自由基反应。紫外光老化与热氧老化的自由基反应过程相同，只是老化发生自由基的条件为紫外光辐射作用。庞凌认为，在紫外光老化反应过程中，含羰基的有机化合物会发生如下所示 Norrish Ⅰ型和 NorrishⅡ型反应。

Norrish Ⅰ型反应：

$$R_1—\underset{\underset{O}{\|}}{C}—R_2 \xrightarrow{260\sim340nm} R_1\cdot + CO + R_2\cdot$$

Norrish Ⅱ型反应：

$$R—\underset{\underset{O}{\|}}{C}—CH_2—CH_2CH_2\sim\sim \xrightarrow{260\sim340nm} R—\underset{\underset{O}{\|}}{C}—CH_3+CH_2=CH\sim\sim$$

由此可见，在耦合老化作用下，羰基会形成新的自由基 $R_1\cdot$ 和 $R_2\cdot$，从而发生类似热氧老化链引发和链增长反应，生成氢过氧化物 ROOH，ROOH 在紫外光辐射的作用下发生歧化反应，生成羰基与一个新的自由基，从而使自由基反应不断进行下去，羰基含量增加。另外，氢过氧化物 ROOH 与含硫化合物发生氧化反应生成亚砜基，随着氢过氧化物含量的增加，生成的亚砜基含量也增加。

(2) 与热氧老化相似，热、光、水耦合老化后，同样出现羰基指数、亚砜基指数增加，芳烃指数减小现象。这是因为耦合老化使再生剂中的芳烃油分挥发、氧化或聚合，从而使再生剂的芳烃指数下降，同时羰基和亚砜基含量的增加使再生剂的极性增强，分子间的相互作用力增加，从而使再生剂的黏度增加，另外，轻质组分的减少使再生剂的黏度进一步增加，质量损失增加。

(3) 羰基指数、亚砜基指数的增加及芳烃指数的减少越慢，沥青再生剂的抗老化性能越好。四种再生剂随老化时间增加各指数变化规律不完全一致，从变化趋势来看，首先羰基指数的变化所反映的四种再生剂抗热、光、水耦合老化性能优劣排序为 ZZ＞DN101＞RA-2＞DN100；其次，亚砜基指数的变化所反映的四种再生剂抗热、光、水耦合老化性能优劣排序为 ZZ＞DN100＞RA-2＞DN101，最后，芳烃指数变化所反映的四种再生剂抗热、光、水耦合老化性能优劣排序为 ZZ＞RA-2＞DN100＞DN101。虽然三个官能团指数所反映的四种再生剂的抗老化性能并不完全一致，但是综合分析来看，SBS 改性沥青再生剂 ZZ 的抗老化性能优于 RA-2、DN100、DN101 其他三种再生剂。

3.3.4 再生剂性能技术标准

1. 国内外再生剂技术指标

本书在总结和借鉴国内外再生剂技术标准的基础上，结合再生剂自身应有的性能要求，进一步提出自制再生剂的性能指标建议值。其中，国外各个国家针对本国的再生剂制定了不同的技术标准，用以规范再生剂的应用。相关标准参如表 3-17～表 3-20 所示，此处不做赘述。

我国也提出过再生剂的指标建议值，但是没有形成统一的标准。早期提出的沥青再生剂技术指标建议值如表 3-16 所示；2007 年同济大学吕伟民曾提出过我国再生剂技术指标建议值，将流变指数和表面张力作为再生剂技术指标，如表 3-46 所示；2008 年《公路沥青路面再生技术规范》(JTG F41—2008) 颁布实施，其中对沥青再生剂质量技术指标也提出了相关要求，如表 3-47 所示。

表 3-46　吕伟民提出的再生剂技术指标建议值

技术指标	芳香分含量/%	流变指数(25℃)	黏度(25℃)/(Pa·s)	薄膜烘箱试验黏度比	表面张力(25℃)/(10^{-3}N/m)
建议值	≥30	≥0.9	0.01～20	<3	≥36

表 3-47　《公路沥青路面再生技术规范》(JTG F41—2008)中热拌沥青混合料再生剂质量要求

检验项目	RA-500	RA-250	RA-75	RA-25	RA-5	RA-1	试验方法
黏度(60℃)/(mPa·s)	37501～60000	12501～37500	4501～12500	900～4500	176～900	50～175	T 0619
闪点/℃	60000	37500	12500	4500	—	—	T 0633
饱和分含量/%	≥220	≥220	≥220	≥220	≥220	≥220	T 0618
芳香分含量/%	≤30	≤30	≤30	≤30	≤30	≤30	T 0618
薄膜烘箱试验前后黏度比	实测	实测	实测	实测	实测	实测	T 0619
薄膜烘箱试验前后质量变化/%	≤3	≤3	≤3	≤3	≤3	≤3	T 0609
	≤3	≤3	≤3	≤3	≤4	≤4	T 0610
相对密度	≥-3	≥-3	≥-3	≥-3	≥-4	≥-4	T 0603

注：“—”表示数据缺省。

总体来看，由于各国的实际情况不同，加之再生剂的材料组成与作用机理复杂，国内外不同国家再生剂的标准不尽相同，并没有形成成熟通用的再生剂技术标准，但仍然可以总结出再生剂一些重要的性质指标如下。①黏度：虽然各国因测试方法不同技术指标并未统一，但作为沥青再生剂性能的重要指标，是再生沥青均匀性的重要保障；②芳香族化合物比例：作为再生剂的重要成分，在溶解老化沥青的同时确保再生剂相容性；③闪点：作为安全性指标，是保证沥青剂安全施工的重要指标，也可以作为再生剂中挥发有机组分等的测试指标；④老化试验(质量损失和黏度比)：能够评价再生剂的施工稳定性和抗老化性能，也能够用于评价热拌沥青混合料施工过程中轻质组分挥发和烟雾污染的性质。

2. 再生剂技术指标建议值

通过总结国内外再生剂技术指标发现，黏度(60℃)、闪点、RTFOT 老化前后的质量变化和黏度比均在列，分别评价再生剂流动性、安全性、抗老化性能等。美国 ASTM 沥青规范和我国再生规范还分别列入了饱和分和芳香分的含量，主要目的是限制轻质组分的含量和提高溶解沥青质的能力。吕伟民教授和我国早期再生规范还将流变指数和表面张力作为评价再生剂的指标，其中流变指数为评价再生剂恢复老化沥青流变性的指标，表面张力则是评价再生剂溶解和分散沥青质的能力的指标。加上再生混合料铺筑在路面上以后会受到大气中热、光、水等自然因素的耦合作用，故再生剂还必须具有一定的长期抗老化性能。此外，从保障施工过程中的人体安全和环境保护角度考虑，要求再生剂中不应含有有毒有害物质。综合各国再生剂的技术指标及本书再生剂性能要求，提出 SBS 改性沥青再生剂技术指标建议值如表 3-48 所示。

表 3-48　SBS 改性沥青再生剂技术指标建议值

技术指标		目的	建议值	试验方法
黏度(60℃)/(Pa·s)		保证流动性和渗透力	0.2～0.8	T 0619
闪点/℃		施工安全性	≥230	T 0633
表面张力/(10^{-3}N/m)		保证溶解和分散能力	≥36	GB/T 8077
组分含量	饱和分/%	沥青质促凝剂	≤30	T 0618
	芳香分/%	溶解和分散沥青质	实测	T 0618
RTFOT	黏度比(60℃)	控制再生剂的热稳定性	≤2	T 0619
	质量损失/%		±3	T 0610
耦合老化(5d)	黏度比(60℃)	控制再生剂的长期耐候性	≤2	室内加速模拟热、光、水耦合老化试验装置
	质量损失/%		±3	
苯并(a)芘/(mg/kg)		控制再生剂有毒有害物质含量	≤3.0	HJ 478
邻苯二甲酸酯(PAEs)			不含有	GB/T 21911
相对密度			实测	T 0603

注：①试验方法中“T”参照现行《公路工程沥青及沥青混合料试验规程》(JTG E20—2011)相关方法执行；表面张力参照《混凝土外加剂匀质性试验方法》(GB/T 8077—2012)执行；有毒有害物质苯并(a)芘参照《水质多环芳烃的测定液萃取和固相萃取高效液相色谱法》(HJ 478—2009)执行；邻苯二甲酸酯(PAEs)参照《食品中邻苯二甲酸酯的测定》(GB/T 21911—2008)执行。

②耦合老化试验采用自主研发的沥青室内加速模拟热、光、水耦合老化试验装置进行，老化参数为辐射强度 500W、温度 70℃、相对湿度 50%。

③耦合老化黏度比(60℃)和质量损失以 RTFOT 老化后的质量和黏度为基准进行计算。

3.3.5　再生剂制备工艺

制备工艺是保证产品性能稳定和质量的重要工序，本节在参考 SBS 改性沥青高速剪切制备工艺的基础上，结合原材料技术性质，将再生剂制备工艺大体概括为以下三个方面。

1. 增黏树脂的破碎工艺

由于市售增黏树脂多为固体块状或大颗粒状，在沥青再生剂的制备过程中需要将块状树脂破碎成细小颗粒状或粉末状，以便其在油分中分散均匀。

2. 成分的添加顺序

本节研发的再生剂成分有油状物、液体、固体块状或颗粒、粉末等，这几种成分的添加顺序会影响再生剂制备的生产效率与再生剂性能。首先需制备轻质组分，即在基质油分中掺入增塑剂和增黏树脂；然后是溶胀改性液的获得，在参考 SBS 改性沥青高速剪切制备工艺基础上，将改性剂加入到轻质组分中；最后则称取抗老化组分，加入到溶胀改性液中即得到 SBS 改性沥青再生剂。

3. 成分的加热与搅拌

本节参考 SBS 改性沥青高速剪切制备工艺，在 160～170℃加热条件、3000～5000r/min 转速下溶胀，剪切使得再生剂各成分充分混合均匀，并且保证其良好的高温稳定性。

在参考 SBS 改性沥青制备工艺的基础上，将基质油分、增塑剂、增黏树脂、SBS 改性剂和抗老化剂(其中抗老化剂由抗氧剂、紫外线吸收剂和抗剥落剂组成)5 大组分分别进行准确称量与合成，制备流程如图 3-14 所示。

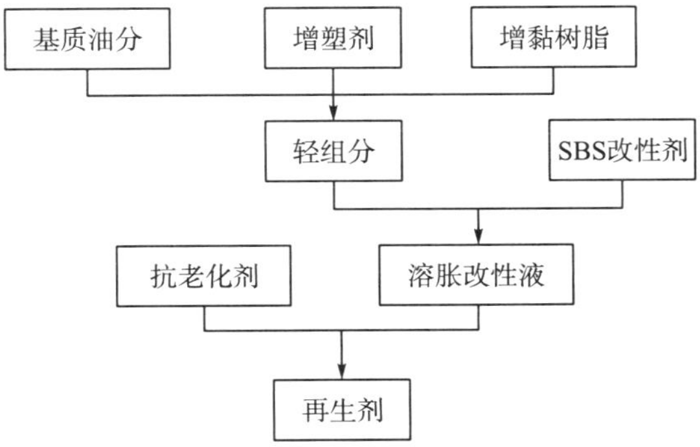

图 3-14　SBS 改性沥青再生剂制备流程

(1) 破碎：将增黏树脂破碎成粉末状。

(2) 称量：准确称取各组分所需用量。

(3) 轻组分：将基质油分加热到 160～170℃后加入增塑剂、增黏树脂，并用玻璃棒或搅拌机搅拌均匀。

(4) 溶胀改性液：将 SBS 改性剂掺入轻组分中，在 160～170℃温度条件下搅拌 30min，使其充分溶胀后置于转速为 4000r/min 高速剪切机剪切 30～50min。

(5) 成品：将抗老化剂加入到溶胀改性液中，在温度 160～170℃条件下继续搅拌 10min 左右，待其冷却后装瓶得到成品沥青再生剂。

3.4　再生剂环境影响与评价

3.4.1　基质沥青再生剂的环境影响与评价

目前国内主要关注再生剂的质量指标或技术指标，以及其对老化沥青或废旧混合料路用性能的改善效果，尚未对再生剂的环境影响进行研究分析，本节通过进一步对再生剂和再生沥青胶结料的有毒有害成分进行定性与定量试验研究，为再生剂的环境评价奠定基础。

研究选用重庆、贵州等地区常用的五种代表性再生剂：贵州省贵阳市某公司 A 型再生剂、贵州省六盘水地区某公司 B 型再生剂、辽宁省鞍山市某公司 C 型再生剂、北京市某单位自主研发的 D 型再生剂、重庆交通大学自主研发的 RA-2 再生剂(代号为 E 型再生剂)进行基质沥青再生剂的环境影响与评价分析。

1. 多环芳烃(PAHs)

多环芳烃(polycyclic aromatic hydrocarbons, PAHs)是指分子中含有两个或两个以上苯环结构的化合物，被世界公认为数量较大的致癌物之一。在人类生产活动中，其主要存在于煤、石油、焦油和沥青中，部分熏制及焙焦的食品也含有少量的多环芳烃。此外，含有碳氢元素的化合物不完全燃烧也会产生多环芳烃等致癌物质。

PAHs 具有一定程度的挥发性，易通过呼吸、皮肤接触、饮用进食等途径进入人体。目前国内外发现的 PAHs 超过 100 种，已确认致癌的有 30 多种。1976 年国际癌症研究中心(IARC)列出的 94 种对实验动物致癌的化合物中有 15 种属于多环芳烃。其中苯并(a)芘(BaP)是危害最大的一种，分子式为 $C_{20}H_{12}$，属于强致癌物质，占所有致癌性多环芳烃的 1%～20%。故常以 BaP 作为多环芳烃的代表。

BaP 是含碳燃料和有机物热解过程的产物。最初，在缺氧条件下，有机物产生自由基结合成乙炔(1)，然后乙炔形成乙烯基乙炔(2)，下一步芳环化成乙基苯(3)，再进一步结合成丁基苯(4)和四氢化萘或萘满(5)，最后通过中间体(6)形成苯并(a)芘(7)，形成过程如图 3-15 所示。

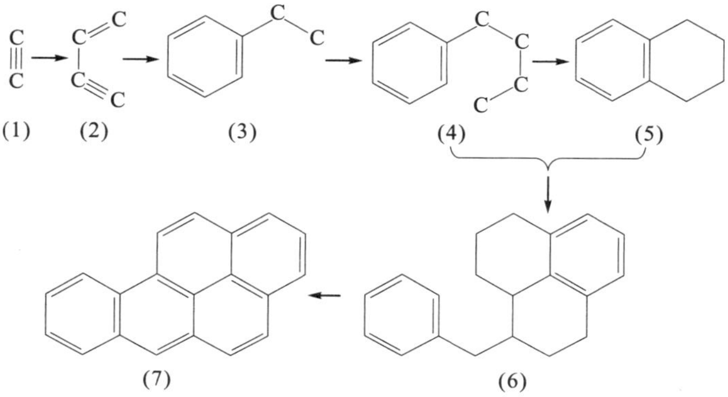

图 3-15　苯并(a)芘形成过程

苯并(a)芘的致癌机理为苯并(a)芘的 4,5 位菲环双键具有高电子密度(被称为“K 区”)，易与细胞内的大分子(如 DNA，RNA 等)发生共价键结合，有可能破坏 DNA 和 RNA 的正常功能，主要是 DNA 的遗传信息发生改变，引起细胞突变，从而引发癌变。如苯并(a)芘的 K 区环氧化物 4,5 位与 DNA 键上的鸟嘌呤环-2-氨基相结合，结合后发生基因突变，其原来与胞嘧啶共价结合的三个氢键发生变化，故不能再与胞嘧啶配对。如图 3-16 所示。

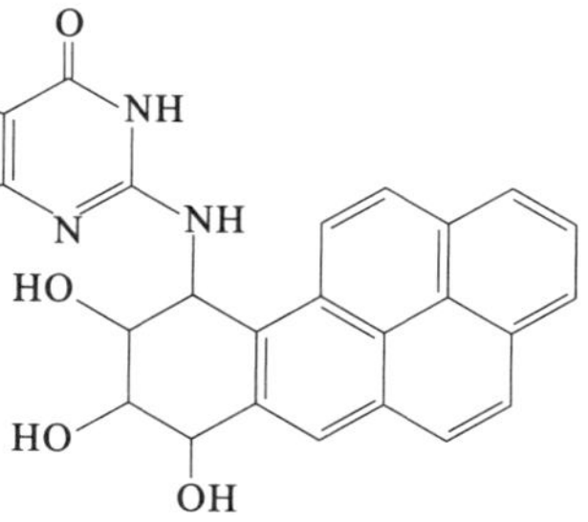

图 3-16　苯并(a)芘与鸟嘌呤反应产物

此外，苊、菲、荧蒽、芘、苯并(g,h,i)二萘嵌苯也是常见的危害性强的 5 种多环芳烃。苊，分子式为 $C_{12}H_{10}$，易燃，对眼睛、皮肤、黏膜和上呼吸道有刺激性，遇高热可能会燃烧爆炸；菲，分子式为 $C_{14}H_{10}$；荧蒽，分子式为 $C_{16}H_{10}$，对皮肤有较强腐蚀性，能致人体基因突变；芘，分子式为 $C_{16}H_{10}$，高温下会分解产生有毒气体，长时间接触会出现头痛、乏力、睡眠不佳等症状；苯并(g,h,i)二萘嵌苯，分子式 $C_{22}H_{12}$。5 种多环芳烃的化学式如图 3-17 所示。

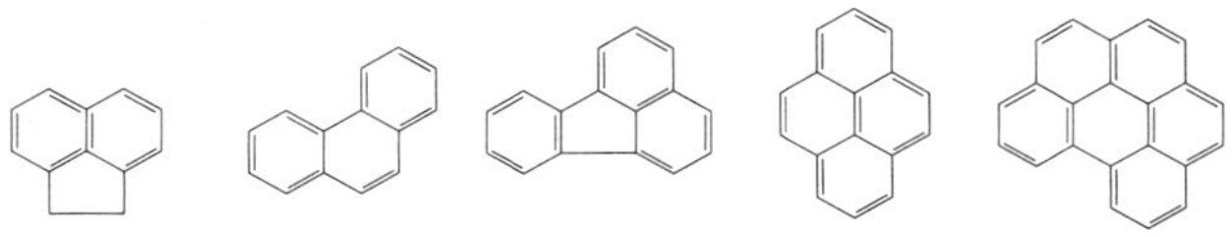

图 3-17　五种多环芳烃化学式

许多国家对 PAHs 指标都提出了严格的要求，表 3-49～表 3-53 列举了各国对 PAHs 指标的要求。

表 3-49　德国 GS 标准中可接触表面材料中的 PAHs 含量限值

参数	1 类	2 类	3 类
	设计意图为放入口中的材料及 36 个月以下幼儿的玩具上与皮肤接触的材料	未在 1 类规定中涵盖的材料，且可能与皮肤长时间接触的材料(接触时间大于 30 秒)	未在 1 和 2 类规定中涵盖的材料，且可能与皮肤短期接触的材料(接触时间小于等于 30 秒)
苯并(a)芘(BaP)含量/(mg/kg)	不得检测到(＜0.2)***	1	20
18 种 PAHs 总量/(mg/kg)**	不得检测到(＜0.2)***	10	200

注：①**表示仅物质浓度大于 0.1mg/kg 时才用于计算 18 项 PAHs 总量。

②***表示若设计意图为放入口中的材料的测试结果大于 1 类限值但不超过 2 类限值，需再根据 DIN EN 1186ff§6480.30-1 进行 PAHs 的迁移性测试，并根据相关食品法规进行判定。

表 3-50　德国针对橡胶产品 PAHs 指标要求

物质	萘	苊	二氢苊	芴	菲	蚆	荧蒽	芘
限值	不含有	不含有	不含有	不含有	不含有	不含有	不含有	不含有
物质	苯并(a)蒽	屈	苯并(b)荧蒽	苯并(k)荧蒽	苯并(a)芘	茚并(1,2,3-cd)芘	二苯并(a,h)蒽	苯并(g,h,i)二萘嵌苯
限值	不含有	不含有	不含有	不含有	不含有	不含有	不含有	不含有

表 3-51　美国环境保护署针对橡胶产品 PAHs 指标要求

物质	萘	苊	二氢苊	芴	菲	蚆	荧蒽	芘
限值	不含有	不含有	不含有	不含有	不含有	不含有	不含有	不含有
物质	苯并蒽	屈	苯并(b)荧蒽	苯并(k)荧蒽	苯并芘	二苯并蒽	苯并二萘嵌苯	茚并芘苯
限值	不含有	不含有	不含有	不含有	不含有	不含有	不含有	不含有

表 3-52　新西兰针对道路沥青 PAHs 指标要求

物质	苊	菲	荧蒽	芘	苯并(g,h,i)二萘嵌苯
限值	小于 10mg/kg	小于 10mg/kg	小于 10mg/kg	小于 10mg/kg	小于 10mg/kg

表 3-53　中国 PAHs 指标要求

PAHs 所处环境	空气	饮用水	海水	地表水	农用污泥	食品
限值	0.01μg/m^3	0.01μg/L	0.0025μg/L	2.8×10^{-6}mg/L	3mg/kg	10μg/kg
标准	GB 3095—1996 环境空气质量标准	GB 5749—2006 生活饮用水卫生标准	GB 3097—1997 海水水质标准	GB 3838—2002 地表水环境质量标准	GB 4284—84 农用污泥污染物控制标准	GB 7104—94 食品中苯并(a)芘限量卫生标准

表 3-49 为德国 GS 标准针对物质与皮肤接触时间规定的三类物质 18 项 PAHs 总量以及 BaP 含量的限值；表 3-50 和表 3-51 表明德国和美国针对橡胶产品中的 PAHs 指标提出了严格的要求，即在橡胶产品中不得检测出表中列出的 16 种常见多环芳烃，否则为不合格；表 3-52 中，新西兰对道路沥青中五项多环芳烃含量提出了限值；表 3-53 为中国的 PAHs 指标要求，其主要针对人类生活环境提出了 PAHs 含量限值，但没有对具体某一种多环芳烃含量提出要求，且当 PAHs 所处环境不同，则具体数值单位也就不同。

2. 邻苯二甲酸酯

邻苯二甲酸酯(PAEs)，又称酞酸酯，是邻苯二甲酸形成的酯的统称，也是增塑剂的一种，其中邻苯二甲酸二辛酯是最重要的品种。邻苯二甲酸酯主要用于制备聚氯乙烯材料，令聚氯乙烯由硬塑胶变为有弹性的塑胶，起到增塑剂的作用。邻苯二甲酸酯的化学式如图 3-18 所示。

邻苯二甲酸酯被普遍应用于玩具、食品包装材料、医用血袋和胶管、乙烯地板和壁纸、清洁剂、润滑油、个人护理用品(如指甲油、头发喷雾剂、香皂和洗发液)等数百种产品中。由于邻苯二甲酸酯应用极为广泛，近年来已被公认为全球最大的环境污染物，更成为国际上重点监控的内分泌干扰素。

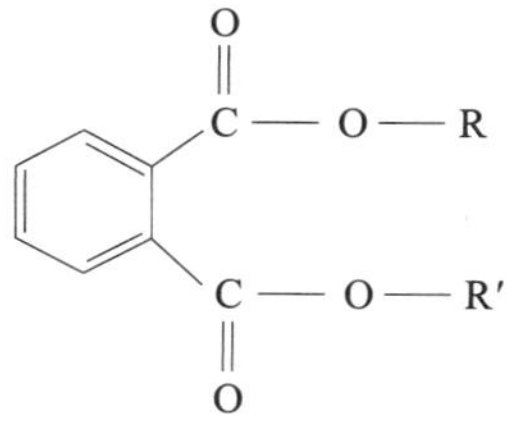

图 3-18　邻苯二甲酸酯(其中 R 和 R′ 分别是烷烃或芳香烃)

各国同样对邻苯二甲酸酯有着明确的规定，欧盟和美国规定了儿童玩具及相关用品中，六项增塑剂含量不得超过 0.1%的限制，如表 3-54 所示。中国 GB 9685—2008 中对增塑剂也有相关规定，如表 3-55 所示。

表 3-54　欧盟及美国对 PAEs 指标要求

增塑剂	限值/%
邻苯二甲酸二(2-乙基己基)酯(DEHP)	0.1
邻苯二甲酸二正丁酯(DBP)	0.1

续表

增塑剂	限值/%
邻苯二甲酸丁基苄酯(BBP)	0.1
邻苯二甲酸二异壬酯(DINP)	0.1
邻苯二甲酸二异癸酯(DIDP)	0.1
邻苯二甲酸二正辛酯(DNOP)	0.1

表 3-55　GB 9685—2008 中与增塑剂相关规定

增塑剂	在塑料中的最大允许用量	特定迁移量
邻苯二甲酸二(2-乙基己基)酯(DEHP)	PE、PP、PS、AS、ABS、PA、PET、PC、PVC：按生产需要适量使用	SML=1.5mg/kg(仅用于接触非脂肪性食品的容器)
邻苯二甲酸二甲酯(DMP)	PP、PE、PS：3.0%	—
邻苯二甲酸二异丁酯(DIBP)	PVC：10%	—
邻苯二甲酸二异壬酯(DINP)	PVC：43%	—
邻苯二甲酸二异辛酯(DIOP)	瓶垫塑料：50%；PE、PP、PS、AS、ABS、PA、PET、PC、PVC、PVDC、橡胶：43%	不得长期接触油脂制品

注：“—”表示数据缺省。

本次检测不确定沥青再生剂中是否存在邻苯二甲酸酯，但再生剂中一般会含有增塑剂，而邻苯二甲酸酯也是部分增塑剂的成分之一。再生剂是否含有邻苯二甲酸酯，需检测之后才能得出结论。

3. 多环芳烃检测结果及分析

目前，针对环境及食品中的多环芳烃的主流检测方法为高效液相色谱(HPLC)法和气相色谱-质谱联用(GC-MS)法，另外还有毛细管电泳分析法、荧光法、免疫检测法以及表面增强拉曼散射光谱检测法等，其中 HPLC 法是一种高效而精确的方法，其步骤如下。

(1)样品收集：利用凝胶渗透色谱(GPC)去除样品中大分子干扰，将样品加入 18 种多环芳烃标准溶液中，设定流速为 5ml/min，分 20 个小瓶收集，每瓶收集 2min，通过分段收集和荧光分析，确定 18 种多环芳烃的洗脱时间。

(2)样品前处理：称取 1g 样品于 10ml 试管中，以乙酸乙酯—环己烷(1∶1，V/V)定容后摇匀，将稀释液转移至 GPC 配备的样品瓶中净化，将收集的洗脱液吹至近干，以乙腈定容至 1ml，过 0.22μm 有机相滤膜后待测。

(3)根据 18 种多环芳烃的检测波长不同，将检测波长设为两个通道：一个通道 λ_{EX}=315nm，λ_{EM}=400nm，测定 BeP；另一个通道根据各物质的最佳激发、发射波长和保留时间设置荧光检测程序，测定其余 16 种多环芳烃。设置两个通道的原因为苯并(j)荧蒽(BjF)和苯并(e)芘(BeP)是同分异构体，难以用 Eclipse PAH C_{18} 色谱柱分离。而在 λ_{EX}=315nm，λ_{EM}=512nm 处，BeP 无荧光峰，而 BjF 有很强的荧光峰；在 λ_{EX}=315nm，λ_{EM}=400nm 处，BjF 无荧光峰，而 BeP 又有很强的荧光峰(图 3-19)，故用 2 个荧光波长通道，解决 BjF 和 BeP 难以分离的问题。

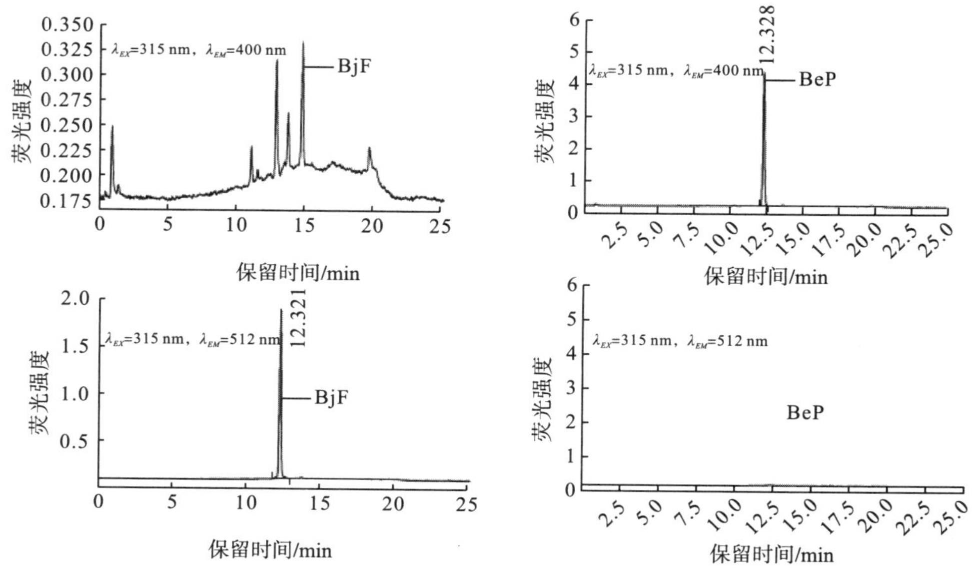

图 3-19　不同荧光发射波长下 BjF 和 BeP 的色谱图

GC-MS 法为本次检测所采取的方法，也是一种快速灵敏的方法，试验分为样品萃取、皂化、高速离心、定容，最后用 GC-MS 进行分析。一般采用正化学电离源分析多环芳烃的色谱图，然后选择洗脱剂测出样品回收率。5 种再生剂多环芳烃测试结果如表 3-56 所示。

表 3-56　五种再生剂多环芳烃测试结果　　（单位：mg/kg）

测试项目	A 型	B 型	C 型	D 型	E 型
萘	1379.8	43302.9	1.9	ND	7.0
苊烯	8.8	236.8	ND	ND	ND
苊	529.0	14588.5	ND	ND	ND
芴	752.3	18499.4	2.7	0.2	1.8
菲	2724.1	103774.6	90.2	0.7	12.9
蒽	499.7	6363.8	8.1	ND	4.5
荧蒽	1612.3	58115.8	2.8	0.2	2.1
芘	1208.3	42543.8	27.1	1.0	5.9
苯并(a)蒽	346.7	9054.2	39.7	1.5	10.8
屈	196.9	4922.7	136.2	1.2	32.0
苯并(b)荧蒽和苯并(j)荧蒽	133.1	3092.9	66.9	8.3	13.7
苯并(k)荧蒽	36.5	988.3	ND	ND	ND
苯并(a)芘	53.7	1774.9	6.5	0.5	5.2
苯并(e)芘	69.7	1384.5	201.3	16.5	35.3
茚并(1,2,3-cd)芘	19.8	441.6	ND	ND	ND
二苯并(a,h)蒽	6.7	114.4	8.9	3.5	6.2
苯并(g,h,i)二萘嵌苯	16.6	334.9	4.8	2.2	7.0
总量	9594.0	309534.0	597.1	35.8	144.4

注：ND 表示未检出。

德国GS标准对18项PAHs总量与BaP含量做出了相关规定。表3-57为五种再生剂BaP含量与18项PAHs总量测试值，图3-20和图3-21为再生剂中18项PAHs总量及BaP含量对比图。

表3-57 五种再生剂BaP含量与18项PAHs总量测试值 （单位：mg/kg）

指标名称	A型	B型	C型	D型	E型	德国GS标准
BaP含量	53.7	1774.9	6.5	0.5	5.2	＜20
18项PAHs总量	9594.0	309534.0	597.1	35.8	144.4	＜200

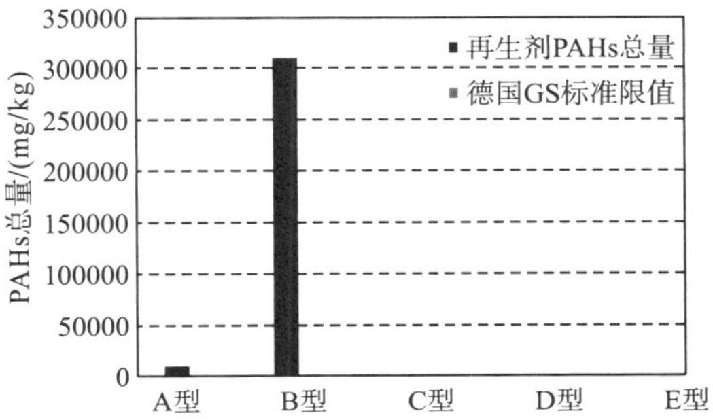

图3-20 五种再生剂PAHs总量对比

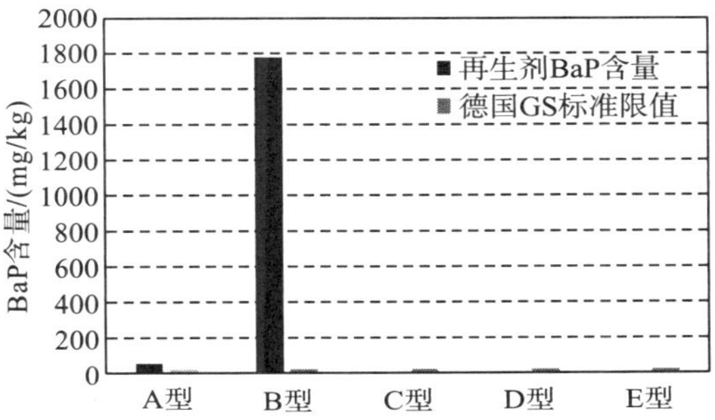

图3-21 五种再生剂BaP含量对比

根据德国GS标准，结合表3-57及图3-20、图3-21可得到以下结论。

(1)根据第3类材料要求，BaP含量和18项PAHs总量的限值分别为20mg/kg和200mg/kg。A型和B型再生剂未达到苯并(a)芘含量限值20mg/kg的要求，其余3种满足要求；A型、B型、C型再生剂未达到18项PAHs总量限值200mg/kg的要求，只有E型和D型再生剂满足要求。

(2)B型再生剂18项PAHs总量为309534.0mg/kg，即0.3095kg/kg，多环芳烃占再生剂质量的30.95%，超出德国GS标准约1500倍。

(3)既达到苯并(a)芘含量限值20mg/kg要求，又达到18项PAHs总量限值200mg/kg要求的有D型和E型再生剂。

(4)苯并(a)芘含量从小到大排序为D型、E型、C型、A型、B型；18项PAHs总量从小到大排序为D型、E型、C型、A型、B型。毒性物质含量越高，表明环境评价越差。若以苯并(a)芘含量或18项PAHs总量为环境评价指标，则五种再生剂环境评价从优到劣排序为D型、E型、C型、A型、B型。

新西兰对道路沥青五项PAHs含量做出了相关规定。由于再生剂与沥青都是路面常用材料，且两者施工方式接近，故参照新西兰道路沥青PAHs含量标准对再生剂进行评价，表3-58为五种再生剂5项多环芳烃含量测试值，图3-22为五种再生剂五项PAHs含量对比。

表 3-58　五种再生剂五项多环芳烃含量测试值　　(单位：mg/kg)

指标名称	A 型	B 型	C 型	D 型	E 型	新西兰标准
苊	529.0	14588.5	ND	ND	ND	＜10
菲	2724.1	103774.6	90.2	0.7	12.9	＜10
荧蒽	1612.3	58115.8	2.8	0.2	2.1	＜10
芘	1208.3	42543.8	27.1	1.0	5.9	＜10
苯并(g,h,i)二萘嵌苯	16.6	334.9	4.8	2.2	7.0	＜10

注：ND 表示未检出。

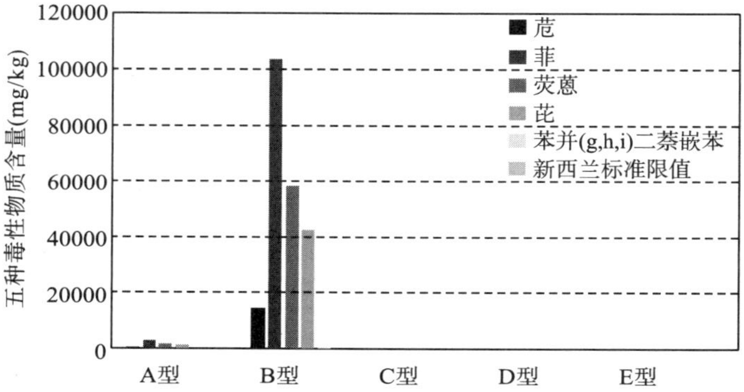

图 3-22　五种再生剂五项多环芳烃含量对比

根据新西兰标准，结合表 3-58 和图 3-22，可得到以下结论。

(1) 对于苊，A 型和 B 型再生剂未达到含量限值 10mg/kg 要求，其余三种不含有苊。其中，B 型苊含量达 14588.5mg/kg，超过新西兰标准的 1400 倍，A 型苊含量达 529.0mg/kg，超过新西兰标准的 50 倍。

(2) 对于菲，除 D 型再生剂外，其余 4 种再生剂都未达到含量限值 10mg/kg 的要求。其中 B 型菲含量达 103774.6mg/kg，超过新西兰标准的 1000 倍，A 型菲含量达 2724.1mg/kg，超过新西兰标准的 270 倍，C 型菲含量达 90.2mg/kg，超过新西兰标准的 8 倍，E 型菲含量达 12.9mg/kg，超过新西兰标准 29%。含量从小到大排序为 D 型、E 型、C 型、A 型、B 型。

(3) 对于荧蒽，A 型和 B 型再生剂未达到含量限值 10mg/kg 要求，其余 3 种再生剂均满足要求。其中，B 型再生剂含量达 58115.8mg/kg，超过新西兰标准的 5800 倍，A 型含量达 1612.3mg/kg，超过新西兰标准的 160 倍。含量从小到大排序为 D 型、E 型、C 型、A 型、B 型。

(4) 对于芘，A 型、B 型、C 型未达到芘含量限值 10mg/kg 要求，其余 2 种再生剂均满足要求。其中，B 型含量达 42543.8mg/kg，超过新西兰标准的 4200 倍，A 型芘含量达 1208.3mg/kg，超过新西兰标准的 120 倍，C 型芘含量达 27.1mg/kg，超过新西兰标准的 2 倍。含量从小到大排序为的 D 型、E 型、C 型、A 型、B 型。

(5) 对于苯并(g,h,i)二萘嵌苯，A 型和 B 型再生剂未达到含量限值 10mg/kg 要求，其余 3 种均满足要求。其中，B 型含量达 334.9mg/kg，超过新西兰标准的 33 倍，A 型含量达 16.6mg/kg，超过新西兰标准 66%。含量从小到大排序为 D 型、C 型、E 型、A 型、B 型。

(6)同时满足5项多环芳烃含量限值要求的只有D型再生剂。

(7)对于荧蒽、菲、芘三种物质，五种再生剂含量大小排序相同。毒性物质含量越高，表明环境评价越差。若以荧蒽，菲、芘为环境评价指标，则五种再生剂环境评价从优到劣排序为D型、E型、C型、A型、B型；若以苯并(g,h,i)二萘嵌苯为环境评价指标，环境评价从优到劣排序为D型、C型、E型、A型、B型。

为了对比分析再生剂与沥青的PAHs含量，试验测试了国内四种常用沥青的PAHs含量。由于国内外相关规范并未针对沥青再生剂PAHs含量提出相关指标要求，考虑到沥青在工程应用中已是较为成熟的路面材料，本书推荐再生剂中PAHs含量限值应小于工程应用中常见沥青种类PAHs含量的最大值，因此对沥青多环芳烃进行检测，检测结果如表3-59所示。

表3-59　四种常用沥青PAHs含量　(单位：mg/kg)

物质	SK70#	SK90#	茂名70#	茂名90#
苊	ND	ND	ND	10.0
菲	3.8	1.2	1.6	142.3
荧蒽	ND	ND	ND	51.6
芘	1.6	2.1	ND	38.9
苯并(g,h,i)二萘嵌苯	3.1	ND	ND	ND
苯并(a)芘	ND	ND	ND	2.6
其他	8.4	31.3	1.7	421.5
总量(含其他)	16.9	34.6	3.3	666.9

注：ND表示未检出。

结果表明，茂名90#沥青的PAHs有毒有害成分除苯并(g,h,i)二萘嵌苯外含量最高，若综合SK70#沥青和茂名90#沥青PAHs含量作为最高限值，则PAHs总含量小于或等于666.9mg/kg，苊含量不超过10.0mg/kg，菲含量不超过142.3mg/kg，荧蒽含量不超过51.6mg/kg，芘含量不超过38.9mg/kg，苯并(g,h,i)二萘嵌苯含量不超过3.1mg/kg，苯并(a)芘含量不超过2.6mg/kg。与再生剂PAHs含量对比如表3-60所示。

表3-60　再生剂PAHs含量与沥青PAHs含量最大值对比　(单位：mg/kg)

测试项目	A型	B型	C型	D型	E型	沥青最大值
苊	529.0	14588.5	ND	ND	ND	10.0
菲	2724.1	103774.6	90.2	0.7	12.9	142.3
荧蒽	1612.3	58115.8	2.8	0.2	2.1	51.6
芘	1208.3	42543.8	27.1	1.0	5.9	38.9
苯并(g,h,i)二萘嵌苯	16.6	334.9	4.8	2.2	7.0	3.1
苯并(a)芘	53.7	1774.9	6.5	0.5	5.2	2.6
总量(含其他)	9594.0	309534.0	597.1	35.8	144.4	666.9

注：ND表示未检出。

表 3-60 表明，A 型与 B 型再生剂的苊、菲、荧蒽、芘含量均超过沥青最大值，除 D 型外，其余再生剂的苯并(g,h,i)二萘嵌苯含量均超过沥青最大值，A 型、B 型、C 型、E 型的苯并(a)芘含量均超过沥青最大值，A 型、B 型的多环芳烃总含量超过沥青最大值。因此，若综合 SK70#沥青和茂名 90#沥青 PAHs 含量作为最高限值，只有 D 型再生剂满足环境评价要求。由于沥青样本有限，不能说明工程中常用沥青 PAHs 含量的最大值就为茂名 90#沥青测试结果，需在今后的研究中选用更大的沥青样本，更加深入地研究常用沥青中 PAHs 毒性物质含量大小。

考虑到再生剂的应用环境，根据表 3-53，推荐以 GB 4284—84 中农用污泥限值作为再生剂苯并(a)芘的限值(3.0mg/kg)，并以 HJ 478—2009 的试验方法作为苯并(a)芘的检测方法。若以此限值作为评价标准，D 型再生剂苯并(a)芘含量为 0.5mg/kg，小于限值，满足要求，其余四种再生剂苯并(a)芘都超出限值，不满足要求。而四种检测的沥青苯并(a)芘含量都小于限值。

4. 邻苯二甲酸酯检测结果及分析

邻苯二甲酸酯含量检测采用 GC-MS 法，测试结果如表 3-61 所示。

表 3-61　五种再生剂邻苯二甲酸酯测试结果

测试项目	A 型	B 型	C 型	D 型	E 型
邻苯二甲酸二正丁酯(DBP)	ND	ND	ND	ND	ND
邻苯二甲酸丁基苄酯(BBP)	ND	ND	ND	ND	ND
邻苯二甲酸二(2-乙基己基)酯(DEHP)	ND	ND	ND	ND	ND
邻苯二甲酸二异壬酯(DINP)	ND	ND	ND	ND	ND
邻苯二甲酸二正辛酯(DNOP)	ND	ND	ND	ND	ND
邻苯二甲酸二异癸酯(DIDP)	ND	ND	ND	ND	ND
邻苯二甲酸二甲酯(DMP)	ND	ND	ND	ND	ND
邻苯二甲酸二乙酯(DEP)	ND	ND	ND	ND	ND
邻苯二甲酸二异丁酯(DIBP)	ND	ND	ND	ND	ND
邻苯二甲酸二壬酯(DNP)	ND	ND	ND	ND	ND
邻苯二甲酸二异辛酯(DIOP)	ND	ND	ND	ND	ND
邻苯二甲酸二丙酯(DPrP)	ND	ND	ND	ND	ND
邻苯二甲酸二环己酯(DCHP)	ND	ND	ND	ND	ND
邻苯二甲酸二正戊酯(DnPP)	ND	ND	ND	ND	ND
邻苯二甲酸二苯甲酯(DBzP)	ND	ND	ND	ND	ND
邻苯二甲酸二苯酯(DPhP)	ND	ND	ND	ND	ND
邻苯二甲酸二正己酯(DnHP)	ND	ND	ND	ND	ND
己二酸二(2-乙基己基)酯(DEHA)	ND	ND	ND	ND	ND

注：ND 表示未检出。

从表 3-61 可以看出，5 种再生剂均不含有邻苯二甲酸酯。国内很多再生剂中都含有增塑剂，邻苯二甲酸酯可能存在于部分增塑剂中，但检测结果与此相反，说明不是所有的增塑剂都含邻苯二甲酸酯。以E型再生剂为例，其含有的增塑剂主要成分是环氧大豆油，说明环氧大豆油是不含有邻苯二甲酸酯的，且两者的区别如下。

(1)外观：环氧大豆油一般为浅黄色油状液体，而邻苯二甲酸酯一般为无色透明液体。

(2)极性基团：环氧大豆油的极性基团为环氧基，而邻苯二甲酸酯的极性基团则是酯基。

(3)主要性能及应用：环氧大豆油具有较好的耐热性、耐候性，不易挥发，迁移性小且与聚氯乙烯PVC树脂相容性较好，主要用于耐热电线和农业薄膜，此外，由于该品无毒，可用于食品包装材料。而邻苯二甲酸酯虽然易挥发，耐久性较差，但它增塑效果好。

(4)其他方面：环氧大豆油价格较贵，只占增塑剂价格的20%左右，而邻苯二甲酸酯价格适中，占增塑剂价格的80%左右。

5. 总结

多环芳烃和邻苯二甲酸酯都属于各国严格控制的指标，尤其是多环芳烃，在道路沥青和再生剂中属于常见的有毒有害物质，应控制其含量。本节对五种典型的基质沥青再生剂进行了多环芳烃和邻苯二甲酸酯的检测，得到以下结论。

(1)若以德国GS标准为再生剂环境评价依据，对于18项PAHs总量，D型、E型再生剂满足德国GS标准，A型、B型、C型均超出标准限值；对于苯并(a)芘含量，A型、B型超过德国GS标准，其余三种再生剂含量均满足要求；B型再生剂的18项PAHs总量与苯并(a)芘含量远远大于其余四种再生剂；D型再生剂PAHs总量最小；若以苯并(a)芘含量或18项PAHs总量为环境评价指标，五种再生剂环境评价从优到劣排序为D型、E型、C型、A型、B型。

(2)若以新西兰标准为再生剂环境评价依据，同时满足苊、菲、荧蒽、芘、苯并(g,h,i)二萘嵌苯五项多环芳烃含量限值要求的只有D型再生剂，其中B型再生剂五种多环芳烃含量远远大于其余四种再生剂。若以荧蒽、菲、芘为环境评价指标，则五种再生剂环境评价从优到劣排序为D型、E型、C型、A型、B型。

(3)若综合SK70#沥青和茂名90#沥青PAHs含量作为再生剂PAHs含量最高限值，只有D型再生剂满足环境评价要求。

(4)若以GB 4284—1984中农用污泥PAHs限值作为再生剂苯并(a)芘的含量限值，只有D型再生剂满足要求。

3.4.2 SBS改性沥青再生剂的环境影响与评价

选用重庆、贵州等地区常用的四种代表性SBS改性沥青再生剂：DN100再生剂、DN101再生剂、重庆交通大学自主研发的RA-2及ZZ再生剂，进行SBS改性沥青再生剂环境影响与评价分析。

1. 多环芳烃检测结果及分析

为了分析基于SBS改性沥青自制再生剂ZZ与另外三种再生剂(RA-2、DN100、DN101)

中多环芳烃(PAHs)有毒有害物质含量。本节仍采用气相色谱-质谱联用(GC-MS)法对四种再生剂中多环芳烃进行测试，结果如表 3-62 所示。

表 3-62　四种再生剂多环芳烃测试结果　(单位：mg/kg)

测试项目	DN100	DN101	RA-2	ZZ
萘	1379.8	1.9	7.0	104.9
苊烯	8.8	ND	ND	0.8
苊	529.0	ND	ND	8.6
芴	752.3	2.7	1.8	11.5
菲	2724.1	90.2	12.9	52.5
蒽	499.7	8.1	4.5	8.5
荧蒽	1612.3	2.8	2.1	4.7
芘	1208.3	27.1	5.9	7.1
苯并(a)蒽	346.7	39.7	10.8	5.5
屈	196.9	136.2	32.0	10.8
苯并(b)荧蒽和苯并(j)荧蒽	133.1	66.9	13.7	6.1
苯并(k)荧蒽	36.5	ND	ND	ND
苯并(a)芘	53.7	6.5	5.2	0.8
苯并(e)芘	69.7	201.3	35.3	12.2
茚并(1,2,3-cd)芘	19.8	ND	ND	ND
二苯并(a,h)蒽	6.7	8.9	6.2	3.4
苯并(g,h,i)二萘嵌苯	16.6	4.8	7.0	4.9
总量	9594.0	597.1	144.4	242.3

注：ND 表示未检出。

根据表 3-49 的德国 GS 标准，结合表 3-62 分析可知：

(1)根据第 3 类材料要求，除 DN100 再生剂外，另外三种再生剂均满足 BaP 含量限值为 20mg/kg 的要求，但除 RA-2 满足 18 项 PAHs 总量限值为 200mg/kg 的要求外，其余三种再生剂均不满足要求。

(2)其中 DN100 再生剂的 18 项 PAHs 总量达到了 9594.0mg/kg，超过 GS 标准的 45 倍。ZZ 再生剂虽然未达到德国 GS 标准中 18 项 PAHs 总量限值为 200mg/kg 的要求，但强致癌物质 BaP 含量远远低于德国 GS 标准中 BaP 含量限值为 20mg/kg 的要求，仅为限值的 1/25。

由于德国 GS 标准主要针对塑料制品，与再生剂的应用相差甚远，再生剂作为老化沥青的补充，可根据表 3-52 的新西兰道路沥青 PAHs 含量指标要求对其进行测试，四种再生剂 5 项多环芳烃含量测试结果如表 3-63 所示。

表 3-63　四种再生剂 5 项多环芳烃含量测试结果　（单位：mg/kg）

测试项目	DN100	DN101	RA-2	ZZ
芘	529.0	ND	ND	8.6
菲	2724.1	90.2	12.9	52.5
荧蒽	1612.3	2.8	2.1	4.7
芘	1208.3	27.1	5.9	7.1
苯并(g,h,i)二萘嵌苯	16.6	4.8	7.0	4.9

注：ND 表示未检出。

依据表 3-52 的新西兰道路沥青 PAHs 含量指标要求，结合表 3-63 分析可知：①ZZ 和 RA-2 再生剂除菲含量不满足限值 10mg/kg 的要求外，其余 4 项多环芳烃含量均满足要求；②DN100 再生剂 5 项多环芳烃含量测试值均不满足限值 10mg/kg 的要求，DN101 再生剂除菲和芘含量不满足限值 10mg/kg 的要求外，其余 3 项多环芳烃含量均满足要求。

目前，国内外均未对沥青再生剂中有毒有害物质提出具体的指标要求，为了分析沥青再生剂中多环芳烃含量的最大限值，考虑到再生剂中相关指标应不超过沥青有毒物质含量，本节分别选取目前国内普遍使用的韩国 SK70#、中海 70#沥青及与其分别相对应的 SBS 改性沥青，在参照新西兰道路沥青 PAHs 指标要求的基础上，重点对强致癌物质苯并(a)芘加以关注，测试结果如表 3-64 所示。

表 3-64　四种沥青 PAHs 含量　（单位：mg/kg）

测试项目	SK70#	SBS-SK	中海 70#	SBS-中海
芘	ND	ND	10.0	10.0
菲	3.8	3.8	142.3	142.3
荧蒽	ND	ND	51.6	51.6
芘	1.6	1.6	38.9	38.9
苯并(g,h,i)二萘嵌苯	3.1	3.1	ND	ND
苯并(a)芘	ND	ND	2.6	2.6
其他	8.4	8.4	421.5	421.5
总量	16.9	16.9	666.9	666.9

注：ND 表示未检出。

由表 3-64 分析可知：

(1)无论是韩国进口的 SK70#沥青还是国产中海 70#沥青，在掺入 SBS 改性剂后，其中的 6 种典型多环芳烃含量与改性前完全一致，表明 SBS 改性剂中不含多环芳烃类有毒有害物质，加之 SBS 改性剂在沥青中的含量较小，仅为 4%～5%，因此对多环芳烃含量测试结果影响较小。

(2)中海 70#沥青较韩国 SK70#沥青的 PAHs 有毒有害成分含量高，对人体危害相对较大，特别是强致癌物质苯并(a)芘，其在韩国 SK70#沥青中未被检出，而在中海 70#沥青中含量为 2.6mg/kg。

综上所述，鉴于我国国情，将中海 70#沥青 PAHs 含量作为最高限值，并与四种再生剂 PAHs 含量对比，如表 3-65 所示。

表 3-65　四种再生剂 PAHs 含量与沥青 PAHs 含量最大值对比　（单位：mg/kg）

测试项目	DN100	DN101	RA-2	ZZ	沥青最大值
苊	529.0	ND	ND	8.6	10.0
菲	2724.1	90.2	12.9	52.5	142.3
荧蒽	1612.3	2.8	2.1	4.7	51.6
芘	1208.3	27.1	5.9	7.1	38.9
苯并(g,h,i)二萘嵌苯	16.6	4.8	7.0	4.9	3.1
苯并(a)芘	53.7	6.5	5.2	0.8	2.6
总量(含其他)	9594.0	597.1	144.4	242.3	666.9

注：ND 表示未检出。

通过表 3-65 对比分析表明：再生剂 DN100 六类多环芳烃含量均超过沥青最大值；DN101、RA-2 再生剂苯并(g,h,i)二萘嵌苯和苯并(a)芘含量超过沥青最大值；自制再生剂 ZZ 虽然苯并(g,h,i)二萘嵌苯含量也超过沥青最大值，但强致癌物质苯并(a)芘含量小于沥青最大值。

2. 邻苯二甲酸酯检测结果及分析

沥青再生剂研发经常需要掺入一定比例的增塑剂，以增加沥青的塑性变形能力，并且改善沥青的高温延展性及低温抗裂性，因此增塑剂是老化沥青再生不可或缺的原料之一。为了对比分析自制再生剂 ZZ 与另外三种再生剂(RA-2、DN100、DN101)中，对其测试邻苯二甲酸酯(PAEs)有毒有害物质含量，参照《食品中邻苯二甲酸酯的测定》(GB/T 21911—2008)，结果如表 3-66 所示。

表 3-66　四种再生剂邻苯二甲酸酯测试结果

测试项目	DN100	DN101	RA-2	ZZ
邻苯二甲酸二正丁酯(DBP)	ND	ND	ND	ND
邻苯二甲酸丁基苄酯(BBP)	ND	ND	ND	ND
邻苯二甲酸二(2-乙基己基)酯(DEHP)	ND	ND	ND	ND
邻苯二甲酸二异壬酯(DINP)	ND	ND	ND	ND
邻苯二甲酸二正辛酯(DNOP)	ND	ND	ND	ND
邻苯二甲酸二异癸酯(DIDP)	ND	ND	ND	ND
邻苯二甲酸二甲酯(DMP)	ND	ND	ND	ND
邻苯二甲酸二乙酯(DEP)	ND	ND	ND	ND
邻苯二甲酸二异丁酯(DIBP)	ND	ND	ND	ND
邻苯二甲酸二壬酯(DNP)	ND	ND	ND	ND

续表

测试项目	DN100	DN101	RA-2	ZZ
邻苯二甲酸二异辛酯(DIOP)	ND	ND	ND	ND
邻苯二甲酸二丙酯(DPrP)	ND	ND	ND	ND
邻苯二甲酸二环己酯(DCHP)	ND	ND	ND	ND
邻苯二甲酸二正戊酯(DnPP)	ND	ND	ND	ND
邻苯二甲酸二苯甲酯(DBzP)	ND	ND	ND	ND
邻苯二甲酸二苯酯(DPhP)	ND	ND	ND	ND
邻苯二甲酸二正己酯(DnHP)	ND	ND	ND	ND
己二酸二(2-乙基己基)酯(DEHA)	ND	ND	ND	ND

注：ND 表示未检出。

从表 3-66 可知：四种再生剂均未检出含邻苯二甲酸酯类有毒有害物质。这就要求沥青再生剂在研发过程中，在原材料选择时应严把环保关，保护大气环境，将有毒有害物质含量降至最低限。

3.5　本 章 总 结

本章结合理论分析和室内试验，探讨了基质沥青与 SBS 改性沥青老化过程和再生机理，分析了再生剂的技术要求，确定了两种再生剂的配方，并提出了其技术标准，主要结论如下。

1. 基质沥青再生剂研发

(1) 从组分构成角度来看，沥青老化表现为轻质组分向重质组分转移，其中以芳香分减少、沥青质增加最为显著。

(2) 根据沥青老化机理分析，再生剂的成分构成应富含芳香分，少含沥青质，本章提出再生剂的芳香分含量不小于 45%的指标建议值。

(3) 再生剂要具有一定的耐热性与耐候性，本章通过再生剂的老化试验，提出再生剂薄膜试验后的质量损失应小于 3%，才能保证其热稳定性。

(4) 确定再生剂的配方，本章最终提出了一个由不同比例的基质油分、增塑剂、增黏树脂、软化溶剂与抗老化剂五组分构成的再生剂配方，经试验证明再生剂的性能良好，可以有效改善老化沥青的基本性能。

(5) 结合大量试验研究以及再生剂性能要求的理论分析，本章提出了轻油型复合再生剂的技术指标建议值，其中芳香分含量、闪点与老化后质量损失指标均严于现有的技术指标建议值。

(6) 再生剂的制备需考虑成分添加顺序、加热温度与搅拌时间，本章所研发的再生剂宜在 60～90℃加热条件、300～500r/min 转速下匀速搅拌 2～5min 制得。

2. SBS 改性沥青再生剂研发

(1) 根据再生剂的主要作用及性能要求，提出再生剂的组成原料为基质油分、改性剂、增黏树脂、增塑剂及抗老化剂，其中抗老化剂由抗氧剂、紫外线吸收剂及抗剥落剂组成，起到抵抗再生剂热、光、水耦合老化的作用。

(2) 将不含抗老化剂的再生剂成分及含抗老化剂的再生剂成分分别进行正交试验，得到再生效果及抗老化性能优异的再生剂配方为改性剂占基质油分的 5%，增黏树脂占基质油分的 3%，增塑剂占基质油分的 30%，剪切时间为 40min。另外，抗氧剂占再生剂质量百分数的 5‰，紫外线吸收剂占再生剂质量百分数的 5‰，抗剥落剂占再生剂质量百分数的 3‰。

(3) 再生剂的制备工艺与组分的添加顺序、加热温度、溶胀时间、剪切时间及剪切速度有关，本书自制再生剂 ZZ 的加热温度为 160～170℃，溶胀时间为 30min，剪切速度为 4000r/min，剪切时间为 40min。

(4) 结合国内外再生剂的技术标准，并考虑自制再生剂的独特性，提出再生剂 ZZ 的技术指标建议值为布氏黏度(60℃)为 0.2～0.8Pa·s，闪点不小于 230℃，表面张力不小于 36×10^{-3}N/m，旋转薄膜老化前后的黏度比不大于 2，质量变化不大于±3%。该技术标准在再生剂的抗老化性能方面严于目前国内再生剂的技术标准，并引入了表面张力来评价再生剂的溶解和分散能力，该指标相比芳香分含量更易测试。

(5) 通过 DSC 曲线评价了四种再生剂的热稳定性，再生剂 ZZ 的放热温度区间为 200～300℃，峰顶温度为 277.8℃，总放热量为 51.3J/g，与其他三种再生剂相比，放热区间窄，峰顶温度高，总放热量小，热稳定性好。

(6) 通过 RTFOT 对四种再生剂进行热氧老化及紫外光老化，并对老化前后的黏度比和质量损失进行测试，结果证明，自制再生剂 ZZ 的抗老化性能优于其他再生剂。分别对光氧老化及热氧老化前后的样本进行红外光谱分析，结果表明，老化后再生剂的羰基指数、亚砜基指数增大，芳烃指数下降，含氧极性基团的增加导致再生剂中分子间作用力增强，黏度增大。

(7) 根据再生剂的组分构成和红外光谱特征，并借助电子扫描电镜，对沥青再生机理进行了深入分析。在此基础上，提出了两种新的再生理论，即界面活性理论和凝胶理论。

3. 环境影响与评价

针对五种常用基质沥青再生剂、四种改性沥青再生剂，开展再生剂有毒物质检测与环境安全评价。

(1) 对于 18 项 PAHs 总量，D 型、E 型再生剂满足德国 GS 标准，A 型、B 型、C 型均超出标准限值；对于苯并(a)芘含量，A 型、B 型超过德国 GS 标准，其余三种再生剂含量值均满足要求；B 型再生剂的 18 项 PAHs 总量与苯并(a)芘含量远远大于其余四种再生剂；D 型再生剂 18 项 PAHs 总量最小；若以苯并(a)芘含量或 18 项 PAHs 总量为环境评价指标，五种再生剂环境评价从优到劣排序为 D 型、E 型、C 型、A 型、B 型。

(2) 对于苊、菲、荧蒽、芘、苯并(g,h,i)二萘嵌苯五项多环芳烃含量限值，只有 D 型再生剂满足新西兰标准，其中 B 型再生剂五种多环芳烃含量远远大于其余四种再生剂。若以荧蒽，菲、芘为环境评价指标，则五种再生剂环境评价从优到劣排序为 D 型、E 型、C 型、A 型、B 型。

(3)若综合 SK70#沥青和茂名 90#沥青 PAHs 含量作为再生剂 PAHs 含量最高限值，只有 D 型再生剂满足环境评价要求。

(4)若以 GB 4284—84 中农用污泥 PAHs 限值作为再生剂苯并(a)芘的含量限值，只有 D 型再生剂苯并(a)芘含量满足要求。

(5)ZZ 再生剂虽然未达到德国 GS 标准 18 项 PAHs 总量限值为 200mg/kg 的要求，但强致癌物质苯并(a)芘含量远远小于德国 GS 标准中苯并(a)芘限值为 20mg/kg 的要求，仅为限值的 1/25。

(6)ZZ 和 RA-2 再生剂除菲含量不满足限值 10mg/kg 的要求外，其余 4 项多环芳烃含量均满足要求；DN100 再生剂 5 项多环芳烃含量测试值均不满足限值 10mg/kg 的要求；DN101 再生剂除菲和芘含量不满足限值 10mg/kg 的要求外，其余 3 项多环芳烃含量均满足要求。

(7)四种改性沥青再生剂均未检出含邻苯二甲酸酯类有毒有害物质。

第4章　再生剂对老化沥青性能的影响

4.1　再生剂对老化基质沥青性能的影响

4.1.1　老化沥青与再生沥青的制备

1. 老化沥青的制备

模拟沥青老化的方式有很多，如 TFOT 模拟沥青的短期老化，PAV 模拟沥青的长期老化。通常情况下沥青标准老化应采用上述试验，但上述老化试验后能取得的沥青试样量会很少(每次仅能获取十几克老化沥青试样)，不便于对老化沥青性能进行全面的测试分析。因此，本章选取壳牌 70#新沥青与东海 70#新沥青作为研究对象，采用一种非标准老化方式，试验方法如下：将热熔状态下 200g 沥青盛入 350mm×200mm 的长方形钢盘内，均匀地形成厚 2～3mm 的沥青薄膜，并放入 163℃烘箱内连续加热。壳牌 70#新沥青连续加热的老化时间设为 48 小时，东海 70#新沥青连续加热的老化时间设为 24 小时，最后制得不同老化程度的两种老化沥青。老化沥青试样分别如图 4-1 和图 4-2 所示。

图 4-1　壳牌 70#新沥青 48h 老化后试样

图 4-2　东海 70#新沥青 24h 老化后试样

由图 4-1、图 4-2 看出，经过长时间加热老化，两种沥青都发生了变化。经 48h 小时老化的壳牌 70#新沥青表面有起皱和波浪的现象，老化较严重；经 24h 小时老化的东海 70#新沥青，表面出现“条痕”，老化程度明显轻于壳牌 70#老化沥青。

2. 再生沥青的制备

针对两种不同老化程度的沥青试样，选用不同掺量的再生剂进行再生。

(1)对于老化程度较重的壳牌 70#老化沥青，选用再生剂掺量为 6%，8%，10%，12%；对于老化程度较轻的东海 70#老化沥青选用再生剂掺量为 2%，4%，6%，8%。

(2)用 A 型、B 型、C 型、D 型、E 型五种再生剂分别对两种老化沥青进行再生。

(3)为了避免老化沥青二次老化和高温下再生剂的质量损失，宜在温度降低至 135℃左右时，向老化沥青中加入提前在 70℃烘箱中预热 15min 左右的再生剂，借助搅拌器将老化沥青与再生剂充分拌和，考虑到温度对再生剂扩散的影响，搅拌 3～5min，然后置于 105℃的烘箱中加热 5～10min，然后继续搅拌，此过程宜重复操作 4～5 次。充分拌和后，将试样静止 8 小时以上，最后制得再生沥青。

由于配制的再生沥青种类繁多，将各种再生沥青命名：壳牌 70#老化后再生的沥青简称为壳牌再生沥青，由于再生剂种类的不同，壳牌再生沥青又可细分为 A 型(壳)、B 型(壳)、C 型(壳)、D 型(壳)、E 型(壳)；东海 70#老化后再生的沥青简称为东海再生沥青，其下又细分为 A 型(东)、B 型(东)、C 型(东)、D 型(东)、E 型(东)。

4.1.2　再生剂对老化沥青物理力学性能的影响

1. 老化沥青物理力学性能变化

对老化 48h 前后的壳牌 70#沥青和老化 24h 前后的东海 70#沥青分别进行针入度、软化点、延度(15℃)以及黏度(135℃)指标测试，结果如表 4-1 所示。

表 4-1　新沥青与老化沥青指标

沥青种类	针入度/0.1mm	软化点/℃	延度(15℃)/cm	黏度(135℃)/(mPa·s)
壳牌 70#新沥青	68	48.2	148.2	601
壳牌 70#老化沥青	21	67.9	4.1	2709
东海 70#新沥青	72	50.7	119.4	679
东海 70#老化沥青	39	61.2	25.4	1826
70#基质沥青技术要求	60～80	44～54	＞100	—

注：“—”表示数据缺省。

由表 4-1 可知：

(1)东海 70#新沥青老化 24h 后，针入度为新沥青的 54%，软化点增加 21%，延度(15℃)降为新沥青的 21.3%，黏度(135℃)增加 1.69 倍；壳牌 70#新沥青老化 48h 后，针入度仅为新沥青的 31%，软化点增加 41%，延度(15℃)仅为新沥青的 2.8%，黏度(135℃)增加 3.51 倍。

(2)对比两种老化沥青，老化时间越长，针入度和延度(15℃)下降越多，黏度(135℃)和软化点上升越多。

2. 再生剂对老化沥青针入度的影响

沥青针入度是指标准圆锥体在 5 秒钟内沉入保温在 25℃时的沥青试样中的深度，单位为 1/10mm，是评价沥青稠度的物理指标。通常情况下，针入度愈大表明沥青愈软，即稠度愈小；反之则表示沥青愈硬，即稠度愈大。根据现行规范(JTG E20—2011)，测试方法按照针入度试验(T 0604—2011)进行测定。

向壳牌 70#老化沥青中添加不同掺量再生剂后，壳牌再生沥青针入度改善情况如表 4-2 和图 4-3 所示。

表 4-2　不同再生剂掺量下壳牌再生沥青针入度

再生沥青种类	不同再生剂掺量的再生沥青针入度/0.1mm				
	0%	6%	8%	10%	12%
A 型(壳)	21	33	36	43	52
B 型(壳)	21	37	44	53	64
C 型(壳)	21	38	43	50	58
D 型(壳)	21	29	33	39	45
E 型(壳)	21	43	51	61	67

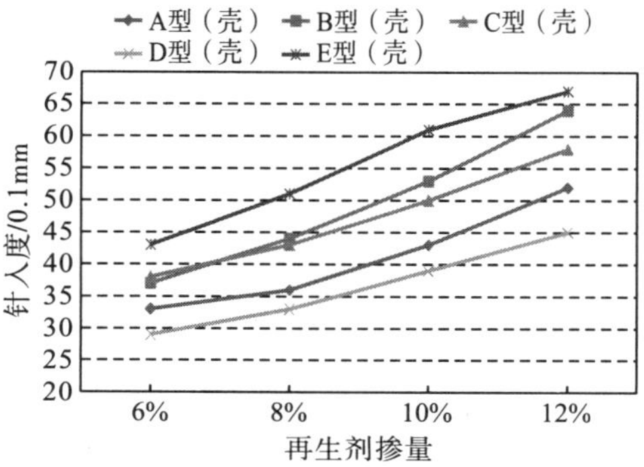

图 4-3　壳牌再生沥青针入度变化

由表 4-2 和图 4-3 可得：

(1) 对于 163℃下老化 48h 的壳牌 70#新沥青，随着再生剂掺量从 6%到 12%变化，五种再生沥青的针入度随之增大，说明五种再生剂都有软化旧沥青的特性，使得沥青稠度降低。

(2) 当再生剂掺量为 6%时，再生剂对针入度的改善程度从大到小排序为 E 型、C 型、B 型、A 型、D 型；当再生剂掺量为 8%～12%时，再生剂对针入度的改善程度从大到小排序为 E 型、B 型、C 型、A 型、D 型。

(3) 五种再生剂掺量小于 10%时，再生沥青的针入度均不满足 70#基质沥青要求；当再生剂掺量为 10%时，仅有 E 型满足要求；当掺量为 12%时，B 型和 E 型满足要求。

向东海 70#老化沥青中添加不同掺量再生剂后，东海再生沥青针入度改善情况如表 4-3 和图 4-4 所示。

表 4-3　不同再生剂掺量下东海再生沥青针入度

再生沥青种类	不同再生剂掺量的再生沥青针入度/0.1mm				
	0%	2%	4%	6%	8%
A 型(东)	39	43	48	57	67
B 型(东)	39	44	52	60	72
C 型(东)	39	48	54	62	70
D 型(东)	39	42	47	53	61
E 型(东)	39	46	53	62	74

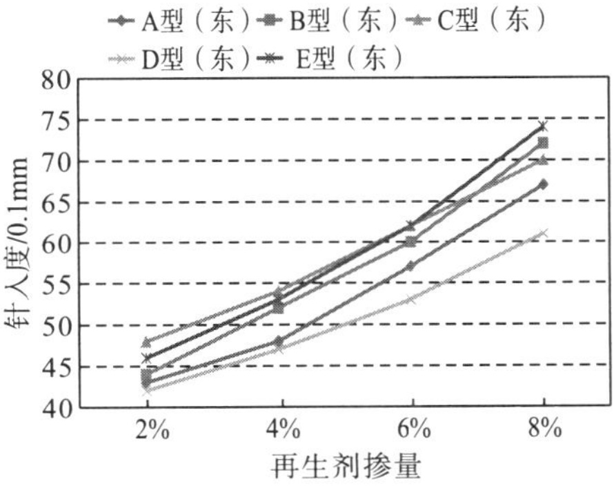

图 4-4　东海再生沥青针入度变化

由表 4-3 和图 4-4 可得：

(1) 对于 163℃下老化 24h 的东海 70#新沥青，随着再生剂掺量从 2%到 8%变化，五种再生沥青的针入度随之增大。

(2) 从曲线斜率分析，B 型、E 型再生剂对老化沥青针入度恢复的增速较快，随着再生剂掺量增加，其对针入度的恢复先后超过 C 型，而 D 型对针入度的恢复增速较慢。

(3) 当再生剂掺量小于 6%时，五种再生剂都难以使老化沥青针入度恢复到 70#基质沥青的基本要求；当再生剂掺量为 6%时，B 型、C 型和 E 型满足要求；当再生剂掺量为 8%时，五种再生沥青都满足要求。

(4) 当再生剂掺量为 2%～6%时，再生剂对针入度的改善程度从大到小排序为 C 型、E 型、B 型、A 型、D 型；当再生剂掺量为 8%时，再生剂对针入度的改善程度从大到小排序为 E 型、B 型、C 型、A 型、D 型；将老化沥青的针入度恢复到 70#基质沥青的针入度最低要求 60(0.1mm)时，再生剂掺量从大到小排序为 C 型、E 型、B 型、A 型、D 型。

综上可知，随着再生剂掺量增加，不同老化程度的沥青的针入度都有所增大。在不同再生剂掺量下，不同再生剂对于不同老化程度沥青的针入度恢复能力有所差异，但当再生剂掺量为 8%时，其对两种 70#老化沥青(壳牌、东海)的针入度改善程度从大到小排序都为 E 型、B 型、C 型、A 型、D 型，其中 E 型、B 型、C 型对于针入度改善能力相差不大，D 型与其他四种差别较大。

3. 再生剂对老化沥青软化点的影响

软化点是反映沥青感温性的重要指标，工程用沥青软化点不能太低或太高，否则夏季融化，冬季脆裂且不易施工。根据现行规范(JTG E20—2011)的测试方法，按照环球法试验(T 0606—2011)进行测定。

不同再生剂对壳牌 70#老化沥青软化点改善情况如表 4-4 和图 4-5 所示。

表 4-4　不同再生剂掺量下壳牌再生沥青软化点

再生沥青种类	不同再生剂掺量的再生沥青软化点/℃				
	0%	6%	8%	10%	12%
A 型(壳)	67.9	62.5	59.7	55.2	52.6
B 型(壳)	67.9	60.1	57.0	54.8	51.3
C 型(壳)	67.9	59.8	56.1	53.2	50.4
D 型(壳)	67.9	65.9	63.2	61.4	58.9
E 型(壳)	67.9	59.7	57.3	54.5	51.1

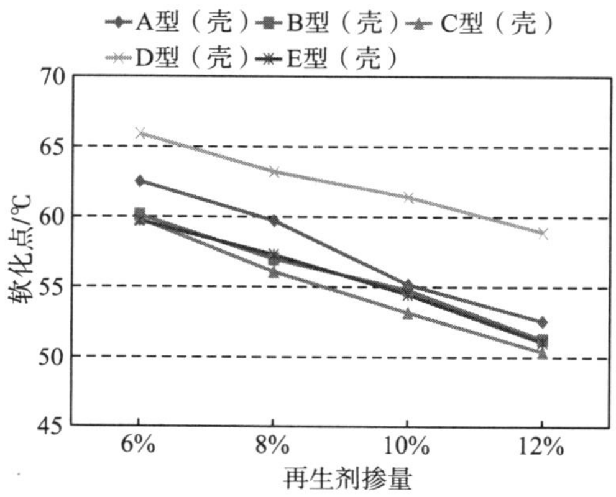

图 4-5　壳牌再生沥青软化点变化

由表 4-4 和图 4-5 可知：

(1) 对于老化 48h 的壳牌 70#新沥青，当再生剂掺量从 6%到 12%变化，五种再生沥青的软化点都随之降低。

(2) 当再生剂掺量为 6%时，再生剂对软化点的降低幅度从大到小排序为 E 型、C 型、B 型、A 型、D 型；当再生剂掺量为 8%时，再生剂对软化点的降低幅度从大到小排序为 C 型、B 型、E 型、A 型、D 型；当再生剂掺量为 10%～12%时，再生剂对软化点的降低幅度从大到小排序为 C 型、E 型、B 型、A 型、D 型。

(3) C 型、E 型、B 型、A 型再生剂对于软化点的降低幅度差异较小，其中 E 型与 B 型对于软化点的影响基本相同，而 D 型再生剂对于软化点的降低幅度远低于另外四种再生剂。

不同再生剂对东海 70#老化沥青软化点改善情况如表 4-5 和图 4-6 所示。

表 4-5　不同再生剂掺量下东海再生沥青软化点

再生沥青品种	不同再生剂掺量的再生沥青软化点/℃				
	0%	2%	4%	6%	8%
A 型(东)	61.2	59.7	57.1	54.8	52.2
B 型(东)	61.2	58.6	56.7	53.9	51.1

续表

再生沥青品种	不同再生剂掺量的再生沥青软化点/℃				
	0%	2%	4%	6%	8%
C 型(东)	61.2	58.2	55.3	52.8	49.4
D 型(东)	61.2	60.3	59.1	57.2	53.7
E 型(东)	61.2	59.5	56.6	52.9	50.4

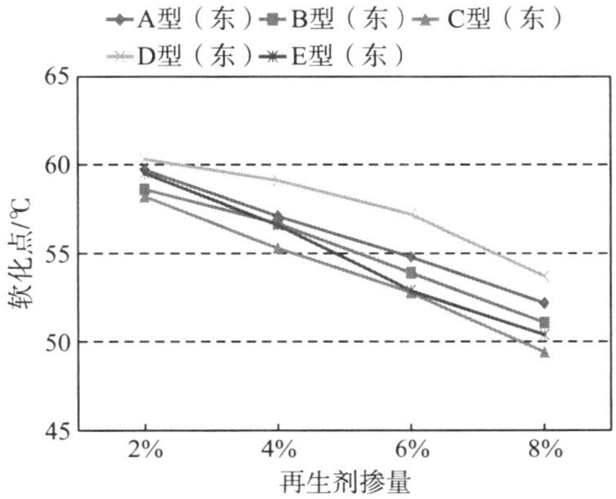

图 4-6　东海再生沥青软化点变化

由表 4-5 和图 4-6 得：

(1) 对于 163℃下老化 24h 的东海 70#新沥青，当再生剂掺量从 2%到 8%变化，五种再生沥青的软化点都随之降低。

(2) 当再生剂掺量为 2%时，再生剂对软化点的降低幅度从大到小排序为 C 型、B 型、E 型、A 型、D 型；当再生剂掺量为 4%～8%时，再生剂对软化点改善程度从大到小排序为 C 型、E 型、B 型、A 型、D 型。其中，C 型、B 型、E 型软化点降低幅度相差不大。

综上可知，在不同再生剂掺量下，不同种类再生剂对于不同老化程度沥青的软化点降低能力有所差异，其中 E 型、B 型、C 型对于软化点降低幅度的能力相差不大，A 型再生剂降低幅度较小，D 型降低幅度最小。

4. 再生剂对老化沥青延度的改善

延度是表征沥青延展性能的指标，延度越大，表明沥青的黏弹性及塑性变形能力越好。根据现行规范(JTG E20—2011)测试方法，按照延度试验(T 0605—2011)进行测定。

不同再生剂掺量对经 48h 老化的壳牌 70#新沥青延度(15℃)改善情况试验结果如表 4-6 和图 4-7 所示。

表 4-6　不同再生剂掺量下壳牌再生沥青延度(15℃)

再生沥青品种	不同再生剂掺量的再生沥青延度(15℃)/cm				
	0%	6%	8%	10%	12%
A 型(壳)	4.1	22	30	38	51
B 型(壳)	4.1	26	36	45	55
C 型(壳)	4.1	25	37	48	64
D 型(壳)	4.1	17	22	28	40
E 型(壳)	4.1	20	30	43	61

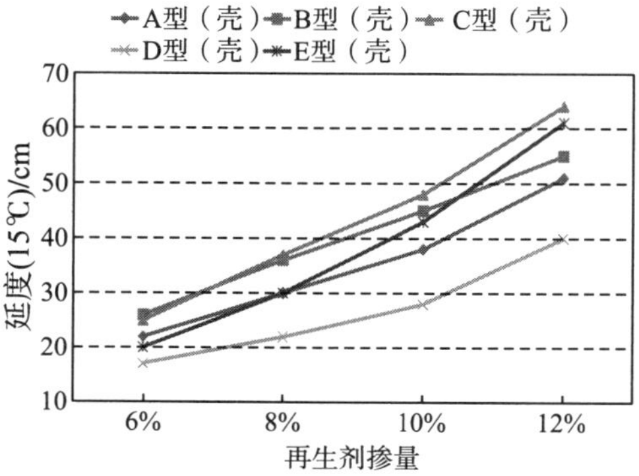

图 4-7　壳牌再生沥青延度(15℃)变化

由表 4-6 和图 4-7 得：

(1) 对于老化 48h 的壳牌 70#新沥青，当再生剂掺量从 6%到 12%变化时，五种再生沥青的延度(15℃)都有所提高。

(2) 从曲线斜率分析，当再生剂掺量大于 10%时，A 型、C 型、D 型、E 型再生剂对老化沥青延度(15℃)的增加速率都明显变大，其中 E 型的增速最大，随着再生剂掺量由 8%增加到 12%，E 型再生剂对延度(15℃)的恢复先后超过 A 型和 B 型。

(3) 当再生剂掺量为 6%时，再生剂对延度(15℃)的改善程度从大到小排序为 B 型、C 型、A 型、E 型、D 型；当再生剂掺量为 8%时，再生剂对延度(15℃)的改善程度从大到小排序为 C 型、B 型、E 型(A 型)、D 型；当再生剂掺量为 10%时，再生剂对延度(15℃)的改善程度从大到小排序为 C 型、B 型、E 型、A 型、D 型；当再生剂掺量为 12%时，再生剂对延度(15℃)的改善程度从大到小排序为 C 型、E 型、B 型、A 型、D 型。其中 D 型再生剂对延度(15℃)的改善程度与其他四种再生剂差别较大。

不同再生剂掺量对经 24h 老化的东海 70#新沥青延度(15℃)改善情况试验结果如表 4-7 和图 4-8 所示。

表 4-7　不同再生剂掺量下东海再生沥青延度(15℃)

再生沥青种类	不同再生剂掺量的再生沥青延度(15℃)/cm				
	0%	2%	4%	6%	8%
A 型(东)	25.4	29.9	42.1	72.5	97.3
B 型(东)	25.4	37.5	58.2	77.3	107.3
C 型(东)	25.4	42.1	67.6	89.6	128.2
D 型(东)	25.4	27.4	35.9	57.8	79.9
E 型(东)	25.4	32.1	48.7	80.8	117.6

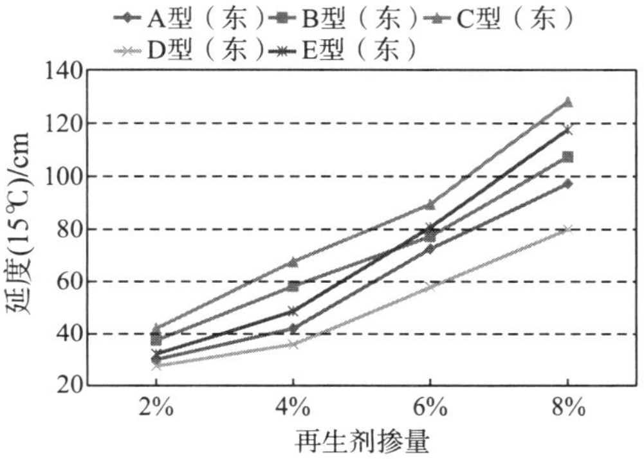

图 4-8　东海再生沥青延度(15℃)变化

由表 4-7 和图 4-8 得：

(1) 对于老化 24h 的东海 70#新沥青，当再生剂掺量从 2%到 8%变化时，五种再生沥青的延度(15℃)都有所提高。

(2) 从曲线斜率分析，当再生剂掺量大于 4%时，A 型、D 型、E 型再生剂对老化沥青延度(15℃)的增加速率明显变大，其中 E 型的增速较大，当再生剂掺量接近 6%时，其对延度(15℃)的恢复超过 B 型。

(3) 当再生剂掺量为 2%～4%时，再生剂对延度(15℃)的改善程度从大到小排序为 C 型、B 型、E 型、A 型、D 型；当再生剂掺量为 6%～8%时，再生剂对延度(15℃)的改善程度从大到小排序为 C 型、E 型、B 型、A 型、D 型。其中 D 型再生剂对于延度(15℃)的改善程度远不如其余四种再生剂。

综上可得：①对不同老化程度的沥青，随着再生剂掺量在一定范围内增加，五种再生沥青的延度(15℃)都有所提高。②对于老化较重的壳牌 70#老化沥青，当再生剂掺量为 6%～12%时，五种再生沥青的延度(15℃)均不满足 70#基质沥青的要求；对于老化较轻的东海 70#老化沥青，当再生剂掺量为 2%～6%时，五种再生沥青的延度(15℃)均不满足 70#基质沥青的要求，当再生剂掺量为 8%时，B 型、C 型和 E 型再生剂能将老化沥青的延度(15℃)恢复到 100cm 以上，满足规范要求。③D 型再生剂对延度(15℃)的改善程度最小，而 C 型对延度(15℃)的改善程度最大，A 型、E 型和 B 型再生剂对于延度(15℃)的影响介于以上两者之间。④延度(15℃)越大，表明沥青低温塑性变形能力越强，低温性能越好。若以再生剂掺量为 8%时的五种东海再生沥青延度（15℃）进行评价（此时再生沥青针入度都恢复到 70#基质沥青要求范围），则五种再生剂从优到劣排序为 C 型、E 型、B 型、A 型、D 型。

5. 再生剂对老化沥青黏度的影响

黏度是用来划分沥青等级（标号）的一个主要依据。根据现行规范（JTG E20—2011）测试方法，按照旋转黏度试验（T 0625—2011）进行测定。

不同再生剂掺量对经 48h 老化的壳牌 70#新沥青黏度（135℃）改善情况如表 4-8 和图 4-9 所示。

表 4-8　不同再生剂掺量下壳牌再生沥青黏度（135℃）

再生沥青品种	不同再生剂掺量的再生沥青黏度（135℃）/（mPa·s）				
	0%	6%	8%	10%	12%
A 型（壳）	2709	1680	1432	1274	1119
B 型（壳）	2709	1543	1357	1179	989
C 型（壳）	2709	1402	1150	991	863
D 型（壳）	2709	1987	1845	1632	1481
E 型（壳）	2709	1270	980	740	621

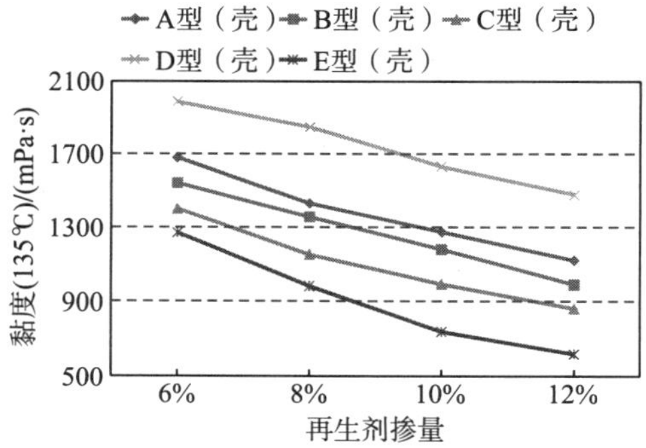

图 4-9　壳牌再生沥青黏度（135℃）变化

由表 4-8 和图 4-9 得：

（1）对于老化 48h 的壳牌 70#新沥青，随着再生剂掺量从 6%到 12%变化，五种再生沥青的黏度（135℃）都随之降低，说明再生剂可以有效改善老化沥青黏度。

（2）再生剂掺量为 6%～12%时，再生剂对老化沥青的降黏程度从大到小排序为 E 型、C 型、B 型、A 型、D 型。其中 D 型再生剂对老化沥青黏度降低程度明显低于其余四种。

不同再生剂掺量对经 24h 老化的东海 70#新沥青黏度（135℃）改善情况如表 4-9 和图 4-10 所示。

表 4-9　不同再生剂掺量下东海再生沥青黏度(135℃)

再生沥青种类	不同再生剂掺量的再生沥青黏度(135℃)/(mPa·s)				
	0%	2%	4%	6%	8%
A 型(东)	1826	1640	1314	1034	810
B 型(东)	1826	1588	1213	949	772
C 型(东)	1826	1501	1144	858	698
D 型(东)	1826	1753	1427	1176	921
E 型(东)	1826	1511	1080	823	665

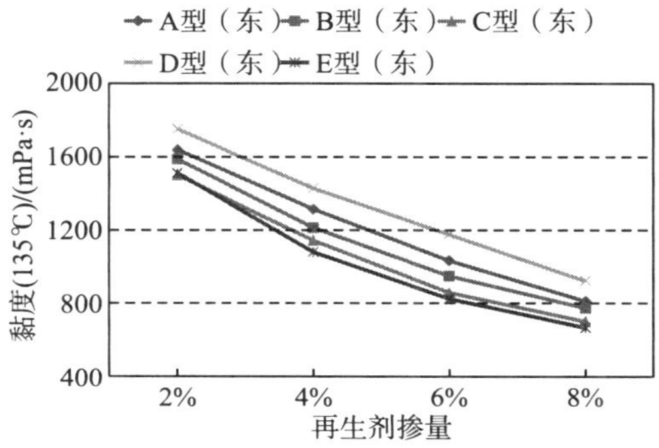

图 4-10　东海再生沥青黏度(135℃)变化

由表 4-9 和图 4-10 得:

(1)对于老化 24h 的东海 70#新沥青，随着再生剂掺量从 2%到 8%变化，五种再生沥青的黏度(135℃)都随之降低。

(2)再生剂掺量为 2%～8%时，再生剂对老化沥青的降黏程度从大到小排序为 E 型、C 型、B 型、A 型、D 型。其中，A 型、B 型、C 型、E 型对老化沥青的降黏程度接近，D 型则小于其他再生剂。

综上可知，五种再生剂都能使不同老化程度沥青的黏度(135℃)降低，其原因为再生剂含有较高比例的轻质组分，黏度通常都低于老化沥青，两者相容后，黏度较小的再生剂能对老化沥青起到降黏作用。五种再生剂对两种老化程度沥青的降黏程度从大到小排序均为 E 型、C 型、B 型、A 型、D 型，D 型再生剂对老化沥青降黏程度小于其余四种再生剂。

6. 再生沥青针入度与黏度的相关关系

已有的研究成果表明，针入度与黏度之间存在一定的相关关系。本节以东海再生沥青为例，分别绘制出 A 型(东)、B 型(东)、C 型(东)、D 型(东)、E 型(东)再生沥青针入度与黏度(135℃)的相关关系图(图 4-11～图 4-15)，研究不同掺量再生剂的再生沥青针入度与黏度(135℃)之间的关系，横坐标为针入度，纵坐标为黏度(135℃)，图中从左至右的五个点对应的再生剂掺量依次为 0%、2%、4%、6%、8%。

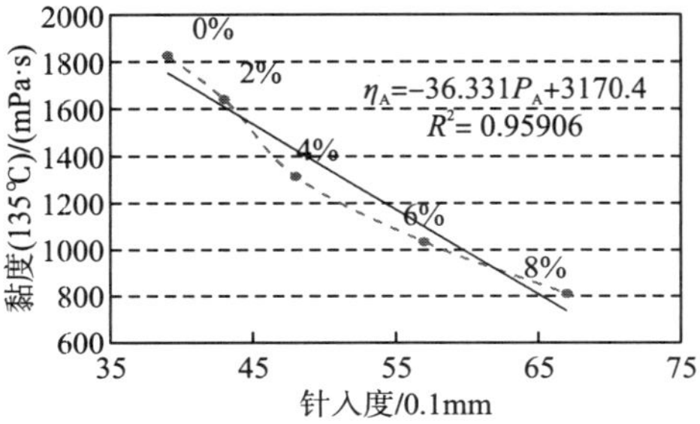

图 4-11　A 型(东)针入度与黏度(135℃)的关系

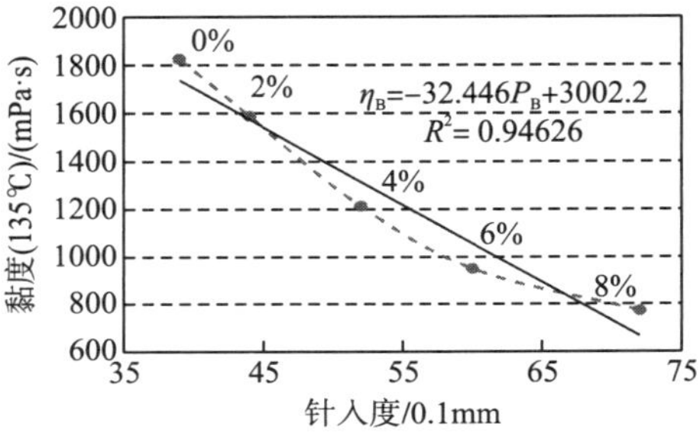

图 4-12　B 型(东)针入度与黏度(135℃)的关系

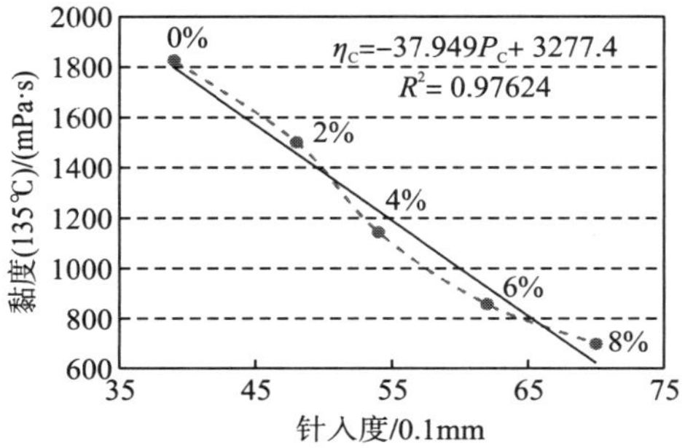

图 4-13　C 型(东)针入度与黏度(135℃)的关系

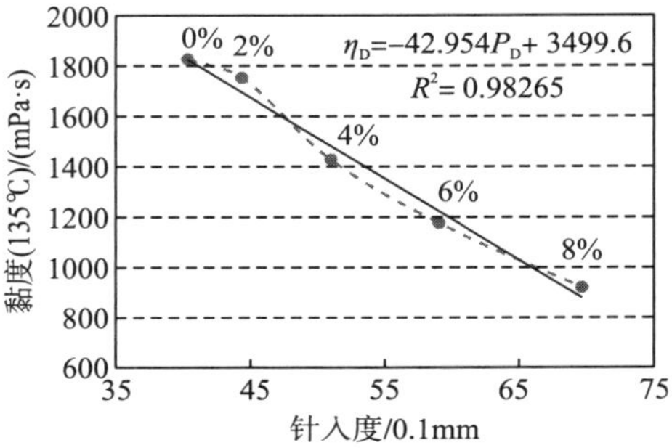

图 4-14　D 型(东)针入度与黏度(135℃)的关系

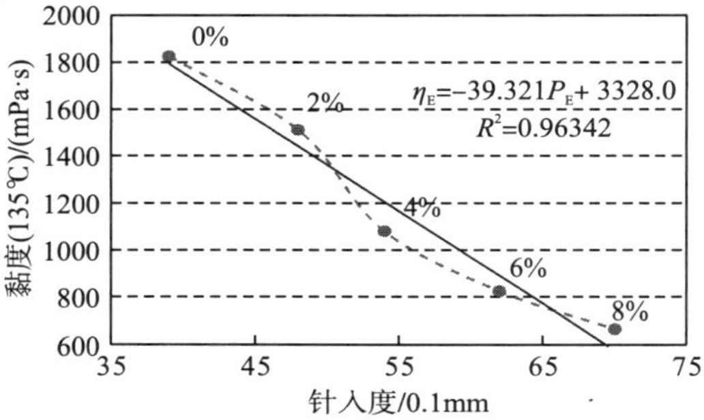

图 4-15　E 型(东)针入度与黏度(135℃)的关系

由图 4-11～图 4-15 可知：

从曲线整体看，当再生剂掺量为 0%～8%时，五种再生沥青针入度都随掺量增加而增大，黏度(135℃)都随之减小，且大致呈线性关系，通过回归分析得出拟合方程如下。分析可知所有拟合方程的相关系数 R^2 都大于 0.9，五种再生沥青针入度与黏度(135℃)有较好的线性相关性。线性相关性从大到小排列为 D 型(东)、C 型(东)、E 型(东)、A 型(东)、B 型(东)。

$$\eta_A = -36.331P_A + 3170.4 \qquad R^2 = 0.95906 \tag{4-1}$$

$$\eta_B = -32.446P_B + 3002.2 \qquad R^2 = 0.94626 \tag{4-2}$$

$$\eta_C = -37.949P_C + 3277.4 \qquad R^2 = 0.97624 \tag{4-3}$$

$$\eta_{D} = -42.954P_{D} + 3499.6 \qquad R^2 = 0.98265 \tag{4-4}$$

$$\eta_{E} = -39.321P_{E} + 3328.0 \qquad R^2 = 0.96342 \tag{4-5}$$

从曲线局部分析，对于 A 型(东)，当再生剂掺量为 0%～4%时，随着针入度增大，黏度降低速率较大，当再生剂掺量大于 4%时，黏度的降低速率变小；对于 B 型(东)，当再生剂掺量为 0%～6%时，黏度与针入度线性关系较好，当掺量为 6%～8%时，黏度降低速率变小；对于 C 型(东)，当掺量为 0%～2%时，黏度随针入度变化降低速率较小，当掺量为 2%～4%时，黏度的降低速率增加，当掺量为 4%～8%时，黏度的降低速率逐渐变小；对于 D 型(东)，当再生剂掺量为 0%～2%时，黏度降低幅度较小，针入度增加幅度较小，说明再生剂对针入度与黏度的改善程度较小，当掺量为 2%～4%时，黏度随针入度的增加降低速率最大，掺量为 4%～8%时，两者具有较好线性关系；对于 E 型(东)，黏度随针入度的变化规律与 C 型(东)较为相似。

综上，从五种再生沥青曲线整体看，黏度与针入度有较好的线性关系；从局部看，黏度随针入度增加的降低速率有所差异。但是，当再生剂掺量为 6%～8%时，五种再生沥青的黏度降低速率都有不同程度的减小。

4.1.3　再生剂对老化沥青感温性能的影响

沥青材料的感温性能与沥青路面施工和路用性能都有密切关系，也是评价沥青胶结料技术性质的一个重要指标。沥青的温度敏感性太大或太小都是不好的，敏感性太大，沥青呈溶胶体结构，低温下表现为明显的脆性，高温下接近牛顿流体的性质，不利于沥青路面的高温稳定性能；敏感性太小，沥青呈凝胶体结构，耐久性能较差，沥青路面易产生温缩裂缝，且不利于低温下施工。沥青感温性采用“针入度”随“温度”变化的行为(即针入度-温度关系)来表示，目前最常用的评价指标是针入度指数PI和感温性系数A，计算如式(4-6)和式(4-7)所示。

$$\mathrm{PI} = \frac{30}{1 + 50\left(\dfrac{\lg 800 - \lg P_{(25℃,100\mathrm{g},5\mathrm{s})}}{T_{\mathrm{R\&B}} - 25}\right)} - 10 \tag{4-6}$$

$$A = \frac{20 - \mathrm{PI}}{10 + \mathrm{PI}} \times \frac{1}{50} \tag{4-7}$$

式中，PI——针入度指数；

$P_{(25℃,\ 100\mathrm{g},\ 5\mathrm{s})}$——25℃的针入度，0.1mm；

$T_{\mathrm{R\&B}}$——软化点，℃；

A——感温性系数。

针入度指数越大，表明沥青对温度的敏感性越小，反之则越大；感温性系数越大，表明沥青对温度的敏感性越大，反之则越小。我国《公路沥青路面施工技术规范》(JTG F40—2004)针对 A、B 级两种道路石油沥青提出了针入度指数的技术要求，如表 4-10 所示。

表 4-10　我国规范针入度指数技术要求

沥青级别	针入度指数要求	试验方法
A 级	-1.5～+1.0	T0604
B 级	-1.8～+1.0	
C 级	未作规定	—

注：“—”表示数据缺省。

由表 4-10 可知，根据我国《公路沥青路面施工技术规范》(JTG F40—2004)，按道路沥青性能要求，可将道路石油沥青分为 A、B、C 三个等级，其中 A 级优于 B 级，B 级优于 C 级。A 级沥青与 B 级沥青 PI 最大限值相同，都为+1.0，但 A 级沥青最小限值大于 B 级沥青，C 级未作要求，说明对等级较优沥青的感温性能要求更严。

我国幅员辽阔、气候条件差异很大，根据不同的气候情况，PI 应该有不同的要求。因此“八五”攻关对沥青针入度指数 PI 提出了建议值，根据 PI 及 A 的大小，按沥青路用性能分成 A、B、C、D 四个等级，如表 4-11 所示。

表 4-11　最小 PI 及最大 A 要求

路用性能等级	高温稳定性要求			低温抗裂性要求			
	A	B	C	A	B	C	D
设计温度/℃	＞30.0	20.0～30.0	＜20.0	＜-37.0	-21.5～37.0	-9.0～-21.5	＞-9.0
最大 A 要求	0.0467	0.0482	0.0489	0.0467	0.0482	0.0489	0.0514
最小 PI 要求	-1.0	-1.2	-1.4	-1.0	-1.2	-1.4	-1.6

基于此，有人提出适宜铺筑路面的优良沥青材料的 PI 宜为-1～+1，对应 A 宜在 0.0345～0.0467 范围内。

由表 4-11、式(4-6)和式(4-7)，计算新沥青及老化沥青的 PI 与 A，结果如表 4-12 所示。

表 4-12　沥青老化前后的 PI 与 A

沥青种类	PI	A
壳牌 70#新沥青	-0.929	0.0461
壳牌 70#老化沥青	0.554	0.0369
东海 70#新沥青	-0.114	0.0407
东海 70#老化沥青	0.668	0.0362

由表 4-11、表 4-12 可知，壳牌 70#和东海 70#新沥青都能达到 A 级路用性能的要求，说明两种沥青感温性能较好。经过高温热老化后，两种沥青的 A 都有不同程度下降，PI 都有不同程度上升，说明沥青老化后温度敏感性降低。

根据 4.1.2 中表 4-2～表 4-5，即针入度与软化点测试值，以及式(4-6)和式(4-7)，计算壳牌 70#老化沥青加入再生剂后的 PI 和 A，结果如表 4-13 所示。

表4-13 壳牌再生沥青感温性指标

壳牌再生沥青		不同再生剂掺量				
		0%	6%	8%	10%	12%
A型(壳)	PI	0.554	0.541	0.202	−0.329	−0.478
B型(壳)			0.339	0.107	0.074	−0.277
C型(壳)			0.340	−0.135	−0.431	−0.751
D型(壳)			0.865	0.668	0.706	0.550
E型(壳)			0.603	0.542	0.364	−0.206
A型(壳)	*A*	0.0369	0.0369	0.0388	0.0420	0.0430
B型(壳)			0.0380	0.0394	0.0396	0.0417
C型(壳)			0.0380	0.0408	0.0427	0.0449
D型(壳)			0.0352	0.0362	0.0360	0.0369
E型(壳)			0.0366	0.0370	0.0379	0.0413

由表4-13、图4-16和图4-17，当再生剂掺量为6%～12%时，可得：

(1)对于老化48h的壳牌70#新沥青，随着再生剂掺量增加，A型(壳)、B型(壳)、C型(壳)和E型(壳)四种再生沥青PI逐渐下降，*A*逐渐上升，说明沥青对温度的敏感性逐渐变大；D型(壳)随再生剂掺量增加，PI先下降，然后上升，最后减小，但PI总体呈下降趋势，*A*呈上升趋势。说明五种再生剂在一定掺量下都能增加老化沥青温度敏感性。

(2)五种再生沥青的PI都大于壳牌70#新沥青，故五种再生沥青的温度敏感性都小于壳牌70#新沥青。

(3)五种再生沥青的PI都在−1～+1范围内，都满足A级沥青要求，即为感温性能较好的沥青。

(4)C型(壳)PI最小且下降趋势最大，*A*最大且上升趋势也最大，故感温性最大，感温性最小的是D型(壳)，A型(壳)、B型(壳)、E型(壳)介于以上两者之间。

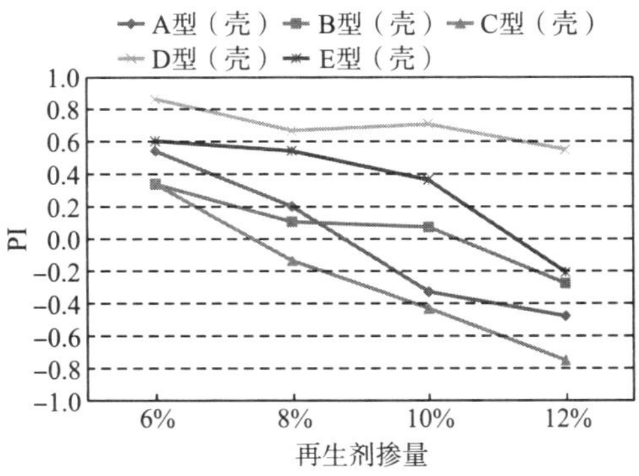

图4-16 壳牌再生沥青PI变化

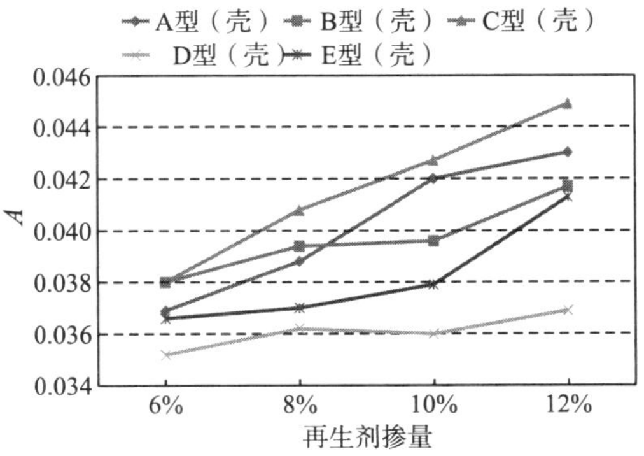

图4-17 壳牌再生沥青*A*变化

以同样方法计算东海再生沥青PI和*A*，如表4-14所示。

表 4-14　东海再生沥青感温性指标

东海再生沥青		不同再生剂掺量				
		0%	2%	4%	6%	8%
A 型(东)	PI	0.668	0.603	0.333	0.257	0.068
B 型(东)			0.437	0.444	0.182	−0.011
C 型(东)			0.563	0.232	0.008	−0.530
D 型(东)			0.666	0.695	0.599	0.179
E 型(东)			0.724	0.470	0.032	−0.116
A 型(东)	*A*	0.0362	0.0366	0.0381	0.0385	0.0396
B 型(东)			0.0375	0.0374	0.0389	0.0401
C 型(东)			0.0368	0.0386	0.0400	0.0434
D 型(东)			0.0363	0.0361	0.0366	0.0389
E 型(东)			0.0359	0.0373	0.0398	0.0407

由表 4-14、图 4-18 和图 4-19，当再生剂掺量为 2%～8%时，可得：

(1) 对于老化 24h 的东海 70#新沥青，随着再生剂掺量增加，五种东海再生沥青的 PI 整体呈下降趋势，*A* 整体呈上升趋势，这与壳牌再生沥青的变化规律是一致的。说明五种再生剂在一定掺量下，都能增加东海 70#老化沥青的温度敏感性。

(2) C 型(东)与 E 型(东)两种再生沥青的 PI 小于东海 70#新沥青，说明温度敏感性大于东海 70#新沥青，而其余三种东海再生沥青 PI 则大于东海 70#新沥青。

(3) 五种东海再生沥青的 PI 都在−1～+1 范围内，满足 A 级沥青要求，即为感温性能较好的沥青。

(4) C 型(东)PI 最小且下降趋势最大，*A* 最大且上升趋势也最大，故温度敏感最大，感温性最小的是 D 型(东)，A 型(东)、B 型(东)、E 型(东)介于以上两者之间。

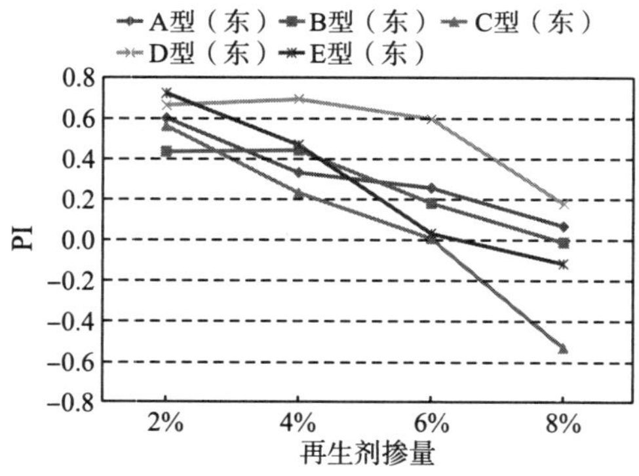

图 4-18　东海再生沥青 PI 变化

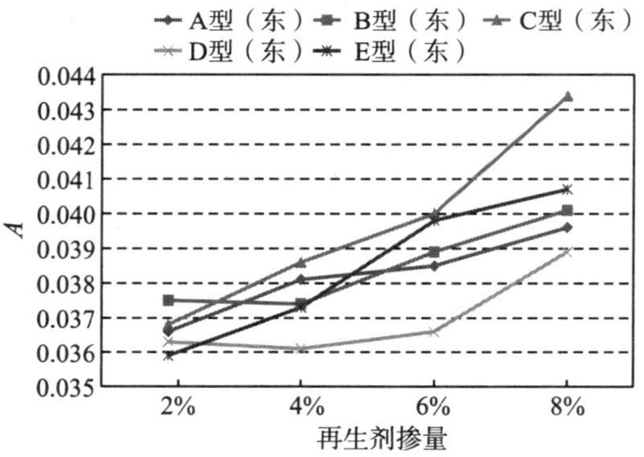

图 4-19　东海再生沥青 *A* 变化

通过以上对比可知，不论是老化 48h 的壳牌 70#新沥青或是老化 24h 的东海 70#新沥青，随着再生剂掺量的增加，再生沥青的温度敏感性呈增加趋势，PI 都在−1～+1 范围内，均满足 A 级沥青性能的要求。C 型再生剂对沥青的温度敏感性影响较大，D 型则影响较小，而 A 型、B 型、E 型介于之间，因再生剂掺量不同，三者对温度敏感性影响大小有所差异。

4.1.4　再生剂对老化沥青耐久性能的影响

与新沥青一样，再生沥青需具有优良的抗老化性能，才能保证沥青混合料的生产质量和沥青路面的耐久性能。《公路沥青路面施工技术规范》(JTG F40—2004)提出普通道路石油沥青抗老化性能指标，主要为 TFOT 或 RTFOT 老化后质量变化(%)、残留针入度比(25℃)以及残留延度等。由于国内相关技术规范尚未对再生沥青抗老化性能提出技术指标要求，本节参照普通道路沥青的指标要求来研究再生沥青的抗老化性能。

由本章 4.1.2 节可知，再生剂掺量为 8%的五种东海再生沥青针入度都在 60～80/0.1mm 范围内，即 A 型(东)、B 型(东)、C 型(东)、D 型(东)、E 型(东)沥青标号均为 70#沥青，由于沥青标号相同，为便于对比研究五种再生沥青的抗老化性能，选其作为评价对象。

使用薄膜烘箱试验前后质量变化和残留针入度比两个指标来评价沥青的抗老化性能，而不以残留延度评价再生沥青抗老化性能，其原因为五种再生沥青老化前的延度相差较大，老化后的延度大小难以说明沥青的抗老化性能优劣。

根据《公路工程沥青及沥青混合料试验规程》(JTG E20—2011)中的 T 0610 试验方法，对再生剂掺量为 8%的东海再生沥青采用薄膜烘箱加热试验研究其抗老化性能。

1. 薄膜烘箱试验前后质量变化结果及分析

由表 4-15 和图 4-20 可得：

(1)除 B 型(东)薄膜烘箱试验前后质量变化不满足规范要求外，其余四种再生沥青和东海 70#新沥青都满足规范要求。B 型(东)质量变化为-2.145%，超过规范要求近 3 倍，究其原因，B 型再生剂高温受热质量变化较大，导致再生沥青高温稳定性差，说明再生剂的高温稳定性能一定程度上影响再生沥青的抗老化性能。而 A 型(东)、C 型(东)和 E 型(东)质量变化相差不大，D 型(东)质量变化最小，且小于东海 70#新沥青，其原因为 D 型再生剂高温稳定性能较好。

表 4-15　东海再生沥青质量变化(再生剂掺量为 8%)

沥青种类	A 型(东)	B 型(东)	C 型(东)	D 型(东)	E 型(东)	东海 70#新沥青	规范要求
薄膜烘箱试验后质量变化/%	-0.428	-2.145	-0.377	-0.078	-0.301	-0.125	≥-0.8，≤+0.8

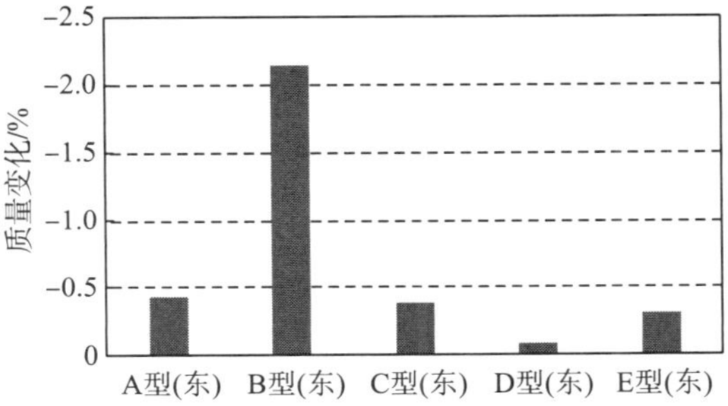

图 4-20　东海再生沥青质量变化(再生剂掺量为 8%)

(2) 再生沥青高温老化后质量变化越小，表明再生沥青抗老化性能越好。通过分析可知，五种再生沥青薄膜烘箱试验前后质量变化，从小到大排序为 D 型(东)、E 型(东)、C 型(东)、A 型(东)、B 型(东)。

2. 薄膜烘箱试验后残留针入度比结果及分析

按照现行规范《公路工程沥青与沥青混合料试验规程》(JTG E20—2011) 中 T 0604 试验方法，对薄膜烘箱老化后的五种再生沥青以及东海 70#新沥青进行针入度测试，并根据其老化前沥青针入度计算残留针入度比，结果如表 4-16 所示。

表 4-16　东海再生沥青残留针入度比(再生剂掺量为 8%)

沥青种类	A 型(东)	B 型(东)	C 型(东)	D 型(东)	E 型(东)	东海 70#新沥青	规范要求
老化前沥青针入度/0.1mm	67	72	70	61	74	72	—
老化后沥青针入度/0.1mm	40	39	48	48	54	46	—
残留针入度比/%	59.7	54.2	68.6	78.7	73.0	63.9	A 级≥61 B 级≥58 C 级≥54

注：A、B、C 级为《公路沥青路面施工技术规范》(JTG F40—2004) 中对道路石油沥青所划分的三个等级，其中，A 级优于 B 级，B 级优于 C 级。

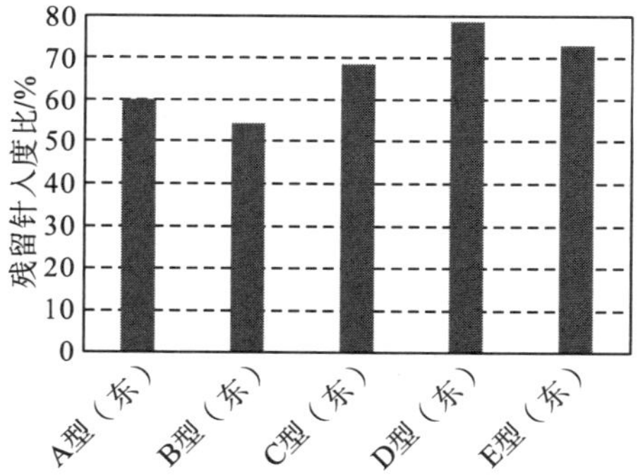

图 4-21　东海再生沥青残留针入度比

由表 4-16、图 4-21 可得：

(1) C 型(东)、D 型(东)、E 型(东) 残留针入度比大于 A 级沥青规范最低要求，且都高于东海 70#新沥青，说明这三种再生沥青抗老化性能较好，可知使用性能较好的再生剂制备的再生沥青抗老化性能甚至优于新沥青。

(2) A 型(东) 的残留针入度比满足 B 级和 C 级沥青的规范要求，但不满足 A 级沥青的规范要求。

(3) B 型(东) 只满足 C 级沥青规范要求，在五种再生沥青中抗老化性能较差。

(4) 沥青的残留针入度比越大，表明沥青的抗老化性能越好，故五种再生剂从优到劣排序为 D 型、E 型、C 型、A 型、B 型。

综上，无论是薄膜烘箱试验前后质量变化，还是残留针入度比，对于再生沥青的抗老化性能来说，五种再生剂优劣排序一致，即从优到劣排序为 D 型、E 型、C 型、A 型、B 型。

4.1.5　再生剂对老化沥青化学组分的影响

1. 老化沥青再生前后组分含量分析

根据《公路工程沥青及沥青混合料试验规程》(JTG E20—2011)，采用沥青化学组分四分法试验(T 0618)对新沥青、老化沥青以及再生沥青的四组分进行测试。

壳牌 70#新沥青、壳牌 70#老化沥青和壳牌再生沥青(再生剂掺量 12%)四组分含量测试结果如表 4-17 和图 4-22 所示。

表 4-17　壳牌 70#新沥青、老化沥青及再生沥青四组分含量测试结果

沥青种类	组分含量/%			
	饱和分	芳香分	胶质	沥青质
壳牌 70#新沥青	18.5	36.1	31.5	13.9
壳牌 70#老化沥青	15.9	22.1	35.2	26.8
A 型(壳)	17.1	25.7	33.0	24.2
B 型(壳)	19.1	25.6	31.7	23.6
C 型(壳)	17.4	27.1	32.5	23.0
D 型(壳)	16.3	24.8	34.1	24.8
E 型(壳)	18.6	27.7	31.2	22.5

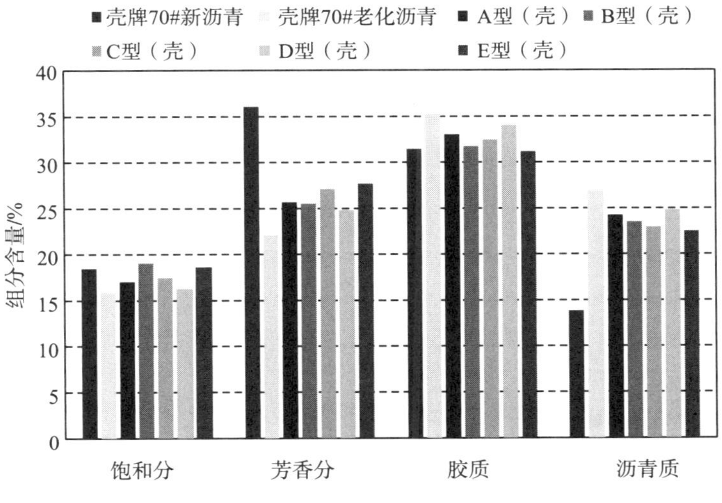

图 4-22　壳牌 70#新沥青、老化沥青及再生沥青四组分含量对比

由表 4-17 和图 4-22 可知：

(1) 壳牌 70#新沥青经过 48 小时老化后，四组分含量发生较大变化，表现为芳香分和饱和分含量下降，沥青质和胶质含量上升。其中，芳香分下降幅度较为明显，降值为 14 个百分点，降幅为 38.8%；沥青质含量上升幅度较大，升值为 12.9 个百分点，上升幅度为

92.8%；饱和分与胶质的变化幅度不大。

(2) 加入再生剂后，五种再生沥青饱和分含量都有一定程度上升，且都能恢复到接近新沥青的含量；芳香分含量亦有一定程度提高，但都远远小于新沥青的含量，其中，芳香分含量最大的是 E 型(壳)，为 27.7%，仍比新沥青芳香分含量低 8.4 个百分点，芳香分含量最小的是 D 型(壳)，比新沥青低 11.3 个百分点；胶质含量都接近新沥青的含量；沥青质含量都有一定程度降低，但都远远大于新沥青的含量，其中，沥青质含量最小为 E 型(壳)，为 22.5%，仍高出新沥青含量 8.6 个百分点，沥青质含量最大的是 D 型(壳)，为 24.8%，比新沥青含量高 10.9 个百分点。

(3) 再生剂对老化沥青组分调节的作用是恢复轻质组分以及减少沥青质含量，以这两项指标的恢复情况进行排序。再生剂对壳牌 70#老化沥青轻质组分含量(饱和分与芳香分含量之和)的恢复程度从大到小排序为 E 型、B 型、C 型、A 型、D 型；对沥青质减少程度从大到小排序为 E 型、C 型、B 型、A 型、D 型。

东海 70#新沥青、东海 70#老化沥青和东海再生沥青(再生剂掺量为 8%)四组分含量测试结果如表 4-18 和图 4-23 所示。

表 4-18　东海 70#新沥青、老化沥青及再生沥青四组分含量测试结果

沥青种类	组分含量/%			
	饱和分	芳香分	胶质	沥青质
东海 70#新沥青	19.2	36.7	30.0	14.1
东海 70#老化沥青	18.6	29.9	32.3	19.2
A 型(东)	19.4	32.9	30.8	16.9
B 型(东)	21.9	32.3	29.8	16.0
C 型(东)	20.0	34.1	31.0	14.9
D 型(东)	18.9	31.6	31.7	17.8
E 型(东)	20.7	33.9	30.9	14.5

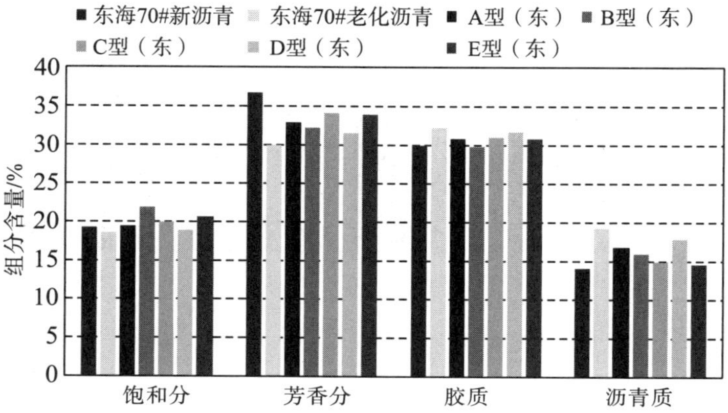

图 4-23　东海 70#新沥青、老化沥青及再生沥青四组分含量变化

由表 4-18 和图 4-23 可知：

(1) 东海 70#新沥青经过 24 小时热老化后，饱和分含量下降了 0.6 个百分点，降幅较小；芳香分含量下降程度较大，降值为 6.8 个百分点，降幅为 18.5%；胶质含量有较小程度的增加；沥青质含量上升程度较大，升值为 5.1 个百分点，升幅为 36.2%。

(2) 加入再生剂后，五种东海再生沥青饱和分含量均有一定程度提高，且与新沥青含量接近；芳香分含量都稍小于新沥青含量，其中，芳香分含量最大的为 C 型(东)，为 34.1%，比新沥青含量低 2.6 个百分点，芳香分含量最小的是 D 型(东)，为 31.6%，比新沥青含量低 5.1 个百分点；胶质含量都接近新沥青含量；沥青质含量都稍大于新沥青含量，其中，E 型(东)含量最小，为 14.5%，比新沥青含量高 0.4 个百分点，D 型(东)含量最大，为 17.8%，比新沥青含量高出 3.7 个百分点。

(3) 再生剂对东海 70#老化沥青轻质组分含量(饱和分与芳香分含量之和)的恢复程度从大到小排序为 E 型、B 型、C 型、A 型、D 型；对沥青质减少程度从大到小排序为 E 型、C 型、B 型、A 型、D 型。

综上可得：

(1) 两种不同老化程度的沥青老化后四组分含量都发生了变化，其中饱和分和胶质含量变化都不明显，但芳香分与沥青质含量发生了较大变化，且老化越严重，芳香分含量下降程度越大，沥青质含量上升程度越大。

(2) 加入再生剂后，壳牌和东海再生沥青四组分含量都有一定程度恢复，表现为芳香分、饱和分含量上升，胶质、沥青质含量下降。不同之处在于壳牌再生沥青的芳香分与沥青质含量虽有一定程度恢复，但与新沥青组分含量相差较大，而东海再生沥青四组分的含量恢复都接近新沥青。这说明再生剂对不同老化程度的两种沥青的再生效果存在差异。

2. 组分含量计算值与实测值的关系

根据组分协调理论，沥青的再生是在旧沥青中加入某种组分的低黏度油料(即再生剂)来调和沥青的各组分。那么可看成是再生剂的组分与旧沥青组分相加，因此，只要测出再生剂中组分含量、旧沥青中组分含量以及确定好再生剂掺量就可以计算出再生沥青各组分含量，可按照式(4-8)计算。

$$y=(m+nx)/(1+x) \tag{4-8}$$

式中，m——旧沥青中组分含量，%；

n——再生剂中组分含量，%；

x——再生剂掺量，%；

y——再生沥青组分含量，%。

采用沥青化学组分的经典四组分划分法(T 0618)对再生剂四组分进行测试，结果如表 4-19 所示。

以壳牌再生沥青为例，再生剂掺量为 12%，严格按照公式(4-8)进行计算，得到再生沥青各组分含量，同时结合实测结果，得到计算结果与实测结果分别如表 4-20 和图 4-24～图 4-27 所示。

表 4-19　再生剂四组分测试结果

检测项目	组分含量/%			
	饱和分	芳香分	胶质	沥青质
A 型	25.1	47.1	18.1	9.7
B 型	29.7	58.9	8.3	3.1
C 型	19.5	57.6	16.4	6.5
D 型	19.1	44.5	24.6	11.8
E 型	24.3	56.9	11.6	7.2

表 4-20　壳牌再生沥青四组分含量计算值与实测值对比

检测项目	组分含量/%							
	计算值				实测值			
	饱和分	芳香分	胶质	沥青质	饱和分	芳香分	胶质	沥青质
A 型(壳)	16.9	24.8	33.4	25.0	17.1	25.7	33.0	24.2
B 型(壳)	17.4	26.0	32.3	24.3	19.1	25.6	31.7	23.6
C 型(壳)	16.3	25.9	33.2	24.6	17.4	27.1	32.5	23.0
D 型(壳)	16.2	24.5	34.1	25.2	16.3	24.8	34.1	24.8
E 型(壳)	16.8	25.8	32.7	24.7	18.6	27.7	31.2	22.5

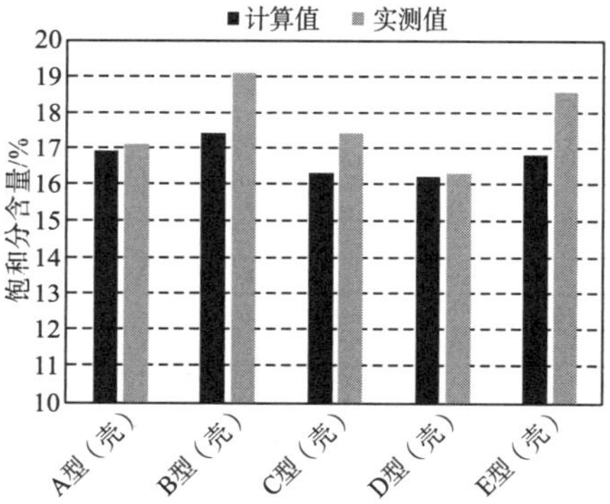

图 4-24　壳牌再生沥青饱和分含量计算值与实测值对比

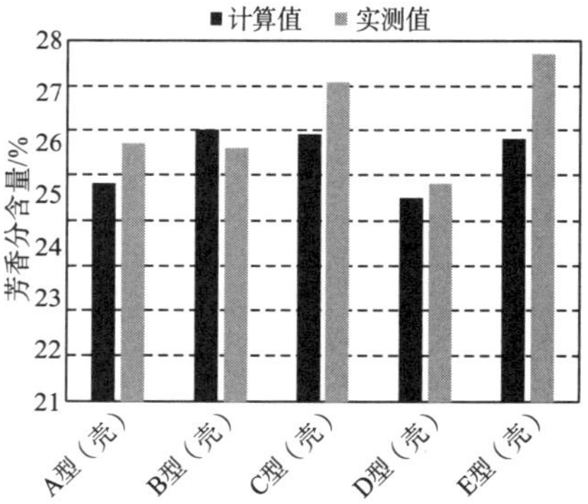

图 4-25　壳牌再生沥青芳香分含量计算值与实测值对比

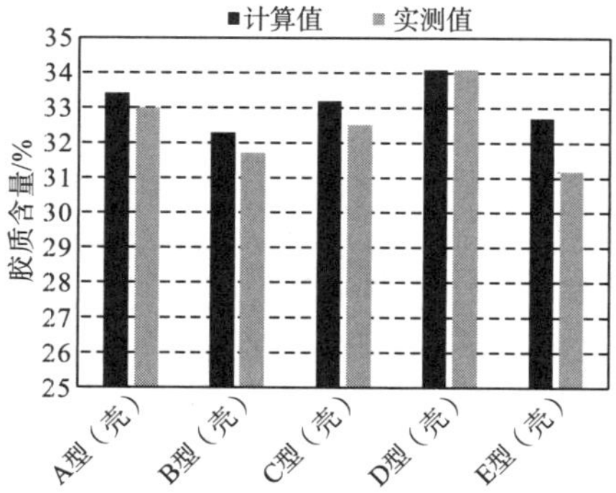

图 4-26　壳牌再生沥青胶质含量计算值与实测值对比

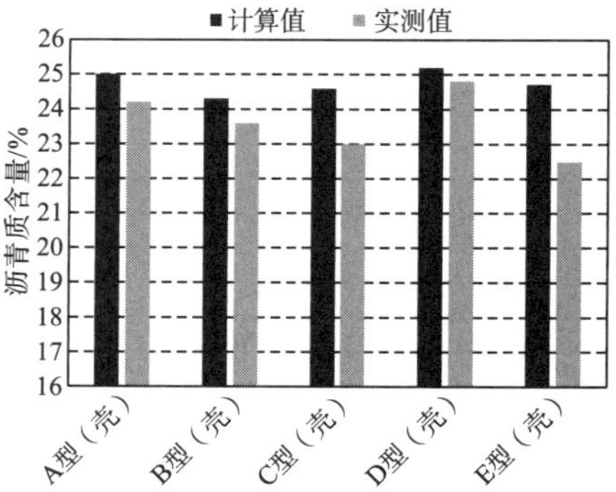

图 4-27　壳牌再生沥青沥青质含量计算值与实测对比

由表 4-20、图 4-24～图 4-27 可得：

(1) 再生沥青各组分含量计算值与实测值存在差异，并且符合一定规律。具体表现为五种再生沥青饱和分含量实测值比计算值偏大；芳香分含量除 B 型(壳)再生沥青实测值略小于计算值外，其余四种再生沥青实测值大于计算值；胶质含量实测值均小于或等于计算值外，沥青质含量实测值明显小于计算值。说明再生剂与老化沥青的再生过程并非只是组分之间的相加，还发生了一定的溶解反应，再生剂在旧沥青中起到增溶作用，降低了沥青质与软沥青质的溶解度参数差，使旧沥青中胶质包裹的沥青质分子团分散、溶解，导致再生沥青轻质组分实测值比计算值偏高，重质组分实测值比计算值偏低。

(2) 五种再生沥青中，E 型(壳)再生沥青芳香分和沥青质含量计算值与实测值差值最大，这是由于 E 型再生剂轻质组分含量较高，能够较多地溶解老化沥青中的沥青质。B 型(壳)再生沥青芳香分实测值小于计算值，不满足这一规律，这是由于 B 型(壳)再生剂高温易分解，在再生沥青调制过程中，高温老化导致较多轻质组分散失。

4.2　再生剂对老化 SBS 改性沥青性能的影响

沥青的老化是其在运输、施工和使用的过程中，受到光、热、水、荷载等耦合作用，发生挥发、氧化、聚合等物理化学反应，导致其路用性能劣化的过程。沥青的再生是老化的逆过程，主要通过加入低黏度的新沥青或再生剂来实现。

本节以自制 SBS 改性沥青为研究对象，通过 RTFOT+PAV 的方式对其进行老化，然后将第三章介绍的四种再生剂(ZZ、RA-2、DN100、DN101)分别加入到老化后的 SBS 改性沥青中，得到再生 SBS 改性沥青。通过常规性能试验、SHRP 指标试验、红外光谱分析、差示扫描量热法(DSC)分析和抗热氧及紫外光氧老化试验，进一步评价自制再生剂 ZZ 的再生性能和抗老化性能。

4.2.1　再生 SBS 改性沥青常规性能

沥青的三大指标是评价沥青胶结料性能较直观和有效的方法，比较再生前后沥青三大指标的变化，可以评价老化沥青的再生效果及性能恢复情况。将四种不同的再生剂(ZZ、RA-2、DN100、DN101)按老化沥青质量百分数的 5%的比例加入到老化 SBS 改性沥青中，得到老化 SBS 改性沥青和四种再生沥青的三大指标，如表 4-21 所示。

表 4-21　再生沥青与老化沥青性能对比

样品	针入度/0.1mm	延度(5℃)/cm	软化点/℃
SBS 改性沥青	42	23.8	62
老化 SBS 改性沥青	41	15.2	66
ZZ 再生 SBS 改性沥青	54	30.1	60
RA-2 再生 SBS 改性沥青	57	24.3	59
DN100 再生 SBS 改性沥青	55	36.3	61
DN101 再生 SBS 改性沥青	48	20.5	60

由表 4-21 可见，老化后 SBS 改性沥青的针入度变化并不明显，延度(5℃)明显降低，软化点稍有升高。表明 SBS 改性沥青老化后，高温性能变化不大，低温延度明显降低。SBS 改性沥青在短期老化阶段，主要发生的是沥青本身的老化，随着老化时间的增加，SBS 聚合物发生老化，其与沥青分子的相互作用力减弱。同时，大分子降解为小分子链段，有利于老化沥青分子之间的运动，两者相互补充，表现为老化 SBS 改性沥青的针入度和软化点变化并不是很大。图 4-28、图 4-29 分别为 SBS 改性沥青老化和再生前后的针入度指标、延度(5℃)指标变化情况及其与原样 SBS 改性沥青相应性能的对比。

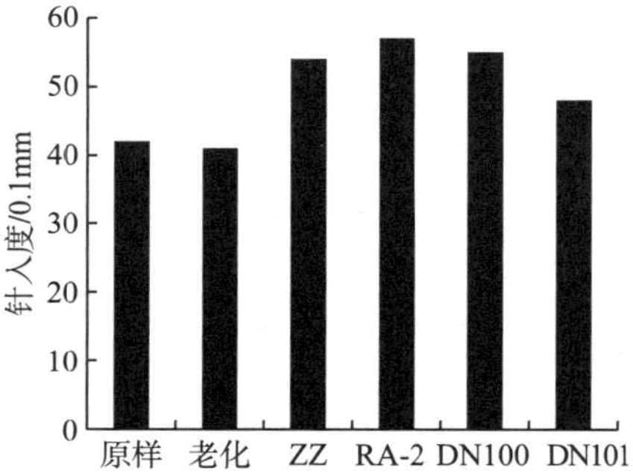

图 4-28　再生 SBS 改性沥青针入度对比

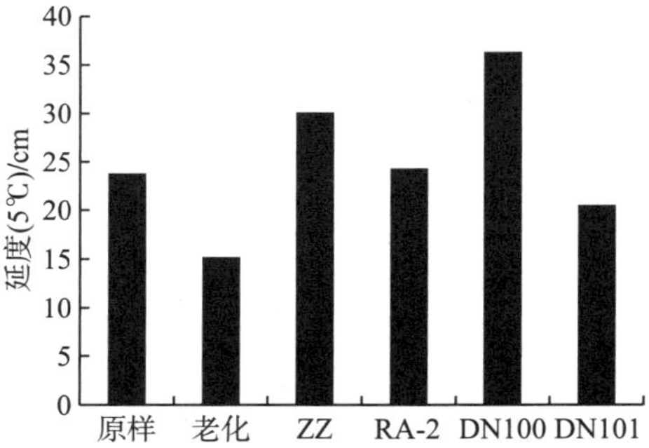

图 4-29　再生 SBS 改性沥青延度(5℃)对比

由图 4-28 可见，四种再生沥青的针入度均比老化沥青有所增加，其中 DN101 对针入度的贡献最小，ZZ、DN101 及 RA-2 对针入度的恢复相差不是很大。图 4-29 表明四种再生剂对老化沥青延度(5℃)有不同程度的恢复，其中 DN100 对低温延度的贡献最大，从 15.2cm 增加到 36.3cm，增加了 21.1cm，其次为 ZZ 再生剂，增加了 14.9cm，RA-2 和 DN101 较差。

总之，经过再生后，老化 SBS 改性沥青的针入度、软化点降低，延度(5℃)增加，与老化过程逆向变化，因此再生是老化的逆作用，是对老化后沥青性能的恢复过程。从恢复的程度来看，再生剂 DN100 的再生效果最好，其次为再生剂 ZZ 和 RA-2，DN101 的再生效果最差。

4.2.2　再生 SBS 改性沥青 SHRP 指标

本节对 SBS 改性沥青、老化 SBS 改性沥青及四种再生剂(ZZ、RA-2、DN100、DN101)再生的改性沥青分别进行了布氏旋转黏度试验(RV)、动态剪切流变试验(DSR)和弯曲梁流变试验(BBR)，以此评价经老化及再生后 SBS 改性沥青高低温性能的变化。

1. 布氏旋转黏度试验(RV)

黏度是指沥青在流动时其内部分子间产生内摩擦的性质，是用来表征沥青材料黏滞性的重要参数。RV 由美国 Brookfield 公司最早研制，并在 SHRP 中得到推广应用。Christensen 认为沥青质含量的增加是沥青黏度增大的主要原因，因此将老化前后黏度的变化作为评价沥青老化程度的指标。很多国家也将沥青老化前后的黏度比作为评价沥青的抗老化性能指标。

为研究再生 SBS 改性沥青的黏度变化，将四种不同的再生剂按老化沥青质量百分数的 5%的比例加入到老化 SBS 改性沥青中，得到老化 SBS 改性沥青和四种再生沥青的黏度（135℃）及黏度比（135℃），试验结果如表 4-22 所示。

表 4-22　再生沥青与老化沥青黏度（135℃）对比

样品	黏度（135℃）/（Pa·s）	黏度比（135℃）
SBS 改性沥青	1.626	—
老化 SBS 改性沥青	1.867	1.148
ZZ 再生 SBS 改性沥青	1.547	0.951
RA-2 再生 SBS 改性沥青	0.992	0.610
DN100 再生 SBS 改性沥青	1.136	0.699
DN101 再生 SBS 改性沥青	1.183	0.728

注：“—”表示数据缺省。

由表 4-22 可见，SBS 改性沥青老化后，黏度（135℃）由 1.626Pa·s 增大至 1.867Pa·s。加入四种再生剂后，黏度（135℃）均减小，其中 RA-2 减小最多，减小至 0.992Pa·s，DN100 和 DN101 次之，在 1.1～1.2Pa·s 之间，但这三种再生沥青的黏度（135℃）均与原样 SBS 改性沥青相差较大，只有 ZZ 再生 SBS 改性沥青的黏度（135℃）与原样 SBS 改性沥青相近，为 1.547Pa·s，黏度比（135℃）为 0.951。黏度（135℃）并不是越小越好，在恢复三大指标的前提下，要求再生 SBS 改性沥青的黏度（135℃）与原样 SBS 改性沥青越接近越好，这也是自制 SBS 再生剂与普通再生剂相比的优势和区别所在。

图 4-30 为 SBS 改性沥青老化前后的黏温曲线，由图可见，SBS 改性沥青老化后，黏度增大，其在 85～130℃之间的变化很明显。当温度为 100℃时，原样 SBS 改性沥青的黏度（135℃）为 22Pa·s，老化 SBS 改性沥青的增大至 31Pa·s。在 130～175℃的温度范围内，黏度变化趋势逐渐减小。出现该现象的主要原因是老化后轻质组分含量减少，胶质和沥青质含量增多，导致沥青在较低温度下分子流动性减慢，温度升高至 130℃时，温度对高分子链段运动的贡献起主要作用。

图 4-31 为老化 SBS 改性沥青与四种再生 SBS 改性沥青的黏温曲线图，由图中曲线的变化趋势可见，四种再生剂均使老化 SBS 改性沥青的黏度（135℃）降低，其中 DN100、DN101、RA-2 再生 SBS 改性沥青的黏温曲线很接近，而 ZZ 再生 SBS 改性沥青的黏温曲线与其他三种再生 SBS 改性沥青相差较大。当温度为 100℃时，DN100、DN101、RA-2 再生改性沥青的黏度（135℃）在 14～16Pa·s 之间，而 ZZ 再生改性沥青的黏度（135℃）为 23Pa·s，与原样 SBS 改性沥青的黏度（135℃）22Pa·s 更接近。因此，ZZ 再生剂的再生效果较其他三种再生剂更好。

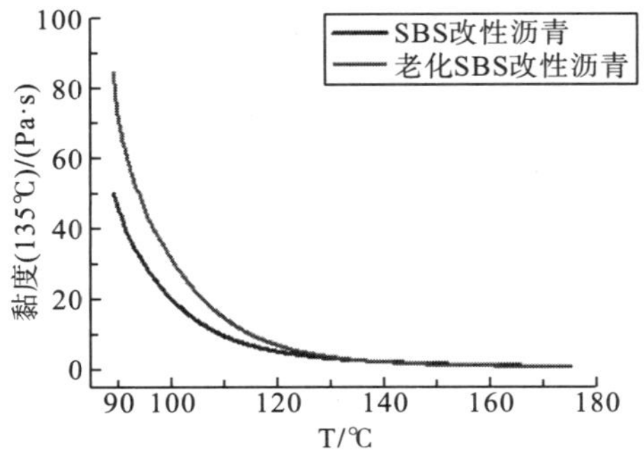

图 4-30 SBS 改性沥青老化前后的黏温曲线

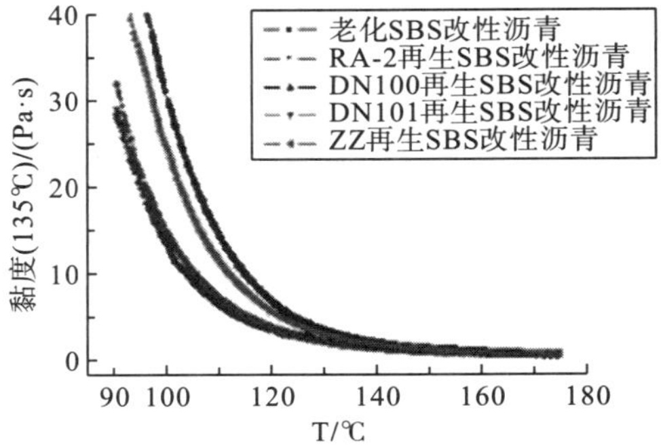

图 4-31 老化 SBS 改性沥青与再生 SBS 改性沥青的黏温曲线

2. 动态剪切流变试验(DSR)

DSR 用于评价沥青胶结料高温和中低温的性能指标，该试验反映了沥青黏弹性的两个重要参数：复数剪切模量 G^*和相位角 δ。其中 G^*是 DSR 中最大剪应力和最大剪应变的比值，表征材料在重复剪切变形时的总阻力大小，包括弹性模量 G'和黏性模量 G''。弹性模量 $G'=G^*\cos\delta$，反映沥青在剪切变形过程中能量的储存与释放，黏性模量 $G''= G^*\sin\delta$，表征沥青在剪切过程中由于内部摩擦产生的以热的形式散失的能量。SHRP 定义 $G^*/\sin\delta$ 为抗车辙因子，用其表征沥青胶结料抵抗高温永久变形的能力；定义 $G^*/\sin\delta$ 为疲劳因子，用其表征沥青胶结料的抗疲劳能力。沥青混合料的疲劳损失和疲劳寿命与循环加载过程中的能量损失成正比关系，$G^*\sin\delta$ 越小，沥青的抗疲劳能力越强。Superpave 规范要求，基质沥青的 $G^*/\sin\delta$ 应不小于 1.00kPa，RTFOT 老化后应不小于 2.2kPa。杜亚丽等将原样沥青 $G^*/\sin\delta$ 达到 1.00kPa 时对应的温度点定义为抗车辙极限温度，将 $G^*\sin\delta$ 达到 5000kPa 时对应的温度作为疲劳极限温度。

试验选用的动态剪切流变仪为美国 TA 公司生产的 DISCOVERY-HR3 型动态剪切流变仪。将四种不同的再生剂按老化沥青质量百分数的 5%的比例加入到老化 SBS 改性沥青中。SBS 改性沥青老化前后的复数剪切模量、抗车辙因子、疲劳因子随温度的变化曲线分别如图 4-32～图 4-34 所示。

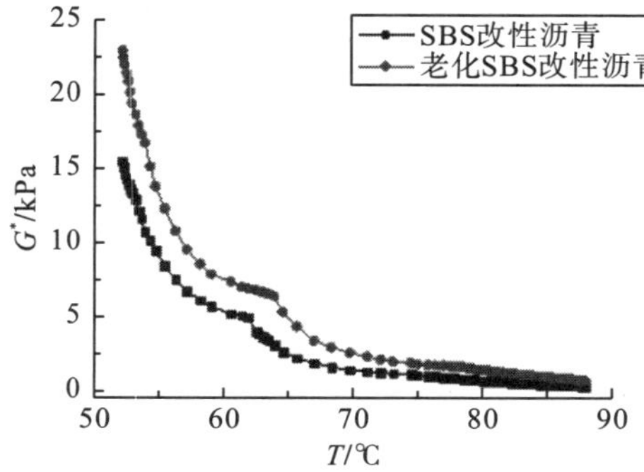

图 4-32 SBS 改性沥青老化前后 G^*-T 变化曲线

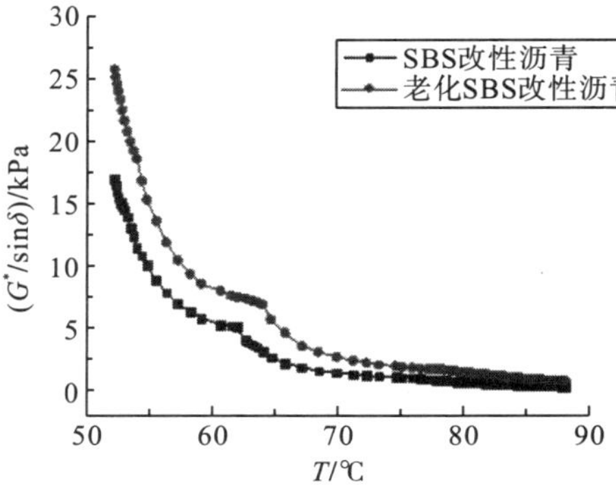

图 4-33 SBS 改性沥青老化前后 $G^*/\sin\delta$-T 变化曲线

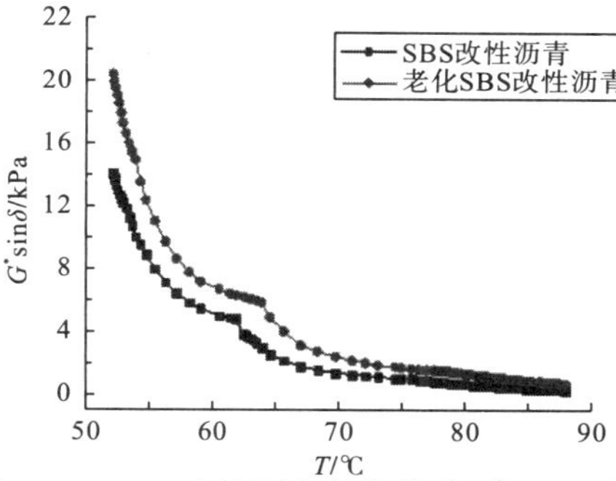

图 4-34　SBS 改性沥青老化前后 $G^*\sin\delta$-T 曲线

可见，SBS 改性沥青老化前后的 G^*、$G^*/\sin\delta$、$G^*\sin\delta$ 随温度变化的曲线变化趋势完全一致，均表现为老化后 SBS 改性沥青的 G^*、$G^*/\sin\delta$、$G^*\sin\delta$ 较原样有所增大。因此，可以用该三个指标中的任何一个指标来表征 SBS 改性沥青的高温抗车辙能力和抗疲劳性能。原样 SBS 改性沥青的 $G^*/\sin\delta$ 达到 1000Pa 时对应的温度为 76.3℃，老化后 SBS 改性沥青的对应温度为 84.3℃，抗车辙极限温度增加了 8.0℃，反映出老化后 SBS 改性沥青的高温抗车辙能力增加，但是抗疲劳性能降低。

为了研究再生 SBS 改性沥青的动态剪切流变性能的变化，同样将四种不同的再生剂按老化沥青质量百分数的 5%的比例加入到老化 SBS 改性沥青中。图 4-35～图 4-37 为四种再生 SBS 改性沥青与老化 SBS 改性沥青的 G^*、$G^*/\sin\delta$、$G^*\sin\delta$ 随温度变化的曲线。

图 4-35～图 4-37 中四种再生 SBS 改性沥青与老化 SBS 改性沥青的 G^*、$G^*/\sin\delta$、$G^*\sin\delta$ 随温度变化的曲线变化趋势完全一致，均随温度增加而减小。因此，同样可以用该三个指标中的任意一个来表征再生 SBS 改性沥青的高温抗车辙能力和抗疲劳性能。再生 SBS 改性沥青的 G^*、$G^*/\sin\delta$、$G^*\sin\delta$ 均比老化 SBS 改性沥青的值有所下降，在相同温度条件下，其中 DN100、DN101、RA-2 再生 SBS 改性沥青的曲线基本一致，但 ZZ 再生 SBS 改性沥青的值比其他三种大。将四种再生 SBS 改性沥青的 $G^*/\sin\delta$ 达到 1kPa 时对应的温度点定义为抗车辙极限温度，如表 4-23 所示，再生后老化 SBS 改性沥青的抗车辙极限温度均降低，其中 DN100 再生 SBS 改性沥青降低得最多，为 68.4℃，DN101 与 RA-2 相近，但这三种再生 SBS 改性沥青的极限温度均与原样 SBS 改性沥青相差较大，只有 ZZ 再生 SBS 改性沥青的极限温度与原样 SBS 改性沥青相近，两者仅相差 0.5℃。ZZ 再生 SBS 改性沥青在达到再生效果的前提下，抗车辙能力较其他三种再生 SBS 改性沥青更好。

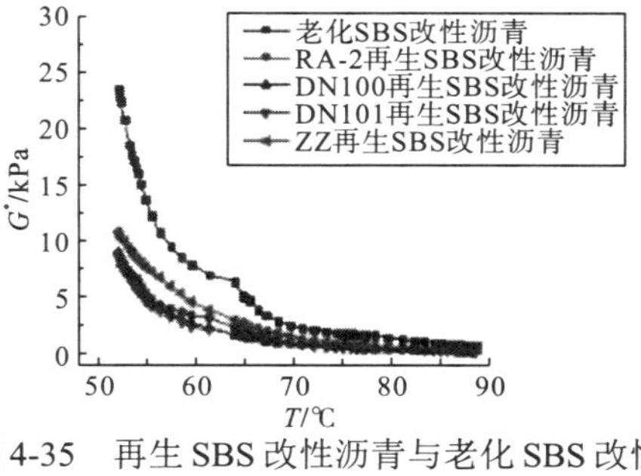

图 4-35　再生 SBS 改性沥青与老化 SBS 改性沥青的 G^*-T 变化曲线

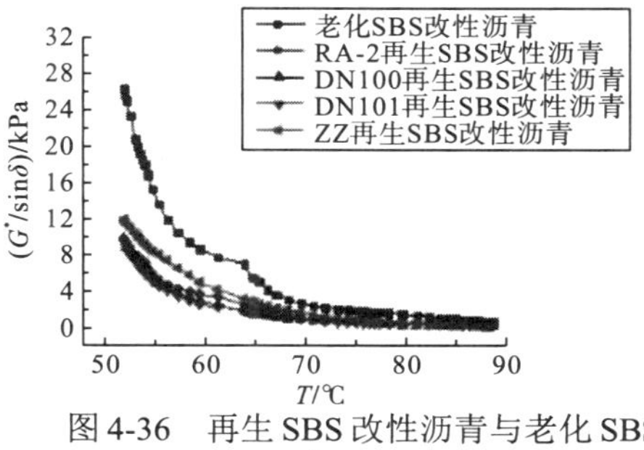

图 4-36　再生 SBS 改性沥青与老化 SBS 改性沥青的 $G^*/\sin\delta$-T 变化曲线

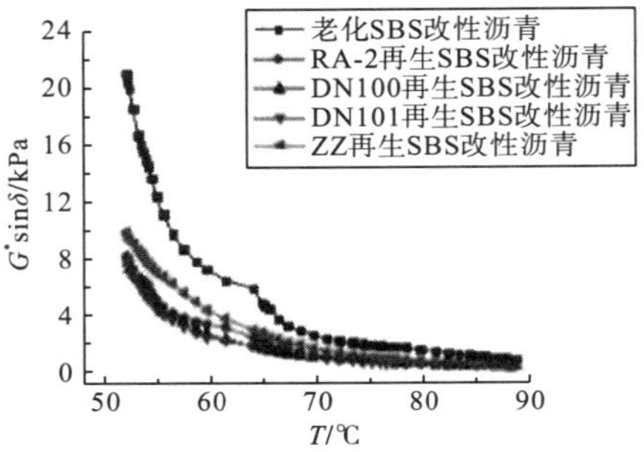

图 4-37　再生 SBS 改性沥青与老化 SBS 改性沥青的 $G^*\sin\delta$-T 变化曲线

表 4-23　再生 SBS 改性沥青的抗车辙极限温度

样品	抗车辙极限温度/℃
SBS 改性沥青	75.2
老化 SBS 改性沥青	84.3
DN100 再生 SBS 改性沥青	68.4
DN101 再生 SBS 改性沥青	69.6
RA-2 再生 SBS 改性沥青	70.0
ZZ 再生 SBS 改性沥青	74.7

对沥青材料施加的应力与其产生的应变不同步，相对滞后的角度称为相位角 δ，一般沥青的相位角 $0<\delta<\frac{\pi}{2}$，属于黏弹性材料。$\tan\delta$ 为黏性分量与弹性分量之间的比值，沥青材料的 $\tan\delta$ 一般情况下大于 1，说明沥青表现出的黏性比弹性趋势更加明显。

图 4-38 和图 4-39 分别为 SBS 改性沥青老化前后相位角及相位角的正切值随温度变化的曲线。

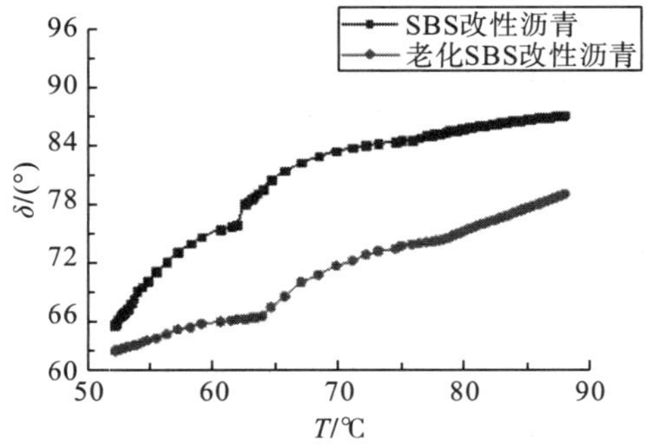

图 4-38　SBS 改性沥青老化前后 δ-T 曲线

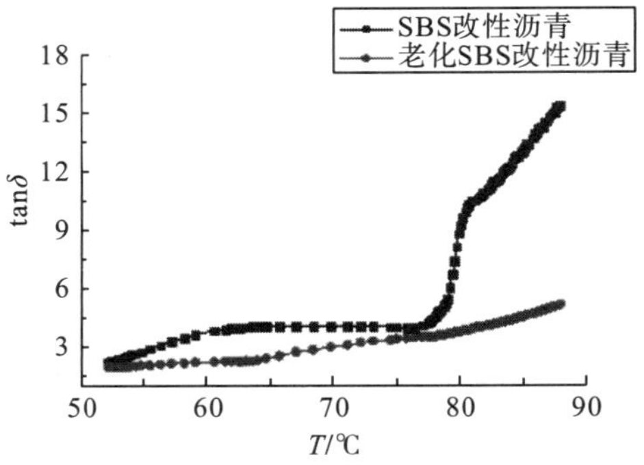

图 4-39　SBS 改性沥青老化前后 $\tan\delta$-T 曲线

由图 4-38 可见，在相同的温度条件下，老化后 SBS 改性沥青的 δ 较原样 SBS 改性沥青减小，说明老化使 SBS 改性沥青对应力的响应变得敏感，老化后 SBS 改性沥青的弹性增加，黏性减小。另外，老化前后 SBS 改性沥青的 δ 随温度变化的趋势基本相同，均表现为随温度的升高，δ 增大。出现该现象的原因主要为随着温度的升高，沥青和 SBS 改性剂的两相结构软化，分子的运动能力增加，流动性增大，SBS 改性沥青形成的空间网络状结构使 SBS 改性沥青的高温黏度增大，δ 也相应地增大。图 4-39 反映了老化后 SBS 改性沥青的 tanδ 较老化前变小，弹性模量增大，黏性模量减小，SBS 改性沥青高温抵抗变形能力增大，抗车辙能力增加。

图 4-40～图 4-41 为四种再生 SBS 改性沥青与老化 SBS 改性沥青的 δ、tanδ 随温度变化的曲线。

由图 4-40 可见，四种再生 SBS 改性沥青与老化 SBS 改性沥青的相位角变化曲线基本一致，均随温度的升高而增大，即温度越高，沥青的黏性越大，弹性越小。在相同的温度条件下，ZZ 再生 SBS 改性沥青的 δ 相对其他三种再生 SBS 改性沥青更小，其抵抗高温变形的能力更好。当温度达到 70℃时，四种再生 SBS 改性沥青的 δ 如表 4-24 所示。经再生后，再生 SBS 改性沥青的 δ 均减小，在达到再生效果的前提下，ZZ 再生 SBS 改性沥青的 δ 增加得最少，而其他三种再生 SBS 改性沥青的 δ 均比较接近，说明 ZZ 再生 SBS 改性沥青的高温抗车辙能力较其他三种再生 SBS 改性沥青更好。

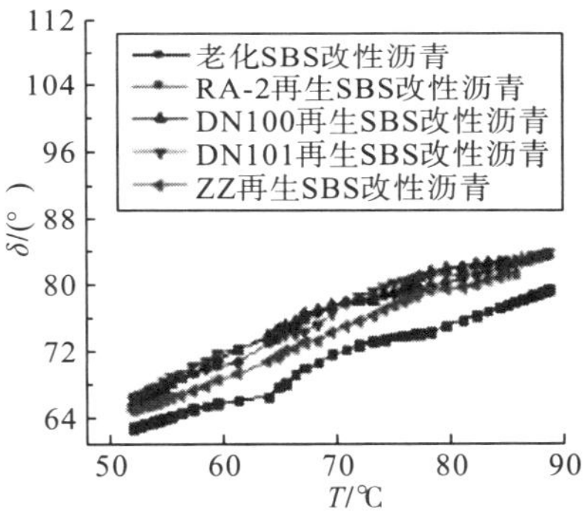

图 4-40　再生 SBS 改性沥青与老化 SBS 改性沥青的 δ-T 曲线

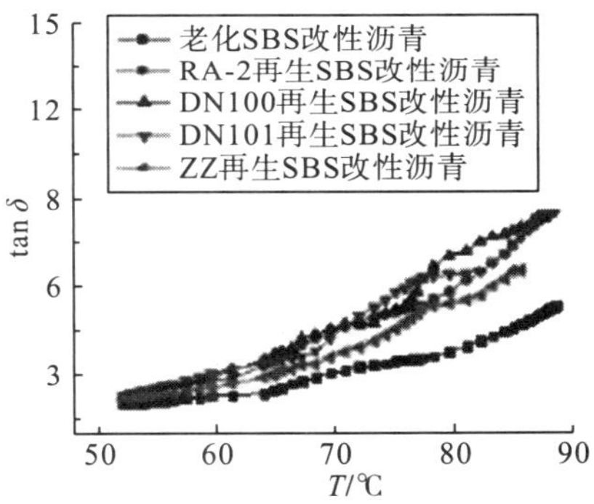

图 4-41　再生 SBS 改性沥青与老化 SBS 改性沥青的 tanδ-T 曲线

表 4-24　再生 SBS 改性沥青在 70℃对应的 δ、tanδ

样本	δ	tanδ
老化 SBS 改性沥青	71.7	3.02
ZZ 再生 SBS 改性沥青	74.3	3.56
RA-2 再生 SBS 改性沥青	77.4	4.46
DN100 再生 SBS 改性沥青	77.6	4.53
DN101 再生 SBS 改性沥青	76.6	4.21

图 4-41 中再生 SBS 改性沥青和老化 SBS 改性沥青的 tanδ 随着温度的升高有规律地增加，即随着温度的上升，SBS 改性沥青的黏性模量增大，弹性模量减小，流动性增大。其

中 ZZ 再生 SBS 改性沥青 tanδ 的增量较其他三种再生 SBS 改性沥青较小。表 4-24 中列出了四种再生 SBS 改性沥青在 70℃对应的 tanδ，ZZ 再生 SBS 改性沥青的 tanδ 为 3.56，其他三种再生 SBS 改性沥青的 tanδ 均达到 4.21 及以上。表明 ZZ 再生 SBS 改性沥青的弹性模量较其他三种再生 SBS 改性沥青更大，受到应力作用后可恢复变形的能力更强，高温抗车辙能力和抵抗变形能力更好。

3. 弯曲梁流变试验(BBR)

BBR 用于评价沥青胶结料的低温性能，该试验可测得两个指标参数：蠕变劲度 S 及劲度随时间的变化率 m。S 过高，导致沥青出现脆性，容易引起胶结料产生裂缝，Superpave 规定 S 应小于 300MPa。m 表示胶结料在低温下劲度随时间的变化率，m 越大，表示沥青具有较快的应变劲度变化率和较高的应力松弛能力，Superpave 规范规定 m 应不小于 0.300。

表 4-25 为 SBS 改性沥青经 RTFOT+PAV 老化及四种不同再生剂再生后，在−12℃对应的 S 及 m。经长期老化后，SBS 改性沥青的 S 增加，m 减小，老化 SBS 改性沥青的脆性增大，低温性能降低。

表 4-25　SBS 改性沥青老化及再生后在−12℃下的 BBR 指标

样本	S/MPa	m
SBS 改性沥青	96	0.461
老化 SBS 改性沥青	159	0.358
ZZ 再生 SBS 改性沥青	98	0.445
RA-2 再生 SBS 改性沥青	109	0.432
DN100 再生 SBS 改性沥青	113	0.425
DN101 再生 SBS 改性沥青	125	0.418

为了评价四种再生剂对老化 SBS 改性沥青的低温性能恢复，将其各自按照老化沥青质量百分数的 5%的比例加入到老化 SBS 改性沥青中，并分别对其 S 和 m 进行测试，试验结果如表 4-25 所示。结果表明再生后四种再生 SBS 改性沥青的 S 均减小，m 均增大，说明四种再生剂对老化 SBS 改性沥青的低温性能有不同程度的提高，其中 ZZ 再生剂较其他几种再生剂提高的幅度更大，更接近于 SBS 改性沥青原样，因此 ZZ 再生 SBS 改性沥青的抗低温变形能力较其他几种再生 SBS 改性沥青更好。

4.2.3　再生 SBS 改性沥青红外光谱分析

1. 老化 SBS 改性沥青红外光谱

红外光谱试验采用薄膜法，将试样取微量，溶于苯溶液中并涂于压好的光谱纯 KBr 晶片上，待溶剂挥发完全后进行红外光谱测定。本试验对 RTFOT 老化前后的 SBS 改性沥青进行了红外光谱扫描，图 4-42 为 SBS 改性沥青老化前后的红外光谱对比图。

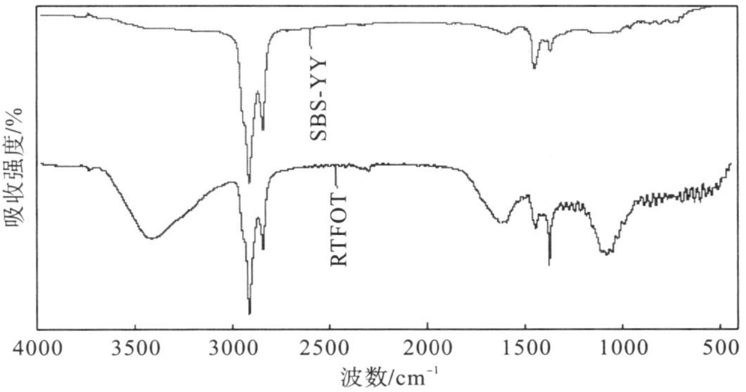

图 4-42　SBS 改性沥青老化前后红外光谱对比图

由图 4-42 可以看出，原样 SBS 改性沥青的红外光谱所包含的峰主要为 2924cm^{-1}、2853cm^{-1}、1600cm^{-1}、1450cm^{-1}、1380cm^{-1}、966cm^{-1} 六处。2924cm^{-1} 和 2853cm^{-1} 分别为—CH_2—的反对称和对称振动吸收峰，1600cm^{-1} 是芳烃 C═C 的骨架振动吸收峰，1450cm^{-1} 是—CH_3 的不对称弯曲振动吸收峰和—CH_2—对称弯曲振动吸收峰的重叠，1380cm^{-1} 为—CH_3 的对称弯曲振动吸收峰，966cm^{-1} 为直链的 C═C 所对应的吸收峰，即 SBS 改性剂中丁二烯所对应的特征峰吸收峰，苯乙烯对应的特征图谱由于和苯环的峰谱相重合而不能进一步区分。另外，在指纹区出现的微弱的吸收峰为苯环上—CH—的面外弯曲振动峰。

经过老化后的 SBS 改性沥青在 1030cm^{-1} 处出现脂肪族亚砜基吸收峰，并且，很多研究表明，沥青在深度老化后，在 1700cm^{-1} 处会出现羰基吸收峰，图 4-42 中该处吸收峰与 1600cm^{-1} 处的吸收峰重叠在一起，形成一个宽的吸收峰。SBS 改性沥青老化后出现羰基、亚砜基，证实了沥青老化主要是通过沥青分子之间相互氧化、聚合，生成了醛、羧酸、酯、酮等含官能团 C═O 的组分，另外，硫元素与氧结合，促使了沥青老化生成亚砜基。

定量分析时，同样采用 OMINIC 红外光谱分析软件，对 SBS 改性沥青老化前后红外光谱的全部峰谱、羰基、亚砜基分别进行统计，计算得到的羰基指数、亚砜基指数、芳烃指数、丁二烯指数如表 4-26 所示。SBS 改性沥青老化后，羰基指数、亚砜基指数增大，芳烃指数、丁二烯指数减小，其中羰基指数增大了 0.0129109，亚砜基指数增大了 0.1234175，芳烃指数减小了 0.0132078，丁二烯指数减小了 0.0022407，说明改性沥青老化过程包括沥青本身的老化和改性剂的老化，其丁二烯嵌段发生了降解反应。

表 4-26　SBS 改性沥青老化前后指数变化

样本	羰基指数	亚砜基指数	芳烃指数	丁二烯指数
SBS 改性沥青	0.0155261	0.0365786	0.1434232	0.0093464
老化 SBS 改性沥青	0.0284370	0.1599961	0.1302154	0.0071057

沥青中含有大量的高分子有机化合物，在自然条件(热、光、水)下容易发生化学反应而导致沥青的路用性能发生裂化。相关研究认为沥青老化主要是通过自由基反应进行的。沥青分子中含有碳碳双键等活性较大的官能团，在光照、辐射、加热或自由基引发剂(过

氧化物)的作用下，发生化学键的断裂，形成自由基。形成的自由基又进一步夺取氧气中的氧原子生成中间体过氧化物，使自由基反应不断地进行下去，直到反应生成的自由基足够多时，自由基间相互碰撞结合而导致反应链终止，反应停止。老化后沥青中的轻质组分挥发减少，导致芳烃指数减小，润滑沥青质和胶质的油分减少，沥青分子的运动能力降低。另外，羰基和亚砜基的增多，使老化沥青的极性增大，沥青分子间的相互作用力增强，导致其流变性能变差，宏观上表现为老化沥青的黏度、针入度增大，软化点上升，低温延度减小，高温抗车辙能力提高。丁二烯指数的减小主要是由于改性剂中的丁二烯嵌段发生了降解反应，宏观表现为改性沥青的低温延度减小。

2. 再生 SBS 改性沥青红外光谱

为了研究再生 SBS 改性沥青的微观变化，分别将四种再生剂加入到老化 SBS 改性沥青中，并对其各自进行红外光谱试验，四种再生 SBS 改性沥青与老化(LH)SBS 改性沥青的红外光谱试验结果如图 4-43 所示。

比较红外光谱图中每个峰产生的峰位可以发现，四种再生 SBS 改性沥青与老化 SBS 改性沥青产生的峰位基本一致，只是峰的吸收强度不一样，这是由再生剂的加入引起的。对四种再生 SBS 改性沥青进行定量分析，计算得到其各自的羰基指数、亚砜基指数、芳烃指数、丁二烯指数，如表 4-27 所示。

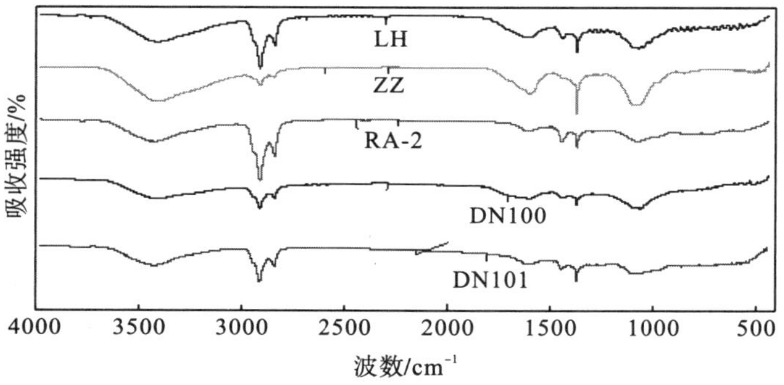

图 4-43　再生 SBS 改性沥青与老化 SBS 改性沥青的红外光谱图

表 4-27　再生 SBS 改性沥青的四大指数

样本	羰基指数	亚砜基指数	芳烃指数	丁二烯指数
老化 SBS 改性沥青	0.0284370	0.1599961	0.1302154	0.0071057
RA-2 再生 SBS 改性沥青	0.0380561	0.0817863	0.1083049	0.0353416
DN100 再生 SBS 改性沥青	0.0319759	0.0832439	0.1449381	0.0385963
DN101 再生 SBS 改性沥青	0.0335747	0.0739354	0.1570254	0.0387803
ZZ 再生 SBS 改性沥青	0.0317524	0.0594806	0.1216260	0.0406058

由表 4-27 可见，再生后 SBS 改性沥青的四大指数并未发生有规律的变化，这是由于四种再生剂中基团的含量和种类不相同，其对老化沥青的影响各不相同。再生剂并不能从

分子的角度修复已经老化的沥青，而只能从分子运动学的角度出发，通过增加沥青分子的运动能力来恢复老化沥青的路用性能。

4.2.4　再生 SBS 改性沥青 DSC 分析

将 ZZ 再生剂掺量为 5%的再生 SBS 改性沥青与 SBS 改性沥青进行差示扫描量热试验，试验结果如图 4-44 所示，图 4-45 为 DSC 同步条件下得到的 TG 曲线。其中 SBS-1 为 SBS 改性沥青，SBS-2 为加入 ZZ 再生剂后的再生 SBS 改性沥青。

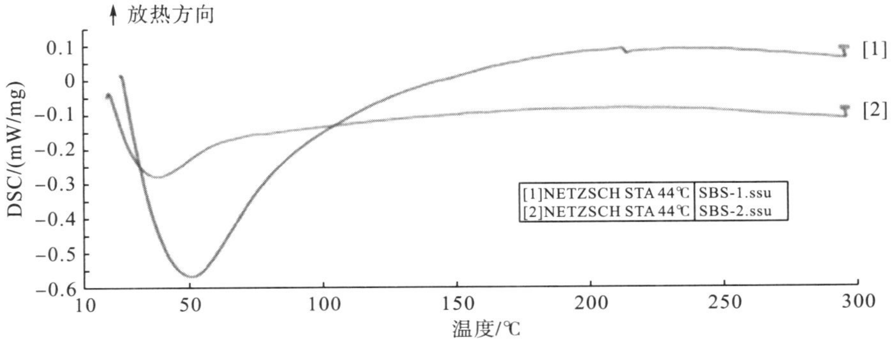

图 4-44　ZZ 再生 SBS 改性沥青与 SBS 改性沥青 DSC 曲线

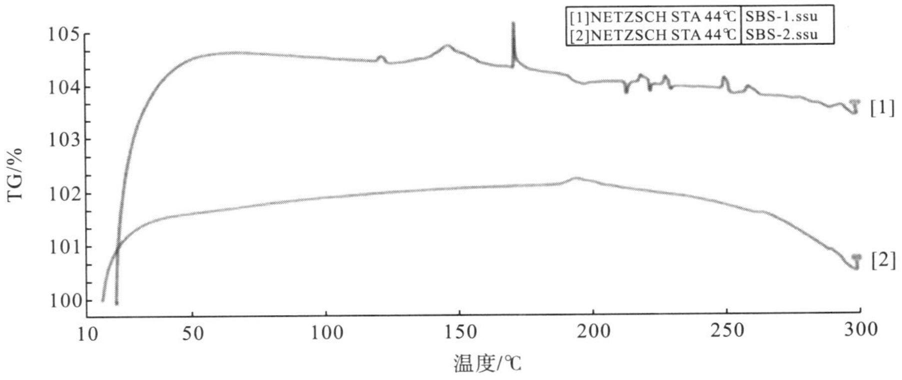

图 4-45　ZZ 再生 SBS 改性沥青与 SBS 改性沥青 TG 曲线

由图 4-44 分析得到的 ZZ 再生 SBS 改性沥青与 SBS 改性沥青吸(放)热量测定结果如表 4-28 所示。可见 ZZ 再生 SBS 改性沥青的高温峰顶温度由 SBS 改性沥青的 213.3℃提高至 214.4℃，区间吸热量为 72.7J/g，区间放热量为 18.9J/g，较 SBS 改性沥青均有所降低，总放热量也从 SBS 改性沥青的 138.9J/g 降低至 91.6J/g，因此，ZZ 再生 SBS 改性沥青的热稳定性高于 SBS 改性沥青。图 4-45 同样可以反映出 SBS 改性沥青的失重为 3.41%，最高温度点为 171.3℃，而 ZZ 再生 SBS 改性沥青的失重为 2.24%，较 SBS 改性沥青降低 1.17%，最高温度点为 193.7℃，较 SBS 改性沥青升高 22.4℃。

表 4-28　ZZ 再生 SBS 改性沥青与 SBS 改性沥青吸（放）热量

样本		SBS 改性沥青	ZZ 再生 SBS 改性沥青
区间吸热量	温度区间/℃	25～150	25～200
	峰顶温度/℃	49.8	37.1
	吸热量/(J/g)	107.9	72.7
区间放热量	温度区间/℃	150～300	200～300
	峰顶温度/℃	213.3	214.4
	放热量/(J/g)	31.0	18.9
总热量/(J/g)		138.9	91.6

4.2.5　再生 SBS 改性沥青抗热氧老化性能

1. 宏观分析

为了研究再生 SBS 改性沥青的二次抗热氧老化性能，分别将四种再生 SBS 改性沥青进行旋转薄膜烘箱老化试验，并对老化后的针入度、延度(5℃)、软化点进行测试，结果如表 4-29 所示。

表 4-29　再生 SBS 改性沥青 RTFOT 老化前后常规指标变化

样品	老化方式	针入度/0.1mm	延度(5℃)/cm	软化点/℃
SBS 改性沥青	原样	42	23.8	62
	RTFOT 老化	41	15.2	66
ZZ 再生 SBS 改性沥青	原样	54	30.1	60
	RTFOT 老化	48	24.6	63
RA-2 再生 SBS 改性沥青	原样	57	24.3	59
	RTFOT 老化	46	16.3	65
DN100 再生 SBS 改性沥青	原样	55	36.3	61
	RTFOT 老化	43	16.3	66
DN101 再生 SBS 改性沥青	原样	48	20.5	60
	RTFOT 老化	44	15.2	64

由表 4-29 中的试验结果可以看出，再生 SBS 沥青 RTFOT 老化后的三大指标变化规律与 SBS 改性沥青 RTFOT 老化后的变化规律相同，即表现为针入度、延度降低，软化点升高。《公路工程沥青及沥青混合料试验规程》(JTG E20—2011)规定，经 RTFOT 老化后的 I-D 级再生 SBS 改性沥青的针入度比不小于 65%，延度(5℃)不小于 15cm，因此四种再生 SBS 改性沥青的抗老化指标均满足规范要求。综合来看，ZZ 再生剂的抗热氧老化性能优于其他三种再生剂，四者之间抗热氧老化性能优劣的排序为 ZZ 再生 SBS 改

性沥青＞ DN101 再生 SBS 改性沥青＞RA-2 再生 SBS 改性沥青＞DN100 再生 SBS 改性沥青。

将四种再生 SBS 改性沥青进行 RTFOR 老化，并对老化前后的质量变化、黏度比(60℃)进行测试，测试结果如表 4-30 所示。经热氧老化后，四种再生 SBS 改性沥青的质量均减小，黏度比(60℃)增大，且质量变化大的再生 SBS 改性沥青，其黏度比(60℃)变化也对应较大，可见，热氧作用后再生 SBS 改性沥青中轻质组分的减少，是导致黏度(60℃)增大的主要原因之一。《公路工程沥青及沥青混合料试验规程》(JTG E20—2011)规定，RTFOT 老化前后，SBS 改性沥青的质量变化不得超过 1%，由表 4-30 可见，除了 DN100 再生 SBS 改性沥青以外的其他三种再生 SBS 改性沥青均能达到规范要求，且四种再生改性沥青的抗热氧老化顺序为 ZZ 再生 SBS 改性沥青＞DN101 再生 SBS 改性沥青＞RA-2 再生 SBS 改性沥青＞DN100 再生 SBS 改性沥青，与表 4-29 中三大指标变化所得结论一致。

表 4-30　RTFOT 老化前后再生 SBS 改性沥青的质量变化及黏度比(60℃)

再生 SBS 改性沥青	ZZ 再生	RA-2 再生	DN100 再生	DN101 再生
$m_{沥青}$/g	34.8	35.1	34.8	34.6
$m_{沥青+瓶}$/g	205.3	131.3	203.6	178.2
$m'_{沥青+瓶}$/g	205.2	131.0	203.0	178.1
RTFOT 老化前后质量变化/%	-0.29	-0.85	-1.72	-0.29
RTFOT 老化前后黏度比(60℃)	1.3	1.6	2.1	1.5

2. 红外光谱分析

为了深入研究再生 SBS 改性沥青热氧老化后微观结构的变化，对 RTFOT 老化后的四种再生 SBS 改性沥青分别进行了红外光谱试验，老化前后对比结果如图 4-46～图 4-49 所示。同样对图 4-46～图 4-49 中的光谱面积进行统计并计算，得到再生 SBS 改性沥青 RTFOT 老化前后的指数对比，如表 4-31 所示。

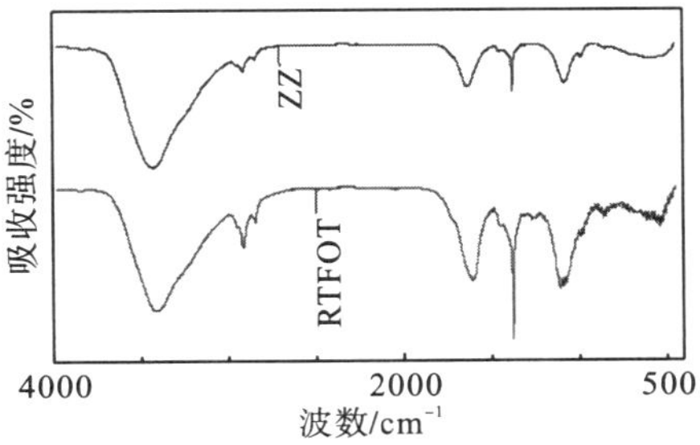

图 4-46　ZZ 再生 SBS 改性沥青 RTFOT 老化前后红外光谱对比图

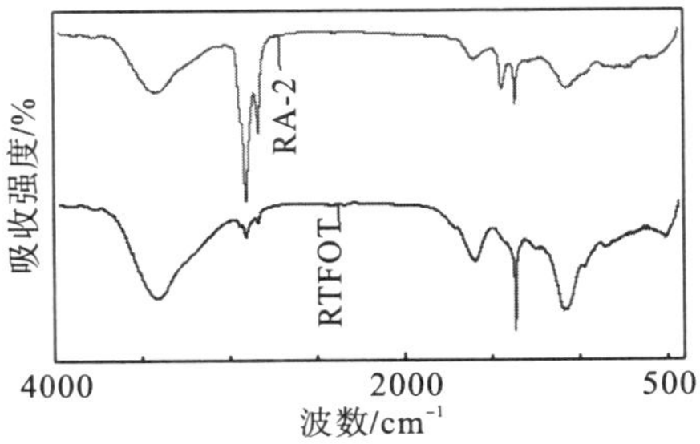

图 4-47　RA-2 再生 SBS 改性沥青 RTFOT 老化前后红外光谱对比图

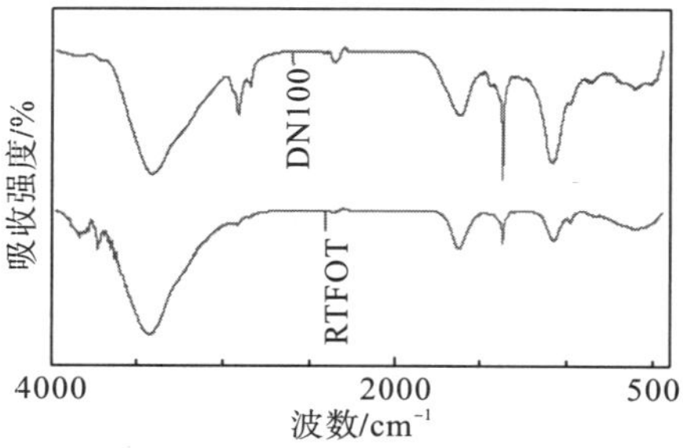

图 4-48　DN100 再生 SBS 改性沥青 RTFOT 老化前后红外光谱对比图

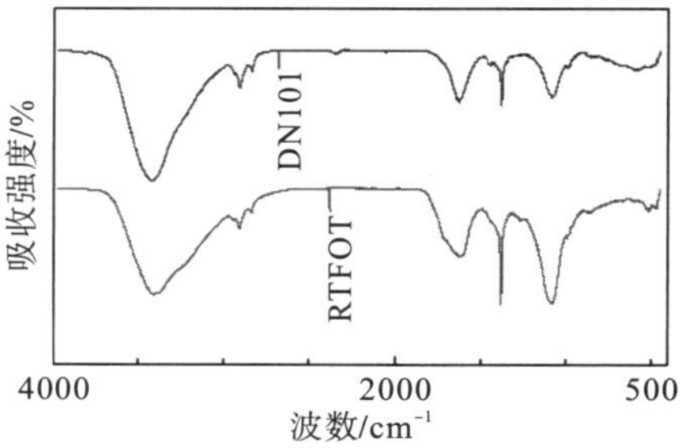

图 4-49　DN101 再生 SBS 改性沥青 RTFOT 老化前后红外光谱对比图

表 4-31　再生 SBS 改性沥青 RTFOT 老化前后的指数对比

样本	老化方式	羰基指数	亚砜基指数	芳烃指数	丁二烯指数
ZZ 再生 SBS 改性沥青	原样	0.0317524	0.0594806	0.1216260	0.0406058
	RTFOT 老化	0.0343913	0.0672136	0.1104219	0.0386083
RA-2 再生 SBS 改性沥青	原样	0.0283440	0.0723242	0.1250466	0.0393271
	RTFOT 老化	0.0380561	0.0817863	0.1083049	0.0353416
DN100 再生 SBS 改性沥青	原样	0.0319759	0.0832439	0.1449381	0.0385963
	RTFOT 老化	0.0353307	0.0917360	0.1214279	0.0365456
DN101 再生 SBS 改性沥青	原样	0.0335747	0.0739354	0.1570254	0.0387803
	RTFOT 老化	0.0375618	0.0797065	0.1303233	0.0357694

由再生 SBS 改性沥青 RTFOT 老化前后的红外光谱对比图得知，四种再生 SBS 改性沥青二次老化后均未产生新的官能团，其老化规律与 SBS 改性沥青相同，再生 SBS 改性沥青的老化机理与 SBS 改性沥青一致，均由自由基反应引起。由表 4-31 可知，再生 SBS 改性沥青老化后的羰基指数、亚砜基指数增大，芳烃指数、丁二烯指数减小，其中 ZZ 再生 SBS 改性沥青的羰基指数增大了 0.0026389，亚砜基指数增大了 0.0077330，芳烃指数减小了 0.0112041，丁二烯指数降低了 0.0019975。与表 4-26 相比，同等条件下 SBS 改性沥青老化后的指数变化均大于再生 SBS 改性沥青，说明再生 SBS 改性沥青的抗老化性能优于 SBS 改性沥青。这是由于老化沥青为凝胶型结构，性能相对稳定，抗老化性能好，另外，再生剂中添加了抗老化成分，可以提高再生 SBS 改性沥青的抗老化性能。

由图 4-50～图 4-53 可见，四种再生 SBS 改性沥青老化后所对应的各个指数的变化趋势均一致，但变化程度不同，总体上老化后羰基指数和亚砜基指数增大幅度越小，芳烃指数和丁二烯指数减小幅度越小，沥青的抗热氧老化性能就越好。因此，综合来看，ZZ 再生剂的抗热氧老化性能高于其他三种再生剂。

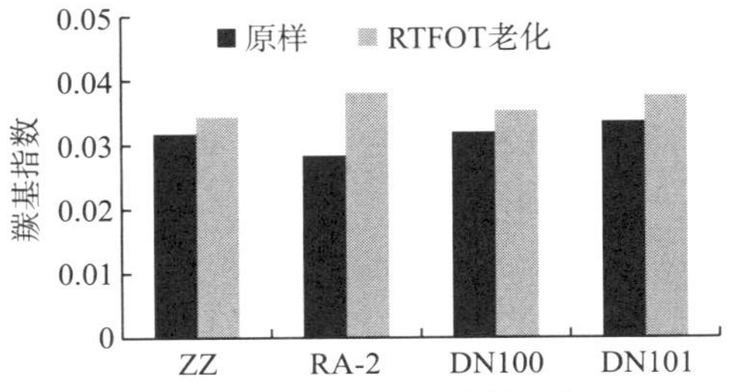

图4-50 四种再生SBS改性沥青的羰基指数对比图

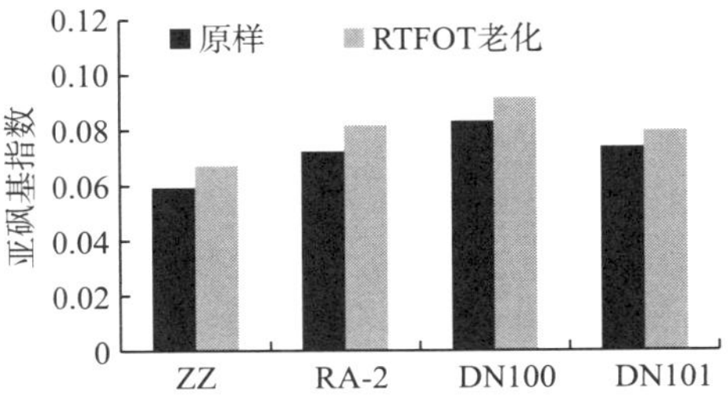

图4-51 四种再生SBS改性沥青的亚砜基指数对比图

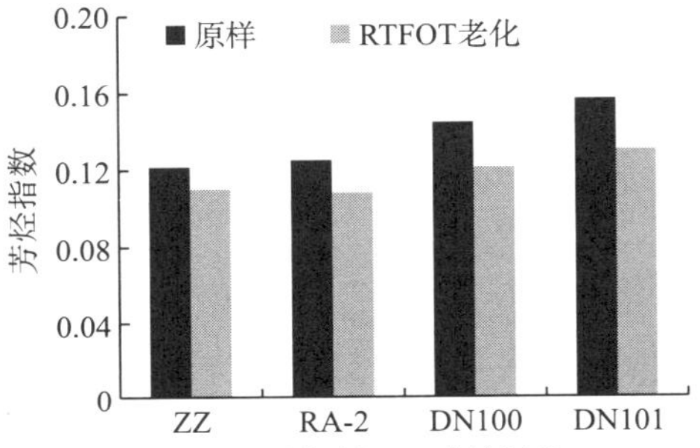

图4-52 四种再生SBS改性沥青的芳烃指数对比图

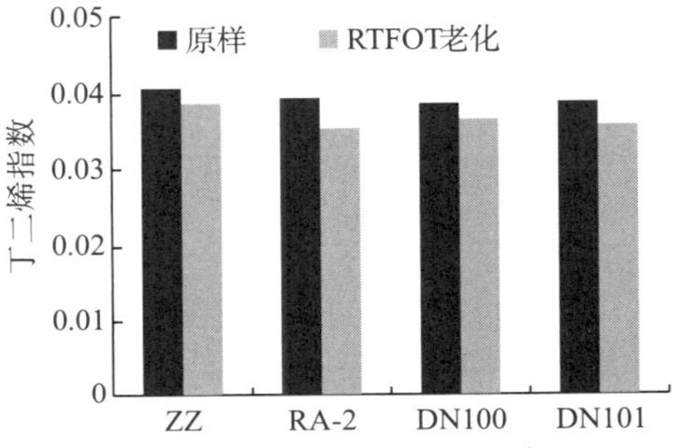

图4-53 四种再生SBS改性沥青的丁二烯指数对比图

4.2.6 再生SBS改性沥青抗紫外光氧老化性能

1. 宏观分析

紫外光辐射是引起沥青老化很重要的原因之一，将再生后的四种再生SBS改性沥青制成厚度为500μm的试样，置于热、光耦合老化试验箱中，设定老化条件为温度40℃，辐照度40W/m^2，老化时间分别为24h、48h、72h。四种再生SBS改性沥青经过不同老化时间老化前后的质量变化和黏度比(60℃)如表4-32所示。

表4-32 再生SBS改性沥青紫外光氧老化前后质量变化及黏度比(60℃)

样本	老化时间	紫外光氧老化前后	
		质量变化/%	黏度比(60℃)
ZZ再生SBS改性沥青	紫外光氧老化24h	0.31	1.20
	紫外光氧老化48h	0.65	2.30
	紫外光氧老化72h	1.15	3.20
RA-2再生SBS改性沥青	紫外光氧老化24h	0.94	1.60
	紫外光氧老化48h	1.83	3.00
	紫外光氧老化72h	2.65	4.20
DN100再生SBS改性沥青	紫外光氧老化24h	1.60	2.20
	紫外光氧老化48h	2.90	3.70

续表

样本	老化时间	紫外光氧老化前后	
		质量变化/%	黏度比(60℃)
	紫外光氧老化 72h	4.20	4.60
DN101 再生 SBS 改性沥青	紫外光氧老化 24h	0.56	1.30
	紫外光氧老化 48h	1.12	2.50
	紫外光氧老化 72h	1.80	3.80

由表 4-32 中的数据可以看出，随着老化时间的增大，紫外光氧老化后再生 SBS 改性沥青的质量变化及黏度比(60℃)均增大，从两个指标变化的大小来看，四种再生 SBS 改性沥青抗紫外光氧老化性能优劣的顺序为ZZ 再生 SBS 改性沥青＞ DN101 再生 SBS 改性沥青＞RA-2 再生 SBS 改性沥青＞DN100 再生 SBS 改性沥青，该结论与热氧老化得出的结论一致。

2. 红外光谱分析

为了深入研究再生 SBS 改性沥青紫外光氧老化后的微观变化，对四种再生 SBS 改性沥青各自对应不同紫外光氧老化时间的红外光谱进行对比分析，结果如图 4-54～图 4-57 所示。

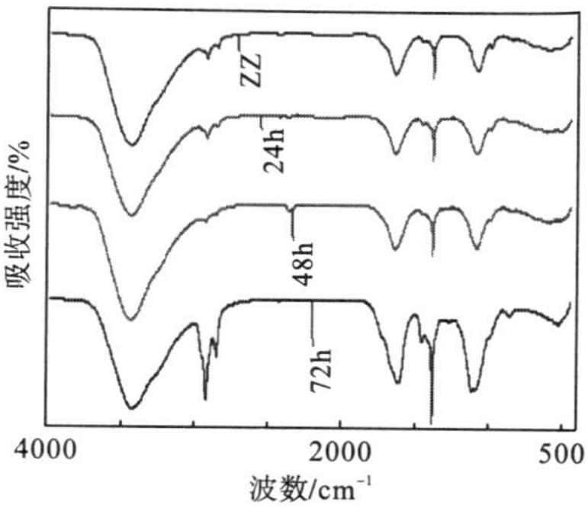

图 4-54　ZZ 再生 SBS 改性沥青紫外光氧老化前后红外光谱对比图

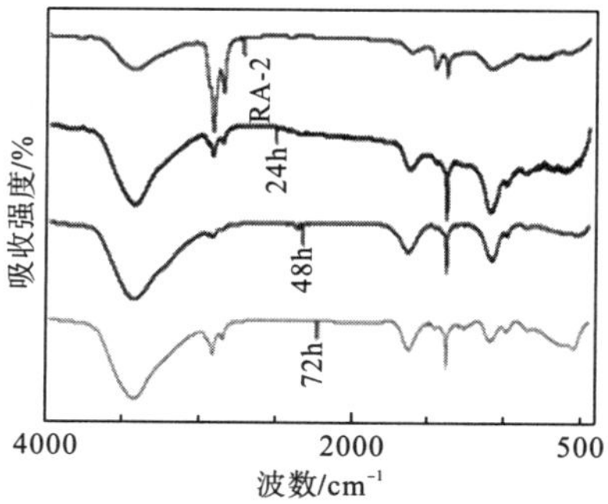

图 4-55　RA-2 再生 SBS 改性沥青紫外光氧老化前后红外光谱对比图

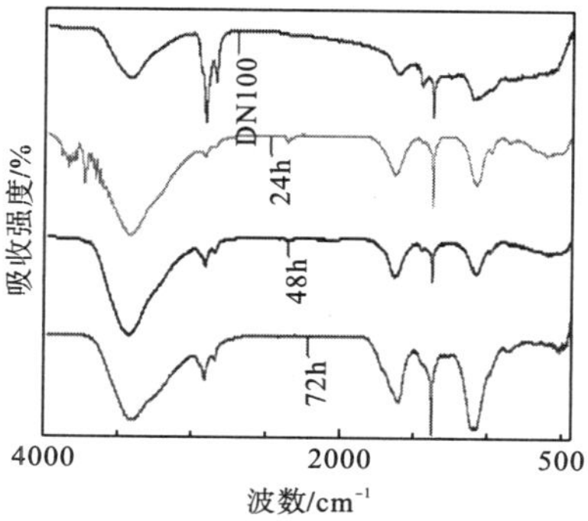

图 4-56　DN100 再生 SBS 改性沥青紫外光氧老化前后红外光谱对比图

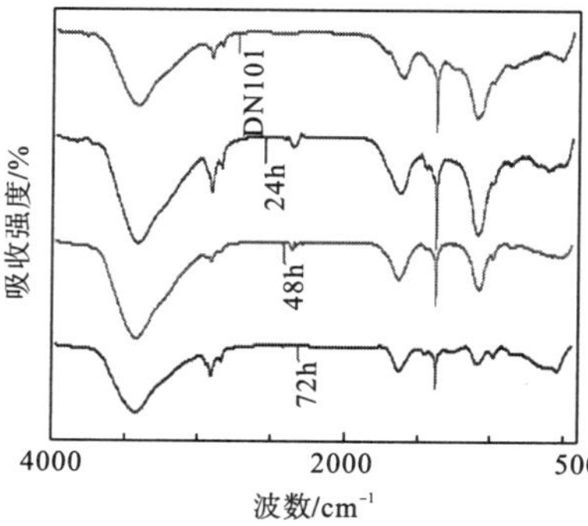

图 4-57　DN101 再生 SBS 改性沥青紫外光氧老化前后红外光谱对比图

根据图 4-54～图 4-57，应用 OMINIC 红外光谱分析软件进行面积统计计算，得到四种再生 SBS 改性沥青老化 24h、48h 及 72h 对应的羰基指数、亚砜基指数、芳烃指数、丁二烯指数，如表 4-33 所示。由表 4-33 的计算数据，得到四种再生 SBS 改性沥青的羰基指数、亚砜基指数、芳烃指数、丁二烯指数的对比图，分别如图 4-58～图 4-61 所示。

表 4-33　紫外光氧老化前后再生 SBS 改性沥青指数对比

样本	老化方式	羰基指数	亚砜基指数	芳烃指数	丁二烯指数
ZZ 再生 SBS 改性沥青	原样	0.031752400	0.059480648	0.121626027	0.040605800
	紫外光氧老化 24h	0.032716133	0.073798704	0.111274189	0.038952500
	紫外光氧老化 48h	0.038551231	0.077529786	0.100085782	0.035650500
	紫外光氧老化 72h	0.057358406	0.090703048	0.080121494	0.033597600
RA-2 再生 SBS 改性沥青	原样	0.033379831	0.072324225	0.125046581	0.039327100
	紫外光氧老化 24h	0.040419016	0.090677171	0.119284349	0.037058100
	紫外光氧老化 48h	0.056128749	0.111979398	0.103191466	0.030079200
	紫外光氧老化 72h	0.061791167	0.121179329	0.077821806	0.026547100
DN100 再生 SBS 改性沥青	原样	0.031975950	0.083243933	0.144938059	0.038596300
	紫外光氧老化 24h	0.032992462	0.087402193	0.109808774	0.036512200
	紫外光氧老化 48h	0.048647991	0.096501735	0.058307753	0.034702200
	紫外光氧老化 72h	0.061113447	0.102401536	0.046494217	0.033923500
DN101 再生 SBS 改性沥青	原样	0.033574659	0.073935390	0.157025374	0.038780300
	紫外光氧老化 24h	0.034817494	0.076268210	0.098364328	0.031182000
	紫外光氧老化 48h	0.038382522	0.080191800	0.087494662	0.027183000
	紫外光氧老化 72h	0.059943194	0.089775260	0.079196584	0.026765000

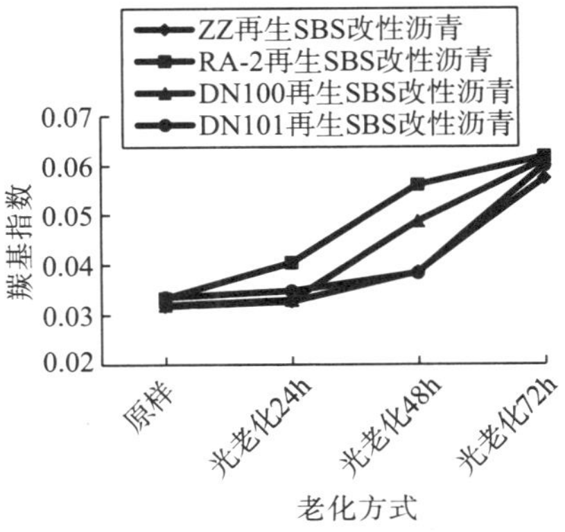

图 4-58　四种再生 SBS 改性沥青羰基指数对比图

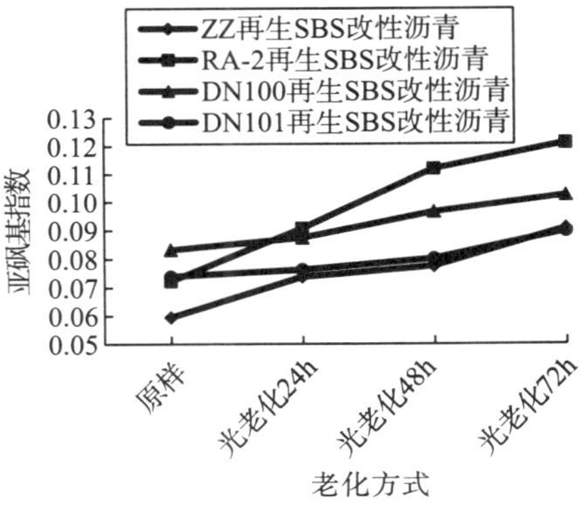

图 4-59　四种再生 SBS 改性沥青亚砜基指数对比图

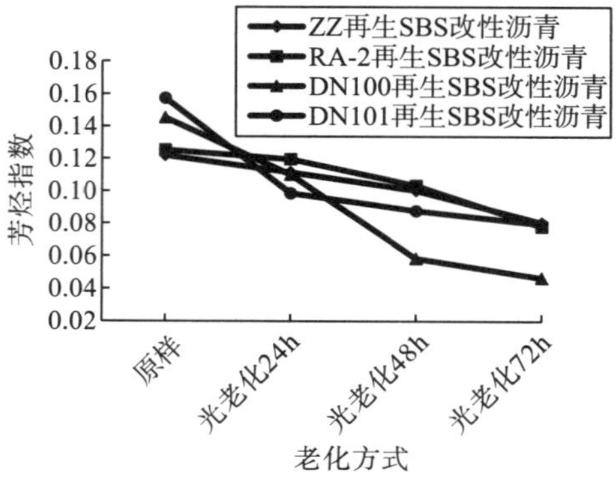

图4-60 四种再生 SBS 改性沥青芳烃基指数对比图

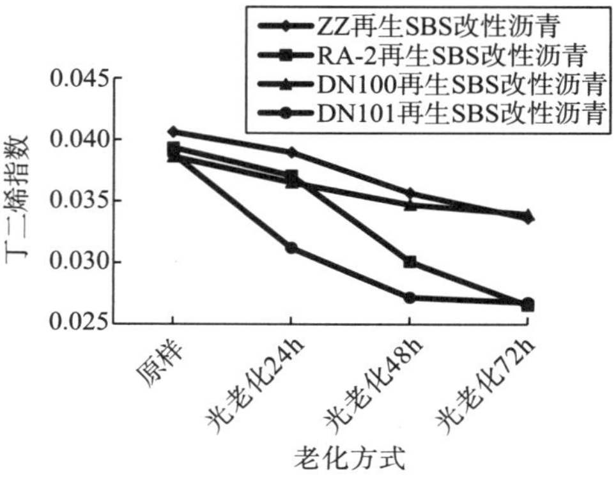

图4-61 四种再生 SBS 改性沥青丁二烯指数对比图

由图 4-58～图 4-61 可以看出，随着紫外光氧老化时间的延长，四种再生 SBS 改性沥青均表现为羰基指数、亚砜基指数增大，芳烃指数、丁二烯指数减小。在紫外光辐射的作用下，再生 SBS 改性沥青发生了自由基反应，该反应过程与热氧老化的反应过程相同，均包含链引发、链增长和链终止。因此，与热氧老化相似，紫外光氧老化使再生 SBS 改性沥青中的芳烃组分挥发、氧化或聚合，从而使再生 SBS 改性沥青的芳烃指数减小。同时羰基和亚砜基含氧基团含量增加，使再生剂的极性增强，分子间的相互作用力增加，从而使再生沥青的黏度和质量损失增加。另外，丁二烯的进一步降解使沥青的运动能力降低，最终沥青宏观表现为黏度增加。

老化前后四种再生 SBS 改性沥青的羰基指数、亚砜基指数、芳烃指数及丁二烯指数发生的变化越小，再生剂的抗紫外光氧老化性能越好。图 4-58 中，从四种再生 SBS 改性沥青随紫外光氧老化时间增加，其各自的羰基指数的变化趋势来看，四种再生 SBS 改性沥青的抗紫外光氧老化性能大小排序为 ZZ 再生 SBS 改性沥青＞DN101 再生 SBS 改性沥青＞DN100 再生 SBS 改性沥青＞RA-2 再生 SBS 改性沥青。图 4-59 中，亚砜基指数所反映的四种再生 SBS 改性沥青的抗紫外光氧老化性能大小排序为 ZZ 再生 SBS 改性沥青＞DN101 再生 SBS 改性沥青＞DN100 再生 SBS 改性沥青＞RA-2 再生 SBS 改性沥青。图 4-60 中，芳烃指数变化表征的四种再生 SBS 改性沥青的抗紫外光氧老化性能大小排序为 ZZ 再生 SBS 改性沥青＞DN100 再生 SBS 改性沥青＞RA-2 再生 SBS 改性沥青＞DN101 再生 SBS 改性沥青。图 4-61 中，由丁二烯指数变化得出的大小排序为 ZZ 再生 SBS 改性沥青≈RA-2 再生 SBS 改性沥青＞DN101 再生 SBS 改性沥青＞DN100 再生 SBS 改性沥青。由此可以得出结论，这四个指数所表现的四种再生 SBS 改性沥青的抗紫外光氧老化性能并不完全一致，但是综合来看，ZZ 再生 SBS 改性沥青的抗紫外光氧老化性能优于其他三种再生 SBS 改性沥青。

4.2.7 再生 SBS 改性沥青化学组分分析

沥青是由多种极其复杂的碳氢化合物及其衍生物组成的混合物，结构成分非常复杂，很难将其划分为纯粹的单体化合物。因此，研究者将沥青划分为不同的组分，目前我国常用的是四组分分析法，将沥青划分为沥青质、胶质、饱和分及芳香分。如果把沥青看作胶体溶液，那么沥青质为分散相，饱和分、芳香分为分散介质，胶质则包裹在沥青质表面，将沥青质均匀地分散在轻质组分中。Corbett 认为，轻质组分中芳香分起到溶解和分散沥青质的作用；饱和分含碳氢分子长链，主要起软化作用；胶质包裹在沥青质外，具有较好的黏附性，起到增加沥青低温延度的作用；沥青质是由小分子聚合生成的大分子结构，主要改善沥青高温稳定性。由此可见，沥青的每个组分各自起到不同的作用，组分之间搭配合理是保证沥青胶体结构稳定的必要条件。

1. SBS 改性沥青老化后组分变化

为了分析老化前后 SBS 改性沥青组分的变化情况，分别将 RTFOT、沥青加速老化(PAV)+RTFOT 老化后的 SBS 改性沥青进行四组分分析试验，结果如表 4-34 所示。从表 4-34 中可以看出，随着老化时间的增加，SBS 改性沥青老化后饱和分逐渐减少，这是由沥青在高温条件下，轻质组分部分挥发所导致。老化后 SBS 改性沥青中芳香分的含量减少，因为芳香分是由含有支链烷烃的芳香环组成的，在热氧作用下，芳香分很不稳定，容易发生缩合脱氢和氧化聚合反应，使芳香分向胶质转变，从而使胶质的含量随老化时间的增加而增多。而胶质同样发生聚合反应，小分子不断聚合成大分子，最终沥青质的含量增加。

表 4-34　不同时间老化后 SBS 改性沥青的四组分变化

沥青	老化时间	饱和分/%	芳香分/%	胶质/%	沥青质/%
SBS 改性沥青	原样	26.12	43.15	19.63	11.10
	RTFOT	24.45	41.32	22.13	12.10
	RTFOT+PAV20h	23.16	38.34	23.56	14.94

2. 再生 SBS 改性沥青组分变化

为了研究再生后 SBS 改性沥青的组分变化，将自制再生剂 ZZ 及其他三种再生剂 RA-2、DN100、DN101 按相同比例加入到老化 SBS 改性沥青中，并对再生后四种 SBS 改性沥青的组分变化进行对比，试验结果如表 4-35 和图 4-62 所示。

表 4-35　再生 SBS 改性沥青组分分析

沥青试样	饱和分/%	芳香分/%	胶质/%	沥青质/%
RTFOT+PAV20h	23.16	38.34	23.56	14.94
ZZ 再生	25.23	42.15	20.81	11.81
RA-2 再生	25.42	42.06	20.12	12.40
DN100 再生	24.96	41.59	21.44	12.01
DN101 再生	24.85	41.73	21.34	12.08

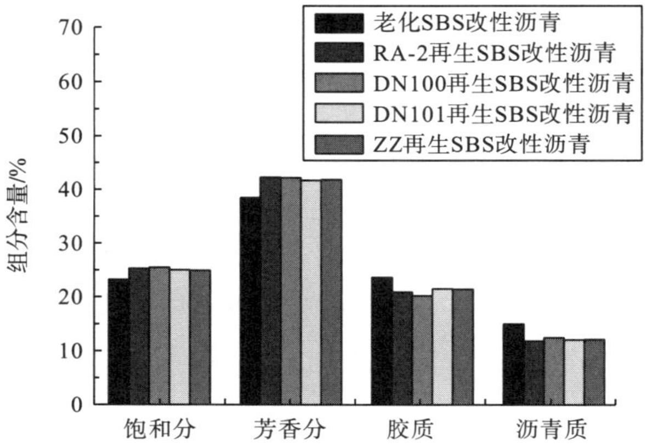

图 4-62　再生 SBS 改性沥青组分分析

由图 4-62 可见，四种再生 SBS 改性沥青的组分变化各有差异，但是与老化 SBS 改性沥青相比，再生后 SBS 改性沥青的饱和分、芳香分增多，胶质、沥青质减少。这是由于再生剂本身是由富含芳香分的基质油分组成，再生剂补充了老化过程中轻质组分的流失，同时，芳香分对胶质和沥青质有良好的溶解和分散能力，未使沥青质和胶质的含量降低。但是由于四种再生剂的组成各不相同，其对再生 SBS 改性沥青的影响并不相同。

4.3　厂拌热再生沥青技术要求

(1) 根据各级道路对沥青性能的不同要求，再生沥青分为三等级，分别是 A 级再生沥青、B 级再生沥青、C 级再生沥青，再生沥青适用范围应符合表 4-36 的规定。

表 4-36　再生沥青的分级与适用范围

再生沥青等级	适用范围
A 级再生沥青	除高速公路上面层外的任何场合和层次
B 级再生沥青	高速公路、一级公路沥青下面层及以下的层次、二级及二级以下公路的各个层次
C 级再生沥青	三级及三级以下公路的各个层次

(2) 厂拌再生沥青的质量技术要求应符合表 4-37 的规定。根据《公路沥青路面再生技术细则》，当再生沥青混合料中新沥青比例超过 50%时，技术要求按照新沥青规定执行，因此将再生沥青分为 A、B、C 三级。

本条参照《公路沥青路面施工技术规范》(JTG F40—2004) 对道路石油沥青的分级，将再生沥青也分为 A、B、C 三等级。结合目前国内外热再生实体工程的应用范围，建议当再生沥青用于高速公路上面层时应进行必要的技术论证。

表 4-37　再生沥青的质量技术要求

<table>
<tr><th>指标</th><th>再生沥青等级</th><th>90#再生沥青</th><th>70#再生沥青</th><th>实验方法</th></tr>
<tr><td>针入度/0.1mm</td><td>A、B、C</td><td>80～100</td><td>60～80</td><td>T 0604</td></tr>
<tr><td rowspan="2">针入度指数 PI</td><td>A</td><td colspan="2">-1.5～+1.0</td><td rowspan="2">T 0604</td></tr>
<tr><td>B</td><td colspan="2">-1.8～+1.0</td></tr>
<tr><td rowspan="3">软化点/℃</td><td>A</td><td>＞45</td><td>＞46</td><td rowspan="3">T 0606</td></tr>
<tr><td>B</td><td>＞43</td><td>＞44</td></tr>
<tr><td>C</td><td>＞42</td><td>＞43</td></tr>
<tr><td rowspan="2">延度(10℃)/cm</td><td>A</td><td>＞20</td><td>＞15</td><td rowspan="2">T 0605</td></tr>
<tr><td>B</td><td>＞15</td><td>＞10</td></tr>
<tr><td rowspan="2">延度(15℃)/cm</td><td>A、B</td><td colspan="2">＞100</td><td rowspan="2">T 0605</td></tr>
<tr><td>C</td><td>＞50</td><td>＞40</td></tr>
<tr><td rowspan="3">蜡含量(蒸馏法)/%</td><td>A</td><td colspan="2">＜2.2</td><td rowspan="3">T 0615</td></tr>
<tr><td>B</td><td colspan="2">＜3.0</td></tr>
<tr><td>C</td><td colspan="2">＜4.5</td></tr>
<tr><td>闪点/℃</td><td>A、B、C</td><td>＞245</td><td>＞260</td><td>T 0611</td></tr>
<tr><td>相对密度</td><td>A、B、C</td><td colspan="2">实测记录</td><td>T 0603</td></tr>
<tr><td>TFOT(或 RTFOT)后
质量变化/%</td><td>A、B、C</td><td colspan="2">＜±0.8</td><td>T 0609(或 T 0610)</td></tr>
<tr><td rowspan="3">残留针入度比/%</td><td>A</td><td>＞57</td><td>＞61</td><td rowspan="3">T 0604</td></tr>
<tr><td>B</td><td>＞54</td><td>＞58</td></tr>
<tr><td>C</td><td>＞50</td><td>＞54</td></tr>
<tr><td rowspan="2">残留延度(10℃)/cm</td><td>A</td><td>＞8</td><td>＞6</td><td rowspan="3">T 0605</td></tr>
<tr><td>B</td><td>＞6</td><td>＞4</td></tr>
<tr><td>残留延度(15℃)/cm</td><td>C</td><td>＞20</td><td>＞15</td></tr>
</table>

注：①试验方法按照现行《公路工程沥青及沥青混合料试验规程》(JTG E20—2011)规定的方法执行。用于仲裁试验求取 PI 时 5 个温度的针入度相关系数不得小于 0.997。

②经建设单位同意，表中 PI、延度(10℃)可作为选择性指标，不作为施工质量检验指标。

③老化试验以 TFOT 为准，也可以 RTFOT 代替。

目前，我国对再生沥青性能研究尚不成熟，再生沥青的技术要求没有相关规定，而日本对再生技术研究比较成熟，日本对再生沥青技术要求是参照标准《JISK 2007 石油沥青》对新沥青的规定。因此，我国可以参照日本对再生沥青技术要求规定的方法，按照我国《公路沥青路面施工技术规范》(JTG F40—2004)对道路石油沥青的要求进行规定，同时通过大量室内试验，再生沥青的性能指标能达到新沥青的要求，因此表 4-37 沿用同标号基质沥青指标。

4.4　本 章 总 结

本章结合基质沥青与 SBS 改性沥青的老化特点与再生机理，分别针对这两类再生沥青采用了不同的试验进行性能分析，研究了五种再生剂对不同老化程度基质沥青物理性能、感温性能、抗老化性能以及组分含量的影响规律，并研究了四种再生剂对不同老化程度 SBS 改性沥青常规指标、SHRP 指标、热稳定性、抗老化性能的影响规律，得出以下结论。

1. 再生基质沥青性能研究

(1) 不同掺量下五种再生剂对不同老化程度的基质沥青针入度、软化点、延度(15℃)的改善能力有所差异；延度是衡量沥青低温性能指标，若以再生剂掺量为 8%的五种东海再生沥青延度(15℃)进行评价，则五种再生剂从优到劣排序为 C 型、E 型、B 型、A 型、D 型。

(2) 五种再生剂对不同老化程度沥青的降黏程度从大到小排序均为 E 型、C 型、B 型、A 型、D 型。

(3) 随着再生剂掺量的增加，再生沥青针入度与黏度(135℃)存在一定的线性关系。

(4) 再生剂对沥青的感温性能影响表现为随着再生剂掺量增加，再生沥青的温度敏感性呈增加趋势；C 型再生剂对沥青的温度敏感性影响较大，D 型则影响较小，而 A 型、B 型、E 型介于之间，因再生剂掺量不同，其对温度敏感性影响大小有所差异。

(5) 再生沥青的抗老化性能以薄膜烘箱试验前后质量变化和残留针入度比来衡量，对于再生沥青的抗老化性能来说，五种再生剂从优到劣排序为 D 型、E 型、C 型、A 型、B 型。其中添加 B 型再生剂的沥青质量变化超过规范要求 2 倍以上。

(6) 再生剂对老化程度不同的两种沥青组分含量恢复存在差异，五种壳牌再生沥青饱和分和胶质含量恢复都接近新沥青含量，但芳香分和沥青质含量与新沥青含量相差较大；五种东海再生沥青四组分含量恢复都接近新沥青含量。

(7) 通过对再生沥青四组分实测值与计算值进行分析可知沥青的再生不仅是再生剂与老化沥青组分之间的相加，再生剂中的轻质组分还会溶解部分沥青质。

2. 再生 SBS 改性沥青性能研究

(1) 在同等掺量下，四种再生剂对老化 SBS 改性沥青三大指标的恢复程度不同，从低温延度恢复的程度来看，再生剂 DN100 的再生效果最好，其次为再生剂 ZZ，RA-2 次之，DN101 最差。

(2) 对四种再生 SBS 改性沥青的 SHRP 指标进行研究，结果发现再生 SBS 改性沥青黏度(135℃)及黏温曲线、G^*、$G^*/\sin\delta$、$G^*\sin\delta$ 均比老化 SBS 改性沥青有所下降，δ、$\tan\delta$ 均比老化沥青有所提高，S 均减小，m 均增大，说明再生剂的加入使老化 SBS 改性沥青的流变性能得到了恢复，ZZ 再生 SBS 改性沥青的流变性能与原样 SBS 改性沥青更相近，再生效果更好。

(3) 通过对再生 SBS 改性沥青红外光谱分析发现，四种再生 SBS 改性沥青与老化 SBS 改性沥青产生的峰位基本一致，只是峰的吸收强度不同。对其进行定量分析发现，对应峰强度变化没有规律性，这主要是再生剂的加入所导致的，因此很难从分子修复的角度解释沥青再生机理。

(4) 由 DSC 曲线分析得到，ZZ 再生 SBS 改性沥青的高温峰顶温度由 SBS 改性沥青的 213.3℃提高至 214.4℃，区间吸热量为 72.7J/g，区间放热量为 18.9J/g，较 SBS 改性沥青均有所降低，总放热量也从 SBS 改性沥青的 138.9J/g 降低至 91.6J/g，因此，ZZ 再生 SBS 改性沥青的热稳定性高于 SBS 改性沥青。

(5) 对四种再生 SBS 改性沥青分别进行热氧老化和紫外光氧老化，经老化的再生 SBS 改性沥青均能达到相关规范要求，老化后均表现为针入度、延度下降，软化点升高，黏度比、质量损失增大。红外光谱研究证明，老化后再生 SBS 改性沥青的羰基指数、亚砜基指数增大，芳烃指数、丁二烯指数减小。老化使得再生 SBS 改性沥青中含氧基团增多，沥青极性增强，分子间作用力增加，同时芳烃组分挥发、氧化或聚合，使再生 SBS 改性沥青的芳烃指数下降，另外，丁二烯的进一步降解使再生 SBS 改性沥青的运动能力降低，最终致使沥青黏度增大，路用性能变差。

第5章 大掺量厂拌热再生沥青混合料配合比设计方法

5.1 再生沥青混合料配合比设计理论依据

再生沥青混合料与普通沥青混合料的区别在于再生沥青混合料中掺入了一定量的RAP和再生剂(如果需要)，RAP中含有集料和沥青结合料，通常RAP集料除了呈针片状和细料含量偏大外，其他物理性能指标一般均符合规范要求，因此在做配合比设计时，可以通过对旧料进行筛分、分档或调整新集料来满足再生沥青混合料的级配要求。但由于其中的沥青结合料已经老化，需要分析在进行再生沥青混合料生产时，旧沥青结合料是否与新沥青结合料发生了融合，如果融合，是部分融合还是全部融合。美国对该问题进行了大量的研究，称作黑石研究(black rock study)，主要的研究目的是确定RAP中的旧沥青是否与新沥青融合，如果旧沥青与新沥青不发生融合反应，那么旧沥青对再生沥青混合料中沥青影响较小，可以忽略，再生过程中把RAP当作集料来考虑。但是如果RAP中的旧沥青与新沥青发生融合反应，那旧沥青将对新沥青产生一定的影响，再生过程要考虑旧沥青的影响。该研究模拟了三种情形：①黑石(black rock)，只用RAP中的旧集料(把RAP中的旧沥青抽提去除)进行再生，制作试件；②完全融合(total blending)，把抽提出来的旧沥青与新沥青完全混合，再与新旧集料和新沥青再生制作成试件；③实际实践(actual practice)，用新沥青、新集料和RAP制成试件。上述三种情况的集料级配与沥青含量都是一样的。通过对再生沥青混合料进行性能检测，分析试验数据后发现旧沥青与新沥青发生了融合反应，说明再生过程中旧沥青的确产生了一定的作用。另外，Elbeze用模拟老化得到的RAP与新沥青混合，采用红外显微镜成像，图像显示有旧沥青团块，而且其在一定程度上与新沥青发生了反应。Shirodkar通过把细的RAP和新的粗集料在不加入矿粉、只添加新沥青的条件下进行拌和，分别对试验后RAP增加的沥青和粗集料增加的沥青质量进行分析，试验结果表明，在25%RAP掺配率下新旧沥青的融合度为70%。

在本书讨论的厂拌热再生施工工艺中，我们认为加热和搅拌过程都能够促进新旧沥青的再生融合。因此，再生沥青混合料配合比设计采用完全融合理论。

5.2 再生基质沥青混合料配合比设计

马歇尔试验方法目前在我国沥青混合料的配合比设计中被广泛使用，但该方法是否适用于再生沥青混合料还有待进一步验证。其主要原因在于马歇尔试验方法只对其中比较关键的稳定度指标的最小值采取了限制，即只要高于规定的最低值就算合格。然而由于旧沥青混合料老化变硬，黏度很大，若在不添加再生剂的情况下直接用于生产再生沥青混合料，其马歇尔稳定度一般都会很高，且随着 RAP 掺量越大，稳定度越高，但这往往不能认为再生沥青混合料的性能就好。相反，用这种再生沥青混合料铺筑路面面层，会使沥青路面过早地产生开裂，导致沥青路面使用寿命过短。因此，用马歇尔试验方法确定再生沥青混合料的沥青用量不是让人满意的。尽管如此，国内外再生沥青混合料的生产实践证明，应用马歇尔试验方法进行再生沥青混合料的配合比设计仍然是一种较好的方法。这是由于马歇尔试验方法长期以来积累了丰富的经验和资料，而且其所用设备简单，便于试验者掌握。在厂拌热再生沥青混合料的配合比设计中，若采用马歇尔试验方法确定再生沥青混合料的沥青含量，应该注意到旧沥青性能，根据再生沥青混合料的性能要求，适当地添加再生剂，改善旧沥青的性能，从而改善混合料的拌和工艺条件，这样确定的沥青用量会更令人满意。鉴于大掺量 RAP 再生沥青混合料的配合比设计方法没有统一的规范要求，本书仍然按照传统马歇尔试验方法进行配合比设计。

5.2.1　试验材料

本章节试验采用的 RAP 为重庆某道路面层经铣刨筛分后，由粒径大于 13mm 的粗集料破碎得到的旧料(原沥青为 70#基质沥青)。采用的再生剂为本课题组自主研发，适用于老化基质沥青的再生剂(RA-2)，具有很好的亲和与渗透能力，能够对旧沥青起到较好的再生作用，再生剂性能指标如表 5-1 所示。为了改善旧沥青的性能，选用 90#基质沥青作为工程用沥青，其性能指标如表 5-2 所示，新集料性能如表 5-3 所示。

表 5-1　再生剂性能指标

黏度/(Pa·s)		芳香分含量/%	闪点/℃	薄膜烘箱试验(163℃，5h)	
25℃	135℃			黏度比(135℃，后/前)	质量损失/%
0.82	0.01	56	210	1.26	1.37

表 5-2　90#基质沥青性能指标

检测项目	新添沥青	技术指标(二级公路)
针入度(100g，5s)/0.1mm	93	80～100
软化点 $T_{R\&B}$/℃	47.8	≥45.0
延度(15℃，5cm/min)/cm	>100	≥100

表 5-3　新集料的性能

集料规格	0～5mm	5～10mm	10～15mm	15～20mm	非高速、一级公路
表观相对密度	2.7	2.7	2.7	2.7	2.5
毛体积相对密度	2.7	2.7	2.7	2.6	—
吸水率/%	1.1	0.8	0.4	0.1	≤3.0
水洗法小于 0.075mm 颗粒含量/%	4.0	0.7	0.9	0.7	—

续表

集料规格	0～5mm	5～10mm	10～15mm	15～20mm	非高速、一级公路
针片状颗粒含量/%	—	6.2	11.4	9.7	≤15.0
压碎值(二级公路)/%	—	16.0	—	—	≤26.0
与沥青黏附等级(二级公路)	—	—	5 级	5 级	≥4 级

注：“—”表示数据缺省。

5.2.2 再生基质沥青混合料级配设计

再生沥青混合料级配设计，主要是确定 RAP 掺量以及新集料各档用量，最终使得再生沥青混合料集料级配符合设计要求。但是，由于在确定 RAP 掺量的同时，旧集料的配合比例也就被确定下来，因此进行再生沥青混合料级配设计时，应该通过试验确定回收沥青混合料中旧集料的级配，然后将旧集料的级配与设计集料级配进行对比分析，以便知道旧料中粗细集料的多少。在某些情况下，由于旧集料和新集料本身的级配限制，无法调整到符合设计要求的级配，这时就不仅需要对新集料的配合比进行调整，还要对新集料的供货商进行调整。

研究大掺量 RAP 厂拌热再生，RAP 掺量较大，因此，选取的 RAP 要做到有代表性，取回来的料要混合均匀以免对再生料的级配造成偏差，影响试验结果。国内目前厂拌热再生沥青混合料的 RAP 掺量一般为 10%～30%，针对大掺量厂拌热再生，本书选取 RAP 掺量分别为 40%、50%、60%、70%、80%进行目标级配设计。因工程设计要求，目标级配类型定为 AC-20 型规范中值，采用 Excel 规划求解功能，分别对不同 RAP 掺量下的合成级配进行设计，结果分别列于表 5-4～表 5-8，级配曲线如图 5-1～图 5-5 所示。

表 5-4　AC-20 再生基质沥青混合料合成级配设计(掺 40%RAP)

筛孔尺寸/mm (AC-20)	通过率/%								
	级配			15～20 档	10～15 档	5～10 档	0～5 档	旧料	合成级配
	上限	下限	中值						
26.50	100.00	100.00	100.00	100.00	100.00	100.00	100.00	100.00	100.00
19.00	100.00	90.00	95.00	48.86	100.00	100.00	100.00	100.00	92.33
16.00	92.00	78.00	85.00	8.42	97.99	100.00	100.00	100.00	84.50
13.20	80.00	62.00	71.00	0.75	63.49	100.00	100.00	99.22	75.56
9.50	72.00	50.00	61.00	0.64	4.45	88.11	100.00	95.16	57.99
4.75	56.00	26.00	41.00	0.53	0.82	0.66	79.20	76.39	38.75
2.36	44.00	16.00	30.00	0.39	0.77	0.50	39.36	52.86	25.33
1.18	33.00	12.00	22.50	0.00	0.76	0.00	24.66	41.70	19.34
0.60	24.00	8.00	16.00	0.00	0.66	0.00	14.87	28.04	12.87
0.30	17.00	5.00	11.00	0.00	0.00	0.00	9.81	18.46	8.37
0.15	13.00	4.00	8.50	0.00	0.00	0.00	8.01	14.59	6.64
0.075	7.00	3.00	5.00	0.00	0.00	0.00	6.34	10.42	4.80
—	—	—	集料用量	0.15	0.25	0.10	0.10	0.40	—

注：“—”表示数据缺省。

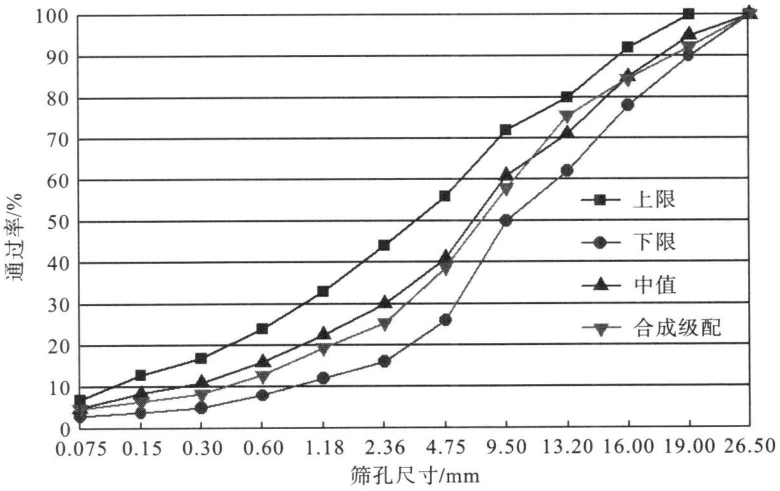

图 5-1　AC-20 再生基质沥青混合料合成级配曲线图(掺 40%RAP)

从图 5-1 中可以看出，设计的合成级配基本接近中值，粒径大于 9.50mm 的合成级配曲线在中值曲线上方，粒径小于 9.50mm 的合成级配曲线在中值曲线下方，从曲线整体来看合成级配略微偏粗。

表 5-5　AC-20 再生基质沥青混合料合成级配设计(掺 50%RAP)

筛孔尺寸/mm (AC-20)	通过率/%								
	级配			15～20 档	10～15 档	5～10 档	0～5 档	旧料	合成级配
	上限	下限	中值						
26.50	100.00	100.00	100.00	100.00	100.00	100.00	100.00	100.00	100.00
19.00	100.00	90.00	95.00	48.86	100.00	100.00	100.00	100.00	92.41
16.00	92.00	78.00	85.00	8.42	97.99	100.00	100.00	100.00	84.26
13.20	80.00	62.00	71.00	0.75	63.49	100.00	100.00	99.22	76.97
9.50	72.00	50.00	61.00	0.64	4.45	88.11	100.00	95.16	62.25
4.75	56.00	26.00	41.00	0.53	0.82	0.66	79.20	76.39	44.14
2.36	44.00	16.00	30.00	0.39	0.77	0.50	39.36	52.86	29.47
1.18	33.00	12.00	22.50	0.00	0.76	0.00	24.66	41.70	22.78
0.60	24.00	8.00	16.00	0.00	0.66	0.00	14.87	28.04	15.23
0.30	17.00	5.00	11.00	0.00	0.00	0.00	9.81	18.46	9.94
0.15	13.00	4.00	8.50	0.00	0.00	0.00	8.01	14.59	7.88
0.075	7.00	3.00	5.00	0.00	0.00	0.00	6.34	10.42	5.67
—	—	—	集料用量	0.16	0.20	0.07	0.07	0.50	—

注：“—”表示数据缺省。

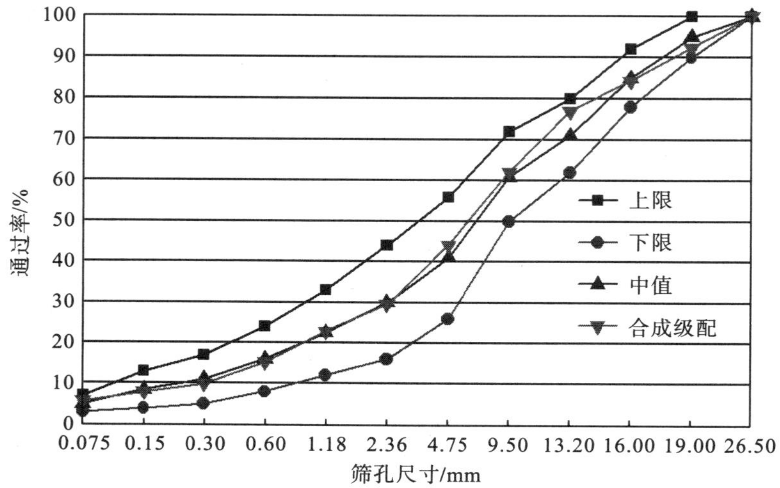

图 5-2　AC-20 再生基质沥青混合料合成级配曲线图(掺 50%RAP)

从图 5-2 中可以看出，粒径 9.50～16.00mm 的级配曲线在中值曲线的上方，说明粒径 9.50～16.00mm 的级配偏细，粒径小于 9.50mm 的级配接近中值。

表 5-6　AC-20 再生基质沥青混合料合成级配设计(掺 60%RAP)

筛孔尺寸/mm (AC-20)	通过率/%								
	级配			15～20 档	10～15 档	5～10 档	0～5 档	旧料	合成级配
	上限	下限	中值						
26.50	100.00	100.00	100.00	100.00	100.00	100.00	100.00	100.00	100.00
19.00	100.00	90.00	95.00	48.86	100.00	100.00	100.00	100.00	92.33
16.00	92.00	78.00	85.00	8.42	97.99	100.00	100.00	100.00	84.50
13.20	80.00	62.00	71.00	0.75	63.49	100.00	100.00	99.22	75.40
9.50	72.00	50.00	61.00	0.64	4.45	88.11	100.00	95.16	58.21
4.75	56.00	26.00	41.00	0.53	0.82	0.66	79.20	76.39	46.04
2.36	44.00	16.00	30.00	0.39	0.77	0.50	39.36	52.86	31.91
1.18	33.00	12.00	22.50	0.00	0.76	0.00	24.66	41.70	25.21
0.60	24.00	8.00	16.00	0.00	0.66	0.00	14.87	28.04	16.99
0.30	17.00	5.00	11.00	0.00	0.00	0.00	9.81	18.46	11.08
0.15	13.00	4.00	8.50	0.00	0.00	0.00	8.01	14.59	8.76
0.075	7.00	3.00	5.00	0.00	0.00	0.00	6.34	10.42	6.25
—	—	—	集料用量	0.15	0.25	0.00	0.00	0.60	—

注：“—”表示数据缺省。

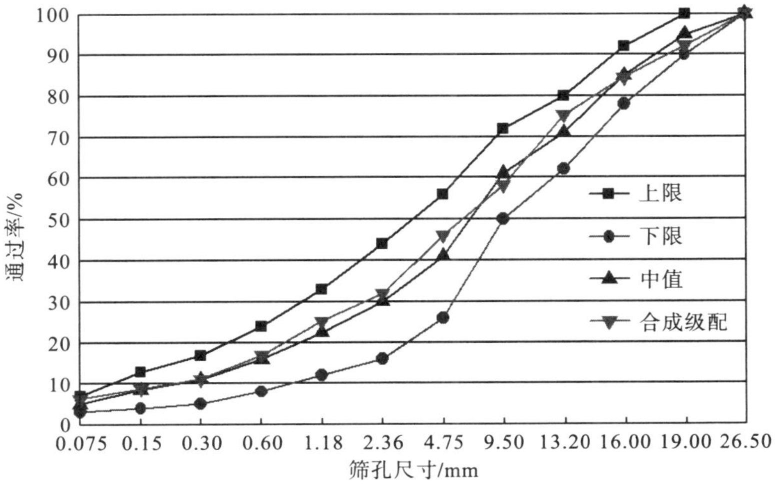

图 5-3　AC-20 再生基质沥青混合料合成级配曲线图(掺 60%RAP)

从图 5-3 中可以看出，合成级配粒径 9.50～16.00mm 较中值偏细，粒径 0.60～9.50mm 较中值偏粗。

表 5-7　AC-20 再生基质沥青混合料合成级配设计(掺 70%RAP)

筛孔尺寸/mm (AC-20)	通过率/%								
	级配			15～20 档	10～15 档	5～10 档	0～5 档	旧料	合成级配
	上限	下限	中值						
26.50	100.00	100.00	100.00	100.00	100.00	100.00	100.00	100.00	100.00
19.00	100.00	90.00	95.00	48.86	100.00	100.00	100.00	100.00	92.33
16.00	92.00	78.00	85.00	8.42	97.99	100.00	100.00	100.00	84.70
13.20	80.00	62.00	71.00	0.75	63.49	100.00	100.00	99.22	78.98
9.50	72.00	50.00	61.00	0.64	4.45	88.11	100.00	95.16	67.28
4.75	56.00	26.00	41.00	0.53	0.82	0.66	79.20	76.39	53.60
2.36	44.00	16.00	30.00	0.39	0.77	0.50	39.36	52.86	37.12
1.18	33.00	12.00	22.50	0.00	0.76	0.00	24.66	41.70	29.30
0.60	24.00	8.00	16.00	0.00	0.66	0.00	14.87	28.04	19.73
0.30	17.00	5.00	11.00	0.00	0.00	0.00	9.81	18.46	12.92
0.15	13.00	4.00	8.50	0.00	0.00	0.00	8.01	14.59	10.21
0.075	7.00	3.00	5.00	0.00	0.00	0.00	6.34	10.42	7.29
—	—	—	集料用量	0.15	0.15	0.00	0.00	0.70	—

注：“—”表示数据缺省。

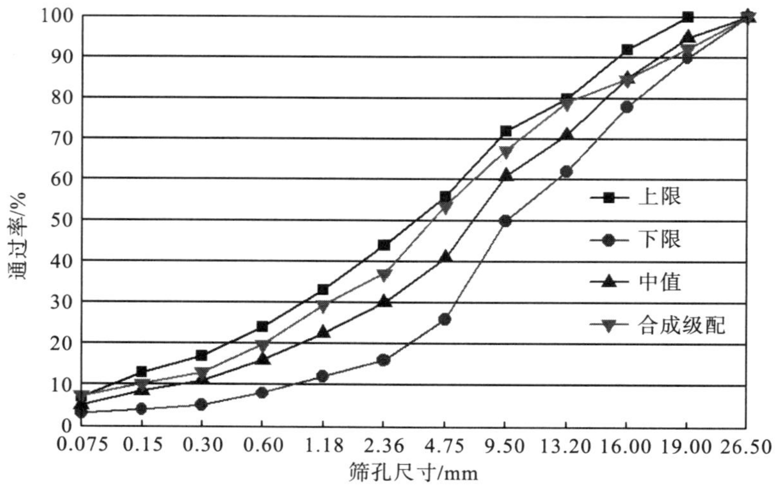

图 5-4　AC-20 再生基质沥青混合料合成级配曲线图(掺 70%RAP)

从图 5-4 中可以看出，合成级配曲线基本都在级配中值曲线上方，说明合成级配整体偏细，合成级配偏细，理论上最佳油石比将偏大。

表 5-8　AC-20 再生基质沥青混合料合成级配设计(掺 80%RAP)

筛孔尺寸/mm (AC-20)	通过率/%								
	级配			15～20 档	10～15 档	5～10 档	0～5 档	旧料	合成级配
	上限	下限	中值						
26.50	100.00	100.00	100.00	100.00	100.00	100.00	100.00	100.00	100.00
19.00	100.00	90.00	95.00	48.86	100.00	100.00	100.00	100.00	92.33
16.00	92.00	78.00	85.00	8.42	97.99	100.00	100.00	100.00	84.90
13.20	80.00	62.00	71.00	0.75	63.49	100.00	100.00	99.22	82.55
9.50	72.00	50.00	61.00	0.64	4.45	88.11	100.00	95.16	76.35
4.75	56.00	26.00	41.00	0.53	0.82	0.66	79.20	76.39	61.16
2.36	44.00	16.00	30.00	0.39	0.77	0.50	39.36	52.86	42.33
1.18	33.00	12.00	22.50	0.00	0.76	0.00	24.66	41.70	33.40
0.60	24.00	8.00	16.00	0.00	0.66	0.00	14.87	28.04	22.46
0.30	17.00	5.00	11.00	0.00	0.00	0.00	9.81	18.46	14.77
0.15	13.00	4.00	8.50	0.00	0.00	0.00	8.01	14.59	11.67
0.075	7.00	3.00	5.00	0.00	0.00	0.00	6.34	10.42	8.34
—	—	—	集料用量	0.15	0.05	0.00	0.00	0.80	—

注：“—”表示数据缺省。

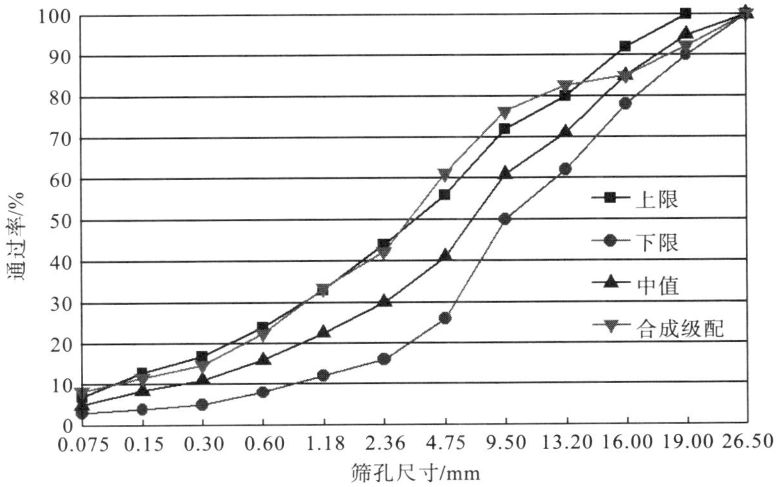

图 5-5　AC-20 再生基质沥青混合料合成级配曲线图(掺 80%RAP)

从图 5-5 中可以看出，合成级配曲线位于中值曲线上方，说明合成级配整体偏细，而且粒径 2.36～13.20mm 超出级配上限。

由表 5-4～表 5-8 和图 5-1～图 5-5 可知：

(1) RAP 掺量为 40%、50%、60%、70%几种类型的再生基质沥青混合料的合成级配都在 AC-20 级配规范范围内，RAP 掺量为 80%的合成级配超出了规范上限，不满足 AC-20 级配要求。

(2) RAP 掺量为 40%、50%、60%的合成级配非常接近目标级配(AC-20 中值)，RAP 掺量为 70%的合成级配接近 AC-20 级配上限，但未超出级配规范范围，说明合成级配在规范范围内偏细。随着 RAP 掺量逐渐增大到 80%时，合成级配逐渐细化，粗骨料减少，主要是 9.50～13.20mm 和 13.20～16.00mm 两档料减少，导致合成级配不能满足规范要求。

综上，粒径 9.50～13.20mm 这档料只占旧料总质量约 4%，粒径 13.20mm 以上料占旧料总质量不到 1%，说明旧料整体偏细，粗骨料较少，当 RAP 掺量较大时，所添加新骨料含量较小，不满足 AC-20 级配要求，因此 RAP 最大掺量只能达到 70%。

5.2.3　确定最佳沥青用量

由于 RAP 级配在储存过程易出现结块、结团，因此在拌和前，为防止结团、结块及拌和不均，应先将大块 RAP 破碎，使用 5 个级别的油石比制作试件，分别为 4.0%、4.5%、5.0%、5.5%、6.0%；70%RAP 掺量采用 4.5%、5.0%、5.5%、6.0%、6.5%油石比制作试件。

马歇尔试件成型前，应对旧料和新料进行预热，旧料加热应当取合适温度，温度过高，旧料中旧沥青会进一步老化，这样降低了再生沥青质量；温度过低，再生沥青混合料拌和温度达不到要求，会出现拌和不均匀的花白料现象，也不利于再生效果。通常旧料加热温度为 100～140℃，新料加热温度不高于 200℃。但实验室成型马歇尔试件时，温度受多种因素影响，本书经过多次试验并分析规律，针对不同 RAP 掺量，推荐出一组新、旧料预热温度，如表 5-9 所示。

表 5-9　再生沥青混合料试验室成型试件时新、旧料温度建议

RAP 掺量/%	旧料预热温度/℃	新料预热温度/℃	出料监测温度/℃
40	120	180	154
50	130	180	153
60	140	180	157
70	140	190	158

为保证沥青混合料成型与拌和楼工艺相同，因此成型试件的具体步骤按照以下要求操作。

(1)将新、旧料放入不同烘箱预热，旧料预热时间约 2 小时，新料预热时间约 4 小时。

(2)将预热好的旧料和再生剂投放到拌锅，拌和 30s。

(3)加入预热的新沥青和新集料，继续拌和 30s。

(4)拌和完毕后，迅速将拌料注入马歇尔试模并击实。马歇尔试件成型采用双面击实 75 次，击实温度比起普通沥青混合料可适当提高 5～10℃。最后冷却脱模，并测试试件的稳定度、流值和马歇尔试件体积参数。

对再生基质沥青混合料的马歇尔试件进行马歇尔体积参数测定，由于 RAP 含有老化的沥青结合料，准确测定其体积指标比较困难，不能采用计算方法得到最大理论相对密度，直接采用真空法测定再生基质沥青混合料的最大理论相对密度，通过试验测得的毛体积相对密度或表观密度，计算饱和度、矿料间隙率和空隙率，最后测定再生基质沥青混合料的稳定度和流值。

绘制油石比和物理力学指标关系图，找出符合规范规定指标的油石比公共范围 OAC_{min}～OAC_{max}，并从各关系图中取对应毛体积相对密度最大值、饱和度中值、稳定度最大值以及空隙率中值(或目标空隙率)的油石比，以四个沥青用量的平均值作为最佳油石比的初始值 OAC_1，以 OAC_{min} 和 OAC_{max} 中值作为 OAC_2，取 OAC_1 和 OAC_2 的中值作为计算的最佳油石比 OAC。检验此最佳沥青用量对应的各项指标是否符合规范要求，以此确定最佳沥青用量。在沥青混合料(AC-13、AC-20)配合比设计过程中，本书拟定的目标空隙率为 4.00%。

以 RAP 掺量=40%为例。试验的总油量是新添加沥青、RAP 中旧沥青以及再生剂用量之总和，本试验沥青混合料类型为 AC-20，为了考察不同再生方法对配合比设计的影响，分别采用不加再生剂和添加再生剂两种方案进行试验，新沥青采用 90#基质沥青，再生剂掺量为旧料中旧沥青含量的 7%。试验结果如表 5-10、表 5-11 与图 5-6、图 5-7 所示。

表 5-10　AC-20 再生基质沥青混合料马歇尔试验指标测定结果(不加再生剂)

油石比/%	最大理论相对密度	毛体积相对密度	空隙率/%	矿料间隙率/%	饱和度/%	稳定度/kN	流值/0.1mm
4.0	2.543	2.321	8.73	16.85	48.19	9.38	25.1
4.5	2.526	2.372	6.10	15.43	60.49	11.01	32.8
5.0	2.514	2.411	4.00	14.45	71.64	11.49	35.6
5.5	2.497	2.410	3.48	14.89	76.60	10.53	46.1
6.0	2.481	2.402	3.18	15.57	79.55	8.01	50.2
技术指标	—	—	3～6	—	65～75	≥8	20～45

注：“—”表示数据缺省。

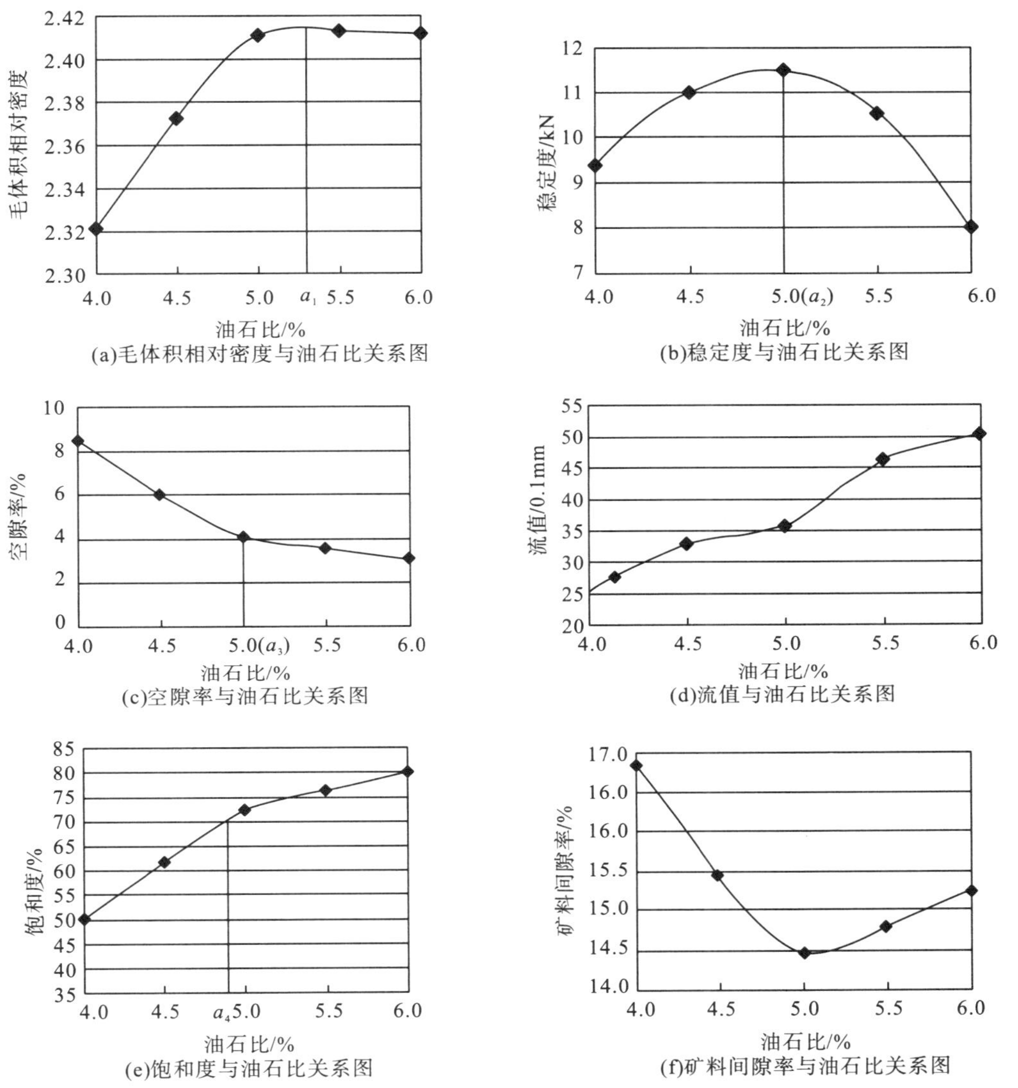

图 5-6　AC-20 再生基质沥青混合料各指标与油石比的关系曲线(不加再生剂)

(1)根据毛体积相对密度、稳定度、空隙率、饱和度确定最佳沥青用量初始值 OAC_1，由图 5-6 得出。

a_1=5.3%为毛体积相对密度最大值对应的油石比。

a_2=5.0%为稳定度最大值对应的油石比。

a_3=5.0%为目标空隙率对应的油石比。

a_4=4.9%为饱和度范围中值对应的油石比。

则 $OAC_1=(a_1+a_2+a_3+a_4)/4=5.1\%$。

(2)根据符合各指标的沥青用量范围确定最佳沥青用量的中值 OAC_2。

稳定度在规定范围内所对应油石比：4.0%～6.0%。

流值在规定范围内所对应油石比：4.0%～5.5%。

空隙率在规定范围内所对应油石比：4.5%～6.0%。

矿料间隙率在规定范围内所对应油石比：4.0%～6.0%。

饱和度在规定范围内所对应油石比：4.7%～5.4%。

OAC_{min}=4.7%为各项指标都合格的共同范围的最小值。

OAC_{max}=5.4%为各项指标都合格的共同范围的最大值。

则 $OAC_2=(OAC_{min}+OAC_{max})/2=5.1\%$；

则 $OAC=(OAC_1+OAC_2)/2=5.1\%$。

表 5-11　AC-20 再生基质沥青混合料马歇尔试验指标测定结果（添加再生剂）

油石比/%	最大理论相对密度	毛体积相对密度	空隙率/%	矿料间隙率/%	饱和度/%	稳定度/kN	流值/0.1mm
4.0	2.545	2.329	8.49	16.56	48.76	9.12	25.1
4.5	2.528	2.375	6.05	15.32	60.50	11.02	32.8
5.0	2.514	2.416	4.00	14.27	72.69	10.76	35.6
5.5	2.497	2.415	3.28	14.71	77.68	9.01	46.1
6.0	2.481	2.406	3.02	15.43	80.41	7.89	50.2
技术指标	—	—	3～6	—	65～75	≥8	20～45

注：“—”表示数据缺省。

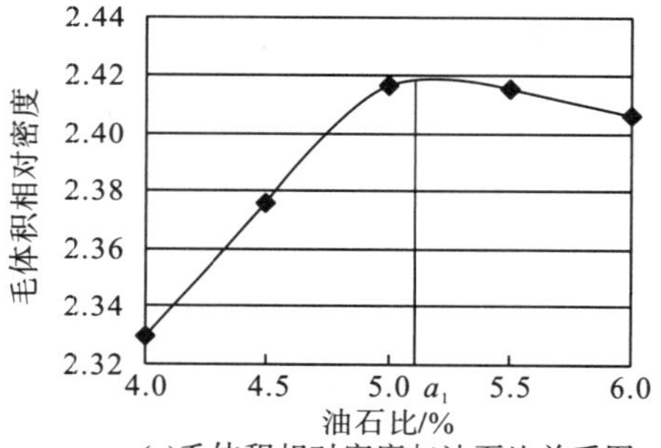

(a)毛体积相对密度与油石比关系图

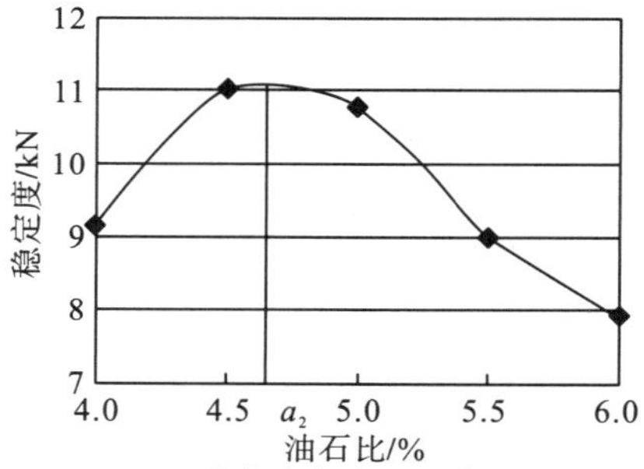

(b)稳定度与油石比关系图

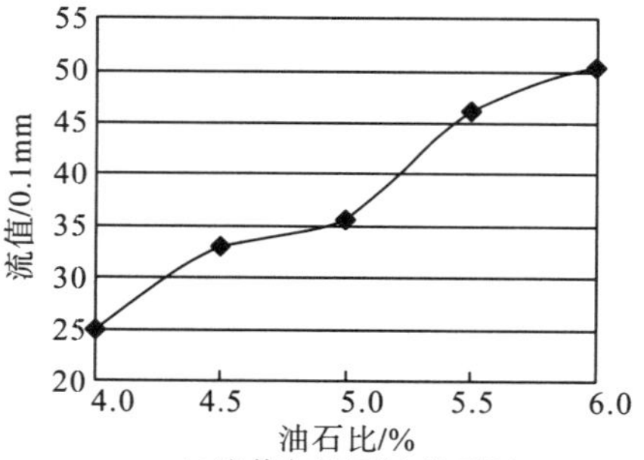

(c)流值与油石比关系图

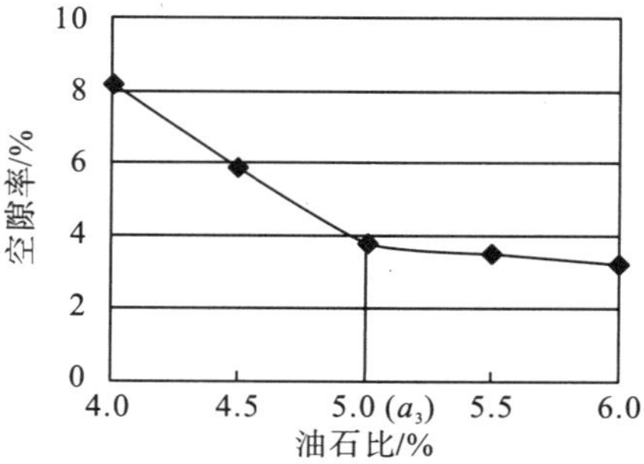

(d)空隙率与油石比关系图

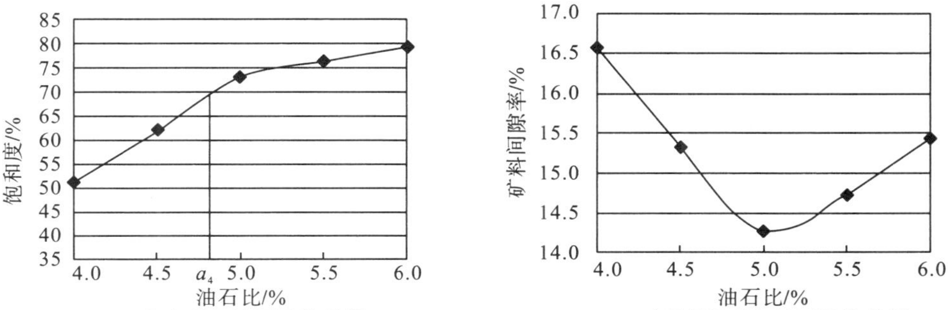

(e)饱和度与油石比关系图　　(f)矿料间隙率与油石比关系图

图 5-7　AC-20 再生基质沥青混合料各指标与油石比的关系曲线(添加再生剂)

(1)根据毛体积相对密度、稳定度、空隙率、饱和度确定最佳沥青用量初始值 OAC_1，由图 5-7 得出。

a_1=5.1%为毛体积相对密度最大值对应的油石比。

a_2=4.6%为稳定度最大值对应的油石比。

a_3=5.0%为目标空隙率对应的油石比。

a_4=4.8%为饱和度范围中值对应的油石比。

则 $OAC_1=(a_1+a_2+a_3+a_4)/4=4.9\%$。

(2)根据符合各指标的沥青用量范围确定最佳油石比的中值 OAC_2。

稳定度在规定范围内所对应油石比：4.0%～6.0%。

流值在规定范围内所对应油石比：4.0%～5.5%。

空隙率在规定范围内所对应油石比：4.5%～6.0%。

矿料间隙率在规定范围内所对应油石比：4.0%～6.0%。

饱和度在规定范围内所对应油石比：4.7%～5.1%。

OAC_{min}=4.7%为各项指标都合格的共同范围的最小值。

OAC_{max}=5.1%为各项指标都合格的共同范围的最大值。

则 $OAC_2=(OAC_{min}+OAC_{max})/2=4.9\%$；

则 $OAC=(OAC_1+OAC_2)/2=4.9\%$。

从图 5-6 和图 5-7 可以看出，两种再生方法得到的再生基质沥青混合料的油石比从 4.0%上升到 6.0%的过程中，再生基质沥青混合料的空隙率逐渐减小，流值与饱和度增大，这与普通沥青混合料相似，说明用马歇尔试验法确定再生沥青混合料的最佳沥青用量是可行的。

5.2.4　不同 RAP 掺量对再生基质沥青混合料配合比设计的影响

沥青混合料再生过程中，由于 RAP 掺量越大，所产生的经济效益也就越高，越能达到对再生技术的期望要求。但是由于 RAP 掺量加大，再生沥青混合料的性能相应变差，施工的难度也加大。因此，本书通过试验方法研究添加再生剂、不同 RAP 掺量对再生基质沥青混合料配合比设计的影响，再生沥青混合料生产过程中，RAP 掺量主要由以下几个方面决定。

1. RAP 的性质

在设计再生沥青混合料配合比过程中，首先通过室内试验，评价 RAP 的性能。如果旧料级配较好，在少量新骨料的掺配下就能满足再生沥青混合料级配要求，这样就可以提高 RAP 的利用率；如果沥青老化不是很严重，掺入较多 RAP 对再生沥青混合料性能影响不大，再加上使用性能较好的再生剂，这样从某种角度也可提高 RAP 的利用率。因此级配、旧沥青性能在一定程度上会影响 RAP 的利用率。

2. 施工工艺条件

采用不同的施工工艺也会影响 RAP 的再生利用率。如采用连续式拌和设备时，其预热和拌和设备效率较高，RAP 的利用率可高达 50%。而采用间歇式拌和设备拌制时，如果无预加热设备，则 RAP 的利用率要严格控制在 40%以内；有预加热设备，RAP 的利用率则可以高达 60%，甚至更高。

3. 再生沥青混合料的用途和质量要求

由于 RAP 性质及其掺量会影响再生沥青混合料的质量，所以再生沥青混合料的质量要求很大程度上就决定了 RAP 的掺量。如果再生沥青混合料在路面面层中应用，特别是在高等级公路面层使用时，再生沥青混合料的质量要求就比较高，这样 RAP 的掺量也就比较低；如果再生沥青混合料应用于路面的基层、底基层或者低等级公路面层时，则再生沥青混合料的质量要求就会有所降低，RAP 掺量也可以适当地提高。

由此可见，RAP 利用率的高低受到多方面因素的影响。因此，确定 RAP 掺量的基本原则是在保证再生沥青混合料质量符合要求的前提下，尽量提高 RAP 的利用率，提高再生的经济效益和社会效益。本书试验采用的混合料类型为 AC-20 再生基质沥青混合料，考虑到再生沥青混合料的实际施工水平，RAP 掺量(RAP 质量占总再生沥青混合料质量的比例)分别取 40%、50%、60%、70%作为研究对象。再生方法有两种，方法一是采用新旧沥青调和再生；方法二是同时添加再生剂再生。根据最佳沥青用量与 RAP 掺量的关系，研究 RAP 掺量对配合比设计的影响。不同 RAP 掺量下的油石比也按前节方法进行，确定不同 RAP 及不同掺量下再生沥青混合料的最佳沥青用量，试验结果如表 5-12～表 5-13 所示。

表 5-12　最佳油石比下不同 RAP 掺量的 AC-20 再生基质沥青混合料各项指标(不加再生剂)

RAP 掺量/%	最佳油石比/%	最大理论相对密度	毛体积相对密度	矿料间隙率/%	饱和度/%	空隙率/%	稳定度/kN	流值/0.1mm
40	5.1	2.509	2.412	14.58	73.48	3.87	11.21	35.7
50	5.3	2.507	2.406	14.87	72.91	4.03	12.11	35.1
60	5.6	2.501	2.402	15.22	73.99	3.96	13.69	39.1
70	5.9	2.498	2.390	15.88	72.78	4.32	14.19	35.4
技术要求	—	—	—	＞13	65～75	3～6	≥8	20～45

注：“—”表示数据缺省。

表 5-13　最佳油石比下不同 RAP 掺量的 AC-20 再生基质沥青混合料各项指标(加再生剂)

RAP 掺量/%	最佳油石比/%	最大理论相对密度	毛体积相对密度	矿料间隙率/%	饱和度/%	空隙率/%	稳定度/kN	流值/0.1mm
40	4.9	2.515	2.409	14.68	71.29	4.21	10.98	34.11
50	5.1	2.510	2.411	14.53	72.86	3.94	11.68	35.70
60	5.3	2.507	2.406	14.87	72.91	4.03	12.86	37.10
70	5.6	2.501	2.396	15.43	72.80	4.20	13.65	35.40
技术要求	—	—	—	＞13	65～75	3～6	≥8	20～45

注："—"表示数据缺省。

由表 5-12～表 5-14 以及图 5-8～图 5-10 可知：

(1) 随着 RAP 掺量增加，新沥青用量减少。这是因为 RAP 增多，旧沥青含量增加，旧沥青也具有部分胶结料的性能，因此所需新沥青用量减少，曲线呈下降趋势。在同一 RAP 掺量下，加再生剂的再生基质沥青混合料新沥青用量小于不加再生剂的再生基质沥青混合料，这是由于再生剂能够对旧沥青进行再生，使得较硬、较脆的沥青恢复了部分新沥青性能，因此，一定程度上减少了新沥青的用量。

(2) 随着 RAP 掺量增加，最佳油石比上升。这表明在再生基质沥青混合料中，RAP 用量增加后，用油总量(旧沥青、新旧沥青及再生剂的总量)也增加了，其他研究中也出现了这一规律。出现上述情况的原因如下：①旧沥青混合料中的旧沥青老化严重，使得再生沥青黏度变大，部分旧沥青被集料开口空隙吸附，出现了有些旧沥青起不到作用的情况；②在 RAP 中部分旧沥青老化严重，与集料黏结比较牢固，旧沥青没有发挥出作用，可视为集料。因此，RAP 掺量越大，再生沥青中旧沥青比重越大，导致再生剂难以在有限的拌和时间内，扩散进入老化沥青内部将其充分软化，进而导致最佳油石比的增加。同一 RAP 掺量下，加再生剂的再生基质沥青混合料最佳油石比小于不加再生剂的再生基质沥青混合料，说明再生剂可以有效减少再生基质沥青混合料用油量。

(3) 随着 RAP 掺量增加，再生基质沥青混合料最佳油石比下的马歇尔稳定度相应增加。这是由于沥青老化越严重其劲度模量越大，沥青表现出硬化的性质，导致再生基质沥青混合料的抗压模量增大。同一 RAP 掺量下添加再生剂的再生基质沥青混合料马歇尔稳定度小于不加再生剂的再生基质沥青混合料，说明再生剂可以软化旧沥青，使旧沥青性能恢复、朝新沥青方向发展，最终使再生基质沥青混合料稳定度降低。

(4) 同类型的混合料合成级配偏细则最佳油石比偏大，合成级配偏粗则最佳油石比偏小。

表 5-14　不同 RAP 掺量下再生基质沥青混合料各种材料用量百分比　(单位：%)

材料	RAP 掺量 40%		RAP 掺量 50%		RAP 掺量 60%		RAP 掺量 70%	
	加再生剂	不加再生剂	加再生剂	不加再生剂	加再生剂	不加再生剂	加再生剂	不加再生剂
RAP	40.00	40.00	50.00	50.00	60.00	60.00	70.00	70.00
再生剂	0.10	0.00	0.16	0.00	0.20	0.00	0.22	0.00

续表

材料	RAP 掺量 40%		RAP 掺量 50%		RAP 掺量 60%		RAP 掺量 70%	
	加再生剂	不加再生剂	加再生剂	不加再生剂	加再生剂	不加再生剂	加再生剂	不加再生剂
新沥青	2.71	3.03	2.40	2.74	2.09	2.55	1.88	2.37
新集料	57.19	56.97	47.44	47.26	37.71	37.45	27.90	27.63
0～5mm	9.53	9.51	6.64	6.62	0.00	0.00	0.00	0.00
5～10mm	9.53	9.51	6.64	6.62	0.00	0.00	0.00	0.00
10～15mm	23.83	23.68	18.98	18.90	23.57	23.40	13.95	13.82
15～20mm	14.30	14.27	15.18	15.12	14.14	14.05	13.95	13.81

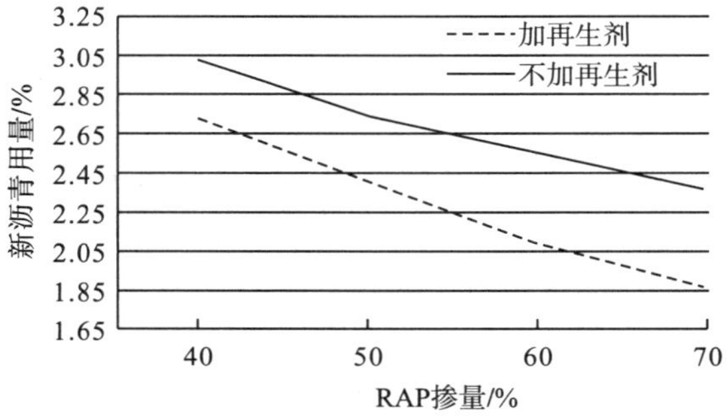

图 5-8　不同 RAP 掺量下新沥青用量变化

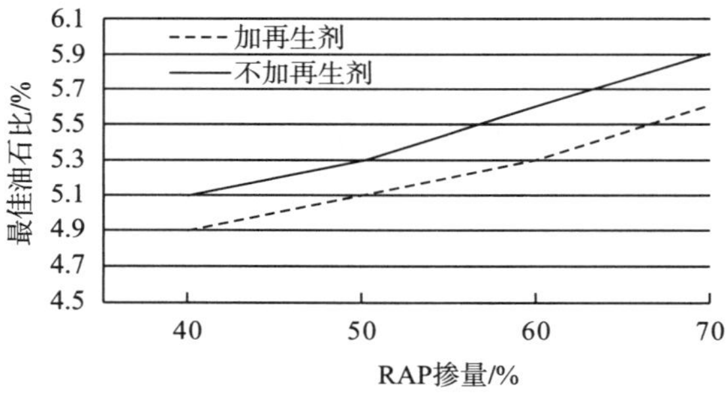

图 5-9　不同 RAP 掺量下最佳油石比变化

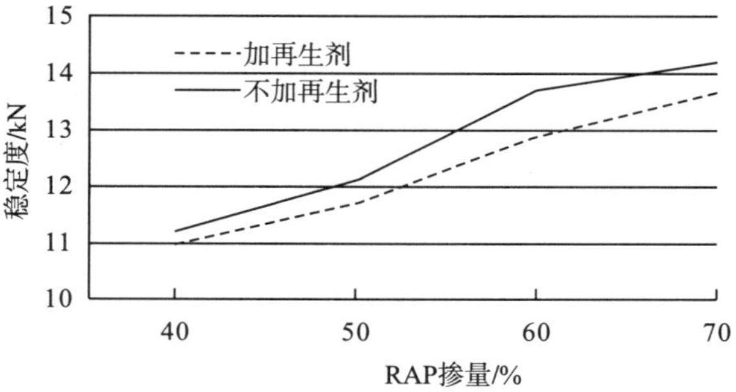

图 5-10　不同 RAP 掺量下稳定度变化

5.3　再生 SBS 改性沥青混合料配合比设计

5.3.1　试验材料

1. 新沥青

对于再生 SBS 改性沥青混合料配合比设计及路用性能研究，本书采用的新沥青为 90# 基质沥青，沥青的各项常规指标测试结果如表 5-15 所示。

表 5-15　90#基质沥青常规指标

沥青种类	针入度/0.1mm	软化点/℃	延度(15℃)/cm	布氏黏度/(mPa·s)
90#基质沥青	92	46.2	≥100	689

2. 再生剂

再生剂选取重庆交通大学自主研发、适用于老化 SBS 改性沥青性能恢复的 ZZ 再生剂（以下简称“重交 ZZ”），相关指标如表 5-16 所示。

表 5-16　SBS 改性沥青再生剂性能

再生剂品种	黏度(60℃)/(mPa·s)	RTFOT 前后质量损失/%	RTFOT 前后黏度比	饱和分含量/%	芳香分含量/%	闪点/℃	相对密度
重交 ZZ	480	-1.921	1.26	22.9	26.3	245	0.964
技术要求	—	≤3 且≥-3	≤3	实测	≤30	≥220	实测

注：“—”表示数据缺省。

3. ZZ 再生剂掺量确定

再生剂在再生沥青混合料中的掺量受废旧沥青性质、RAP 性质、RAP 掺量、再生剂质量、新沥青与新集料质量、再生沥青混合料性能要求等因素影响，因此再生剂在实际应用中的掺量必须经过认真设计与验证。不同老化程度的老化沥青、不同 RAP 掺量与不同的再生方式，所需再生剂掺量都不一样，因此本节针对再生剂的掺量确定方法进行相关研究。

在工程应用中，可以根据黏度或针入度与再生剂添加量的关系，按照目标黏度或针入度的要求，计算再生剂的掺量(指占旧料中旧沥青含量百分比)。例如，可以通过试验建立再生沥青针入度与再生剂掺量的关系式，将再生沥青的目标针入度代入关系式，求得再生剂的掺量，由此确定出再生剂的掺量。但在实际应用中应通过延度验算，验证再生剂设计掺量的可行性。

由表 5-17 可知，随着再生剂掺量的增加，再生沥青的延度(15℃)也有所提高，并且当掺量为 7%时，再生沥青的延度(15℃)大于 100cm。再生沥青的黏度(135℃)随着再生剂掺量的增加而减小，当掺量为 7%时再生沥青黏度降低到未加再生剂的 34%。因此，从再生沥青的三大指标来看，再生剂掺量越大，老化沥青的性能恢复越明显，添加合适掺量的再生剂后，再生沥青的性能可以满足路用性能要求。由此可知，当再生剂掺量为旧沥青含量的 7%时，旧沥青的再生效果满足本书所研究的大掺量厂拌热再生沥青路面的技术要求，因此综合考虑确定再生剂掺量为 7%。

表 5-17 再生剂最佳掺量确定

再生剂掺量/%	针入度/0.1mm	软化点/℃	延度(15℃)/cm	黏度(135℃)/(Pa·s)
0	32	54.6	8.6	2.13
4	55	52.6	24.5	1.68
6	63	51.3	39.6	1.21
7	69	50.6	117	0.73
8	74	48.8	126	0.58
10	83	47.3	150	0.41

4. 温拌剂

采用市场高分子材料树脂温拌剂，掺量占总沥青的 10%，温拌剂性能如表 5-18 所示。

表 5-18 温拌剂性能

项目	密度(20℃)/(g/cm³)	运动黏度(60℃)/(mm²/s)	闪点(开口)/℃	外观	颜色	气味
标准	1.000～1.100	200.0～220.0	＞220	—	—	—
测定值	0.9853	146.19	320.0	黏稠性液体	深棕色	刺激性气味
实验方法	GB/T 2540—88	GB/T 265—88	GB/T 267—88	目测	目测	嗅觉

注：“—”表示数据缺省。

5. 集料

再生 SBS 改性沥青混合料拟用于某二级路的大修工程上面层，根据结构设计的要求，上面层设计级配为 AC-13。根据旧料级配曲线和 AC-13 级配范围，结合依托项目工程和集料具体情况，初选新料规格为 0～5mm、5～15mm 的两档料，新料为石灰岩材料，级配如表 5-19 所示。

表 5-19 不同规格新料级配

新料规格/mm	不同尺寸方孔筛的通过率/%									
	16.00mm	13.20mm	9.50mm	4.75mm	2.36mm	1.18mm	0.60mm	0.30mm	0.15mm	0.075mm
0～5	100.00	100.00	99.94	85.16	53.84	40.45	22.38	11.12	7.40	3.91
5～15	100.00	99.50	77.39	25.89	11.57	8.38	5.53	3.88	3.25	2.53

6. 废旧 SBS 沥青混合料

废旧 SBS 沥青混合料采用重庆地区某高速公路上面层铣刨旧料，路面的原始级配为 AC-16。

1) 旧沥青

对废旧 SBS 沥青混合料进行离心抽提(图 5-11)，抽提液再经过离心沉淀(图 5-12～图 5-14)，绝大多数矿粉被分离，抽提液主要是三氯乙烯和老化沥青的混合物。利用旋转蒸发仪(图 5-15)通过真空负压和对抽提液加热，得到老化 SBS 改性沥青。通过称量抽提前废旧 SBS 沥青混合料的总质量以及抽提后较为干净的集料质量，得到废旧 SBS 沥青混合料中的油石比为 5.2%。

图 5-11　废旧 SBS 沥青混合料离心抽提

图 5-12　废旧 SBS 沥青混合料抽提液

图 5-13　从废旧 SBS 沥青混合料中抽提出的旧集料

图 5-14　抽提液离心沉淀

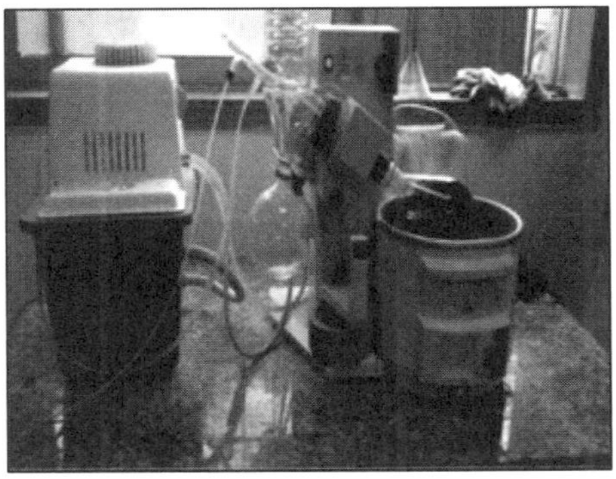

图 5-15　旋转蒸发仪

老化沥青三大指标测试结果如表5-20所示，老化后的旧沥青软化点升高、黏度(135℃)增大，而针入度和延度(15℃)明显减小，难以满足路用的要求，须对旧沥青进行再生后方能利用。

表 5-20　老化沥青指标测试值

针入度/0.1mm	软化点/℃	延度(15℃)/cm	黏度(135℃)/(Pa·s)
33	65.2	4.3	2.178

2) 回收集料

沥青路面使用过程中由于长期受到车辆的荷载作用，沥青混合料的集料颗粒间产生很大的剪切应力和压力，当这些力超出集料本身的极限强度时，集料就会发生破碎，导致沥青路面的破坏。国内外学者对沥青路面使用过程集料的变化做了许多的研究，通常认为，随着沥青路面使用年限的增长，集料将不断地细化，导致集料细化的因素是比较多的，如集料本身的性质、沥青路面交通状况及使用年限、沥青混合料的性质等。

然而由于路面上不同行车条件、路面铣刨工艺、旧料运输、破碎和堆积状态等都会对旧料级配造成很大的影响，而旧料级配的变异又会对再生料性能产生影响。

对废旧 SBS 沥青混合料进行离心抽提，去除集料表面的沥青，得到相对比较干净的集料(图 5-13)，然后将抽提液通过离心沉淀烘干后得到矿粉，最后对比较干净的粗集料、细集料以及矿粉进行筛分和物理力学性能指标检测。筛分结果如表 5-21 所示，筛分曲线如图 5-16 所示。

表 5-21　重庆地区某高速公路上面层回收集料筛分结果

筛孔尺寸/mm	通过率/%			
	旧料级配	级配范围		
		上限	下限	中值
19.00	100.00	100.00	100.00	100.00
16.00	98.96	100.00	90.00	95.00
13.20	95.79	92.00	76.00	84.00
9.50	89.73	80.00	60.00	70.00
4.75	63.8	62.00	34.00	48.00
2.36	39.78	48.00	20.00	34.00
1.18	32.24	36.00	13.00	24.50
0.60	22.44	26.00	9.00	17.50
0.30	15.76	18.00	7.00	12.50
0.15	12.54	14.00	5.00	9.50
0.075	8.27	8.00	4.00	6.00

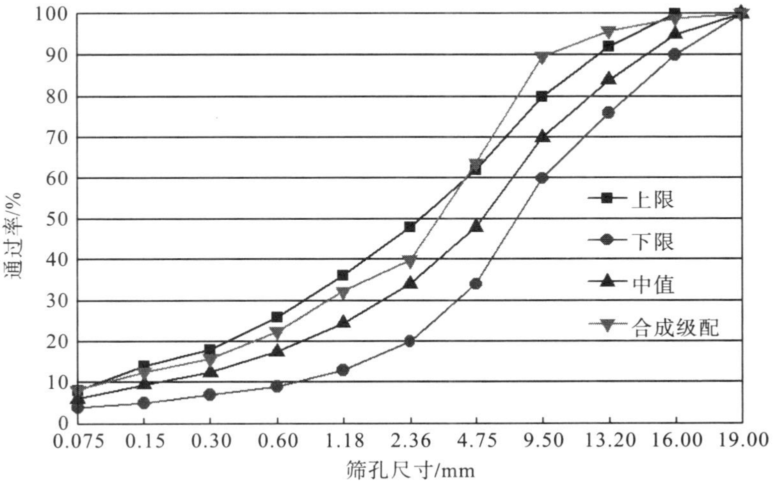

图 5-16　重庆地区某高速公路上面层回收集料筛分曲线图

粒径为 4.75～16.00mm 的集料已经超出 AC-16 级配的上限，说明旧集料出现细化，分析其原因，主要是沥青路面长期受行车荷载作用和铣刨。

对抽提筛分后的旧集料清洗、烘干后，测得其各项技术指标如表 5-22 所示。

表 5-22　回收集料技术指标测试值

技术指标	规范要求(对上面层)	回收集料
压碎值/%	≤26.0	22.5
洛杉矶磨耗率/%	≤28.0	23.4
视密度/(10^3kg/m^3)	≥2.6	2.7
吸水率/%	≤2.0	1.5
与沥青黏附等级	≥4	5
细长扁平颗料含量/%	≤15	13

5.3.2　再生 SBS 改性沥青混合料级配设计

针对已有的 RAP 样本，本节选用 SBS 改性沥青混合料 RAP 掺量为 40%、50%、60%、70%、80%，目标级配为 AC-13 中值。通过 Excel 规划求解功能，算出不同 RAP 掺量、各档新料掺量、合成级配如表 5-23～表 5-27 所示，级配曲线如图 5-17～图 5-21 所示。

表 5-23　AC-13 再生 SBS 改性沥青混合料合成级配设计(掺 40%RAP)

筛孔尺寸/mm (AC-13)	通过率/%						
	级配			5～10 档	0～5 档	旧料	合成级配
	上限	下限	中值				
16.00	100.00	100.00	100.00	100.00	100.00	98.96	100.00
13.20	100.00	90.00	95.00	88.50	100.00	95.79	95.67

续表

筛孔尺寸/mm (AC-13)	通过率/%						
	级配			5～10 档	0～5 档	旧料	合成级配
	上限	下限	中值				
9.50	85.00	68.00	76.50	7.78	99.94	89.73	71.73
4.75	68.00	38.00	53.00	3.01	85.16	63.80	55.09
2.36	50.00	24.00	37.00	2.53	53.84	39.78	34.78
1.18	38.00	15.00	26.50	2.06	40.45	32.24	27.11
0.60	28.00	10.00	19.00	1.72	22.38	22.44	16.99
0.30	20.00	7.00	13.50	1.59	11.12	15.76	10.48
0.15	15.00	5.00	10.00	1.40	7.40	12.54	7.89
0.075	8.00	4.00	6.00	0.01	3.91	8.27	4.63
—	—	—	集料用量	0.27	0.34	0.40	—

注：“—”表示数据缺省。

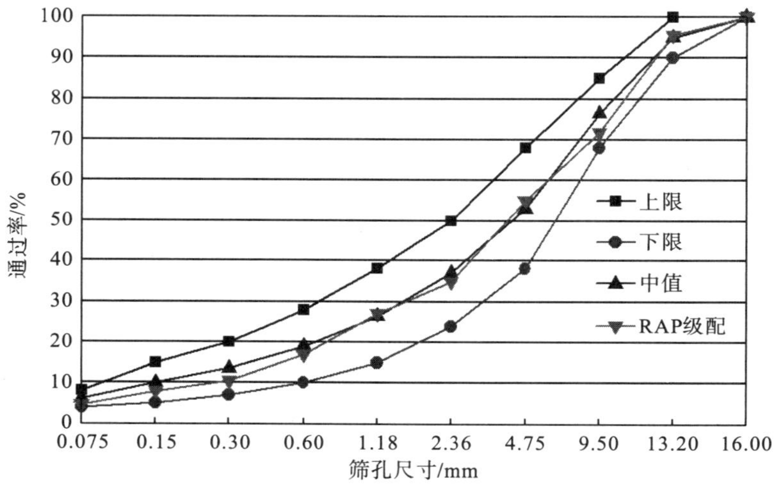

图 5-17　AC-13 再生 SBS 改性沥青混合料合成级配曲线图(掺 40%RAP)

从图 5-17 中可以看出，合成级配曲线在 9.50mm 通过率较小，说明 9.50mm 以上的粗集料较多，9.50mm 以下的级配接近中值。

表 5-24　AC-13 再生 SBS 改性沥青混合料合成级配设计(掺 50%RAP)

筛孔尺寸/mm (AC-13)	通过率/%						
	级配			5～10 档	0～5 档	旧料	合成级配
	上限	下限	中值				
16.00	100.00	100.00	100.00	100.00	100.00	98.96	100.00
13.20	100.00	90.00	95.00	88.50	100.00	95.79	95.80
9.50	85.00	68.00	76.50	7.78	99.94	89.73	74.42
4.75	68.00	38.00	53.00	3.01	85.16	63.80	56.26

续表

筛孔尺寸/mm (AC-13)	通过率/%						
	级配			5～10 档	0～5 档	旧料	合成级配
	上限	下限	中值				
2.36	50.00	24.00	37.00	2.53	53.84	39.78	35.43
1.18	38.00	15.00	26.50	2.06	40.45	32.24	27.83
0.60	28.00	10.00	19.00	1.72	22.38	22.44	17.83
0.30	20.00	7.00	13.50	1.59	11.12	15.76	11.33
0.15	15.00	5.00	10.00	1.40	7.40	12.54	8.64
0.075	8.00	4.00	6.00	0.01	3.91	8.27	5.22
—	—	—	集料用量	0.23	0.28	0.50	—

注：“—”表示数据缺省。

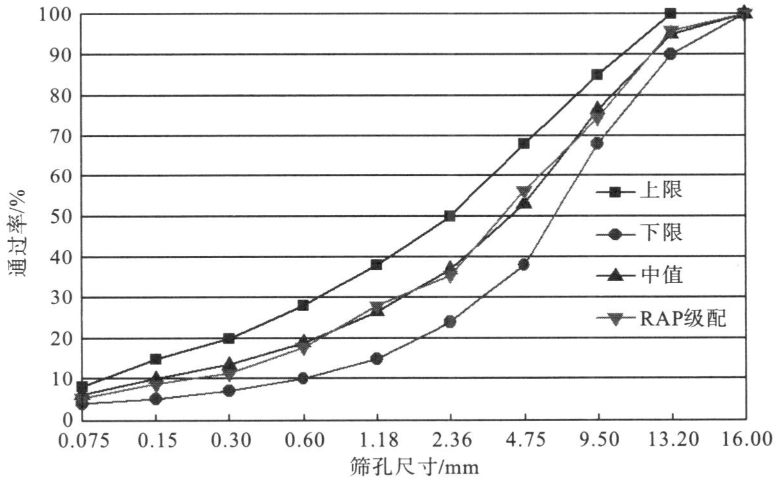

图 5-18 AC-13 再生 SBS 改性沥青混合料合成级配曲线图(掺 50%RAP)

从图 5-18 中可以看出，合料合成级配接近规范要求的级配中值。

表 5-25 AC-13 再生 SBS 改性沥青混合料合成级配设计(掺 60%RAP)

筛孔尺寸/mm (AC-13)	通过率/%						
	级配			5～10 档	0～5 档	旧料	合成级配
	上限	下限	中值				
16.00	100.00	100.00	100.00	100.00	100.00	98.96	100.00
13.20	100.00	90.00	95.00	88.50	100.00	95.79	95.91
9.50	85.00	68.00	76.50	7.78	99.94	89.73	76.57
4.75	68.00	38.00	53.00	3.01	85.16	63.80	57.19
2.36	50.00	24.00	37.00	2.53	53.84	39.78	35.96
1.18	38.00	15.00	26.50	2.06	40.45	32.24	28.41
0.60	28.00	10.00	19.00	1.72	22.38	22.44	18.50

续表

筛孔尺寸/mm (AC-13)	通过率/%						
	级配			5～10 档	0～5 档	旧料	合成级配
	上限	下限	中值				
0.30	20.00	7.00	13.50	1.59	11.12	15.76	12.01
0.15	15.00	5.00	10.00	1.40	7.40	12.54	9.25
0.075	8.00	4.00	6.00	0.01	3.91	8.27	5.70
—	—	—	集料用量	0.20	0.23	0.58	—

注：“—”表示数据缺省。

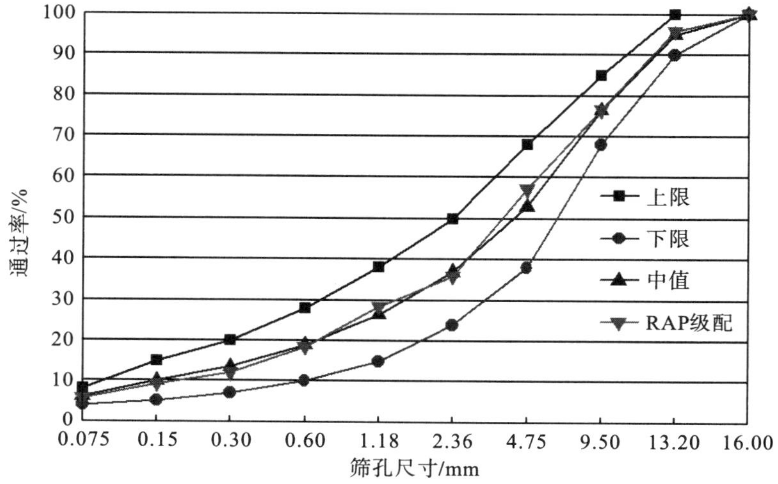

图 5-19　AC-13 再生 SBS 改性沥青混合料合成级配曲线图(掺 60%RAP)

从图 5-19 中可以看出，合成级配接近规范要求的级配中值，但是 4.75mm 关键筛孔的通过率较高，说明集料偏细。

表 5-26　AC-13 再生 SBS 改性沥青混合料合成级配设计(掺 70%RAP)

筛孔尺寸/mm (AC-13)	通过率/%						
	级配			5～10 档	0～5 档	旧料	合成级配
	上限	下限	中值				
16.00	100.00	100.00	100.00	100.00	100.00	98.96	100.00
13.20	100.00	90.00	95.00	88.50	100.00	95.79	95.88
9.50	85.00	68.00	76.50	7.78	99.94	89.73	78.09
4.75	68.00	38.00	53.00	3.01	85.16	63.80	57.19
2.36	50.00	24.00	37.00	2.53	53.84	39.78	35.88
1.18	38.00	15.00	26.50	2.06	40.45	32.24	28.61
0.60	28.00	10.00	19.00	1.72	22.38	22.44	19.10
0.30	20.00	7.00	13.50	1.59	11.12	15.76	12.80
0.15	15.00	5.00	10.00	1.40	7.40	12.54	9.99

续表

筛孔尺寸/mm (AC-13)	通过率/%						
	级配			5～10 档	0～5 档	旧料	合成级配
	上限	下限	中值				
0.075	8.00	4.00	6.00	0.01	3.91	8.27	6.29
—	—	—	集料用量	0.17	0.15	0.69	—

注："—"表示数据缺省。

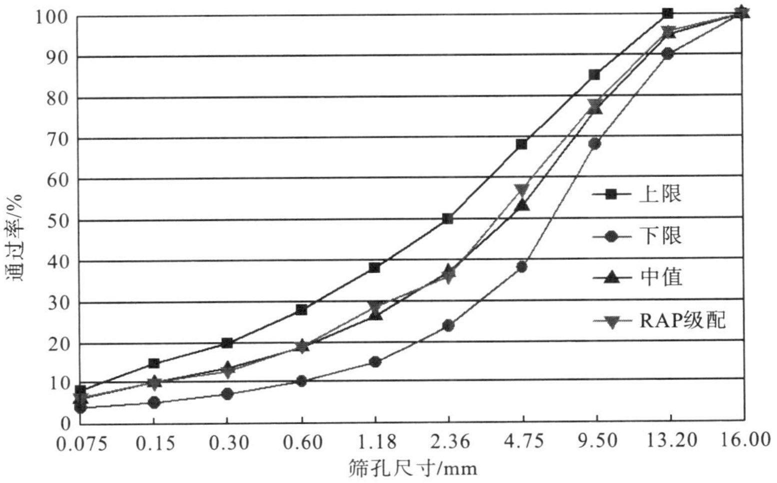

图 5-20 AC-13 再生 SBS 改性沥青混合料合成级配曲线图(掺 70%RAP)

从图 5-20 可以看出，合成级配曲线在规范要求的级配中值曲线上方，4.75mm 关键筛孔的通过率较高，说明集料偏细。

表 5-27 AC-13 再生 SBS 改性沥青混合料合成级配设计(掺 80%RAP)

筛孔尺寸/mm (AC-13)	通过率/%						
	级配			5～10 档	0～5 档	旧料	合成级配
	上限	下限	中值				
16.00	100.00	100.00	100.00	100.00	100.00	98.96	100.00
13.20	100.00	90.00	95.00	88.50	100.00	95.79	95.76
9.50	85.00	68.00	76.50	7.78	99.94	89.73	78.76
4.75	68.00	38.00	53.00	3.01	85.16	63.80	56.57
2.36	50.00	24.00	37.00	2.53	53.84	39.78	35.42
1.18	38.00	15.00	26.50	2.06	40.45	32.24	28.49
0.60	28.00	10.00	19.00	1.72	22.38	22.44	19.49
0.30	20.00	7.00	13.50	1.59	11.12	15.76	13.44
0.15	15.00	5.00	10.00	1.40	7.40	12.54	10.61
0.075	8.00	4.00	6.00	0.01	3.91	8.27	6.80
—	—	—	集料用量	0.15	0.07	0.79	—

注："—"表示数据缺省。

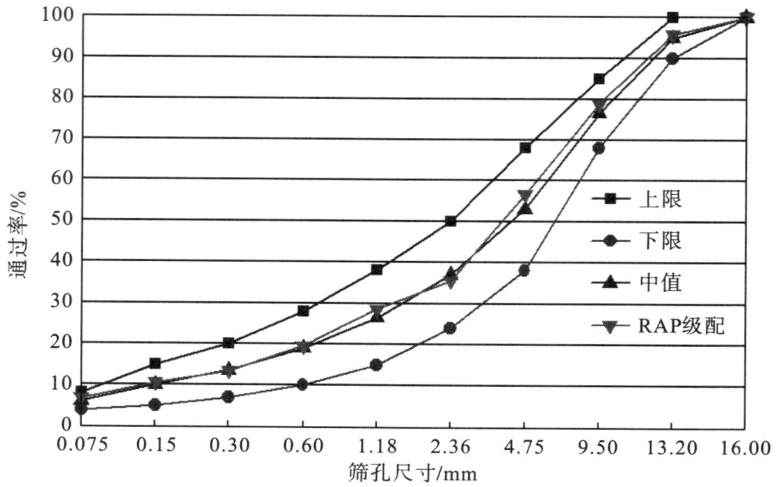

图 5-21　AC-13 再生 SBS 改性沥青混合料合成级配曲线图(掺 80%RAP)

从图 5-21 可以看出，合成级配曲线在规范要求的级配中值曲线上方，4.75mm 关键筛孔的通过率较高，说明集料偏细。

5.3.3　确定最佳沥青用量

1. 未加再生剂

未加再生剂，通过只添加 90#基质沥青改善 SBS 改性沥青的再生性能。基于 RAP 掺量分别为 40%、50%、60%、70%、80%进行再生 SBS 改性沥青混合料最佳沥青用量确定。

随着 RAP 掺量增加，新沥青用量增加，故选择 AC-13 新集料沥青用量的油石比，以 RAP 掺量为 40%，按 4.0%、4.5%、5.0%、5.5%、6.0%五个不同油石比分别成型马歇尔试件；RAP 掺量为 50%，按 4.0%、4.5%、5.0%、5.5%、6.0%五个不同油石比分别成型马歇尔试件；RAP 掺量为 60%，按 4.5%、5.0%、5.5%、6.0%、6.5%五个不同油石比分别成型马歇尔试件；RAP 掺量为 70%，按 5.0%、5.5%、6.0%、6.5%、7.0%五个不同油石比分别成型马歇尔试件；RAP 掺量为 80%，按 5.5%、6.0%、6.5%、7.0%、7.5%五个不同油石比分别成型马歇尔试件；新添沥青为 90#基质沥青，采用真空法实测最大理论相对密度。测定再生 SBS 改性沥青混合料试件的毛体积相对密度并计算其体积参数，马歇尔试验结果如表 5-28～表 5-32 所示。绘制再生 SBS 改性沥青混合料毛体积相对密度、空隙率、饱和度、稳定度、流值与油石比关系图，如图 5-22～图 5-26 所示。

表 5-28　40%RAP 掺量下 AC-13 再生 SBS 改性沥青混合料马歇尔试验结果

油石比/%	最大理论相对密度	毛体积相对密度	空隙率/%	矿料间隙率/%	饱和度/%	稳定度/kN	流值/0.1mm
4.0	2.5002	2.3734	5.072	13.748	63.107	13.37	19.8
4.5	2.4663	2.4272	3.863	12.216	68.378	11.56	22.4

续表

油石比/%	最大理论相对密度	毛体积相对密度	空隙率/%	矿料间隙率/%	饱和度/%	稳定度/kN	流值/0.1mm
5.0	2.4765	2.4304	3.246	12.519	74.071	11.36	29.4
5.5	2.4840	2.4295	2.385	12.964	81.603	10.15	28.7
6.0	2.4430	2.4321	1.592	13.282	88.029	8.86	35.6
技术指标	—	—	3～6	—	65～75	≥8	20～45

注：“—”表示数据缺省。

从表 5-28 可以得出，随着油石比由 4.0%到 6.0%，RAP 掺量为 40%的再生 SBS 改性沥青混合料的最大理论相对密度总体呈减小趋势，空隙率、稳定度逐渐减小，而饱和度逐渐增大，流值总体呈增大趋势。

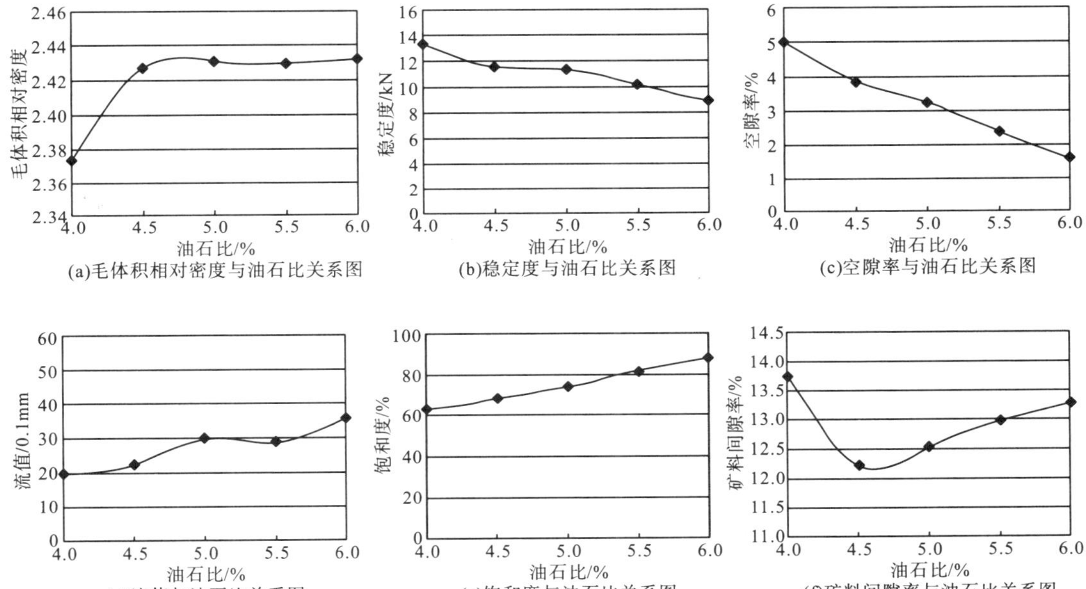

(a)毛体积相对密度与油石比关系图　(b)稳定度与油石比关系图　(c)空隙率与油石比关系图

(d)流值与油石比关系图　(e)饱和度与油石比关系图　(f)矿料间隙率与油石比关系图

图 5-22　40%RAP 掺量下 AC-13 再生 SBS 改性沥青混合料各参数随油石比变化曲线

表 5-29　50%RAP 掺量下 AC-13 再生 SBS 改性沥青混合料马歇尔试验结果

油石比/%	最大理论相对密度	毛体积相对密度	空隙率/%	矿料间隙率/%	饱和度/%	稳定度/kN	流值/0.1mm
4.0	2.5583	2.3496	8.160	14.596	44.107	16.37	24.5
4.5	2.5523	2.3675	7.241	10.844	49.579	14.18	22.2
5.0	2.5520	2.4152	5.359	13.046	58.925	16.27	26.2
5.5	2.5151	2.3845	5.195	14.560	64.345	11.35	24.7
6.0	2.4965	2.4385	2.323	13.034	82.178	11.06	42.5
技术指标	—	—	3～6	—	65～75	≥8	20～45

注：“—”表示数据缺省。

从表 5-29 可以得出，随着油石比由 4.0%到 6.0%，RAP 掺量为 50%的再生 SBS 改性沥青混合料最大理论相对密度、空隙率逐渐减小，稳定度总体呈减小趋势，而饱和度逐渐增大，流值总体呈增大趋势。

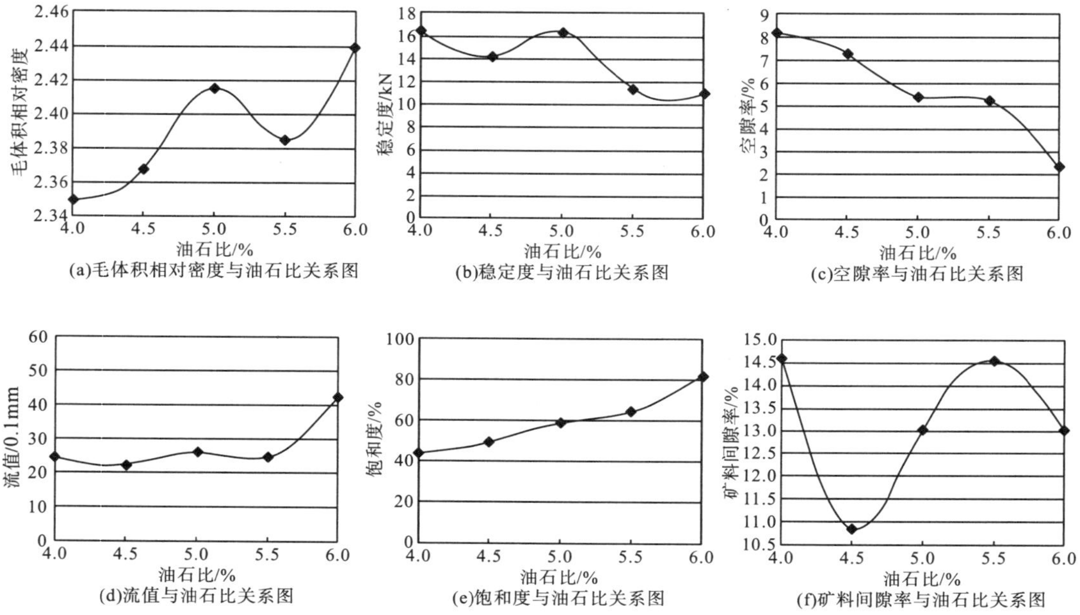

图 5-23　50%RAP 掺量下 AC-13 再生 SBS 改性沥青混合料各参数随油石比变化曲线

表 5-30　60%RAP 掺量下 AC-13 再生 SBS 改性沥青混合料马歇尔试验结果

油石比/%	最大理论相对密度	毛体积相对密度	空隙率/%	矿料间隙率/%	饱和度/%	稳定度/kN	流值/0.1mm
4.5	2.5231	2.3943	5.104	13.371	61.828	14.67	31.9
5.0	2.5106	2.4248	3.816	12.685	69.917	12.68	31.6
5.5	2.5013	2.4219	2.973	12.127	75.484	10.56	42.3
6.0	2.4992	2.4132	1.936	12.582	84.613	9.87	57.9
6.5	2.4807	2.4013	1.366	13.487	89.872	9.30	55.0
技术指标	—	—	3～6	—	65～75	≥8	20～45

注：“—”表示数据缺省。

从表 5-30 可以得出，随着油石比由 4.5%到 6.5%，RAP 掺量为 60%的再生 SBS 改性沥青混合料的最大理论相对密度、空隙率、稳定度逐渐减小，而饱和度逐渐增大，流值总体呈增大趋势。油石比超过 5.5%之后，再生 SBS 改性沥青混合料的空隙率、饱和度、流值不满足技术要求。

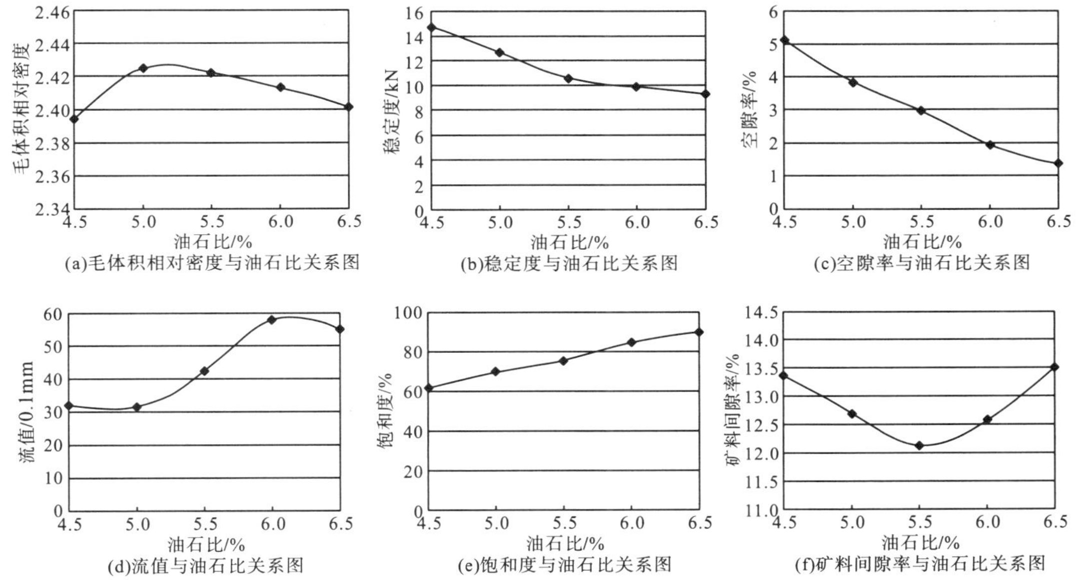

图 5-24　60%RAP 掺量下 AC-13 再生 SBS 改性沥青混合料各参数随油石比变化曲线

表 5-31　70%RAP 掺量下 AC-13 再生 SBS 改性沥青混合料马歇尔试验结果

油石比/%	最大理论相对密度	毛体积相对密度	空隙率/%	矿料间隙率/%	饱和度/%	稳定度/kN	流值/0.1mm
5.0	2.5300	2.4182	4.418	12.925	65.823	13.09	34.0
5.5	2.5160	2.4218	3.743	13.208	71.664	13.19	29.0
6.0	2.5013	2.4409	2.414	12.937	81.350	10.88	46.5
6.5	2.5010	2.4453	2.226	13.189	83.125	8.82	52.2
7.0	2.4800	2.4324	1.919	14.051	86.346	7.95	57.4
技术指标	—	—	3～6	—	65～75	≥8	20～45

注：“—”表示数据缺省。

从表 5-31 可以得出，随着油石比由 5.0%到 7.0%，RAP 掺量为 70%的再生 SBS 改性沥青混合料的最大理论相对密度、空隙率逐渐减小，稳定度总体呈减小趋势，而饱和度逐渐增大，流值总体呈增大趋势。油石比超过 6.0%之后，再生 SBS 改性沥青混合料的空隙率、饱和度、流值不满足技术要求，油石比超过 7.0%之后，稳定度不满足技术指标要求。

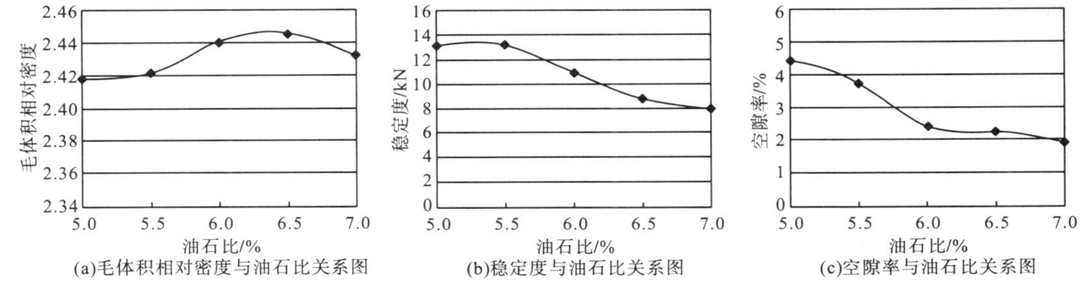

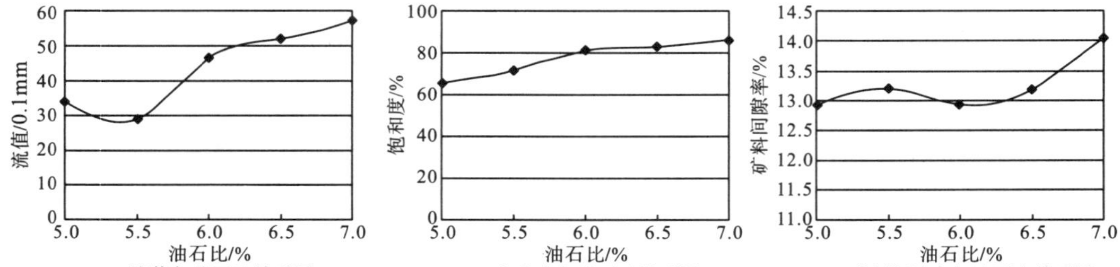

(d)流值与油石比关系图　(e)饱和度与油石比关系图　(f)矿料间隙率与油石比关系图

图 5-25　70%RAP 掺量下 AC-13 再生 SBS 改性沥青混合料各参数随油石比变化曲线

表 5-32　80%RAP 掺量下 AC-13 再生 SBS 改性沥青混合料马歇尔试验结果

油石比 /%	最大理论相对密度	毛体积相对密度	空隙率 /%	矿料间隙率 /%	饱和度 /%	稳定度/kN	流值 /0.1mm
5.5	2.5900	2.4477	5.687	12.037	52.765	12.89	36.1
6.0	2.5526	2.4394	4.432	12.749	65.243	11.45	54.8
6.5	2.5326	2.4439	3.502	12.998	73.056	10.28	51.6
7.0	2.4928	2.4244	2.743	14.098	80.545	8.65	66.1
7.5	2.4529	2.4149	1.546	14.831	89.574	8.16	88.7
技术指标	—	—	3～6	—	65～75	≥8	20～45

注："—"表示数据缺省。

从表 5-32 可以得出，随着油石比由 5.5%到 7.5%，RAP 掺量为 80%的再生 SBS 改性沥青混合料的最大理论相对密度、空隙率、稳定度逐渐减小，而饱和度逐渐增大，流值总体呈增大趋势。油石比超过 6.0%之后，再生 SBS 改性沥青混合料的饱和度、流值不满足技术要求。

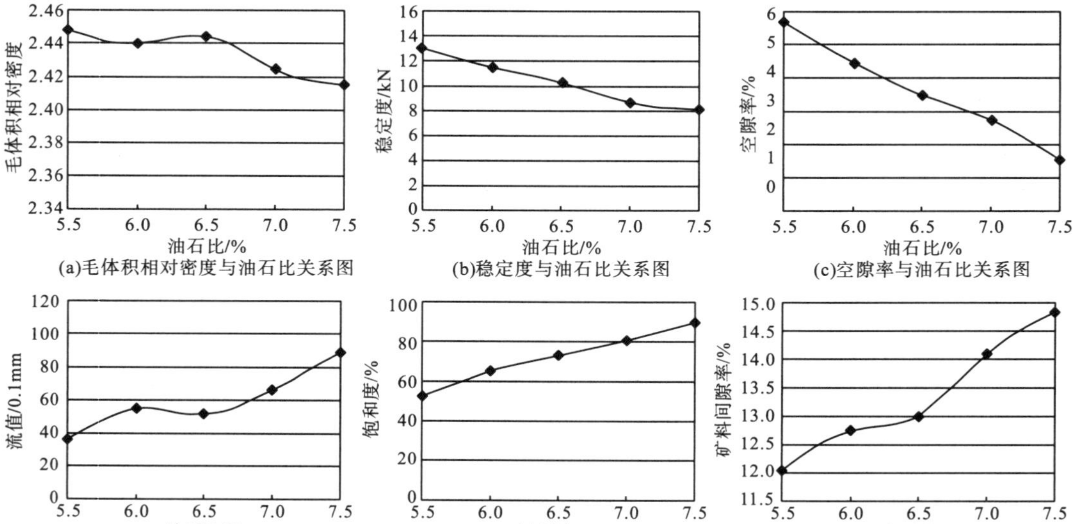

(a)毛体积相对密度与油石比关系图　(b)稳定度与油石比关系图　(c)空隙率与油石比关系图

(d)流值与油石比关系图　(e)饱和度与油石比关系图　(f)矿料间隙率与油石比关系图

图 5-26　80%RAP 掺量下 AC-13 再生混合料各参数随油石比变化曲线

以 RAP 掺量 40%为例，毛体积相对密度最大值对应的油石比 a_1=4.7%，稳定度最大值对应的油石比 a_2=4.0%，目标空隙率对应的油石比 a_3=4.4%，饱和度范围中值对应的油石比 a_4=4.7%，从而可计算最佳油石比 $OAC_1=(a_1+a_2+a_3+a_4)/4=4.5\%$。

根据沥青混合料的马歇尔试验技术标准，求出各项指标均符合技术标准的沥青用量范围 OAC_{min}～OAC_{max}，计算最佳油石比 $OAC_2=(OAC_{min}+OAC_{max})/2=(4.2\%+5.1\%)/2=4.7\%$。

根据 OAC_1 和 OAC_2 综合确定最佳油石比 $OAC=(OAC_1+OAC_2)/2=(4.5\%+4.7\%)/2=4.6\%$。根据重庆市的气候条件及施工经验，确定最佳沥青用量为 4.6%。

按照上述方法，参照不同 RAP 掺量的马歇尔试验结果、沥青混合料体积参数与油石比的关系，得出 RAP 掺量为 50%、60%、70%、80%的再生沥青混合料的最佳沥青用量分别为 4.7%、5.0%、5.5%、6.1%，其中沥青包括 RAP 中的旧沥青。

2. 添加回收料中旧沥青质量的 7%的重交 ZZ 改性沥青再生剂

同样的，通过添加 90#基质沥青和回收料中旧沥青质量的 7%的重交 ZZ 改性沥青再生剂，改善 SBS 改性沥青的再生性能。基于 RAP 掺量分别为 40%、50%、60%、70%、80%进行再生 SBS 改性沥青混合料最佳沥青用量确定。选择 AC-13 作为目标配合比，以 RAP 掺量为 40%，按 3.5%、4.0%、4.5%、5.0%、5.5%五个不同油石比分别成型马歇尔试件；RAP 掺量为 50%，按 3.5%、4.0%、4.5%、5.0%、5.5%五个不同油石比分别成型马歇尔试件；RAP 掺量为 60%，按 4.0%、4.5%、5.0%、5.5%、6.0%五个不同油石比分别成型马歇尔试件；RAP 掺量为 70%，按 4.5%、5.0%、5.5%、6.0%、6.5%五个不同油石比分别成型马歇尔试件；RAP 掺量为 80%，按 5.0%、5.5%、6.0%、6.5%、7.0%五个不同油石比分别成型马歇尔试件。采用真空法实测最大理论相对密度，测定再生 SBS 改性沥青混合料试件的毛体积相对密度并计算其体积参数。马歇尔试验结果如表 5-33～表 5-37 所示。绘制再生 SBS 改性沥青混合料毛体积相对密度、空隙率、饱和度、稳定度、流值与油石比关系图，如图 5-27～图 5-31 所示。

表 5-33　40%RAP 掺量下 AC-13 再生 SBS 改性沥青混合料马歇尔试验结果

油石比/%	最大理论相对密度	毛体积相对密度	空隙率/%	矿料间隙率/%	饱和度/%	稳定度/kN	流值/0.1mm
3.5	2.5005	2.3110	7.575	15.609	51.478	12.20	25.3
4.0	2.4905	2.3190	6.886	15.724	56.225	9.77	22.4
4.5	2.4714	2.3642	4.336	14.492	70.088	11.68	25.4
5.0	2.4583	2.4080	2.047	13.325	84.704	11.21	28.5
5.5	2.4522	2.4173	1.424	13.403	89.461	10.39	28.6
技术指标	—	—	3～6	—	65～75	≥8	20～45

注：“—”表示数据缺省。

从表 5-33 可以得出，随着油石比由 3.5%到 5.5%，RAP 掺量为 40%的再生 SBS 改性沥青混合料的最大理论相对密度、空隙率逐渐减小，稳定度总体呈减小趋势，饱和度逐渐增大，流值总体呈增大趋势。

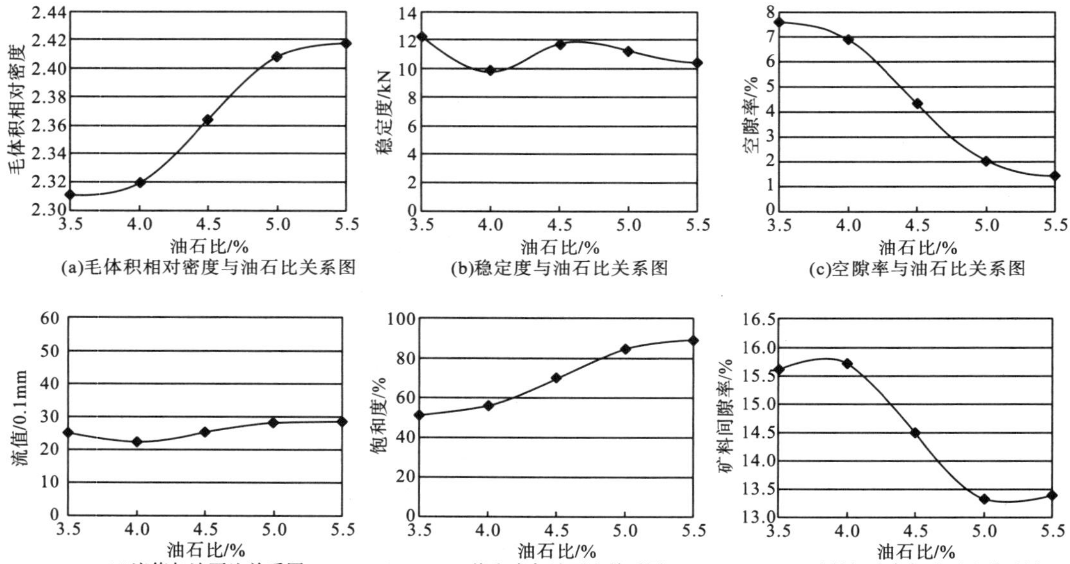

(a)毛体积相对密度与油石比关系图　(b)稳定度与油石比关系图　(c)空隙率与油石比关系图

(d)流值与油石比关系图　(e)饱和度与油石比关系图　(f)矿料间隙率与油石比关系图

图 5-27　40%RAP 掺量下 AC-13 再生 SBS 改性沥青混合料各参数随油石比变化曲线

表 5-34　50%RAP 掺量下 AC-13 再生 SBS 改性沥青混合料马歇尔试验结果

油石比/%	最大理论相对密度	毛体积相对密度	空隙率/%	矿料间隙率/%	饱和度/%	稳定度/kN	流值/0.1mm
3.5	2.6133	2.3066	11.733	15.751	25.514	14.93	21.8
4.0	2.5731	2.3580	8.358	10.656	41.508	13.35	19.4
4.5	2.5413	2.3928	5.843	13.439	56.596	14.81	23.5
5.0	2.5267	2.3830	5.678	14.207	59.972	12.92	23.1
5.5	2.5054	2.3763	5.152	14.851	65.350	11.15	26.0
技术指标	—	—	3～6	—	65～75	≥8	20～45

注：“—”表示数据缺省。

从表 5-34 可以得出，随着油石比由 3.5%到 5.5%，RAP 掺量为 50%的再生 SBS 改性沥青混合料的最大理论相对密度、空隙率逐渐减小，稳定度总体呈减小趋势，而饱和度逐渐增大，流值总体呈增大趋势。

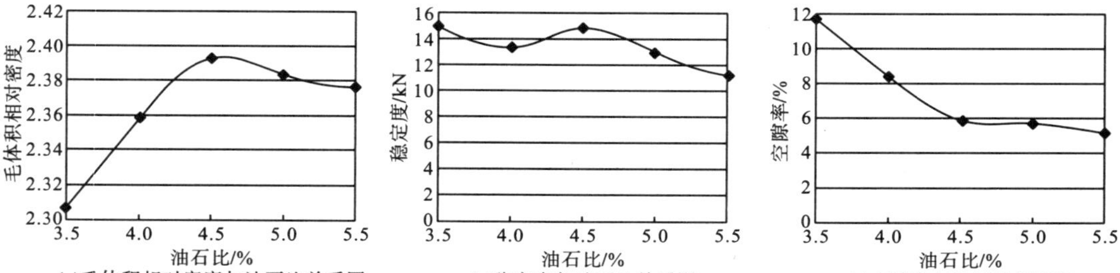

(a)毛体积相对密度与油石比关系图　(b)稳定度与油石比关系图　(c)空隙率与油石比关系图

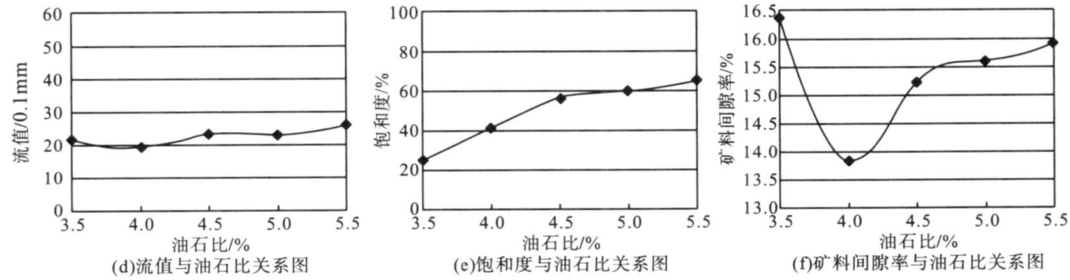

图 5-28　50%RAP 掺量下 AC-13 再生 SBS 改性沥青混合料各参数随油石比变化曲线

表 5-35　60%RAP 掺量下 AC-13 再生 SBS 改性沥青混合料马歇尔试验结果

油石比/%	最大理论相对密度	毛体积相对密度	空隙率/%	矿料间隙率/%	饱和度/%	稳定度/kN	流值/0.1mm
4.0	2.5200	2.3566	6.544	14.325	54.324	10.77	30.3
4.5	2.5100	2.4024	3.179	13.080	75.710	12.78	26.8
5.0	2.5106	2.4162	1.144	12.997	91.748	9.47	35.7
5.5	2.5000	2.4250	1.008	13.093	92.320	10.17	43.9
6.0	2.4902	2.3900	0.942	14.751	93.681	9.18	55.5
技术指标	—	—	3～6	—	65～75	≥8	20～45

注：“—”表示数据缺省。

从表 5-35 可以得出，随着油石比由 4.0%到 6.0%，RAP 掺量为 60%的再生 SBS 改性沥青混合料的最大理论相对密度、稳定度总体呈减小趋势，空隙率逐渐减小，而饱和度逐渐增大，流值总体呈增大趋势。再生 SBS 改性沥青混合料的饱和度、空隙率在油石比为 5.0%之后不满足技术要求。再生 SBS 改性沥青混合料的流值在油石比为 6.0%之后不满足技术要求。

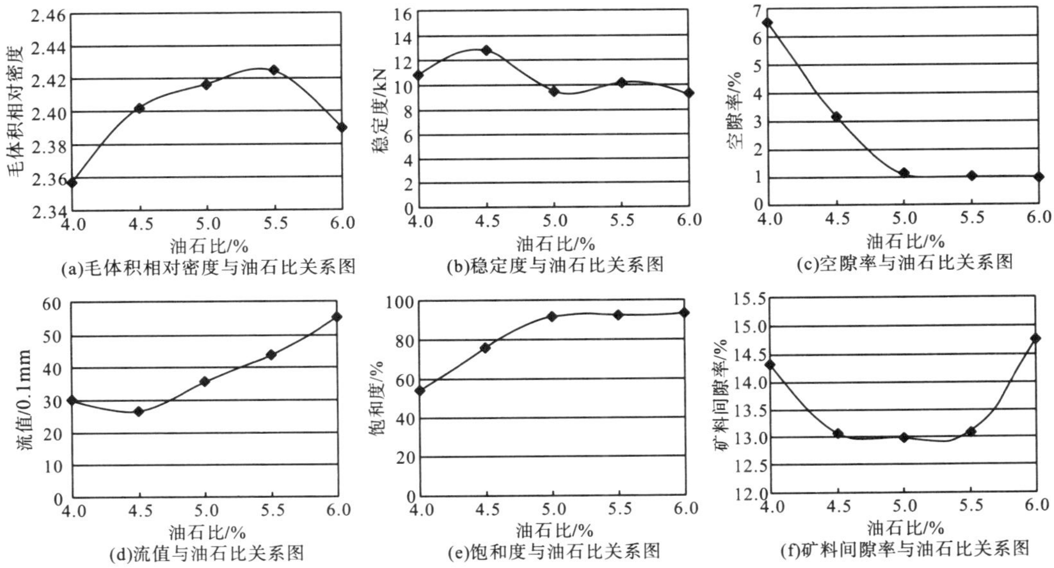

图 5-29　60%RAP 掺量下 AC-13 再生 SBS 改性沥青混合料各参数随油石比变化曲线

表 5-36　70%RAP 掺量下 AC-13 再生 SBS 改性沥青混合料马歇尔试验结果

油石比/%	最大理论相对密度	毛体积相对密度	空隙率/%	矿料间隙率/%	饱和度/%	稳定度/kN	流值/0.1mm
4.5	2.5300	2.3767	6.060	14.011	56.749	14.60	23.5
5.0	2.5210	2.4004	4.784	13.566	64.743	11.87	36.8
5.5	2.5170	2.4526	2.560	12.107	78.854	9.15	45.9
6.0	2.4900	2.4414	1.952	12.919	84.895	11.61	58.1
6.5	2.4600	2.4234	1.487	13.967	89.354	7.77	63.0
技术指标	—	—	3～6	—	65～75	≥8	20～45

注：“—”表示数据缺省。

从表 5-36 可以得出，随着油石比由 4.5%到 6.5%，RAP 掺量为 70%的再生 SBS 改性沥青混合料的最大理论相对密度、空隙率逐渐减小，稳定度总体呈减小趋势，而饱和度、流值逐渐增大。当油石比达到 5.5%时，再生 SBS 改性沥青混合料的空隙率、饱和度、流值均不满足技术要求。

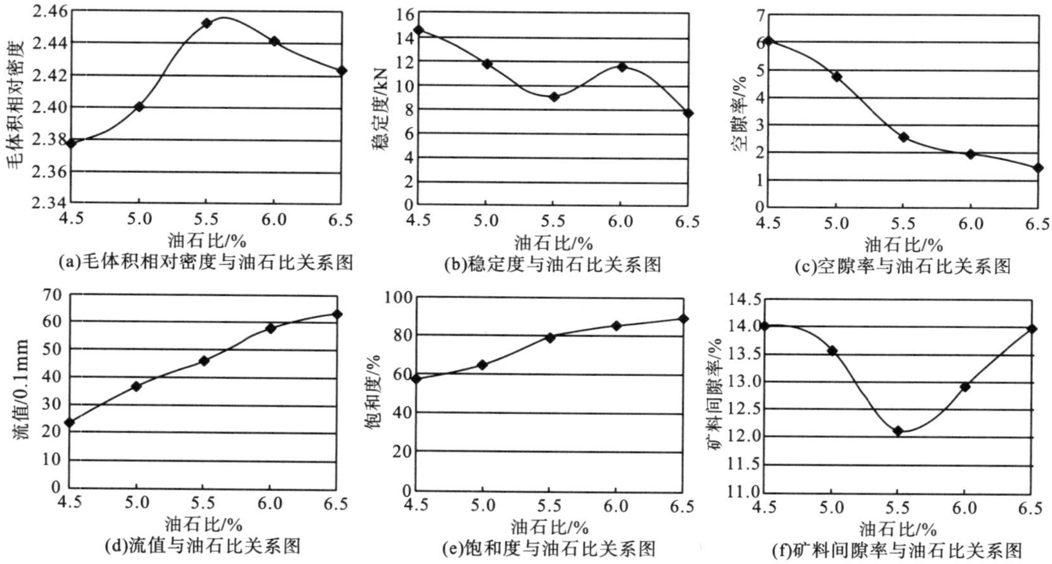

图 5-30　70%RAP 掺量下 AC-13 再生 SBS 改性沥青混合料各参数随油石比变化曲线

表 5-37　80%RAP 掺量下 AC-13 再生 SBS 改性沥青混合料马歇尔试验结果

油石比/%	最大理论相对密度	毛体积相对密度	空隙率/%	矿料间隙率/%	饱和度/%	稳定度/kN	流值/0.1mm
5.0	2.5300	2.4444	3.383	11.995	71.794	15.36	32.7
5.5	2.5200	2.4447	2.987	12.400	75.919	10.14	42.7
6.0	2.5000	2.4400	2.402	12.983	81.506	9.07	65.9
6.5	2.4900	2.4314	2.355	13.697	82.819	8.47	65.6
7.0	2.4500	2.4082	1.705	14.918	88.576	8.35	96.2
技术指标	—	—	3～6	—	65～75	≥8	20～45

注：“—”表示数据缺省。

从表 5-37 可以得出，随着油石比由 5.0%到 7.0%，RAP 掺量为 80%的再生 SBS 改性沥青混合料的最大理论相对密度、空隙率、稳定度逐渐减小，而饱和度逐渐增大，流值总体呈增大趋势。当油石比达到 6.0%时，再生 SBS 改性沥青混合料的空隙率、饱和度、流值均不满足技术要求。

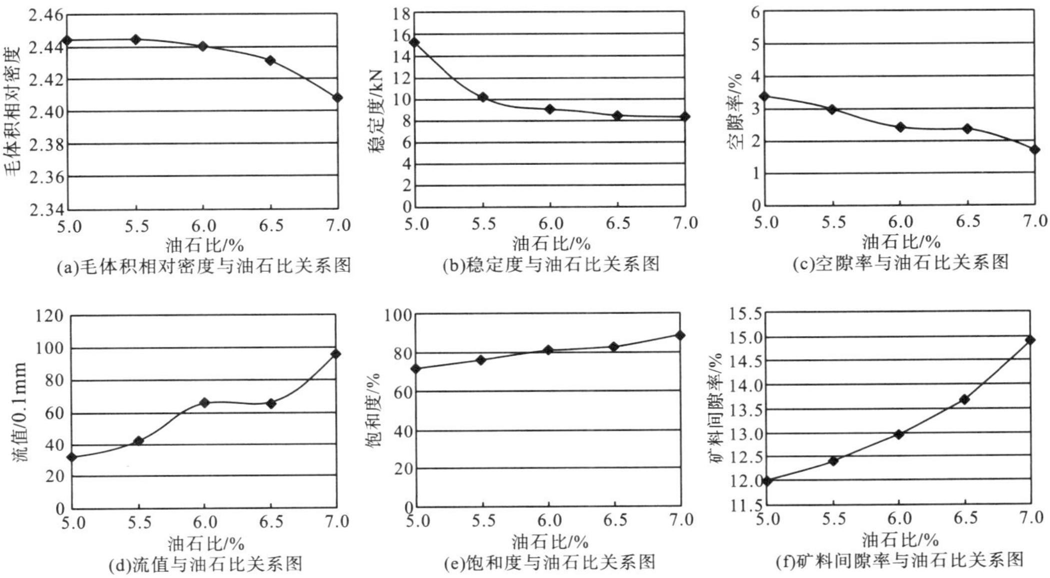

图 5-31　80%RAP 掺量下 AC-13 再生 SBS 改性沥青混合料各参数随油石比变化曲线

以 40%RAP 掺量为例，毛体积相对密度最大值对应的油石比 a_1=5.5%；稳定度最大值对应的油石比 a_2=3.5%，目标空隙率对应的油石比 a_3=4.4%，饱和度范围中值对应的油石比 a_4=4.2%，从而可计算最佳油石比 $OAC_1=(a_1+a_2+a_3+a_4)/4$=4.4%。

根据沥青混合料马歇尔试验技术标准，求出各项指标均符合技术标准的沥青用量范围 OAC_{min}～OAC_{max}，计算沥青最佳油石比 $OAC_2=(OAC_{min}+OAC_{max})/2$=(4.3%+4.5%)/2=4.4%。

根据 OAC_1 和 OAC_2 综合确定最佳油石比 $OAC=(OAC_1+OAC_2)/2$=(4.4%+4.4%)/2=4.4%。结合重庆市的气候条件及施工经验，确定最佳沥青用量为 4.4%。

按照上述方法，参照表 5-33～表 5-37 不同 RAP 掺量的马歇尔试验、沥青混合料体积参数与油石比的关系，分别得出 RAP 掺量为 50%、60%、70%、80%的再生 SBS 改性沥青混合料的最佳沥青用量分别为 4.6%、4.8%、5.2%、5.7%，其中沥青包括 RAP 中的旧沥青。

通过添加 7%ZZ 再生剂和未添加再生剂两种再生方式，对比不同掺量下不同种类再生 SBS 改性沥青混合料最佳沥青用量结果如表 5-38 和图 5-32 所示。

表 5-38　不同掺量下不同种类再生 SBS 改性混合料最佳沥青用量　（单位：%）

RAP 掺量	混合料种类	
	添加 7%ZZ 再生剂	未添加再生剂
40	4.4	4.6
50	4.6	4.7
60	4.8	5.0
70	5.2	5.5
80	5.7	6.1

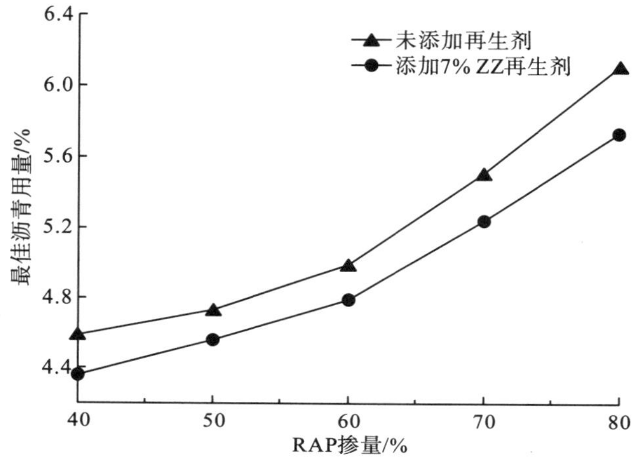

图 5-32　不同 RAP 掺量下不同种类再生 SBS 改性混合料最佳沥青用量

通过表 5-38 可以看出，随着 RAP 掺量增加，最佳沥青用量也逐渐增加，在相同 RAP 掺量下，添加 7%ZZ 再生剂的再生 SBS 改性沥青混合料的最佳沥青用量较未添加再生剂的最佳沥青用量少，说明通过添加 ZZ 再生剂可以有效减少新沥青的用量。

3. 添加温拌再生剂

温拌技术可以降低再生料拌和温度，降低拌和过程中旧沥青的二次老化，提高再生混合料性能，因此本节进一步探讨温拌再生剂对再生 SBS 改性沥青混合料性能的影响。实验研究采用 RAP 掺量为 50%，在不同温度条件下，确定其最佳温度和最佳沥青用量。选择 AC-13 新集料沥青用量的油石比，以拌和温度分别为 120℃、130℃、140℃，按 4.0%、4.5%、5.0%、5.5%、6.0%五个不同油石比分别成型马歇尔试件；采用真空法实测最大理论相对密度，测定再生 SBS 改性沥青混合料试件的毛体积相对密度，并计算其体积参数。马歇尔试验结果如表 5-39～表 5-41 所示，绘制再生 SBS 改性沥青混合料毛体积相对密度、空隙率、饱和度、稳定度、流值与油石比关系图，如图 5-33～图 5-35 所示。

表 5-39　50%RAP 掺量、拌和温度 120℃下 AC-13 再生 SBS 改性沥青混合料马歇尔试验结果

油石比/%	最大理论相对密度	毛体积相对密度	空隙率/%	矿料间隙率/%	饱和度/%	稳定度/kN	流值/0.1mm
4.0	2.4619	2.3520	4.864	14.506	66.469	8.34	27.8
4.5	2.4386	2.3835	2.678	9.312	71.241	8.40	30.6
5.0	2.4335	2.4031	1.551	13.481	88.495	8.42	29.2
5.5	2.4303	2.4100	0.847	13.645	93.793	8.08	41.4
6.0	2.4090	2.3935	0.355	14.640	97.575	7.27	37.5
技术指标	—	—	3～6	—	65～75	≥8	20～45

注："—"表示数据缺省。

从表 5-39 可以得出，随着油石比由 4.0%到 6.0%，50%RAP 掺量、拌和温度 120℃的再生 SBS 改性沥青混合料的最大理论相对密度、空隙率逐渐减小，稳定度总体呈减小趋势，而饱和度逐渐增大，流值总体呈增大趋势。

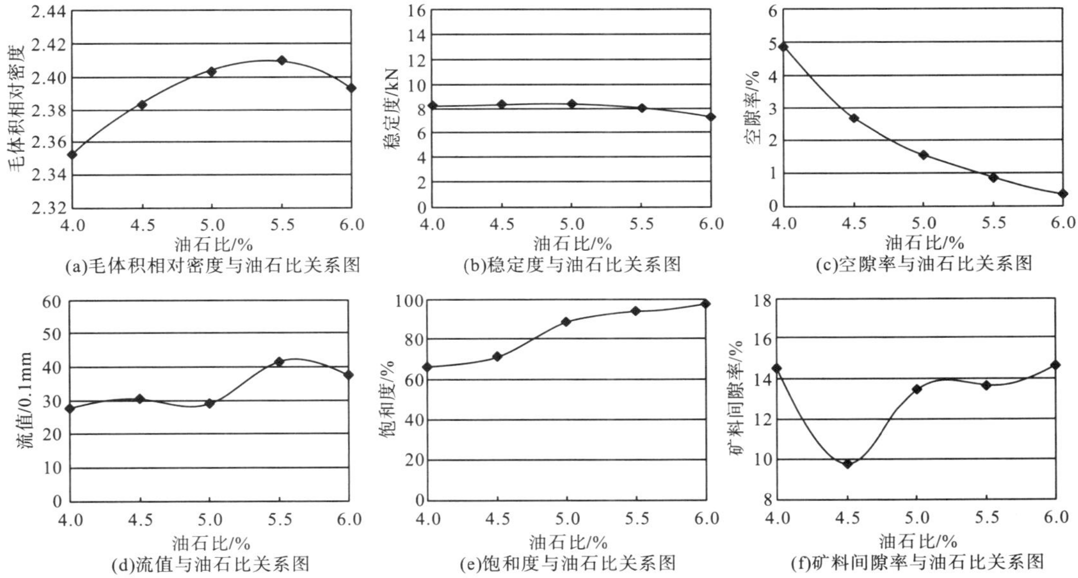

(a)毛体积相对密度与油石比关系图　(b)稳定度与油石比关系图　(c)空隙率与油石比关系图

(d)流值与油石比关系图　(e)饱和度与油石比关系图　(f)矿料间隙率与油石比关系图

图 5-33　50%RAP 掺量、拌和温度 120℃下 AC-13 再生 SBS 改性沥青混合料各参数随油石比变化曲线

表 5-40　50%RAP 掺量、拌和温度 130℃下 AC-13 再生 SBS 改性沥青混合料马歇尔试验结果

油石比/%	最大理论相对密度	毛体积相对密度	空隙率/%	矿料间隙率/%	饱和度/%	稳定度/kN	流值/0.1mm
4.0	2.4857	2.3637	4.909	14.084	65.145	8.60	27.8
4.5	2.4597	2.3898	2.842	8.914	68.118	8.40	34.0
5.0	2.4507	2.4151	1.450	13.048	88.887	8.30	29.2
5.5	2.4387	2.4325	0.038	12.838	99.704	8.08	41.4
6.0	2.4324	2.4065	0.780	14.178	94.449	7.27	37.5
技术指标	—	—	3～6	—	65～75	≥8	20～45

注："—"表示数据缺省。

从表 5-40 可以得出，随着油石比由 4.0%到 6.0%，50%RAP 掺量、拌和温度 130℃的再生 SBS 改性沥青混合料的最大理论相对密度、空隙率、稳定度逐渐减小，而饱和度、流值总体呈增大趋势。

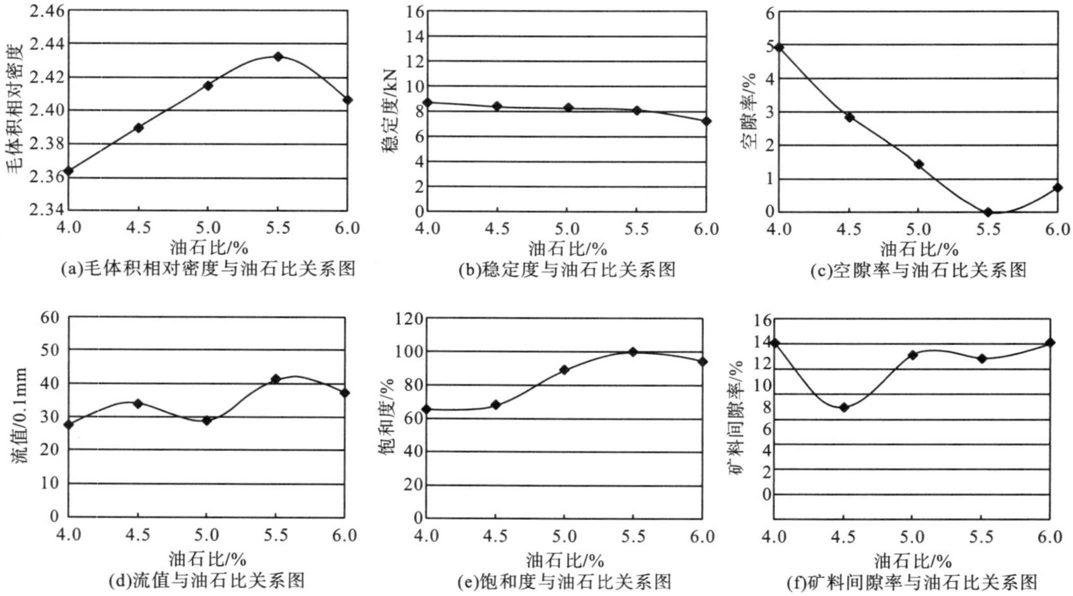

图 5-34　50%RAP 掺量、拌和温度 130℃下 AC-13 再生 SBS 改性沥青混合料各参数随油石比变化曲线

表 5-41　50%RAP 掺量、拌和温度 140℃下 AC-13 再生 SBS 改性沥青混合料马歇尔试验结果

油石比/%	最大理论相对密度	毛体积相对密度	空隙率/%	矿料间隙率/%	饱和度/%	稳定度/kN	流值/0.1mm
4.0	2.4969	2.3382	6.358	15.009	57.639	10.26	27.7
4.5	2.4806	2.4026	3.143	10.045	68.711	9.24	32.4
5.0	2.4336	2.4214	0.501	12.824	96.093	7.93	39.9
5.5	2.4486	2.4142	1.407	13.495	89.574	6.71	39.6
6.0	2.4455	2.4233	0.906	13.578	93.327	6.80	54.2
技术指标	—	—	3～6	—	65～75	≥8	20～45

注：“—”表示数据缺省。

从表 5-41 可以得出，随着油石比由 4.0%到 6.0%，50%RAP 掺量、拌和温度 140℃的再生 SBS 改性沥青混合料的最大理论相对密度、空隙率、稳定度总体呈减小趋势，而饱和度、流值总体呈增大趋势。当油石比达到 5.0%时，再生 SBS 改性沥青混合料的空隙率、饱和度不满足技术要求；当油石比达到 6.0%时，流值不满足技术要求。

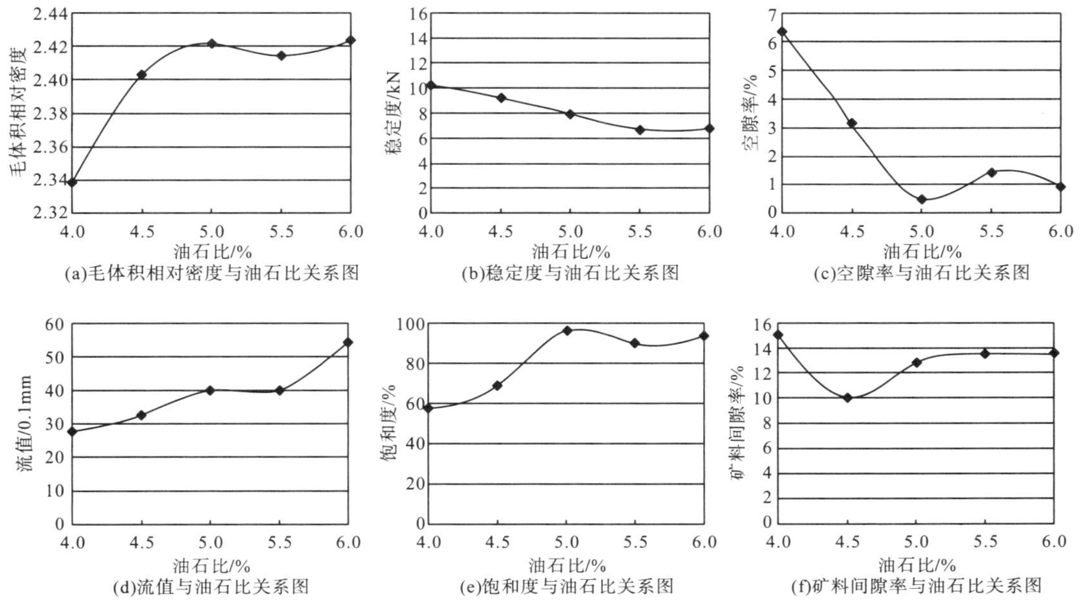

图 5-35　50%RAP 掺量、拌和温度 140℃下 AC-13 再生 SBS 改性沥青混合料各参数随油石比变化曲线

以 RAP 掺量为 50%、拌和温度为 120℃为例，毛体积相对密度最大值对应的油石比 a_1=5.5%，稳定度最大值对应的油石比 a_2=4.0%，目标空隙率对应的油石比 a_3=4.3%，饱和度范围中值对应的油石比 a_4=4.5%，从而可计算最佳油石比 $OAC_1=(a_1+a_2+a_3+a_4)/4$=4.6%。

根据沥青混合料的马歇尔试验技术标准，求出各项指标均符合技术标准的沥青用量范围 OAC_{min}～OAC_{max}，计算沥青最佳油石比 $OAC_2=(OAC_{min}+OAC_{max})/2$=(4.0%+4.7%)/2=4.4%。

根据 OAC_1 和 OAC_2 综合确定最佳油石比：$OAC=(OAC_1+OAC_2)/2$=(4.6%+4.4%)/2=4.5%。结合重庆市的气候条件及施工经验，确定最佳油石比为 4.5%。

按照上述方法，参照不同 RAP 掺量的马歇尔试验结果、沥青混合料体积参数与油石比的关系，分别得出 RAP 掺量为 50%、不同拌和温度 120℃、130℃、140℃的再生 SBS 改性沥青混合料，最佳沥青用量分别为 4.5%、4.4%、4.5%，其中沥青包括 RAP 中的旧沥青。

5.4　本 章 总 结

由于马歇尔试验方法长期以来积累了丰富的经验和资料，而且其所用设备简单，便于试验者掌握。根据国内外再生沥青混合料的生产经验，应用马歇尔试验方法作为再生沥青混合料配合比设计仍然是一种较好的方法。本章研究了大掺量 RAP 情况下，添加再生剂和未加再生剂的再生基质沥青混合料和再生 SBS 改性沥青混合料配合比设计方法。

1. 再生基质沥青混合料配合比设计

(1)再生基质沥青混合料配合比设计方法采用普通沥青混合料的马歇尔设计法是可行的。

(2)对于再生基质沥青混合料矿料级配设计，当 RAP 掺量为 40%、50%、60%、70%时，级配设计满足 AC-20 型级配要求，当 RAP 掺量为 80%时，级配曲线超出 AC-20 型上限，这是由于新加粗骨料较少，旧料中细料较多，导致级配出现细化，不满足要求。

(3)随着 RAP 掺量提高，再生基质沥青混合料新沥青用量减少、最佳油石比增加，稳定度上升；添加再生剂，可以降低再生基质沥青混合料最佳油石比。

(4)同一 RAP 掺量下，添加再生剂的再生基质沥青混合料的新沥青用量、最佳油石比以及稳定度小于不加再生剂的再生基质沥青混合料，这是因为再生剂能使老化沥青性能获得恢复，同时起到软化旧沥青的作用。

(5)RAP 掺量为 40%～70%时，两种类型的再生基质沥青混合料马歇尔各项指标均能满足规范要求。

2. 再生 SBS 改性沥青混合料配合比设计

(1)得出 RAP 掺量为 40%、50%、60%、70%、80%情况下，各档集料的掺配比例。

(2)对于再生 SBS 改性沥青混合料的最佳油石比确定，RAP 掺量为 40%、50%、60%、70%、80%的未添加再生剂的再生 SBS 改性沥青混合料的最佳沥青用量分别为 4.6%、4.7%、5.0%、5.5%、6.1%；添加 ZZ 再生剂的再生 SBS 改性沥青混合料的最佳沥青用量分别为 4.4%、4.6%、4.8%、5.2%、5.7%，其中沥青包括 RAP 中的旧沥青。

第6章　大掺量厂拌热再生沥青混合料路用性能

《美国沥青再生指南》指出正确设计的再生沥青混合料具有与新拌沥青混合料相当或在某些方面更好的路用性能。在澳大利亚 1997 年的《沥青路面再生指南》中，掺入 60%RAP 的沥青路面使用寿命与传统沥青路面相同，而抗车辙能力却得到增强。日本道路协会的《厂拌再生沥青铺装技术指南》中，将热拌再生沥青混合料应用于条件苛刻的重交通道路的路面使用情况调查结果表明，如果对热拌再生沥青混合料进行恰当的质量控制与管理，铺装后的性能与用新料铺装的各种性能没有区别。上述结论是基于系统的研究和多年实践得出的，本章对再生基质沥青混合料与再生 SBS 改性沥青混合料的路用性能进行了研究，以分析不同 RAP 掺量下再生剂对再生沥青混合料路用性能的影响。

6.1　大掺量再生基质沥青混合料性能

6.1.1　再生基质沥青混合料的高温稳定性

1. 沥青混合料高温性能概述

沥青混合料高温稳定性，就是指在外界温度较高情况下，沥青混合料保持原有形状抵抗不可恢复变形的能力。

沥青混合料是一种黏弹性材料，在温度较高的季节，路面受到高温作用，沥青混合料本身强度下降，在车辆重复荷载作用下容易出现车辙、波浪等永久变形，对路面的使用功能的耐久性造成了极大的损害。车辙是当今世界上对沥青路面最有危害的破坏形式之一。

抗车辙性能是沥青路面设计中要考虑的重要指标。据研究分析，沥青路面总车辙深度约 90%是由面层产生的。从中可以得出，沥青路面必须要进行高温车辙试验分析，由于大掺量厂拌热再生沥青混合料中有较多的 RAP，大掺量厂拌热再生沥青混合料同新拌沥青混合料不同，RAP 的掺入改变了再生沥青混合料的高温稳定性能，为此需要研究 RAP 对再生沥青混合料高温稳定性的影响规律。

2. 沥青混合料高温稳定性评价方法

评价沥青混合料高温稳定性的指标有很多，试验方法多种多样，如车辙试验、单轴加载试验、扭转剪切试验、简单剪切试验、弯曲蠕变试验、环道试验、大型直道试验、野外现场试验等。本书采用车辙试验来评价再生基质沥青混合料的抗车辙能力，一般情况下试验结果以变形量趋于稳定阶段(45～60min)的变形，即动稳定度 DS 表示，如图 6-1 和图 6-2 所示。

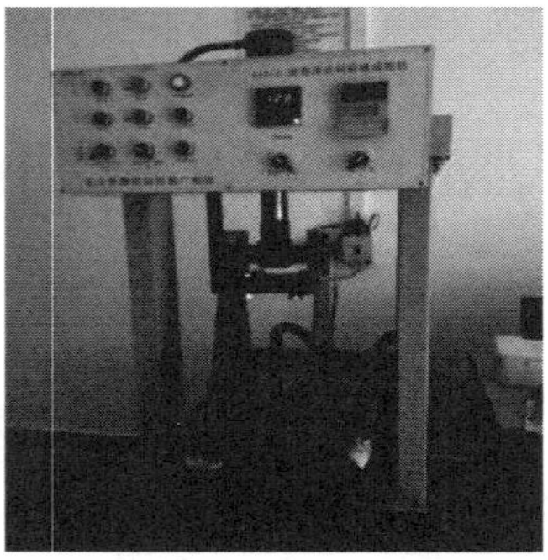

图 6-1　车辙板碾压成型

图 6-2　再生沥青混合料车辙仪

3. 试验结果及分析

动稳定度计算公式如下：

$$\mathrm{DS}=\frac{(t_2-t_1)\times N\times C_1\times C_2}{d_2-d_1} \tag{6-1}$$

式中，DS——再生基质沥青混合料动稳定度，次/mm；

d_2、d_1——对应时间 t_2(60min)和 t_1(45min)时，试件发生的变形量，mm；

C_1、C_2——系数，通常都取 1.0；

N——试验车轮往返碾压速度，次/min。

表 6-1 为车辙试验结果，图 6-3 是不同类型再生基质沥青混合料动稳定度对比图。

表 6-1　不同类型再生基质沥青混合料车辙试验结果

RAP 掺量/%	动稳定度/(次/mm)		规范要求/(次/mm)
	加 7%ZZ 再生剂	不加再生剂	
40	1724	1869	＞800
50	1903	2064	
60	2176	2487	
70	2499	2877	

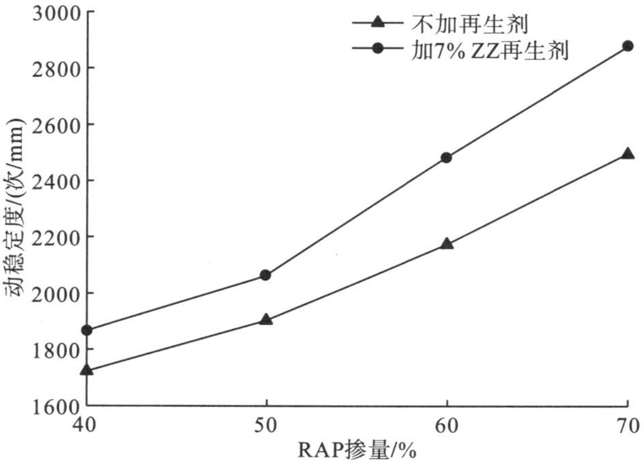

图 6-3　加与不加再生剂两种再生基质沥青混合料动稳定度对比图

由表 6-1 和图 6-3 可得：

(1) 再生基质沥青混合料的车辙试验结果表明，再生基质沥青混合料的动稳定度满足规范大于 800 次/mm 的要求，说明 RAP 掺入使再生基质沥青混合料具有更高的高温稳定性。

(2) 随着 RAP 掺量从 40%增加到 70%，再生基质沥青混合料的高温稳定性增大，但最大值不高于 3000 次/mm，表明 RAP 掺量越大，再生基质沥青混合料高温稳定性越好。究其原因，再生基质沥青混合料中 RAP 增多，老化沥青也随之增多，老化沥青针入度和延度降低，表现出混合料变硬变脆，再生基质沥青混合料动稳定度提高。

(3) 相同 RAP 掺量下，加再生剂的再生基质沥青混合料动稳定度都低于不加再生剂的再生基质沥青混合料。这是由于再生剂融入老化沥青中，对老化沥青进行再生恢复，使得老化沥青黏度改善，混合料变柔软，一定程度上降低了再生基质沥青混合料的强度，再生剂对再生基质沥青混合料的高温性能具有降低作用。

(4) 随着 RAP 掺量从 40%增加到 70%，添加与不添加再生剂的两种再生基质沥青混合料的动稳定度差值逐渐变大，说明 RAP 掺量越多再生剂对 RAP 作用效果就越明显。

6.1.2　再生基质沥青混合料的低温抗裂性

沥青路面的低温抗裂性，指沥青混合料在低温情况下，具有较好的变形性能和抵抗外力作用而不开裂的能力。对于大掺量厂拌热再生沥青混合料，随着 RAP 掺量的增多，旧沥青增多导致再生基质沥青混合料变形能力降低，在外力作用下更容易开裂。

评价沥青混合料低温抗裂性的方法有很多，如弯曲试验、直接拉伸试验、弯曲蠕变试验、间接拉伸试验等。目前我国主要采用弯曲蠕变试验和小梁低温弯曲试验评价混合料低温抗裂性。本书采用小梁低温弯曲试验研究大掺量 RAP 厂拌热再生基质沥青混合料的低温抗裂性。

1. 试验结果及分析

采用该试验方法评价再生基质沥青混合料低温抗裂性。

$$\varepsilon_{B} = \frac{6 \times h \times d}{L^2} \tag{6-2}$$

$$R_{B} = \frac{3 \times L \times P_{B}}{2 \times b \times h^2} \tag{6-3}$$

$$S_{B} = \frac{R_{B}}{\varepsilon_{B}} \tag{6-4}$$

式中，R_B——试件破坏时的弯拉强度，MPa；

S_B——试件破坏时的弯曲劲度模量，MPa；

ε_B——试件破坏时的最大弯拉应变，$\mu\varepsilon$；

P_B——试件破坏时的最大荷载，N；

b——跨中断面试件的宽度，mm；

L——试件跨径，mm；

h ——试件跨中断面的高度，mm；

d ——试件破坏时的跨中挠度，mm。

采用-10℃的小梁低温弯曲试验评价再生基质沥青混合料的低温抗裂性，测试所用小梁试件如图 6-4 所示，试验结果如表 6-2 所示。

表 6-2　不同 RAP 掺量下再生基质沥青混合料小梁低温弯曲试验(加和不加再生剂)

RAP 掺量/%	弯拉强度 R_B/MPa	弯拉强度(加) R_B/MPa	弯拉应变 $\varepsilon_B/\mu\varepsilon$	弯拉应变(加) $\varepsilon_B/\mu\varepsilon$	劲度模量 S_B/MPa	劲度模量(加) S_B/MPa
40	8.27	7.51	3095	3418	2672	2197
50	8.69	7.63	2823	3234	3080	2359
60	9.36	7.72	2602	3191	3601	2419
70	10.21	8.12	2396	3039	4260	2672

图 6-4　小梁试件

试验结果表明：

(1)随着再生基质沥青混合料中 RAP 的增多，再生基质沥青混合料的弯曲破坏应变减小，主要原因是旧沥青增多导致再生基质沥青混合料变硬、变脆、劲度模量变大，抵抗变形的能力降低进而导致再生基质沥青混合料更容易开裂破坏。

(2)相同 RAP 掺量下，加入再生剂的再生基质沥青混合料的弯拉强度低于不加再生剂的，这是由于再生剂的加入使老化沥青老化程度和性能得到进一步恢复、流变性能改善。

(3)再生剂的掺入使再生基质沥青混合料的低温弯曲破坏应变有增大的趋势，这说明再生剂在一定程度上改善了再生基质沥青混合料的低温抗裂性能。

综上，在 RAP 的掺量适合范围内，生产质量控制得当，再生基质沥青混合料的低温抗裂性可以满足规范的要求。

6.1.3　再生基质沥青混合料的水稳定性

1. 水损害对沥青路面的影响

所谓的沥青路面的水损害，是指在外部水环境下沥青混合料抵抗病害的一种能力。外界的水通过路面孔隙、裂缝进入沥青混合料内部后滞留于沥青混合料空隙中，然后渗透到沥青和集料相互黏结的表面。当车辆在路面上行驶时，在水的不断渗透与动水压力冲刷作用下，沥青和集料开始相互剥离，导致骨料和骨料之间失去了沥青的黏结力，从而导致沥青路面松散剥落，使路面出现病害。

2. 沥青混合料水稳定性试验方法

沥青混合料的水稳定性试验方法有很多种，主要包括：浸水马歇尔稳定度试验、浸水间接拉伸试验、冻融劈裂试验、浸水车辙试验、间接拉伸试验(Lottman 条件下)、真空饱水马歇尔试验等。本书采用浸水马歇尔稳定度试验与冻融劈裂试验两种方法，对再生基质沥青混合料的水稳定性进行评价，试验仪器如图 6-5、图 6-6 所示。

图 6-5 马歇尔稳定度测试仪

图 6-6 劈裂强度测试仪

1) 浸水马歇尔稳定度试验

浸水马歇尔稳定度试验以残留稳定度比作为水稳定性评价指标，试验过程中，试件被分成两组，一组在 60℃恒温水浴保养 0.5h 后测其稳定度 MS，另一组在相同环境下保养 48h 后测其稳定度 MS_1，残留稳定度比 MS_0 按照式(6-5)计算：

$$MS_0 = \frac{MS_1}{MS} \times 100\% \tag{6-5}$$

式中，MS——浸水 0.5h 的试件的稳定度，kN；

MS_1——浸水 48h 的试件的稳定度，kN。

采取浸水马歇尔稳定度试验研究不同类型再生基质沥青混合料的水稳定性能。试验结果如表 6-3 所示。

表 6-3 不同掺量下 AC-20 再生基质沥青混合料浸水马歇尔稳定度试验结果

RAP 掺量/%	浸水 0.5h 后的稳定度/kN	浸水 48h 后的稳定度/kN	残留稳定度比/%	规范要求/%
40(加再生剂)	10.98	10.22	93.08	>80(潮湿区)
40(不加再生剂)	11.21	10.20	90.99	
50(加再生剂)	11.68	10.81	92.55	
50(不加再生剂)	12.11	10.87	89.76	

续表

RAP 掺量/%	浸水 0.5h 后的稳定度/kN	浸水 48h 后的稳定度/kN	残留稳定度比/%	规范要求/%
60（加再生剂）	12.86	11.45	89.04	
60（不加再生剂）	13.69	11.69	85.39	
70（加再生剂）	13.65	11.64	85.27	＞80（潮湿区）
70（不加再生剂）	14.19	11.54	81.32	

从表 6-3 和图 6-7、图 6-8 可得：

（1）随着 RAP 掺量从 40%增加到 70%，虽然再生基质沥青混合料浸水马歇尔残留稳定度比都满足规范要求，但从残留稳定度比走向看，RAP 的掺入降低了再生基质沥青混合料的水稳定性。

（2）相同 RAP 掺量下，添加再生剂的再生基质沥青混合料残留稳定度比高于未加再生剂的再生基质沥青混合料的残留稳定度比，说明再生剂在一定程度上对再生基质沥青混合料的水稳定性具有改善作用。

（3）由图 6-8 可知，随着 RAP 掺量增大，加与不加再生剂的再生基质沥青混合料残留强度比差值呈增大趋势。随着 RAP 的增多，再生剂的掺量增加，再生剂改善老化沥青性能效果更加明显，表明再生剂改善再生基质沥青混合料水稳定性效果优于软质沥青。

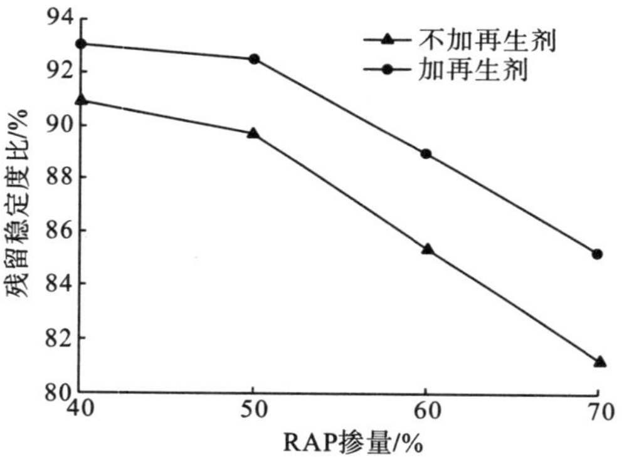

图6-7　AC-20再生基质沥青混合料浸水马歇尔残留稳定度比

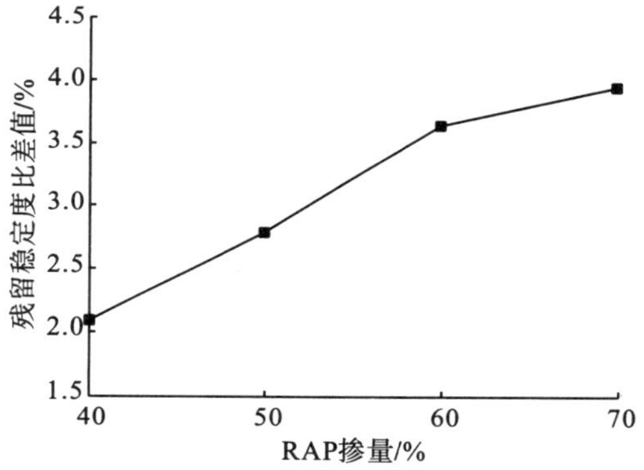

图 6-8　加与不加再生剂再生基质沥青混合料残留稳定度比差值

2）冻融劈裂试验

采用冻融劈裂试验研究再生基质沥青混合料水稳定性，首先将试件真空饱水后在−18℃下保持 16h±1h，然后放入 60℃恒温水槽中 24h，通过冻融劈裂残留强度比评价再生基质沥青混合料的水稳定性，冻融劈裂残留强度比按下式计算：

$$R_{T_1} = 0.006287 P_{T_1} / h_1 \tag{6-6}$$

$$R_{T_2} = 0.006287 P_{T_2} / h_2 \tag{6-7}$$

$$\mathrm{TSR}=\frac{\bar{R}_{T_1}}{\bar{R}_{T_2}}\times 100\% \tag{6-8}$$

式中，P_{T_1} ——未经冻融循环的单个试件的试验荷载，N；

P_{T_2} ——经受冻融循环的单个试件的试验荷载，N；

h_1 ——未经冻融循环的单个试件的高度，mm；

h_2 ——经受冻融循环的单个试件的高度，mm；

TSR ——冻融劈裂残留强度比，%；

$\bar{R}_{T_1}$ ——经受冻融循环的试件的平均劈裂抗拉强度，MPa；

$\bar{R}_{T_2}$ ——未经冻融循环的试件的平均劈裂抗拉强度，MPa。

由表 6-4 和图 6-9～图 6-11 得出：

(1) 随着 RAP 掺量从 40%到 60%，再生基质沥青混合料平均劈裂抗拉强度呈现上升趋势；当 RAP 掺量为 60%～70%时，相比于再生基质沥青混合料(不加再生剂)未经冻融循环的平均劈裂抗拉强度，再生基质沥青混合料(不加再生剂)经受冻融循环后的平均劈裂抗拉强度呈略微降低趋势。

(2) 相同 RAP 掺量下，冻融前再生基质沥青混合料平均劈裂抗拉强度大于冻融后平均劈裂抗拉强度。原因是再生基质沥青混合料在经过饱水冻结时，进入开口空隙的水结冰后体积膨胀，导致空隙受损开裂。

(3) 相同 RAP 掺量下，总体上表现为加再生剂的再生基质沥青混合料平均劈裂抗拉强度小于未加再生剂的再生基质沥青混合料。这是因为未加再生剂的再生基质沥青混合料模量更高，导致平均劈裂抗拉强度较大。

(4) 随着 RAP 掺量从 40%到 70%，TSR 逐渐降低，究其原因为 RAP 掺量越大老化沥青含量越高，老化沥青抵抗变形能力较差，在冻胀应力过程中，易导致混合料开裂，另外老化沥青与集料黏附力差于新沥青，高掺量 RAP 再生基质沥青混合料中，沥青与集料的表面更容易受到水的渗透，导致水损坏。因此，RAP 掺量越大，TSR 越低。

(5) 相同 RAP 掺量下，加再生剂再生基质沥青混合料 TSR 大于未加再生剂再生基质沥青混合料。这说明再生剂能够提高老化沥青塑性变形能力和与集料的黏附力，从而增强再生基质沥青混合料抗冻胀能力和抗水害能力，这与再生剂能提高再生基质沥青混合料浸水马歇尔残留稳定度是一致的。因此，再生剂能够很好地改善再生基质沥青混合料的水稳定性。

(6) 随着 RAP 掺量变大，加与不加再生剂两种再生基质沥青混合料 TSR 差值变大，这与浸水马歇尔残留稳定度差值变化规律一致，说明在 RAP 掺量较大时，再生剂对再生基质沥青混合料水稳定性改善效果更加突出。

(7) 当 RAP 掺量为 70%时，加再生剂的再生基质沥青混合料 TSR 大于 75%，满足规范要求；不加再生剂的再生基质沥青混合料 TSR 为 72.51%，不满足规范要求，表明较高掺量的再生基质沥青混合料必须加再生剂才能满足水稳定性要求。

表 6-4　不同 RAP 掺量下 AC-20 再生基质沥青混合料冻融劈裂试验结果

RAP 掺量/%	未经冻融循环的平均劈裂抗拉强度/MPa	经受冻融循环的平均劈裂抗拉强度/MPa	TSR/%	规范要求/%
40（加再生剂）	2.06	1.75	84.95	＞75
40（不加再生剂）	2.31	1.92	83.12	
50（加再生剂）	2.28	1.90	83.33	
50（不加再生剂）	2.65	2.15	81.13	
60（加再生剂）	3.30	2.68	81.21	
60（不加再生剂）	3.49	2.73	78.22	
70（加再生剂）	3.56	2.75	77.25	
70（不加再生剂）	3.60	2.61	72.50	

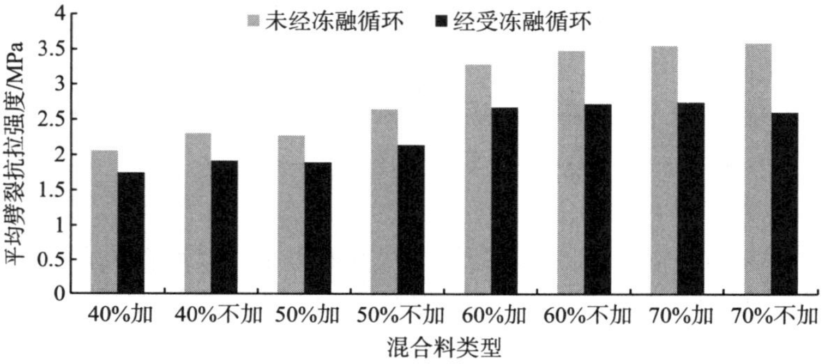

图 6-9　不同 RAP 掺量下再生基质沥青混合料冻融前后平均劈裂抗拉强度（加与不加再生剂）

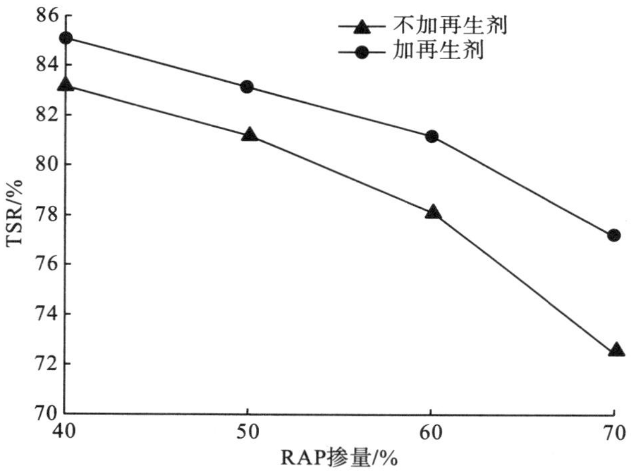

图 6-10　不同 RAP 掺量下再生基质沥青混合料 TSR（加与不加再生剂）

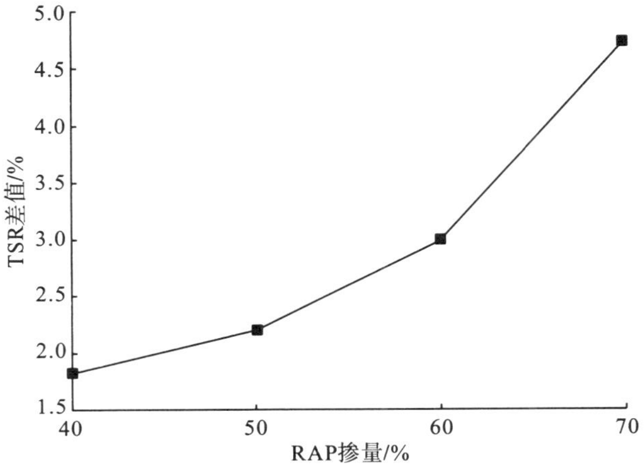

图 6-11　加与不加再生剂两种再生基质沥青混合料 TSR 差值

6.2　大掺量再生 SBS 改性沥青混合料性能

前一节重点对大掺量再生基质沥青混合料的各项路用性能进行了系统阐述，分析了各 RAP 掺量下再生基质沥青混合料的高温抗车辙、低温抗开裂、抗水损破坏的能力。毋庸置疑，无论是研究老化沥青经再生后的基本性能，还是进行再生沥青混合料的配合比精细化设计，目的都是提高再生沥青混合料的路用性能。与普通沥青混合料一样，再生沥青混合料必须具有足够的强度和刚度，以抵抗车轮荷载产生的压缩、弯拉、剪切等应力和变形，高温条件下具有良好的高温稳定性，低温时能够有效抵抗低温开裂，同时具有良好的水稳性和抗老化性能，SBS 改性沥青混合料亦不例外。因此，本节将结合再生 SBS 改性沥青混合料试验，阐述 RAP 掺量分别为 40%、50%、60%、70%、80%时，再生 SBS 改性沥青混合料的高温稳定性、低温抗裂性、水稳定性等路用性能。

6.2.1　再生 SBS 改性沥青混合料高温稳定性

再生 SBS 改性沥青混合料由回收的废旧改性沥青混合料、SBS 改性再生剂、新结合料和新集料所组成。由于添加了部分改性剂，与再生基质沥青及其混合料相比，沥青胶结料黏度大、混合料模量更高。

沥青混合料的高温稳定性的评价方法，包括马歇尔稳定度、流值、马歇尔模数、单轴压缩试验、三轴试验、蠕变试验、静态蠕变和动态蠕变试验、车辙试验及环道试验等。车辙试验是我国目前评价沥青路面高温稳定性最主要的方法。本节采用车辙试验，对不同再生方法的再生 SBS 改性沥青混合料进行高温稳定性评价。试验结果如表 6-5、表 6-6 和图 6-12、图 6-13 所示。

表 6-5　不同拌和温度下 AC-13 再生 SBS 改性沥青混合料的车辙试验结果（掺 50%RAP）

拌和温度/℃	120	130	140
动稳定度/(次/mm)	1704	1503	1372

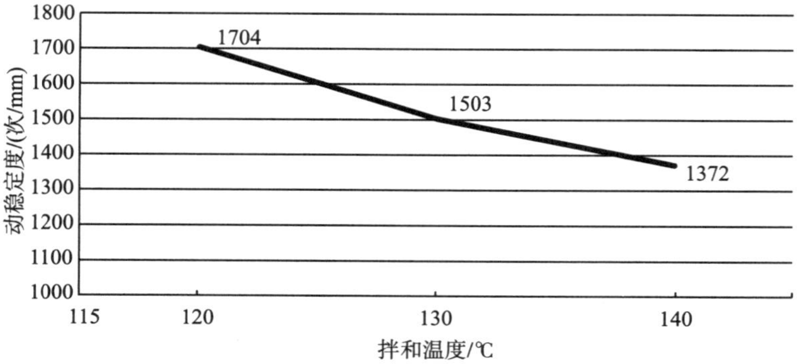

图 6-12　不同拌和温度下 AC-13 再生 SBS 改性沥青混合料动稳定度

由图 6-12 可以看出，再生 SBS 改性沥青混合料的动稳定度随拌和温度的增加而减小，说明拌和温度过高对再生 SBS 改性沥青混合料的高温稳定性有一定衰减作用。

表 6-6　不同 RAP 掺量下 AC-13 再生 SBS 改性沥青混合料车辙试验结果

RAP 掺量/%		40	50	60	70	80	规范要求
动稳定度 /(次/mm)	A 类混合料	2523	2764	3018	3392	3694	≥800
	B 类混合料	2746	2901	3303	3783	4025	≥800

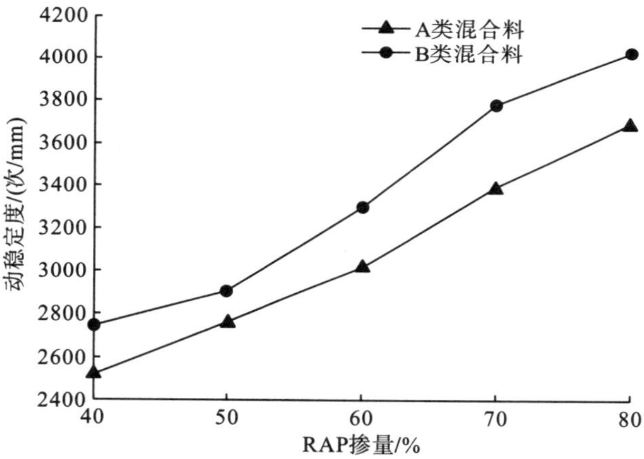

图 6-13　不同 RAP 掺量下 AC-13 再生 SBS 改性沥青混合料动稳定度

注：代号 A 表示胶结料仅添加 90#基质沥青，代号 B 表示胶结料添加 90#基质沥青及占老化沥青质量 7%的 ZZ 再生剂。本节其余地方同理，不再标注。

结果表明：不同 RAP 掺量的再生 SBS 改性沥青混合料动稳定度都大于 800 次/mm，高温性能都满足规范要求。其中，在一定范围内(40%～80%)，RAP 掺量越大，再生 SBS 改性沥青混合料高温稳定性越好。在相同 RAP 掺量下，相比于仅添加 90#基质沥青这一再生方法，ZZ 再生剂含有 SBS，则其对应的再生 SBS 改性沥青混合料的高温稳定性得到了一定程度的增强。

在添加再生剂的再生 SBS 改性沥青混合料中，RAP 掺量为 80%的再生 SBS 改性沥青混合料动稳定度最大。这是由于旧料中的老化沥青黏度增大，沥青变硬，老化沥青多，所占比例大，随着 RAP 掺量增加，再生 SBS 改性沥青混合料动稳定度增加。

6.2.2　再生 SBS 改性沥青混合料低温抗裂性

沥青混合料的低温抗裂性是路用性能的重要指标，如果面层出现裂缝，水分就会从裂缝处不断进入基层从而使路基软化，导致其承载力下降，影响行车舒适性并使路面寿命降低。

目前评价沥青混合料低温开裂的方法很多，主要有间接拉伸试验、直接拉伸试验、弯曲蠕变试验、受限试件的温度应力试验、小梁低温弯曲试验、应力松弛试验等。小梁低温弯曲试验和弯曲蠕变试验能比较直观地评定沥青混合料低温破坏特性，且简单易行，而其他几种方法对试验设备和设备精度要求较高，因此本书采用小梁低温弯曲试验对再生 SBS 改性沥青混合料的低温抗裂性进行评价。

小梁低温弯曲试验可用来评价沥青混合料的抗弯拉强度、破坏弯拉应变及破坏时的弯曲劲度模量。抗弯拉强度表征沥青混合料抵抗弯拉应力作用的能力，抗弯拉强度越高，材料抵抗破坏的能力越强，低温时抵抗收缩应力的能力就越强，路面低温抗裂性越好。低温时沥青混合料的破坏弯拉应变与破坏时的弯曲劲度模量也是表征沥青混合料低温抗裂性的指标。

表 6-7 和图 6-14 的试验结果表明：在一定 RAP 掺量范围内(40%～80%)，RAP 掺量越大，再生 SBS 改性沥青混合料低温抗裂性、抗变形性越差。其中，加 ZZ 再生剂的再生 SBS 改性沥青混合料的破坏弯拉应变大于不加 ZZ 再生剂的再生 SBS 改性沥青混合料，说明 ZZ 再生剂可以有效改善再生 SBS 改性沥青混合料的低温抗裂性。

表 6-7　不同 RAP 掺量下再生 SBS 改性沥青混合料小梁低温弯曲试验结果

RAP 掺量/%	40		50		60		70		80		规范要求
低温指标	A	B	A	B	A	B	A	B	A	B	
破坏弯拉应变/με	2512	2997	2356	2782	2287	2517	2132	2474	1946	2138	＞2400

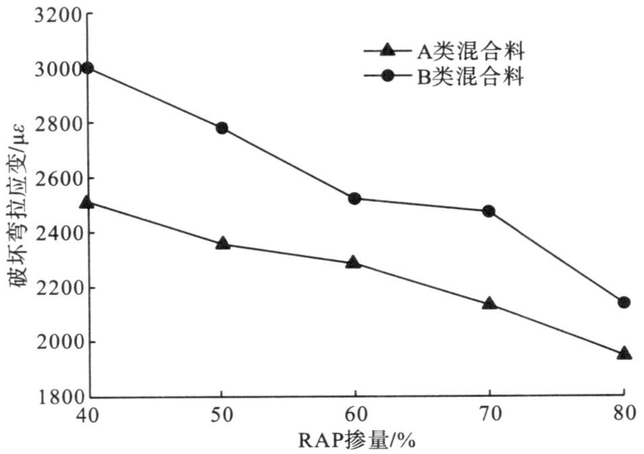

图 6-14　不同 RAP 掺量下再生 SBS 改性沥青混合料小梁低温弯曲试验结果

6.2.3　再生 SBS 改性沥青混合料水稳定性

沥青路面水稳定性，即抵抗受水的侵蚀而破坏的能力。对于沥青路面来说，除荷载和水分等外部条件外，水稳性主要取决于沥青混合料的抗水损害能力。沥青混合料的水稳性能与许多因素有关，取决于沥青与集料的黏附性、沥青膜厚度和混合料的空隙率等。

水损害是沥青路面的主要病害之一，所谓沥青路面的水损害是指进入沥青路面孔隙、裂缝的水，在车轮动荷载产生的动水压力或真空抽吸冲刷的反复作用下，逐渐渗入沥青与集料的界面或沥青内部，使沥青与集料之间的黏附性降低，从而使沥青膜逐渐从集料表面剥离，沥青混合料掉粒、松散，继而形成沥青路面的坑槽，使沥青路面结构发生破坏的现象。现有高速公路的有效服务时间普遍未能达到设计使用年限，常常是由于沥青混合料面层的水稳定性不足造成了路面早期水损害，使高速公路在通车 2～3 年便出现明显的松散、坑槽等现象，水损害已成为我国高速公路沥青路面损害的主要形式之一，因此对沥青路面提出了水稳定性的要求。

目前，各国评价沥青混合料水稳定性的方法很多，其中得到广泛应用的有：浸水马歇尔稳定度试验、冻融劈裂试验、真空饱水马歇尔试验、真空饱水劈裂试验、浸水抗压强度试验、浸水劈裂强度试验、浸水车辙试验等。我国评价沥青路面水稳定性的方法主要有两种，即浸水马歇尔稳定度试验和冻融劈裂试验，采用这两种试验方法来研究不同再生方法对再生 SBS 改性沥青混合料水稳定性的改善效果。

不同拌和温度下，AC-13 再生 SBS 改性沥青混合料抗水损害性能试验结果如表 6-8、表 6-9 和图 6-15 所示。

表 6-8　不同拌和温度下 AC-13 再生 SBS 改性沥青混合料抗水损害性能试验结果

水稳指标	不同拌和温度下的试验结果		
	120℃	130℃	140℃
残留稳定度比/%	87.24	91.31	95.82
TSR/%	86.14	88.32	94.73

表 6-9　不同 RAP 掺量下 AC-13 再生 SBS 改性沥青混合料抗水损试验结果

RAP 掺量/%	40		50		60		70		80		规范要求
指标	A	B	A	B	A	B	A	B	A	B	
残留稳定度比/%	96.84	99.62	92.86	98.58	93.26	95.38	89.15	92.58	83.47	88.36	≥80
TSR/%	95.47	98.32	92.48	96.18	90.29	94.76	88.23	91.74	81.59	86.73	≥75

通过图 6-15 可以看出：随着拌和温度的提高，残留稳定度比与 TSR 都有所改善，说明拌和温度提高能改善再生 SBS 改性沥青混合料的水稳定性。

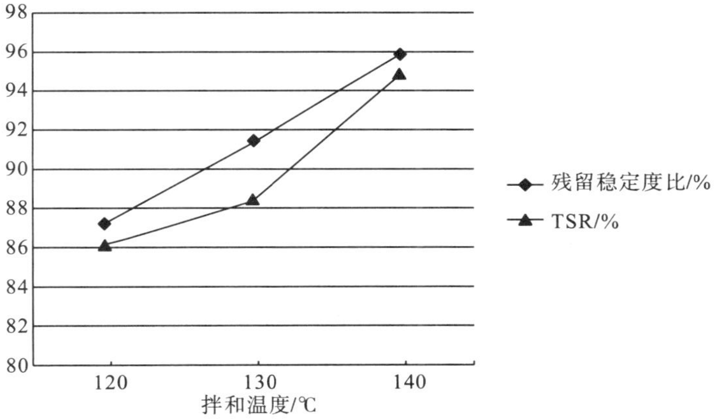

图 6-15　不同拌和温度下 AC-13 再生 SBS 改性沥青混合料水稳定性

图 6-16 的残留稳定度比试验结果表明：添加 ZZ 再生剂后，残留稳定度比都较不添加 ZZ 再生剂的再生 SBS 改性沥青混合料要大，表明 ZZ 再生剂的添加能有效提高再生 SBS 改性沥青混合料的抗水损害性能。

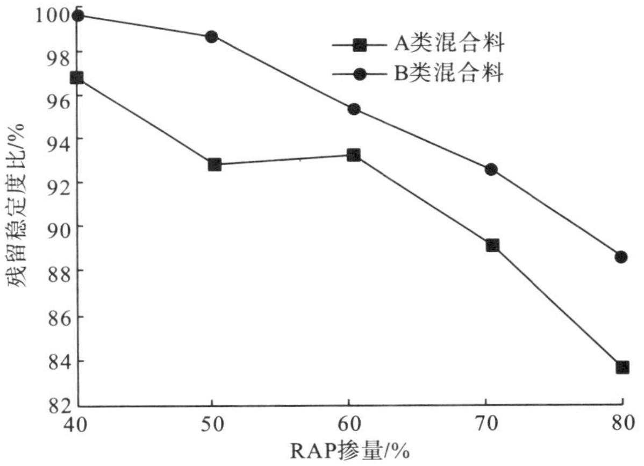

图 6-16　不同 RAP 掺量下 AC-13 再生 SBS 改性沥青混合料残留稳定度比

图 6-17 的冻融劈裂试验结果表明：添加 ZZ 再生剂的再生 SBS 改性沥青混合料 TSR 比不加 ZZ 再生剂的再生 SBS 改性沥青混合料 TSR 大，说明 ZZ 再生剂对再生 SBS 改性沥青混合料的水稳定性改善效果较好。

添加 ZZ 再生剂后，残留稳定度比与 TSR 都有所改善，说明再生剂能提高再生 SBS 改性沥青混合料的水稳定性。究其原因，再生剂一般都含有抗剥落剂，在再生 SBS 改性沥青混合料中掺入再生剂，可以有效降低其水损坏程度。此外，再生剂可以使老化沥青中的部分沥青质转化为胶质，胶质具有良好的延展性，在再生 SBS 改性沥青混合料经受冻融循环时，可以有效降低其所受的破坏程度。

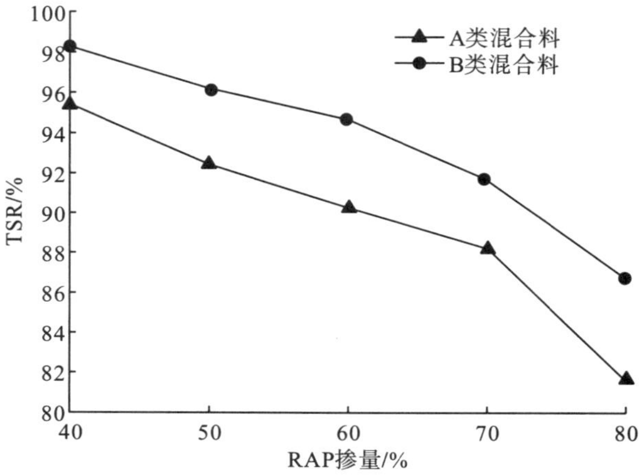

图 6-17　不同 RAP 掺量下 AC-13 再生 SBS 改性沥青混合料 TSR

6.3 本 章 总 结

本章通过对再生基质沥青混合料与再生 SBS 改性沥青混合料的再生性能进行研究，对再生沥青混合料的高温稳定性、低温抗裂性与水稳定性等路用性能进行评价，结果表明加入适量再生剂后的再生沥青混合料路用性能可以满足使用要求。

(1)通过车辙试验得出，两种再生沥青混合料的动稳定度满足规范要求，且随着 RAP 掺量的提高，其动稳定度也有一定程度增大，说明再生沥青混合料具有较好的高温稳定性；在相同 RAP 掺量下，再生剂会降低再生沥青混合料的动稳定度。

(2)随着 RAP 掺量从 40%增大至 70%，加与不加再生剂两种再生基质沥青混合料残留稳定度比和 TSR 都呈下降趋势，说明 RAP 增多不利于提高再生基质沥青混合料水稳定性；在相同 RAP 掺量下，加再生剂的再生基质沥青混合料残留稳定度比和 TSR 高于不加再生剂的再生基质沥青混合料，这说明再生剂有助于提高再生基质沥青混合料水稳定性能；当 RAP 掺量高达 70%时，不加再生剂的再生基质沥青混合料 TSR 不满足规范要求，而加再生剂的再生基质沥青混合料仍能达到规范要求。

(3)弯曲试验结果表明，随着 RAP 的掺量的增加，两种再生沥青混合料的弯曲破坏应变减小，在相同 RAP 掺量下，加入再生剂的再生基质沥青混合料弯拉强度大于不加再生剂的。

(4)添加 7%ZZ 再生剂后，再生 SBS 改性沥青混合料的残留稳定度比与 TSR 都有所改善，因此，ZZ 再生剂有利于提高再生 SBS 改性沥青混合料的水稳定性。

第 7 章　大掺量厂拌热再生沥青混合料疲劳特性

7.1　疲劳行为分析方法

随着公路交通不断发展，汽车轴重增加，车辆对道路的损害作用越来越大。由于路面长期受到循环荷载作用，在应力和应变的变化交叠状态下，路面结构强度逐渐降低。当荷载超过一定次数后，路面结构的承受能力不足以抵抗荷载作用下的应力，会导致路面出现裂纹，裂纹使路面失去使用功能，产生疲劳破坏。

现有的研究成果对沥青路面疲劳性能的研究方法基本上可以分为两种，一种为现象学法，即传统理论研究方法，它采用材料的疲劳曲线来表征疲劳性能；另一种是力学分析法，即利用传播断裂力学原理分析材料的疲劳裂纹来确定疲劳寿命的一种方法。现象学法和力学分析法都是以研究材料的裂纹和裂纹扩展为基础，主要的区别是前者的研究包括疲劳裂纹的形成和扩展阶段、应变的关系以及对疲劳寿命的影响，而后者只考虑裂纹扩展阶段。

7.1.1　现象学法

现象学法当中，材料在某个重复荷载应力作用下出现疲劳破坏，这个应力称为疲劳破坏应力，循环作用次数叫作疲劳寿命次数。因为在实验室对材料疲劳试验方法不一样，疲劳破坏所呈现的状态显然是不同的，所以，疲劳寿命可以用两种方式来表示：使用寿命和破坏寿命。其中使用寿命是材料在某个应力荷载反复作用下达到破坏状态所经历的次数。

现象学法的疲劳试验中，可以用的加载方法有两种，一种是应力控制，另外一种是应变控制。应力控制是指荷载在循环加载过程中保持不变，随着加载循环的增长，最终导致疲劳试样的断裂。这种控制方法疲劳破坏的准则是完全破坏。应变控制是指重复加载过程中最小和最大应变保持不变，在这种模式下，试样通常不会出现明显的破坏，材料初始刚度降低到原来的 50%或更低作为疲劳破坏的准则。

被普遍认同的混合料疲劳模型由诺丁汉大学的 P. S. Pell 和加利福尼亚大学伯克利分校的 C. L. Monismith 提出，具体疲劳方程如下。

应变控制模式：

$$N_f = C\left(\frac{1}{\varepsilon_0}\right)^m \tag{7-1}$$

应力控制模式：

$$N_f = K\left(\frac{1}{\sigma_0}\right)^n \tag{7-2}$$

式中，N_f——试件破坏时的循环荷载次数；

ε_0、σ_0——初始弯拉应变、弯拉应力；

C、m、K、n——试验系数。

Monismith 等对沥青混合料进行了更深入的研究，提出新的疲劳方程如下：

$$N_f = a\left(\frac{1}{\varepsilon_0}\right)^b \left(\frac{1}{S_0}\right)^c \tag{7-3}$$

式中，N_f——试件破坏时的循环荷载次数；

ε_0——初始弯拉应变；

S_0——沥青混合料的初始劲度；

a、b、c——由试验所确定的系数。

7.1.2　力学分析法

力学分析法将沥青混合料视为一种典型的黏弹性材料，其力学特性依赖于荷载作用的时间和温度，其综合模量由恒定模量（弹性部分）和损耗模量（黏性部分）组成。

沥青混合料的疲劳强度主要取决于损耗模量和应力应变循环过程中的能耗。这一方法的主要特点是疲劳试验中的总能耗与循环荷载的重复作用次数之间存在着一定关系。

SHRP 中也采用力学分析法研究沥青混合料的疲劳响应问题。SHRP 在压实沥青混合料重复弯曲疲劳寿命测定的标准试验方法（SHRP-M-009）中还给出了累计耗散能及耗散能累计到破坏时的计算方法。

基于耗散能原则，使用加载循环次数与能量散失的关系式及初始劲度 $S = \sigma_0/\varepsilon_0$，Dijk 建议用下式预测疲劳寿命：

$$N = \left(\frac{\pi S \sin \Phi_0}{A\varphi}\right)^{\frac{1}{z-1}} \varepsilon_0^{\frac{2}{z-1}} \tag{7-4}$$

式中，N——加载循环次数；

A——材料常数；

Φ_0——第一载重循环的相位角；

z——由试验所确定的系数；

ε_0——第一载重循环的应变；

S——初始劲度；

φ——主要与试验种类及沥青混合料的劲度有关，在应力控制的试验下，$\varphi \leqslant 1$；在应变控制的试验下，$\varphi \geqslant 1$。

7.2　疲劳试验方法选取

疲劳试验方法可分为三种类型，第一种是路面实际使用状态在真实的汽车荷载作用下的疲劳试验，其中最著名的是 AASHO 试验路。第二种是足尺路面结构在模拟汽车荷载作用下的疲劳试验，包括环道试验和模拟(加速加载设备)加载试验，主要有中国交通部公路研究所的加载设备(ALF)，南非国家道路研究所的重型汽车模拟车(HVS)，美国华盛顿州立大学的室外大型环道和重庆公路科学研究所的室内大型环道疲劳试验。第三种是室内采用小型试件的疲劳试验。前两种方法的耗资大、研究时间长，其使用并不普遍。因此，本书采用圆柱体小型试件进行室内疲劳试验。

7.2.1　间接拉伸试验

间接拉伸试验一般采用直径 101mm、高 63.5mm 的马歇尔试件，通过宽 12.5mm 的加载装置将垂直的荷载施加在马歇尔试件直径方向。间接拉伸试验及试件受力示意图如图 7-1 所示。

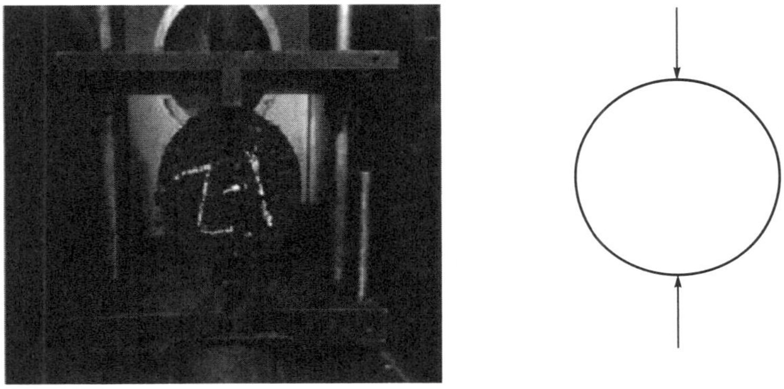

图 7-1　间接拉伸试验及试件受力示意图

7.2.2　四点弯曲试验

四点弯曲试验方法在国外应用比较广泛。四点弯曲试验及试件受力示意图如图 7-2 所示。

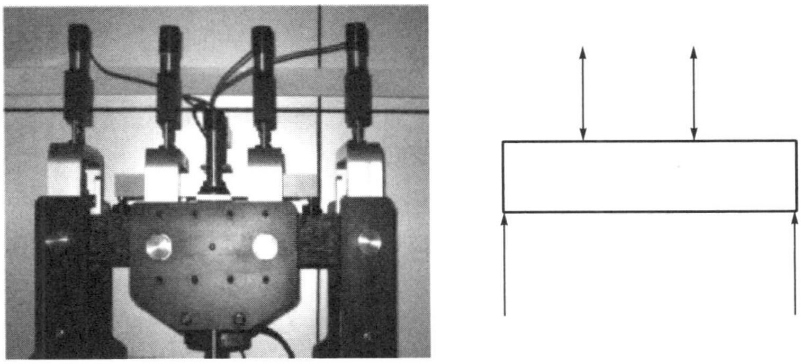

图 7-2　四点弯曲试验及试件受力示意图

通过大量的试验，研究人员发现实验室得到的小梁同实际路面结构层不匹配，为了更加准确地获得现场材料的实际疲劳寿命，研究者将现场的材料用取样等方法带回到室内进行四点弯曲试验，如此一来大大提高了实际工程中材料的疲劳寿命的预估精度，也是一种方便有效的试验方法。

7.2.3 梯形悬臂梁弯曲试验

此种试验方法在欧洲得到广泛应用，即为了不影响测试结果，研究者们假设最大应力或者应变出现在试件中部位置，然后将试件一端固定，另外一端加载应力或者应变进行试验。由 V. Dijk 制作试件的尺寸为：上底 20mm，下底 55mm，试件宽度（厚）20mm，高 250mm，梯形悬臂梁弯曲试验及试件受力示意图如图 7-3 所示。

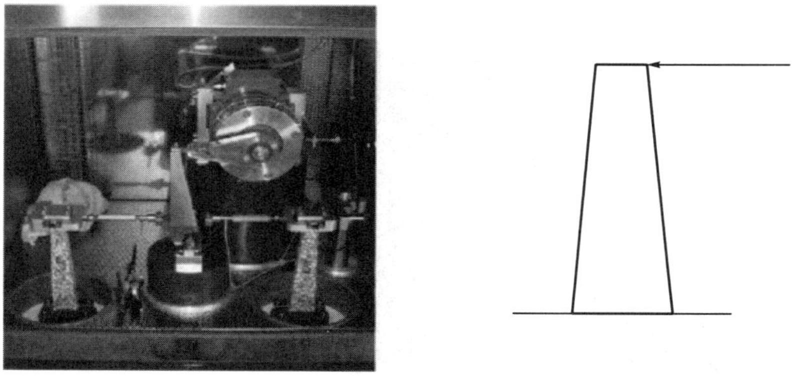

图 7-3 梯形悬臂梁弯曲试验及试件受力示意图

由于间接拉伸试验相比于另外两个试验方法不仅操作起来更加简便，而且在试验过程中得到的回弹模量、拉伸强度等，也可以用来对疲劳寿命进行预估，从而建立预估模型。间接拉伸试验所施加的波形种类和变化模式相对较多，容易选择出更加符合路面实际加载情况的波形。综合以上比较分析，本书选择间接拉伸试验方法进行疲劳试验。

7.3 疲劳试验试件成型方法

试件成型方法多种多样，其意义在于更加准确地符合现实沥青路面的结构受力情况，据此主要有以下几种试件成型方法：击实成型法、静压成型法、旋转（SGC）压实成型法、轮碾压实成型法、搓揉压实成型法。

本书试验所需试件为采用击实成型法制作的 101.6mm×63.5mm 马歇尔试件。

7.4　疲劳试验参数的选择

7.4.1　疲劳试验加载控制模式

选用何种荷载模式的疲劳试验能够更好地反映路面的疲劳特性，主要需考虑以下两个因素：①根据实际沥青路面在车辆反复荷载作用下的受力情况选择应力加载模式或应变加载模式；②依据更加接近路面实际的疲劳特性选择应力加载模式或应变加载模式。

以双层体系的路面作为模拟分析对象，路面厚度变化从 5cm 到 30cm，沥青路面结构层和路基的泊松比为 0.35 和 0.30，荷载压强为 0.7MPa，双轮胎，两荷载中心距离为 30cm。假设两种沥青混合料的劲度分别为 400000psi（1psi=6.89kPa）和 600000psi，空隙率分别为 4%和 7%。当路面厚度增加时，适当减少土基的回弹模量。

根据表 7-1 的结果可知，不管采用何种荷载模式，空隙率小的沥青混合料比空隙率大的沥青混合料具有更长的疲劳寿命；对于结构层较薄的路面，劲度越小则疲劳寿命越长，劲度大则表现出了较短的疲劳寿命。对于结构层较厚的路面，应当选择劲度模量更大的材料，因为在较厚的路面结构层情况下，劲度模量越大疲劳寿命越长，本书选用应力控制模式来研究大掺量厂拌再生沥青混合料的疲劳特性。

表 7-1　不同荷载模式下路面的模拟疲劳寿命

面层厚度/cm	土基劲度/psi	空隙率为 4%				空隙率为 7%			
		应力控制模式		应变控制模式		应力控制模式		应变控制模式	
		E_1/psi	E_2/psi	E_1/psi	E_2/psi	E_1/psi	E_2/psi	E_1/psi	E_2/psi
	E_0	400000	600000	400000	600000	400000	600000	400000	600000
5	30000	46164	29910	54410	48792	25286	16382	13109	11762
10	25000	110616	98729	148437	192253	70680	54070	35758	46312
15	20000	324641	312379	511116	721683	177780	171087	123123	173848
20	15000	707872	769925	1251109	2033569	387654	431657	301381	489869
25	10000	1352446	1617405	2631541	4796522	740680	885785	633915	1148934
30	5000	2200564	2928721	4602579	9432000	1205158	1603938	1108721	2272084

7.4.2　疲劳试验应力比

在应力控制模式下，选用合适的应力比对于再生沥青混合料疲劳试验结果起着至关重要的作用。如果应力比设置过低，试件的疲劳寿命太长，导致试验周期长甚至试件不会疲劳破坏，所测疲劳数据没有研究意义；如果应力比设置过高，试件在很短的时间内就会断裂破坏，与路面实际疲劳水平不符。因此在以往研究的基础上拟定 0.3、0.4、0.5 三个应力比进行疲劳试验研究。

7.4.3　疲劳试验荷载波形和频率

对于室内小型试验，研究表明加载时间可根据范德普尔公式 $t=1/(2\pi f)$ 确定，经过查阅与疲劳试验加载频率和波形选择相关的国内外文献得出：在进行沥青混合料疲劳试验时，加载频率大多采用 10Hz，行车加载时间为 $t=1/(2\pi f)=0.016$s。0.016s 的加载时间相当于 60～65km/h 的行车速度，接近于实际交通荷载下路面的受力状况。

半正弦波符合车辆荷载实际情况，本书所采用波形为半正矢波(Haversine)，如图 7-4 所示。

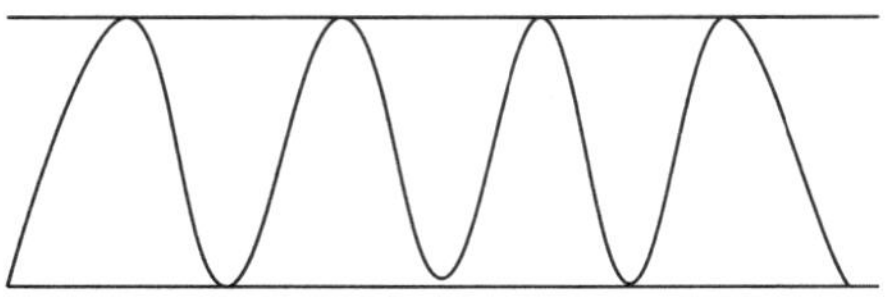

图 7-4　半正矢波示意图

7.4.4　疲劳试件疲劳破坏标准和试验温度的确定

由于采用应力控制模式进行试验，试件疲劳破坏的标准为试件完全断裂破坏，本书以试件竖向应变达到试件直径的 6%为疲劳破坏标准。试验过程中发现，当试件的竖向应变在达到试件直径的 6%之前就已经完全断裂破坏。

研究统计表明，温度能够显著地影响沥青混合料的疲劳性能。我国哈尔滨建筑大学的道路工作者统计分析了国内各地的温度，发现对南方地区路面最不利的季节为梅雨季节，该季节平均温度为 15℃，北方春天冰雪消融是对路面最不利的季节，此季节沥青路面最容易出现疲劳破坏，平均温度也是 15℃，因此得出 15℃为最不利的温度。我国现行沥青路面设计规范中采用 15℃作为容许拉应力指标，本书疲劳试验采用 15℃为试验温度。

7.4.5　疲劳试验仪器

疲劳特性研究试验采用由澳大利亚 IPC 公司生产的 UTM-100 伺服液压多功能材料试验机，如图 7-5 和图 7-6 所示。

设备主要参数：最大荷载为 100kN，加载频率为 0～70Hz，试验温度为−20～60℃，波形为正弦、方波、半正弦、三角波等。UTM-100 伺服液压多功能材料试验机还可完成一系列试验，包括沥青混合料动态模量试验、蠕变试验、间接拉伸试验、四点弯曲试验以及应力应变试验等等。

试验采用 UTS 软件，软件操作界面如图 7-7 所示。该软件用户界面友好，使用菜单驱动，操作方便，并通过传感器采集动态数据(图 7-8)，电脑上实时显示应力-应变或应力/应变-时间的曲线，并提供全面试验报告。

图 7-5　UTM-100 伺服液压多功能材料试验机

图 7-6　UTM-100 温控箱及试验箱

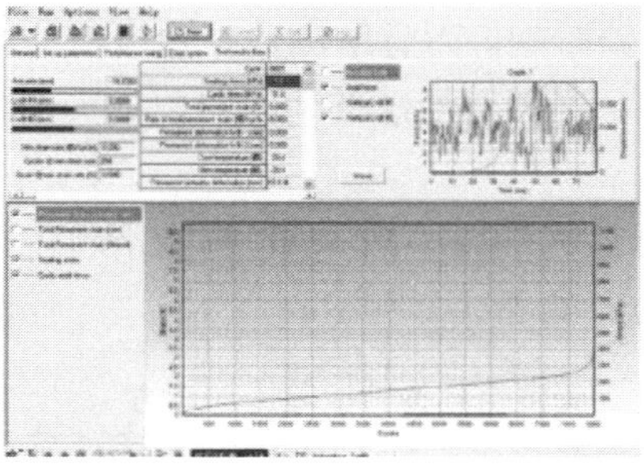

图 7-7　UTS 软件操作界面

图 7-8　UTS 软件数据采集系统

7.5　再生基质沥青混合料劈裂强度试验

7.5.1　再生基质沥青混合料劈裂强度及结果分析

劈裂强度试验所用试件以及试验温度均与疲劳试验一致，试验温度采用 15℃，加载速率为 50mm/min。劈裂强度试验方法按照《公路工程沥青及沥青混合料试验规程》(JTG E20—2011) 中的 T 0716—2011 进行。

劈裂强度试验结果如表 7-2 所示。

表 7-2　劈裂试验最大荷载及劈裂强度

混合料类型	40%加再生剂	40%不加再生剂	50%加再生剂	50%不加再生剂	60%加再生剂	60%不加再生剂	70%加再生剂	70%不加再生剂
最大荷载平均值/kN	29.80	32.04	29.80	32.12	35.58	36.71	36.84	36.94
劈裂强度平均值/MPa	2.95	3.17	2.95	3.18	3.52	3.63	3.65	3.66

由上表可得结论：

(1) 随着 RAP 掺量的增加，再生基质沥青混合料劈裂强度增加，这是由于随着 RAP

掺量的增加，再生基质沥青混合料中的旧沥青也在增加，沥青老化后针入度减小、延度降低导致沥青变硬变脆。由此可见 RAP 掺量的增加可提高再生基质沥青混合料的劈裂强度。

(2) RAP 掺量为 40%和 50%时，再生基质沥青混合料的劈裂强度相差无几，RAP 掺量为 60%和 70%时同样如此，但将 RAP 掺量为 50%与 60%进行比较，再生基质沥青混合料的劈裂强度发生较大改变，即 RAP 掺量从 50%到 60%，劈裂强度有较大提高。

(3) 再生剂对再生基质沥青混合料的劈裂强度有抑制作用，主要是因为再生剂对 RAP 中的旧沥青有改善作用，导致沥青及再生基质沥青混合料总体变软。

7.5.2　再生基质沥青混合料疲劳试验荷载应力确定

选用合适的疲劳荷载应力比对于再生沥青混合料疲劳试验结果有很大的影响。若应力比选择过低，试件的疲劳寿命太长，不仅浪费试验时间，而且所测数据也没有实际应用价值；若应力比过高，试件又很容易发生疲劳破坏，这样容易过低估计材料的疲劳性能，在实际应用中造成材料不必要的浪费。

由再生基质沥青混合料的劈裂强度试验数据计算确定不同 RAP 掺量下再生基质沥青混合料疲劳试验中不同应力比所需要施加的应力，如表 7-3 所示。

表 7-3　不同 RAP 掺量下再生基质沥青混合料疲劳试验施加应力

应力比	应力/MPa							
	40%加再生剂	40%不加再生剂	50%加再生剂	50%不加再生剂	60%加再生剂	60%不加再生剂	70%加再生剂	70%不加再生剂
0.3	1.138	1.224	1.138	1.190	1.359	1.402	1.407	1.411
0.4	1.518	1.632	1.518	1.586	1.812	1.870	1.876	1.881
0.5	1.897	2.040	1.897	1.983	2.265	2.337	2.345	2.352

7.6　再生基质沥青混合料疲劳试验结果分析

本节针对 RAP 掺量为 40%、50%、60%、70%以及加再生剂和不加再生剂共 8 种再生基质沥青混合料，设置试验温度为 15℃，加载应力比为 0.3、0.4、0.5 的试验条件进行疲劳试验，并对疲劳试验后的试验数据进行分析，通过分析 RAP 掺量、应力比、温度、再生剂等不同因素对再生基质沥青混合料疲劳性能的影响，研究再生基质沥青混合料不同参数对疲劳特性的变化规律。

7.6.1　大掺量 RAP 对再生基质沥青混合料疲劳性能影响

为了探究大掺量 RAP 对沥青混合料疲劳性能的影响，对 RAP 掺量为 40%～70%，以 10%为间隔的再生基质沥青混合料进行了间接拉伸试验，应力比选择 0.3、0.4、0.5，荷载频率为 10Hz，试验温度为 15℃。试验结果如表 7-4 所示。

表 7-4　不同 RAP 掺量下再生基质沥青混合料疲劳试验结果

再生方式	RAP 掺量/%	应力比	荷载应力/MPa	疲劳寿命/次	标准差	试件个数
加再生剂	40	0.3	1.138	57562	0.0981	5
		0.4	1.518	19743	0.1032	5
		0.5	1.897	7646	0.0752	5
不加再生剂	40	0.3	1.224	55810	0.0941	5
		0.4	1.632	17596	0.1769	5
		0.5	2.040	6534	0.0638	5
加再生剂	50	0.3	1.138	51046	0.0312	5
		0.4	1.518	18014	0.0142	5
		0.5	1.897	6359	0.1825	5
不加再生剂	50	0.3	1.190	48101	0.4271	5
		0.4	1.586	16927	0.0925	5
		0.5	1.983	5252	0.3819	5
加再生剂	60	0.3	1.359	49602	0.2719	5
		0.4	1.812	17091	0.1368	5
		0.5	2.265	4091	0.0741	5
不加再生剂	60	0.3	1.402	47081	0.4952	5
		0.4	1.870	14792	0.5129	5
		0.5	2.337	2337	0.1937	5
加再生剂	70	0.3	1.407	46743	0.3516	5
		0.4	1.876	15680	0.4385	5
		0.5	2.345	3922	0.0915	5
不加再生剂	70	0.3	1.411	44901	0.6041	5
		0.4	1.881	10609	0.3407	5
		0.5	2.352	2052	0.1906	5

为了确认试验数据的均匀性，同条件下的疲劳试验数据，在分析前全部进行了正态测试(显著性水平为 0.05，即保证率为 95%)，确定试验结果满足正态分布。由表 7-4 可以看出，应力比和荷载应力与疲劳寿命在双对数坐标上表现为线性关系

$$N_f = k\sigma^n \tag{7-5}$$

式中，N_f——疲劳寿命，次；

σ——荷载应力，MPa；

k、n——疲劳回归方程系数。

对大掺量 RAP 再生基质沥青混合料疲劳试验结果进行双对数方程回归，所得回归方程和回归曲线如表 7-5 和图 7-9 所示。

表 7-5　大掺量 RAP 再生基质沥青混合料疲劳回归方程系数

RAP 掺量/%	系数	加再生剂	不加再生剂
40	k	97689	132216
	n	−3.939	−4.190
	R^2	0.9985	0.9992
50	k	89587	107822
	n	−4.054	−4.304
	R^2	0.9946	0.9890
60	k	240747	388628
	n	−4.829	−5.789
	R^2	0.9756	0.9586
70	k	262957	384634
	n	−4.801	−5.991
	R^2	0.9802	0.9880

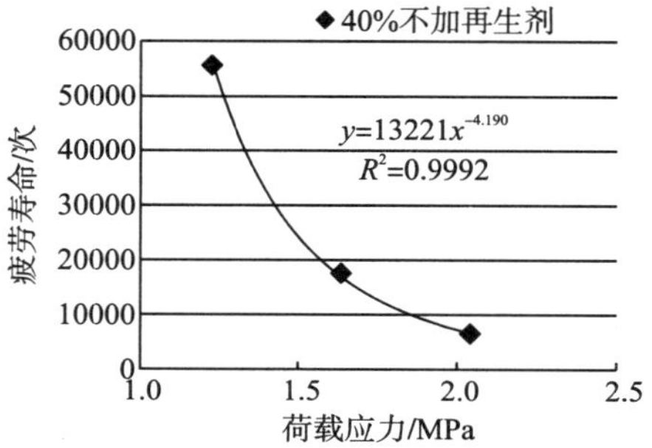

(a) 40%不加再生剂混合料疲劳方程回归曲线

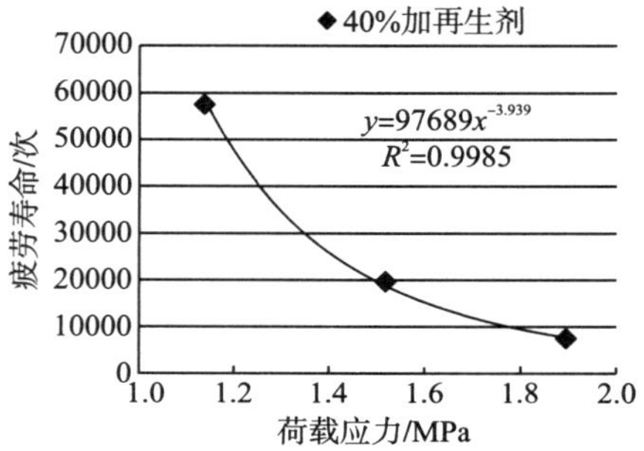

(b) 40%加再生剂混合料疲劳方程回归曲线

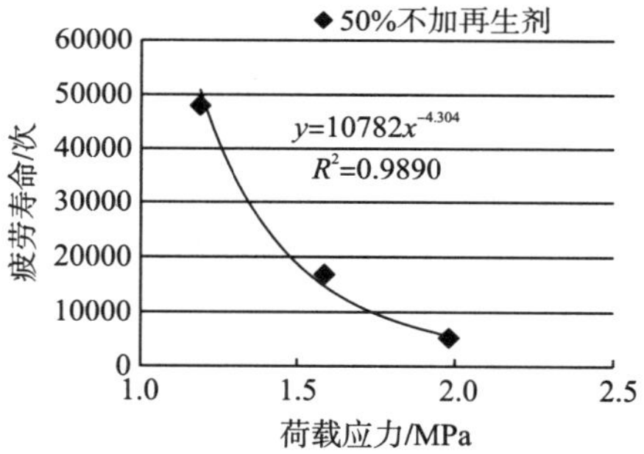

(c) 50%不加再生剂混合料疲劳方程回归曲线

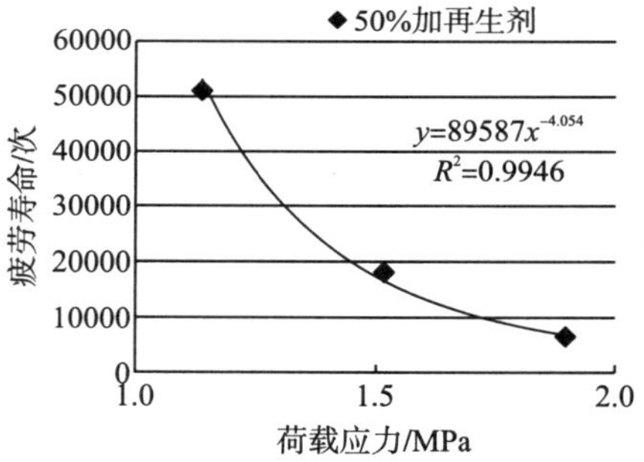

(d) 50%加再生剂混合料疲劳方程回归曲线

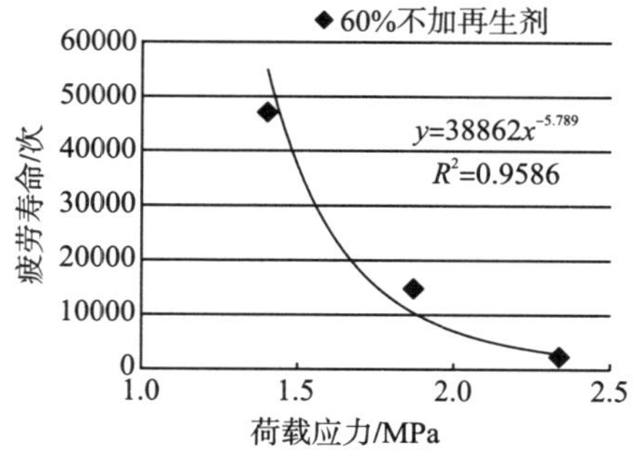

(e) 60%不加再生剂混合料疲劳方程回归曲线

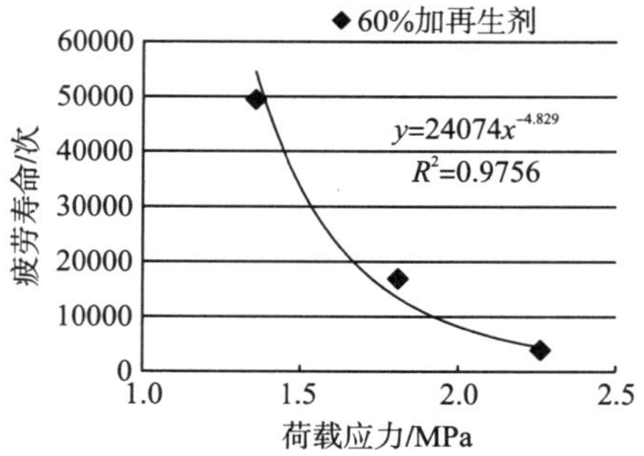

(f) 60%加再生剂混合料疲劳方程回归曲线

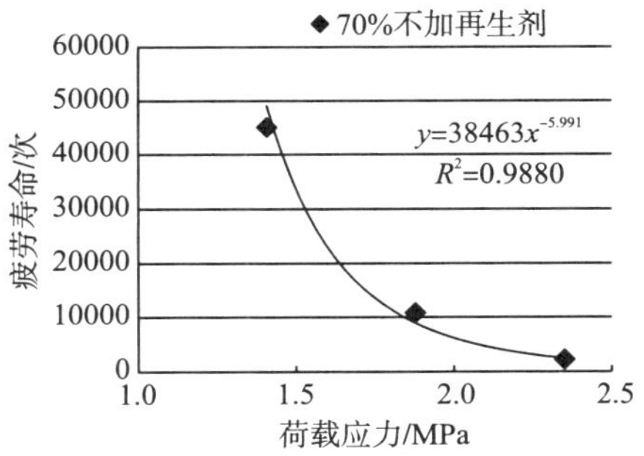

(g) 70%不加再生剂混合料疲劳方程回归曲线

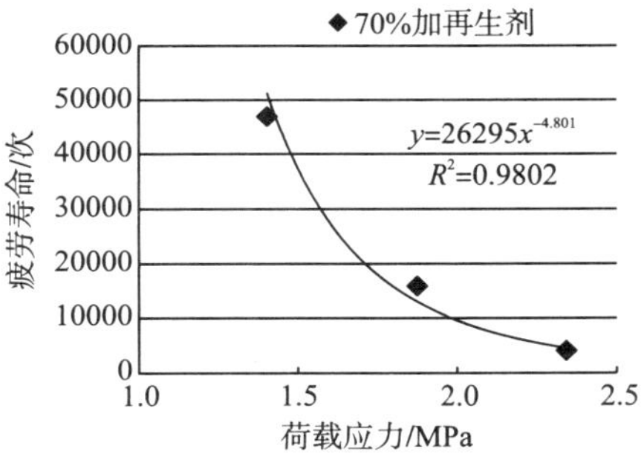

(h) 70%加再生剂混合料疲劳方程回归曲线

图 7-9　大掺量 RAP 再生基质沥青混合料疲劳方程回归曲线

上表中 n 代表双对数坐标上疲劳回归方程曲线的斜率，从所得试验数据可以看出，n 变化范围不大，一般在 3～7 之间，k 和 n 都与疲劳回归方程曲线有关，k 和 n 越大，说明再生基质沥青混合料疲劳衰减速率越大。

由以上图表可以看出，应力比对再生基质沥青混合料疲劳寿命影响显著，不同 RAP 掺量下的再生基质沥青混合料在不同应力比作用下具有很大变化。为更准确、简便地表征不同 RAP 掺量下的再生基质沥青混合料疲劳寿命变化规律，引入疲劳寿命衰减速率 V_i 和疲劳寿命衰减速率比 F_{ij} 的概念。

$$V_i = \log\left(k_i \times \left|n_i\right|\right) \tag{7-6}$$

$$F_{ij} = \frac{V_i}{V_j} = \frac{\log\left(k_i \times \left|n_i\right|\right)}{\log\left(k_j \times \left|n_j\right|\right)} \tag{7-7}$$

式中，V——某个 RAP 掺量下的再生基质沥青混合料疲劳寿命衰减速率；

k、n——某个 RAP 掺量下的再生基质沥青混合料疲劳回归方程系数；

F_{ij}——不同 RAP 掺量下的再生基质沥青混合料疲劳寿命衰减速率比。

表 7-6　不同 RAP 掺量下再生基质沥青混合料疲劳寿命衰减速率

RAP 掺量/%	40	50	60	70
V(加再生剂)	5.585	5.560	6.065	6.101
V(不加再生剂)	5.743	5.667	6.352	6.363

由上表拟合结果可以看出：

(1) 随着 RAP 掺量的增加，再生基质沥青混合料的疲劳寿命衰减速率总体呈增大趋势，说明随着 RAP 掺量的增加，疲劳寿命不仅在衰减，而且衰减的速率越来越大，疲劳破坏所需要的时间越来越短。

(2) RAP 掺量 40%和 50%疲劳衰减相差不明显，而从 50%到 60%疲劳衰减速率增大，在不加再生剂的情况下，RAP 掺量 60%和 70%的再生基质沥青混合料疲劳寿命衰减速率约为 RAP 掺量为 50%的 1.12 倍。

(3) RAP 掺量的增加降低了再生基质沥青混合料的初始劲度，导致疲劳方程斜率减小速度增快，疲劳性能降低，疲劳寿命对于应力的敏感度也降低。

(4) 在加再生剂的情况下，再生基质沥青混合料的疲劳衰减速率都有所降低，说明再生剂对再生基质沥青混合料的疲劳寿命有所改善。

试验结果原因分析如下：

(1) 随着再生基质沥青混合料中 RAP 掺量的增加，再生沥青混合料的疲劳寿命总体上来说在下降，这说明 RAP 掺量的增加降低了再生基质沥青混合料的疲劳寿命。这是由于伴随着 RAP 掺量的增加，再生基质沥青混合料中的旧沥青也在增加，而旧沥青与新沥青相比更加脆硬、黏韧性降低，导致混合料初始劲度增加，表现出再生基质沥青混合料抗疲劳性能降低。

(2) 旧集料对再生沥青的疲劳寿命也起到了一定的影响，RAP 增多导致旧集料增加，由于旧集料在使用过程中不断承受车辆荷载和气候环境因素的共同作用，导致集料表面纹理、形状发生改变，棱角和粗糙程度都有所消减，使级配嵌挤结构不稳固，形成的再生混合料劲度较低，表现出再生混合料寿命降低。

(3) 旧料的掺量增大导致了再生混合料空隙率的变化，从而影响再生混合料的疲劳寿命。随着 RAP 掺量的增多，再生混合料级配和压实过程中的空隙率增大，致使混合料本身初始裂缝增多、疲劳寿命缩短。

7.6.2　疲劳破坏过程中的位移分析

图 7-10～图 7-13 表示再生基质沥青混合料疲劳试验中位移随循环次数变化的曲线。

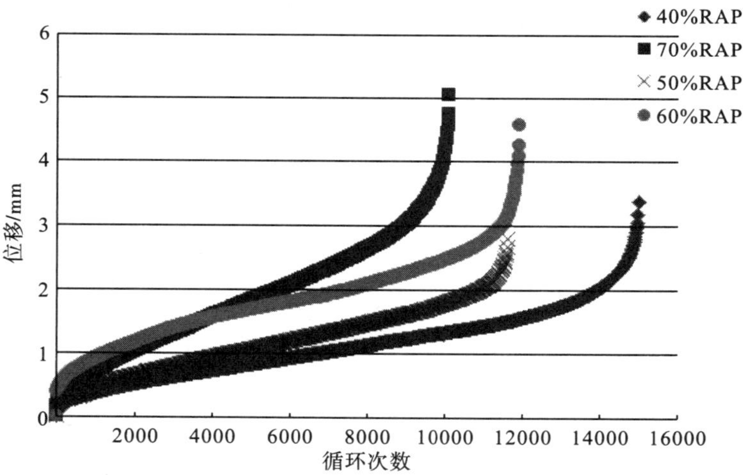

图 7-10　不同 RAP 掺量下再生基质沥青混合料位移变化曲线(0.3 应力比)

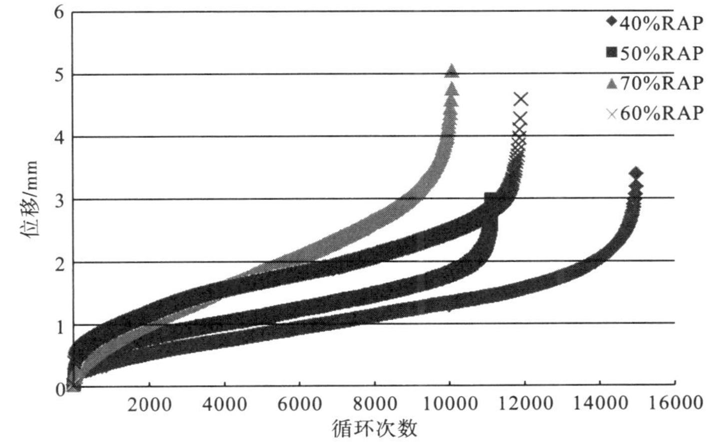

图 7-11　不同 RAP 掺量下再生基质沥青混合料位移变化曲线(0.4 应力比)

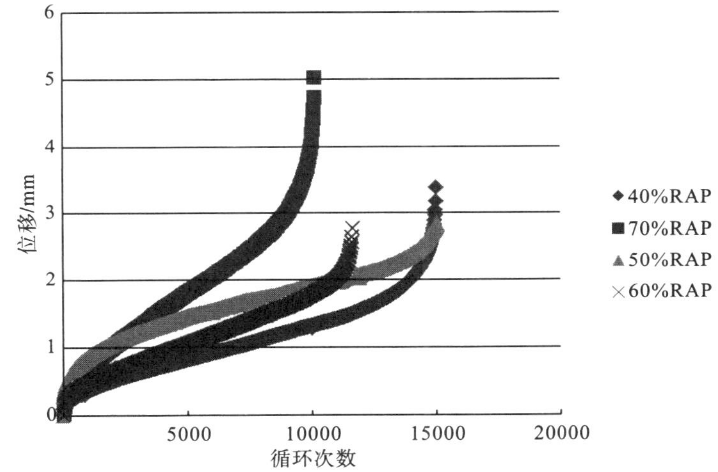

图 7-12　不同 RAP 掺量下再生基质沥青混合料位移变化曲线(0.5 应力比)

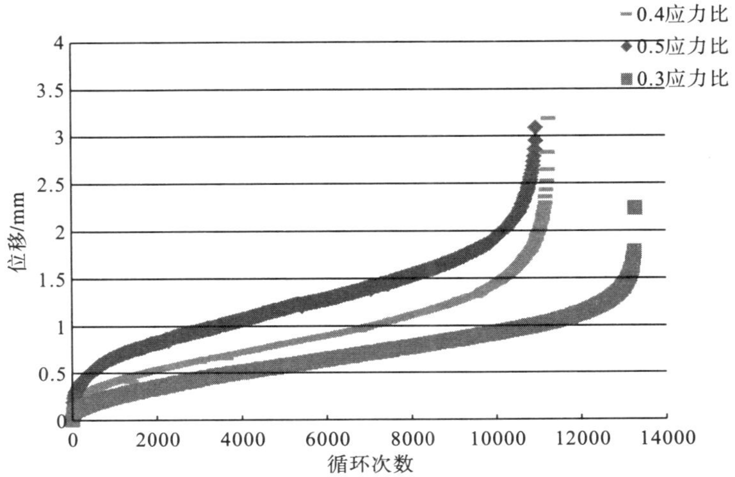

图 7-13　再生基质沥青混合料在不同应力比作用下位移随循环次数变化曲线

由图 7-10～图 7-14 可以看出：

(1) 再生基质沥青混合料即将断裂之前位移变化明显加速，即裂纹扩展速度加快。再生基质沥青混合料的位移随着循环次数的增加不断增加，变形在慢慢积累，在此过程中再生基质沥青混合料内部裂纹也在不断积累，裂纹逐渐扩大，当加载循环到一定次数，最终导致再生基质沥青混合料的疲劳破坏。

(2) 随着 RAP 掺量的增加，荷载循环过程中再生基质沥青混合料的裂纹扩展速度也在增加，说明 RAP 降低了再生基质沥青混合料的抗疲劳破坏性能，RAP 掺量越高，再生基质沥青混合料的抗疲劳性能越差。一方面是由于 RAP 增多，再生基质沥青混合料变硬变脆、初始劲度降低、疲劳寿命缩短，另一方面由于 RAP 增多，再生基质沥青混合料中旧集料与新集料和新沥青接触面积增大，再生基质沥青混合料疲劳破坏加速。

(3) 同种类型再生基质沥青混合料在不同应力比作用下，位移发展速度不一，应力比大则表现出更快的疲劳破坏速率。

(4) 各种类型的再生基质沥青混合料的位移变化在循环荷载作用下都分为明显的 3 个阶段，即加载初期位移发展变化明显，但是并非一直加快变化；随后随着循环次数的增加，位移发展变化呈线性规律增长；加载后期位移发展变化愈加明显，走势急剧上升导致试件破坏。

(5) 在位移发展的过程中存在两个反弯点，依据这两个反弯点，将裂纹扩展过程分为 3 个阶段，第一阶段为裂纹产生阶段，默认试件在加载之前内部不存在裂纹，裂纹出现在加荷后，此阶段存在一定的弹性变形，但是以塑性变形为主；第二阶段是裂纹扩展阶段，裂纹出现后，由于荷载继续循环施加，导致裂纹在原有的基础上进一步扩大增长，但试件本身存在一定的强度和劲度，对裂纹的发展具有一定的抑制作用；第三阶段是裂纹快速扩展阶段，经过第一、第二阶段的积累，试件内部结构也在发生变化，致使材料的劲度逐渐降低乃至丧失，抵抗外力能力降低，在外力继续加载下内部结构逐步失稳，裂纹扩展迅速，直至试件突然断裂破坏。

(6) 再生基质沥青混合料不同，裂纹扩展的快慢不同，主要表现在裂纹扩展的斜率不同，斜率大则裂纹扩展速度快，斜率小则裂纹扩展速度慢。大掺量 RAP 厂拌热再生基质沥青混合料裂纹扩展速度从快到慢对应的 RAP 掺量依次为 70%、60%、50%、40%，可见 RAP 掺量的增加对再生基质沥青混合料的疲劳性能不利，为了保证大掺量厂拌热再生基质沥青混合料的耐久性能，合理控制 RAP 的掺量是必要的。

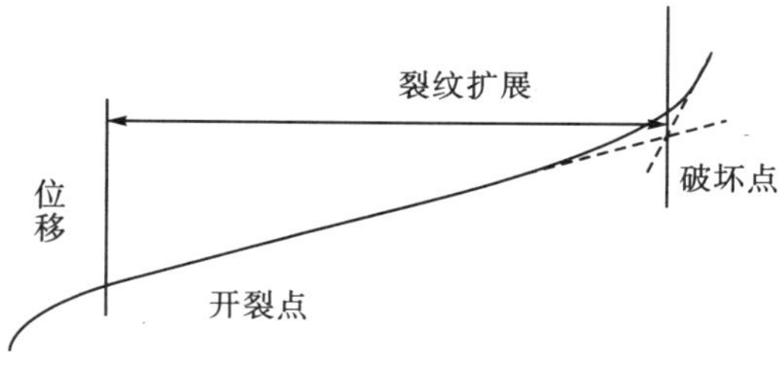

图 7-14　再生基质沥青混合料位移发展示意图

7.6.3　大掺量 RAP 再生基质沥青混合料疲劳寿命预估

由室内对大掺量再生基质沥青混合料进行疲劳试验，所得的疲劳方程为：

$$N_f = k\sigma^n \tag{7-8}$$

式中，N_f——再生基质沥青混合料疲劳寿命，次；

σ——荷载应力，MPa；

k、n——疲劳回归方程所得系数。

室内试验得到的疲劳结果可以在一定程度上反映实际道路材料的疲劳破坏规律，但是与实际道路的疲劳寿命有一定的出入。因此将室内的试验结果转换为实际道路的疲劳寿命更能够真实反映再生沥青路面的实际寿命，更具有研究意义和参考价值，荷载间歇时间系数、裂纹扩展系数和荷载横向分布系数是实际路面疲劳寿命预估模型当中需要考虑的主要因素。

(1) 荷载间歇时间系数对再生沥青路面实际疲劳寿命预估的影响。

Verstraeten 通过研究得出，在室内疲劳试验加载过程中引入间歇时间，能够让沥青混合料的疲劳寿命增大 20 倍。比利时研究者们提出其能使疲劳寿命增大 6 倍。本书根据上述研究的经验和所采用的混合料类型和沥青类型，取荷载间歇时间系数为 6。

(2) 裂纹扩展系数对再生沥青路面实际疲劳寿命预估的影响。

一般裂纹扩展系数为 20，但是考虑到重交通路面承受的荷载更大，裂纹形成和扩展较快，可取 40 的影响系数。根据已有研究结果，本书取参考值 30。

(3) 荷载横向分布系数对再生沥青路面实际疲劳寿命预估的影响。

壳牌沥青路面设计法采用荷载横向分布系数为 0.5，英国诺丁汉路面设计采用荷载横向分布系数为 0.9。本书选取荷载横向分布系数为 0.5。

综合以上影响因子，对室内疲劳方程进行修正，得出大掺量再生基质沥青混合料实际疲劳寿命预估模型如下：

$$N_\varepsilon = N_f \times 6 \times 30 \div 0.5 = k_i\sigma^{n_i} \times 6 \times 30 \div 0.5 = 360k_i\sigma^{n_i} \tag{7-9}$$

式中，N_ε——再生基质沥青混合料实际疲劳寿命，次；

N_f——再生基质沥青混合料疲劳寿命，次；

σ——荷载应力，MPa；

k_i、n_i——室内疲劳试验结果得出的回归方程系数。

研究者们为了找到沥青混合料的疲劳寿命预测模型，对一些研究成果进行了深入的分析，但结果差异很大。例如，有的得出了 100 的修正系数(荷载间歇时间系数为 5、裂纹扩展系数为 20)；有的修正系数为 440(荷载间歇时间系数为 20，裂纹扩展系数为 20，荷载横向分布系数为 1.1)；英国诺丁汉设计方法时取修正系数为 440，美国沥青协会的疲劳方程的修正系数只考虑 18.4 的倍数。因此可以看出，研究者们通过大量研究并没有得到统一的实际疲劳寿命预估标准模型，疲劳寿命预估模型应根据实际情况进行研究确定。

7.7　再生 SBS 改性沥青混合料劈裂强度试验

再生 SBS 改性沥青混合料的间接拉伸试验采用应力控制，首先需要对再生 SBS 改性沥青混合料进行劈裂强度试验，得到再生 SBS 改性沥青混合料的劈裂强度；然后，根据再生 SBS 改性沥青混合料疲劳试验所需要的应力比，确定疲劳试验所需施加荷载。为了研究 RAP 掺量和再生方法对再生 SBS 改性沥青混合料的劈裂强度变化规律的影响，普通再生特指胶结料仅添加 90#基质沥青(代号 A 表示，同第六章)，复合再生特指胶结料添加 90#基质沥青及占老化沥青质量 7%的 ZZ 再生剂(代号 B 表示，同第六章)，按照本书前述不同 RAP 掺量成型 AC-13 马歇尔试件，并且进行劈裂强度试验。

从表 7-7 和图 7-15 可以看出：①RAP 掺量在 40%～60%范围内，两种再生方法获得的再生 SBS 改性沥青混合料劈裂强度均随着 RAP 掺量增大而增大；在 RAP 掺量为 60%时，劈裂强度出现峰值，随后劈裂强度呈现下降趋势。②在对应的 RAP 掺量下，除了 RAP 掺量为 40%的再生 SBS 改性沥青混合料的劈裂强度发生偏离，其他 RAP 掺量下，复合再生的 SBS 改性沥青混合料劈裂强度均大于普通再生 SBS 改性沥青混合料的劈裂强度。

表 7-7　不同 RAP 掺量下再生 SBS 改性沥青混合料劈裂强度试验数据(15℃)

再生方式	劈裂强度/MPa			
	RAP 掺量 40%	RAP 掺量 50%	RAP 掺量 60%	RAP 掺量 70%
普通再生	2.508	3.000	3.230	2.961
复合再生	2.724	2.858	3.171	2.795

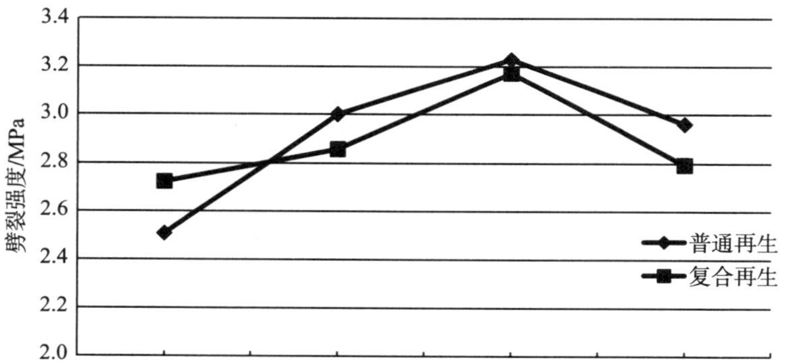

图 7-15　不同 RAP 掺量下再生 SBS 改性沥青混合料劈裂强度

7.8　再生 SBS 改性沥青混合料疲劳试验结果分析

对 AC-13 再生 SBS 改性沥青混合料进行间接拉伸试验，主要研究 RAP 掺量、应力比和再生方法三种因素对再生 SBS 改性沥青混合料疲劳特性的影响，寻求再生 SBS 改性沥青混合料受各因素变化而呈现出的疲劳特性变化规律。

7.8.1　RAP 掺量对疲劳性能的影响

为研究 RAP 掺量对再生 SBS 改性沥青混合料疲劳特性的作用，本节采取普通再生方法对 RAP 掺量为 40%、50%、60%、70%的再生 SBS 改性沥青混合料进行间接拉伸试验，试验条件按照前文的要求进行，再生 SBS 改性沥青混合料的疲劳试验数据如表 7-8 所示，不同 RAP 掺量下再生 SBS 改性沥青混合料对数疲劳寿命曲线如图 7-16 所示。

表 7-8　不同 RAP 掺量下再生 SBS 改性沥青混合料疲劳试验结果

RAP 掺量/%	0.3 应力比		0.4 应力比		0.5 应力比	
	疲劳寿命/次	对数疲劳寿命	疲劳寿命/次	对数疲劳寿命	疲劳寿命/次	对数疲劳寿命
40	72931	4.8629	13405	4.1273	2983	3.4870
50	66208	4.8209	11672	4.0671	2650	3.4358
60	60741	4.7835	9060	3.9571	2067	3.3267
70	47202	4.6740	8322	3.9202	1875	3.2882

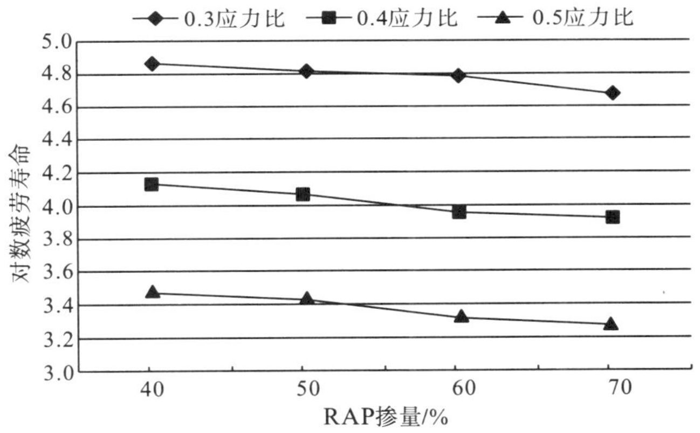

图 7-16　不同 RAP 掺量下再生 SBS 改性沥青混合料对数疲劳寿命曲线

可以看出：在三种不同的应力比作用下，再生 SBS 改性沥青混合料的对数疲劳寿命在 RAP 掺量为 40%～70%范围内均伴随 RAP 掺量增大而降低，表明 RAP 的加入对再生 SBS 改性沥青混合料的抗疲劳特性造成不利影响；应力比为 0.3 时，当 RAP 掺量超出 60%之后，再生 SBS 改性沥青混合料的对数疲劳寿命偏离原有的下降趋势，呈现较大幅度的降低，说明当 RAP 掺量超出此比例后，会明显降低再生 SBS 改性沥青混合料的疲劳特性。

7.8.2　应力比对疲劳性能的影响

1. 应力比对疲劳寿命的影响

应力比反映了疲劳试验施加荷载的大小，对于疲劳试验结果有着很大的影响。此处采用复合再生方式获得再生 SBS 改性沥青混合料，分别在应力比为 0.3、0.4、0.5 条件下，进行间接拉伸试验，试验条件按照前文要求进行，不同应力比的再生 SBS 改性沥青混合料的疲劳试验数据如表 7-9 和图 7-17 所示。

表 7-9　不同应力比的再生 SBS 改性沥青混合料的疲劳试验结果

应力比	RAP 掺量 40%		RAP 掺量 50%		RAP 掺量 60%		RAP 掺量 70%	
	疲劳寿命/次	对数疲劳寿命	疲劳寿命/次	对数疲劳寿命	疲劳寿命/次	对数疲劳寿命	疲劳寿命/次	对数疲劳寿命
0.3	72801	4.8621	67669	4.8304	62478	4.7957	49951	4.6985
0.4	15639	4.1942	12582	4.0997	10117	4.0051	9429	3.9745
0.5	3069	3.4870	2728	3.4358	2122	3.3267	1942	3.2882

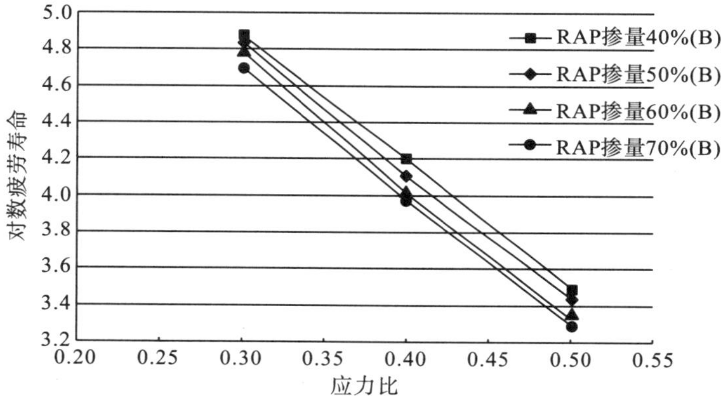

图 7-17　不同应力比下再生 SBS 改性沥青混合料对数疲劳寿命曲线

从表 7-9 和图 7-17 可以看出：RAP 掺量在 40%～70%范围内，再生 SBS 改性沥青混合料的对数疲劳寿命均伴随应力比的增大而降低，且在相对应的应力比下，RAP 掺量小的再生 SBS 改性沥青混合料的对数疲劳寿命要高于RAP 掺量大的再生 SBS 改性沥青混合料；当RAP 在 40%～60%掺量范围内，应力比达到 0.4 以后，相应的对数疲劳寿命方程的斜率减小。

2. 应力比对疲劳试验试件变形的影响

再生 SBS 改性沥青混合料在进行疲劳试验过程中，试件受荷载反复作用产生变形，UTM 试验机采用应变表示试件在受力作用下的变形量。此处分析应力比、RAP 掺量和再生方式对试件疲劳破坏时的应变的影响。普通再生 RAP 掺量为 40%的再生 SBS 改性沥青混合料在应力比为 0.4 的条件下的疲劳曲线如图 7-18 所示，复合再生 RAP 掺量为 40%的再生 SBS 改性沥青混合料在应力比为 0.4 的条件下的疲劳曲线如图 7-19 所示。

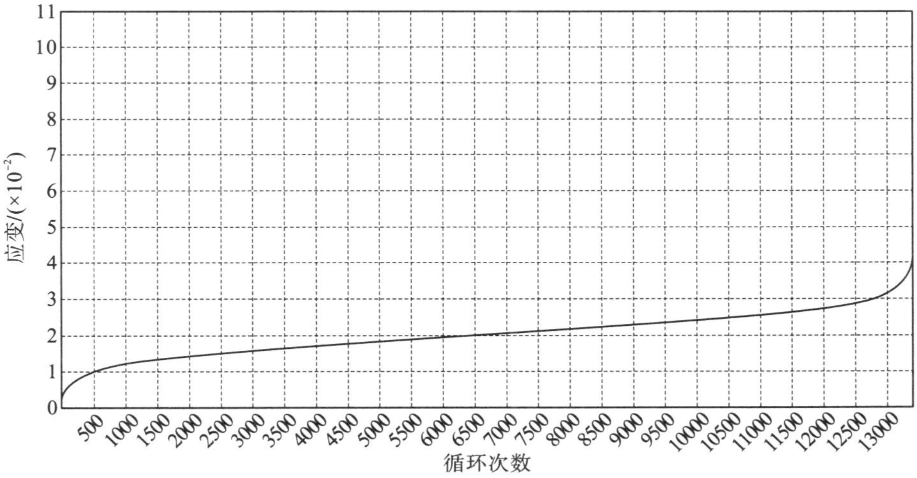

图 7-18　普通再生 RAP 掺量为 40%的再生 SBS 改性沥青混合料疲劳曲线(0.4 应力比)

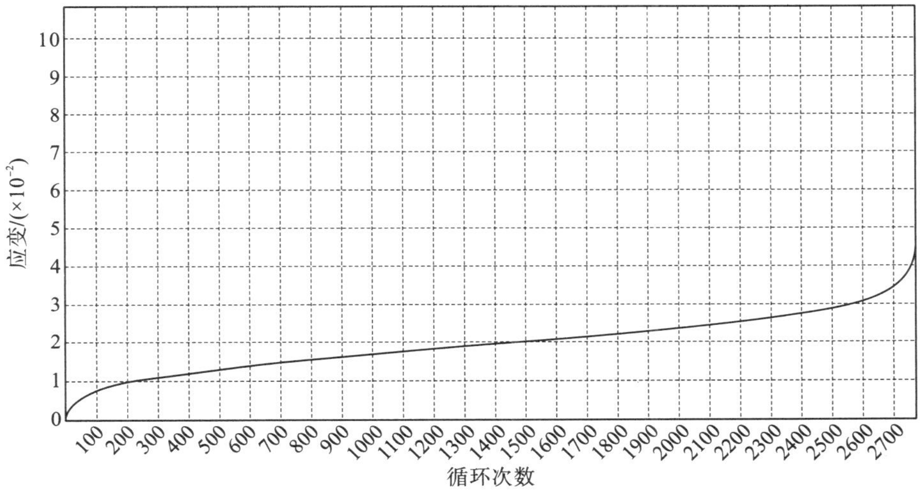

图 7-19　复合再生 RAP 掺量为 40%的再生 SBS 改性沥青混合料疲劳曲线(0.4 应力比)

在不同应力比、再生方式和 RAP 掺量条件下，对疲劳试件破坏时的应变进行统计，结果如表 7-10 所示。

表 7-10　疲劳试件破坏时的应变

再生方式	应力比	应变/(×10^{-2})			
		RAP 掺量 40%	RAP 掺量 50%	RAP 掺量 60%	RAP 掺量 70%
普通再生	0.3	3.6	4.0	2.7	3.0
	0.4	3.5	3.9	3.0	2.5
	0.5	3.5	4.0	2.7	2.5
复合再生	0.3	3.7	3.9	3.0	2.5
	0.4	3.5	4.0	2.7	2.8
	0.5	3.5	4.0	2.8	2.5

从表 7-10 可以得出：普通再生和复合再生的 SBS 改性沥青混合料疲劳破坏时的应变相差不大，且应力比在 0.3～0.5 范围内，再生 SBS 改性沥青混合料疲劳破坏时的应变也相差不大，说明再生方式和应力比对再生 SBS 改性沥青混合料的疲劳破坏变形影响不显著。再生 SBS 改性沥青混合料疲劳破坏的应变在 RAP 掺量 40%～60%范围内随 RAP 掺量增加先增大后减小，在 RAP 掺量为 50%时，应变最大，说明 RAP 掺量增加对再生 SBS 改性沥青混合料疲劳破坏的应变会产生较明显的影响。

7.8.3　再生方式对疲劳性能的影响

为对比普通再生和复合再生两种方法对再生 SBS 改性沥青混合料疲劳特性的影响，将不同再生方法再生的 SBS 改性沥青混合料的疲劳试验结果列如表 7-11 所示，对数疲劳寿命曲线如图 7-20 所示。

表 7-11　不同再生方法再生的 SBS 改性沥青混合料的疲劳试验结果

RAP 掺量/%	对数疲劳寿命					
	普通再生			复合再生		
	0.3 应力比	0.4 应力比	0.5 应力比	0.3 应力比	0.4 应力比	0.5 应力比
40	4.8629	4.1273	3.4747	4.8621	4.1942	3.4870
50	4.8209	4.0671	3.4232	4.8304	4.0997	3.4358
60	4.7835	3.9571	3.3153	4.7957	4.0051	3.3267
70	4.6740	3.9202	3.2730	4.6985	3.9745	3.2882

从表 7-11 和图 7-20 可以看出：在应力比为 0.3 时，RAP 掺量在 40%～60%范围内，两种再生方法获得的再生 SBS 改性沥青混合料的对数疲劳寿命差别不大，说明低应力下再生方法对再生 SBS 改性沥青混合料的抗疲劳特性影响不大；在应力比为 0.4 和 0.5 条件下，复合再生的 SBS 改性沥青混合料的对数疲劳寿命高于普通再生，说明在高应力下，复合再生方式能够更好地改善再生 SBS 改性沥青混合料的抗疲劳性能。

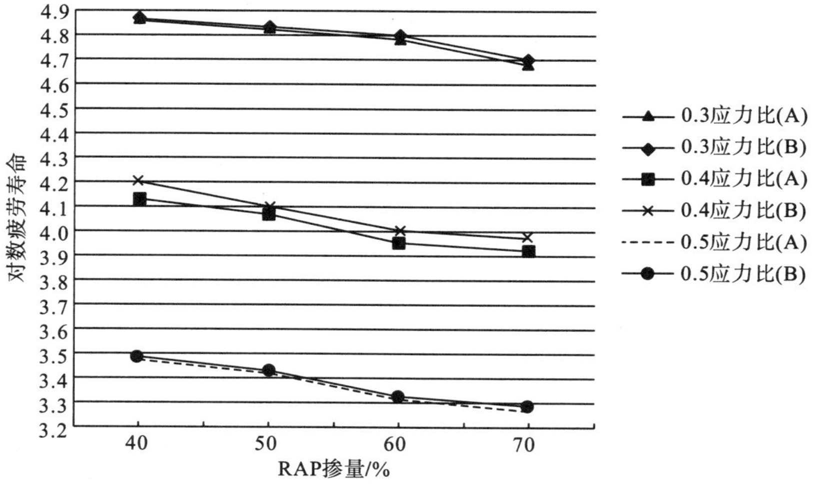

图 7-20　再生 SBS 改性沥青混合料的对数疲劳寿命曲线

7.8.4 疲劳寿命方程分析

大量研究表明，沥青混合料的对数疲劳寿命与应力比呈现良好的线性关系。因此，将再生 SBS 改性沥青混合料的对数疲劳寿命进行回归拟合：

$$\log N_f = k - n\sigma \tag{7-10}$$

式中，N_f——疲劳寿命，次；

σ——应力比；

n、k——常数。n 用来表征该材料的疲劳特性对所受荷载的敏感程度，n 越大，表示该材料的疲劳特性对所受荷载的敏感程度越高；k 的大小表明了疲劳曲线在纵坐标上的位置，k 越大，表示该材料的抗疲劳特性越好。

分别对普通再生与复合再生获得的再生 SBS 改性沥青混合料的疲劳试验结果进行单对数-应力比疲劳曲线回归，回归结果如图 7-21 和图 7-22 所示。

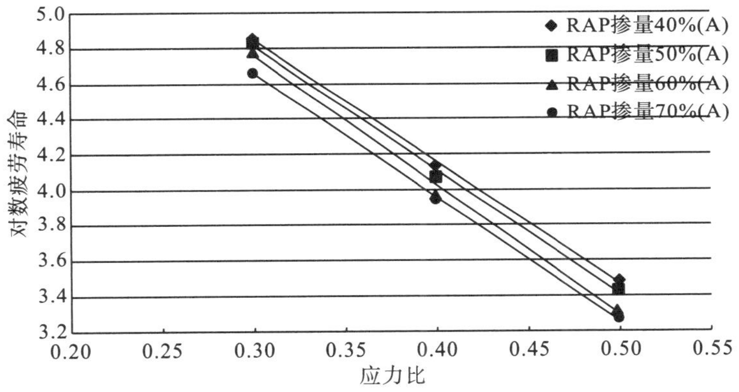

图 7-21 普通再生方式再生的 SBS 改性沥青混合料疲劳曲线

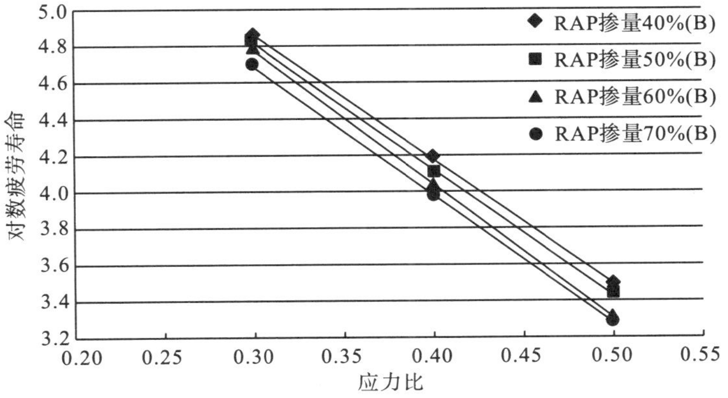

图 7-22 复合再生方式再生的 SBS 改性沥青混合料疲劳曲线

将再生 SBS 改性沥青混合料单对数应力比-疲劳寿命方程汇总于表 7-12。

表 7-12　不同 RAP 掺量下再生 SBS 改性沥青混合料单对数应力比-疲劳寿命方程

再生方法	RAP 掺量/%	对数-应力比疲劳寿命方程	R^2
普通再生	40	y=6.9314−6.9410σ	0.9988
	50	y=6.8991−6.9885σ	0.9979
	60	y=6.9550−7.3410σ	0.9948
	70	y=6.7577−7.005σ	0.9981
复合再生	40	y=6.9313−6.8755σ	0.9997
	50	y=6.9112−6.9730σ	0.9992
	60	y=6.9805−7.3450σ	0.9981
	70	y=6.8077−7.0515σ	0.9998

从图 7-21、图 7-22 和表 7-12 可以看出：两种再生方法再生 SBS 改性沥青混合料的单对数应力比-疲劳寿命方程，k 总体上随 RAP 掺量增大而减小，n 总体上随 RAP 掺量增大而增大，表明提高 RAP 掺量会降低再生 SBS 改性沥青混合料的抗疲劳特性；再生 SBS 改性沥青混合料的对数疲劳寿命与应力比成较好的线性关系。

7.9　本 章 总 结

本章通过对再生基质沥青混合料与再生 SBS 改性沥青混合料进行劈裂强度试验，研究不同 RAP 掺量对再生沥青混合料强度的影响，得出了不同 RAP 掺量下两类再生沥青混合料的疲劳特性。

1. 再生基质沥青混合料疲劳特性

(1) 研究了不同 RAP 掺量对再生基质沥青混合料的强度影响，得出随着 RAP 的掺量的增加，劈裂强度呈增大趋势，根据劈裂强度得出了疲劳试验的荷载应力比。

(2) 对几种疲劳试验进行了对比分析，确定了采用间接拉伸试验对再生基质沥青混合料进行疲劳试验，得出不同 RAP 掺量以及加和不加再生剂条件下再生基质沥青混合料的疲劳寿命，得出各类型再生基质沥青混合料的疲劳方程回归曲线。

(3) 根据各个类型再生基质沥青混合料的疲劳方程以及疲劳寿命衰减规律，提出了再生基质沥青混合料的疲劳寿命衰减速率和疲劳衰减速率比，以此表征不同类型再生基质沥青混合料的疲劳规律。

(4) 对再生基质沥青混合料随循环次数的位移变化曲线进行比较得出，应力比越大位移变化曲线斜率越大，RAP 掺量越大位移变化速度越快。

2. 再生 SBS 沥青混合料疲劳特性研究

(1) 在 40%～60%范围内，随着 RAP 掺量增大，再生 SBS 改性沥青混合料的劈裂强度逐渐增高，而疲劳寿命逐渐降低。

(2) 再生 SBS 改性沥青混合料的疲劳寿命均随应力比的增加而降低，在对应的应力作用下，RAP 掺量较小的再生 SBS 改性沥青混合料的对数疲劳寿命大于 RAP 掺量较大的再生 SBS 改性沥青混合料。

(3) 再生方法和应力比对不同 RAP 掺量再生 SBS 改性沥青混合料的疲劳破坏变形没有明显影响，而 RAP 掺量增加会对再生 SBS 改性沥青混合料的疲劳破坏时的破坏应变产生较明显的影响。

(4) 在对应的 RAP 掺量和应力比条件下，复合再生方式获得的再生 SBS 改性沥青混合料的疲劳寿命次数总体上大于普通再生方式，说明复合再生方式可以改善再生 SBS 改性沥青混合料的疲劳特性，且 RAP 掺量越大，复合再生方法改善其疲劳特性的效果越显著。

(5) 两种再生方法获得的再生 SBS 改性沥青混合料的单对数应力比-疲劳寿命方程，k 总体上随 RAP 掺量增大而减小，n 总体上随 RAP 掺量增大而增大，且对数疲劳寿命与应力比之间存在较好的线性关系。

第 8 章　大掺量厂拌热再生沥青路面施工工艺及工程示范

沥青路面施工是一个相对漫长且复杂的过程，只有保障各个环节的质量才能保障路面工程的质量。随着厂拌热再生沥青混合料生产中 RAP 掺量的增多，RAP 对再生沥青混合料质量的影响也越来越不可小觑，因此对大掺量 RAP 厂拌热再生沥青混合料施工工艺研究也就尤为重要。厂拌热再生沥青混合料施工工艺的主要步骤包括：RAP 的回收、RAP 的预处理、加热和拌和、运输、摊铺、碾压等。与普通的热拌沥青混合料施工工艺相比具有不同特点，主要是增加了 RAP 的回收和预处理，集中拌和时的 RAP 预热装置、再生剂添加装置。

8.1　施　工　流　程

厂拌热再生沥青路面施工工艺流程如图 8-1 所示。

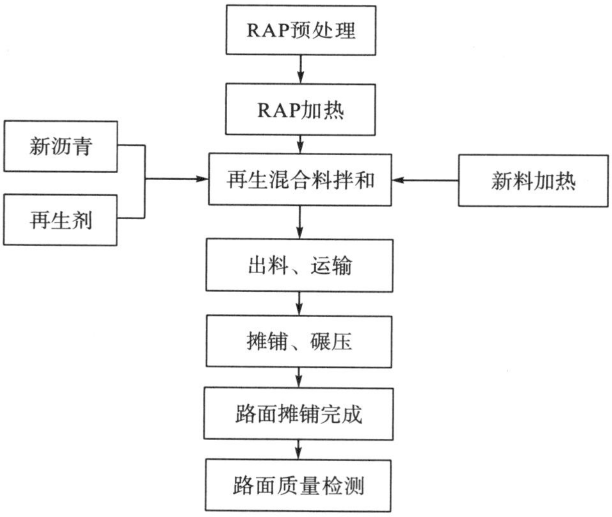

图 8-1　厂拌热再生沥青路面施工工艺流程图

8.2　RAP 的回收、预处理、储存

8.2.1　RAP 的回收

RAP 的回收可选用铣刨、机械开挖等方式，以减少材料变异。为了保证再生沥青混

合料级配的稳定性，回收时应尽量减少对集料的破坏。

为了减少 RAP 的变异性，当采用铣刨机进行 RAP 回收时，必须确保回收 RAP 的结构不混入其他层，同时还应避免破坏下承层。而为了保证 RAP 粒径的均匀性，铣刨机的行走速度一般控制在 3～4m/min。

图 8-2、图 8-3 为现场冷铣刨方式得到沥青路面铣刨料。

图 8-2　铣刨机铣刨

图 8-3　沥青路面铣刨料(未处理)

8.2.2　RAP 的预处理

RAP 在放置的过程中会发生结块现象。因此，RAP 不能直接回收利用，要通过一定手段进行预处理，目前对 RAP 的预处理主要是对其进行破碎和筛分。

本书根据厂拌热再生试验路段混合料级配要求，并结合贵州毕节市中心拌和站现场实际情况，对 RAP 分为 0～13mm、13～20mm 两档。

8.2.3　RAP 的储存

为了保证使用过程中 RAP 的质量稳定，RAP 的储存也要按照规范要求，采取一些保护措施，如：分类分粒径堆放、场地硬化、排水通畅、控制堆放高度，以免集料堆积过程中形成结块。

8.3　大掺量厂拌热再生沥青混合料拌制

8.3.1　拌和设备概况

沥青混合料拌和设备的主要功能是生产沥青混合料，即将生产混合料所需要的集料和胶结料，通过拌和生产设备加热、拌和形成具有良好级配组成和施工和易性的混合料。

沥青混合料拌和设备有不同分类方式，工程中通常按生产工艺将其分成两类，即间歇式拌和设备和连续式拌和设备。前者工艺特点是将生产混合料的各种原料分批计量输入拌和设备内进行加热、拌和，从而得到成品混合料。后者是将计量后的各种材料不间断地输入拌和设备内进行加热、拌和，此种设备从原材料的加入到混合料输出是一个不间断连续的过程。目前，连续式拌和设备在欧洲应用较为普遍，而由于集料加工不够规范、集料质量不稳定，间歇式拌和设备更加符合我国沥青路面材料生产的实际情况。

本章的研究结合贵州省毕节市中心拌和站，采用间歇式拌和设备。毕节市中心拌和站设备为目前国内普遍使用的厂拌热再生设备，是在中交西安筑路机械有限公司 JD2000 集装箱沥青混合料拌和设备的基础上，增加了“第二烘干筒”设备(即为 RAP 烘干筒)改装而成。生产能力 120～160T/h，搅拌锅容量 2000kg，装机容量 420kW。RAP 滚筒采用福建铁托 1000 型拌和设备的滚筒，拌和设备如图 8-4 所示。破碎筛分后的 RAP 及间歇式再生沥青混合料拌和设备结构示意图分别如图 8-5 和图 8-6 所示。

图 8-4　间歇式大掺量厂拌热再生拌和楼

图 8-5　破碎筛分后的 RAP

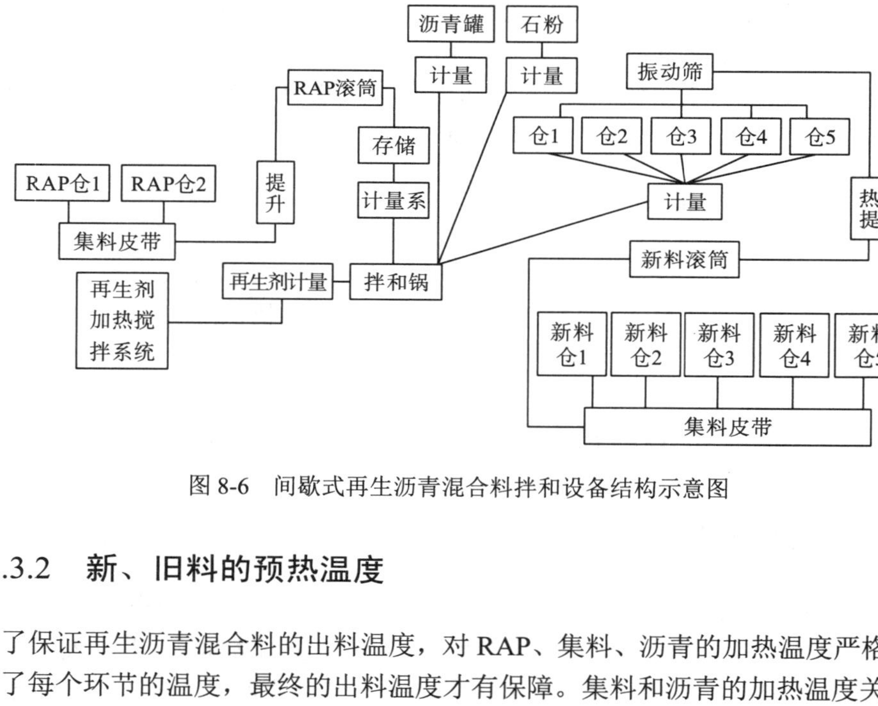

图 8-6　间歇式再生沥青混合料拌和设备结构示意图

8.3.2　新、旧料的预热温度

为了保证再生沥青混合料的出料温度，对 RAP、集料、沥青的加热温度严格要求，只有保证了每个环节的温度，最终的出料温度才有保障。集料和沥青的加热温度关系到再生沥青混合料的出料温度，在实际生产过程中，通过控制集料和沥青加热温度，实现对再生沥青混合料出料温度的控制。若集料和沥青加热温度过低，在搅拌过程中沥青不能将集料表面完全裹覆而出现花白料现象，影响路面路用性能，而加热温度超过规定范围，则会引起 RAP 和沥青的二次老化，再生沥青混合料质量下降，造成路面的早期破坏和材料的浪费。

使用间歇式拌和设备生产再生沥青混合料过程中，由于 RAP 掺量较大，既要保证出料温度又要考虑避免 RAP 的二次老化，应当适当提高新料加热温度，但最高不能超过 200℃。RAP 预热温度一般控制在 100～140℃，RAP 采用重油加热，加热时不得直接与火焰接触。

根据毕节市拌和楼 RAP 加热滚筒、新料加热滚筒，加热时间，新、旧料临时存储热料仓容量大小，并综合考虑出料温度等因素，经多次现场试拌以及室内试验，确定 RAP 掺量为 40%，新料用量为 60%。

针对毕节市拌和楼 40% RAP 掺量的厂拌热再生，通过室内试验、现场试拌以及监测出料温度等，确定新、旧料加热温度。正式生产时应不断监测出料温度，反复调试新、旧料加热温度。根据《沥青路面再生技术规范》(JTG F41—2008)，再生沥青混合料出料温度要比新拌沥青混合料高 5～15℃，表 8-1 为再生沥青混合料出料温度要求。

表 8-1　再生沥青混合料生产过程中各项温度指标　　(单位：℃)

新沥青加热温度	新集料加热温度	RAP 加热温度	出料温度
150～160	180～190	110～120	150～160

8.3.3　再生沥青混合料拌和

再生沥青混合料拌和过程分为干拌和湿拌两个阶段，干拌即在添加沥青和再生剂之前的拌和，干拌的目的是在加入沥青和再生剂之前，将集料充分拌和均匀，干拌过程中搅拌器对集料有摩擦作用以及集料与集料之间也有摩擦，很容易将集料具有的棱角摩擦掉，降低矿料的品质。因此，大掺量厂拌热再生生产过程中应将干拌时间控制在 10～15s 范围内。湿拌的目的是将沥青和再生剂充分、均匀地融合、裹覆于新旧集料表面，形成结构稳定且具有良好均匀性、和易性的再生沥青混合料。

拌和时间过短不能将集料、沥青和再生剂拌和均匀，拌和时间过长将影响再生沥青混合料品质和降低生产效率，为了保证再生沥青混合料拌和的均匀度、质量以及生产效率，再生沥青混合料的生产拌和时间如表 8-2 所示。

表 8-2　再生沥青混合料生产拌和时间

	RAP、新集料	沥青、再生剂加入
干拌时间/s	10～15	
湿拌时间/s		40～45
拌和周期/s		50～60

8.4　大掺量厂拌热再生沥青混合料现场摊铺

8.4.1　摊铺前的准备

摊铺前，对原有基层进行修整、清理，基层处理完毕，洒铺乳化沥青作透层油(1.5～2L/m^2)，如图 8-7 和图 8-8 所示。

图 8-7　清理基层

图 8-8　透油层撒布

8.4.2　摊铺作业

1. 摊铺设备

沥青路面施工过程中，沥青混合料摊铺机按行走方式可分轮胎式和履带式两种。

履带式摊铺机机动性强，自身重量较大，与地面的摩擦力也较大，不会在施工过程中出现打滑现象，因此使用履带式摊铺机能更好地保证沥青路面的施工质量。现场试验路段摊铺设备及性能参数如图 8-9 和表 8-3 所示。

图 8-9　现场试验路段摊铺设备(富勒格 super2500)

表 8-3　富勒格 super2500 摊铺机主要配置参数

重量/kg	摊铺厚度/mm	摊铺宽度/mm	行走速度/(km/h)	发动机型号	额定功率/(kW/rpm)
28300	500	3000	3.0	BF6M1015	209/1800

2. 摊铺温度

由于再生沥青混合料加入了较高掺量的 RAP，导致再生沥青混合料黏度增大，与普通热拌沥青混合料相比较难压实，因此再生沥青混合料的摊铺温度应比普通热拌沥青混合料高 5～15℃，以保证再生沥青混合料运到现场时再生温度达到适宜的摊铺温度。

结合《公路沥青路面施工技术规范》(JTG F40—2004)，施工的最低温度应符合表 8-4 的要求。

表 8-4　大掺量厂拌热再生沥青混合料最低摊铺温度

下卧层的表面温度/℃	相应于下列不同摊铺层厚度的最低摊铺温度/℃		
	＜50mm	50～80mm	＞80mm
＜5	不允许	不允许	145
5～10	不允许	145	140
10～15	150	143	137
15～20	145	140	135
20～25	143	137	133
25～30	137	135	131
＞30	135	130	129

3. 摊铺速度

摊铺速度是指在沥青路面施工过程中摊铺机的行进速度，为了有足够的摊铺平整度和很好的压实度，摊铺机的速度应该控制在某一个合理的区间，且一旦确定下来不可随意更改。再生沥青混合料的摊铺速度经验公式如下：

$$v_p = \frac{100QC}{60DBH} \tag{8-1}$$

式中，v_p——摊铺速度，m/min；

D——压实成型后再生沥青混合料密度，t/m^3；

Q——搅拌站产量，t/h；

B——摊铺宽度，m；

H——压实成型后路面平均厚度，cm；

C——效率系数，一般为 6～8。

郝培文关于摊铺机摊铺速度有以下论述：“摊铺速度在 4m/min 以下时，铺层表面拉沟、开裂现象较少，摊铺密实度较好，因此，上面层摊铺速度设置在 4m/min 比较合适，最好为 3m/min 左右，中下面层可适当放宽到 5m/min 左右”。邵明建对摊铺速度的论述如下：“摊铺机的速度应根据搅拌站生产率，成品料贮存，运输能力以及工作质量要求等综合考虑，一般摊铺速度为 2.5m/min 时，铺筑质量较理想”。本书依托工程现场，摊铺速度采用 3m/min，如图 8-10 和图 8-11 所示。

图 8-10　再生沥青混合料摊铺

图 8-11　再生沥青混合料摊铺温度监测

8.4.3　大掺量厂拌热再生沥青混合料碾压

碾压是沥青路面施工过程中最关键的一道工序，也是最后一道施工工序。压实质量直接影响成型路面在使用过程中的路用性能，碾压过轻则路面压实度不够，导致路面空隙率大，难以保证路面的水稳定性和耐久性；压实过度，会使再生沥青混合料中集料压碎导致花白料，破坏再生沥青混合料的级配。本章对压实质量的主要影响因素碾压温度、碾压速度、碾压遍数进行研究分析，拟定适合大掺量 RAP 厂拌热再生沥青混合料的合理的碾压施工参数。

1. 碾压设备

路面碾压设备多种多样，本书依托工程现场沥青路面施工，采用钢轮压路机(具有振荡功能)和轮胎压路机。型号和主要技术参数如表 8-5、图 8-12 和表 8-6、图 8-13 所示。

表 8-5　钢轮压路机 BOMAG，BW202AHD-2(现场钢轮压路机)主要参数

项目名称	单位	参数
工作质量	kg	10700
前轮分配质量	kg	5000
后轮分配质量	kg	5100
前轮静线载荷	N/cm	23.4
后轮静线载荷	N/cm	23.9
速度范围	km/h	0～11
振动频率(高/低)	Hz	46/50
名义振幅(高/低)	mm	0.74/0.36
额定功率	kW/rpm	72/2500
振动轮宽度	mm	2135

图 8-12　BOMAG 钢轮压路机

表 8-6　徐工 XP262 轮胎压路机(现场轮胎压路机)主要参数

	工作质量/kg	压实宽度/mm	额定功率/kW
徐工 XP262 轮胎压路机	13000	2365	115

图 8-13　徐工 XP262 轮胎压路机

2. 碾压温度

为了保证路面的压实度和平整度，对厂拌热再生沥青混合料路面的碾压温度要求如表 8-7 所示。

表 8-7　大掺量厂拌热再生沥青混合料碾压温度要求

碾压阶段	碾压条件	碾压温度/℃
开始碾压	正常施工	≥125(内部)
	低温施工	≥135(内部)
碾压终了	钢轮压路机	≥70(表面)
	轮胎压路机	≥80(表面)
	振动压路机	≥65(表面)

3. 碾压速度

碾压速度的选择要考虑两个方面，一是保证压实度，二是保证生产效率。压实作业一般是两台或者多台压路机同时工作，碾压速度设置过低，第一台压路机跟不上前面摊铺机的速度，导致间歇时间过长、路面温度损失过快，难以保证正常的压实温度；碾压速度过高，一是会与摊铺机造成冲突，由于紧跟摊铺机，再生沥青混合料温度过高，压实度容易过大，二是由于再生沥青混合料具有一定的施工和易性，过快的碾压速度会使再生沥青混合料产生较大变形，难以保证路面的平整度，因此选择合理的碾压速度，才能保证路面施工质量。

初压时，碾压速度不宜过快，速度过快容易造成再生沥青混合料变形，规范推荐碾压速度为 3～4km/h。

复压时通常采用振动压路机，过快的碾压速度会使压实效率下降。根据经验公式计算碾压速度，公式如下：

$$v = 1.2 f \sqrt{2Rh} \tag{8-2}$$

式中，v——碾压速度，km/h；

f——振动频率，1/s；

R ——钢轮半径，m；

h ——碾压沉降量，m。

根据经验公式可以看出，路面碾压速度是由压路机的振动频率、压路机钢轮的半径以及碾压沉降量决定的。假设钢轮半径为 0.85m，一次碾压沉降量为 0.005m，振动频率为 35～40Hz，则碾压速度为 3.9～4.4km/h，因此建议振动压路机碾压速度为 4.0km/h 左右。复压后期采用轮胎压路机，速度应与此相仿或稍高至 4.5km/h。

终压的目的是消除微裂纹和压实轨迹，进一步提高路面最终平整度，采用轮胎压路机或关闭振动的钢轮压路机，现场压路机的碾压速度建议值如表 8-8 所示。

表 8-8　再生沥青混合料碾压速度　　（单位：km/h）

压路机类型	初压		复压		终压	
	适宜	最大	适宜	最大	适宜	最大
钢轮压路机	4.0	4.5	3.5～4.0（振荡）	4.5	3.5～4.0	4.0
轮胎压路机	4.0	4.5	3.5～4.0	4.5	3.5	4.0

4. 碾压遍数

在沥青路面压实过程中，为了保证路面的压实度和平整度，需要保证充分的压实，根据现场试验测试，碾压遍数与路面压实度关系如表 8-9、图 8-14 所示。

表 8-9　碾压遍数与路面压实度关系

碾压遍数	压实度/%					平均值/%
2	92.3	91.7	93.1	92.0	92.4	92.3
3	95.3	94.6	93.8	95.7	94.1	94.7
4	96.2	95.1	96.7	97.0	96.5	96.3
5	97.1	98.0	97.6	97.2	96.9	97.4
6	98.3	98.6	97.9	97.9	98.7	98.3

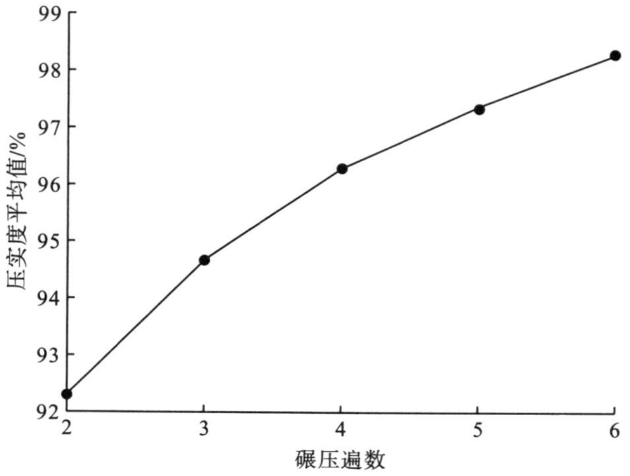

图 8-14　碾压遍数与路面压实度关系曲线

由表 8-9 和图 8-14 可知，随着碾压遍数的增加，路面压实度增加较快，当碾压遍数达到 4 之后，压实度增长速度变慢。因此，为了达到合格的压实度，必须保证充分的碾压遍数，但也应避免过度的碾压造成集料破坏。依托工程现场，路面施工碾压方案及碾压遍数要求如表 8-10 所示。

表 8-10　现场再生沥青路面碾压方案及碾压遍数要求

压路机类型	初压/遍	复压/遍	终压/遍
钢轮压路机	1(静压)	1(振荡)	1(静压)
轮胎压路机	1	2～3	1

由图 8-15 可见，试验路段总体效果良好，路面平整、再生沥青混合料密实，除接缝处有少许花白料(可能由于接缝处理不好，集料压碎)外，其余地方无花白料。

由图 8-16 和图 8-17 可知，对比加与未加再生剂路段，成型效果有一定差异，不加再生剂的路段，路面少许地方出现再生沥青混合料离析，空隙较大，而加再生剂的路段再生沥青混合料密实，基本无此现象。由于 RAP 掺量大，运距较长，温度下降快，不加再生剂的再生沥青混合料黏度较大，难以保证路面每个地方都压得密实，添加再生剂后，沥青黏度降低，即使温度有一定下降，也能保证再生沥青混合料很好地压实成型，因此，对于大掺量厂拌热再生沥青混合料，加入一定量的再生剂可以得到更好的路面压实效果。

图 8-15　再生沥青路面碾压效果图

图 8-16　不加再生剂路段碾压成型

图 8-17　加再生剂路段碾压成型

8.5　大掺量厂拌热再生沥青路面质量检测

再生沥青路面竣工后应进行质量验收。通过对再生路面的检测，评价路面的主要性能指标是否达到现有的工程质量检验评定标准。由于目前尚没有再生沥青路面施工质量控制和验收的权威性标准与规范，可以参照《公路工程质量检验评定标准》(JTG F80—2004) 和《公路沥青路面施工技术规范》(JTG F40—2004)执行。

8.5.1　路面平整度检测

路面平整度是路面使用性能的一项重要评价指标，良好的路面平整度既能保证行车的舒适性，减少行车对路面的荷载冲击，增加路面的使用年限，又能一定程度上减少油耗。参照《公路工程质量检验评定标准》(JTG F80—2004)和《公路沥青路面施工技术规范》(JTG F40—2004)对路面平整度要求如表 8-11 所示。

表 8-11　平整度最大间隙要求

指标	层位	单位	要求
平整度	上面层	mm	≤3.6
	中面层		≤4.5
	下面层		≤5.4

依托工程试验路段采用三米直尺测量路面平整度，在左幅(不加再生剂)选取四处测量平整度，共 40 个点；右幅(加再生剂)选取四处测量平整度，共 40 个点，总共 80 个点。

再生路面现场平整度检测结果如下表 8-12 和表 8-13 所示。

表 8-12　再生路面现场平整度检测数据

代表路段	K493+050～K493+350	结构类型		AC-20		平整度规定值/mm		≤4.5			
序号	检测桩号	检测数据/mm									
		1	2	3	4	5	6	7	8	9	10
1	K493+350(左)	3.5	3.5	4.0	3.0	4.5	4.0	3.5	3.5	3.0	3.5
2	K493+250(左)	2.5	2.0	2.5	1.5	1.5	2.0	2.5	4.0	2.0	1.5
3	K493+150(左)	2.5	2.5	2.5	2.0	2.5	5.0	3.0	2.5	3.5	3.0
4	K493+090(左)	3.5	3.5	3.0	4.0	3.5	3.5	4.0	3.5	3.5	3.0
5	K493+320(右)	3.5	4.0	4.0	3.5	4.0	3.5	3.0	4.5	4.0	3.5
6	K493+220(右)	2.0	2.5	2.5	2.0	2.0	2.5	2.0	3.0	1.5	2.0
7	K493+130(右)	2.0	2.5	3.0	2.5	2.0	3.5	3.0	2.5	3.0	2.5
8	K493+100(右)	2.5	2.0	2.5	2.0	2.5	2.5	2.0	2.0	2.5	2.5

表 8-13　再生路面平整度特征值

位置	组别	平均值/mm	最大间隙/mm	合格率/%
中面层	第一组	3.60	4.5	100
	第二组	2.20	2.5	100
	第三组	2.90	5.0	90
	第四组	3.50	4.0	100
	第五组	3.75	4.5	100
	第六组	2.20	3.0	100
	第七组	2.65	3.5	100
	第八组	2.30	2.5	100

左幅平整度标准差为 0.433，变异系数为 0.19；右幅平整度标准差为 0.412，变异系数为 0.18。全幅路面平整度合格率为 100%，满足规范要求。

8.5.2　路面压实度检测

路面压实度是衡量路面施工质量及路面质量的一项重要指标，压实度对路面路用性能，尤其是路面的耐久性起到关键作用。

依托工程现场试验，路段再生沥青层为沥青路面的中面层，采用钻心机进行试件取样，在路段左幅(不加再生剂)选取四处钻芯取样，路段右幅(加再生剂)选取四处钻芯取样，如图 8-18、图 8-19 所示，通过相对最大理论密度计算芯样的压实度。结果如表 8-14 所示。

图 8-18　路面左幅钻芯取样

图 8-19　路面右幅钻芯取样

表 8-14　再生沥青路面试验路段压实度检测(钻芯取样法)

混合料类型	芯样编号	干燥质量/g	表干质量/g	水中质量/g	相对毛体积密度	相对最大理论密度	压实度/%	平均压实度/%
右幅(加再生剂)	1	947.2	947.8	561.9	2.455	2.515	97.61	97.04
	2	1097.3	1097.9	644.8	2.422	2.515	96.30	
	3	1075.1	1076.0	629.1	2.406	2.515	95.67	
	4	1122.3	1122.9	670.1	2.479	2.515	98.57	

续表

混合料类型	芯样编号	干燥质量/g	表干质量/g	水中质量/g	相对毛体积密度	相对最大理论密度	压实度/%	平均压实度/%
左幅（不加再生剂）	5	1179.5	1181.2	677.6	2.342	2.509	93.34	95.09
	6	1090.5	1091.6	641.2	2.421	2.509	96.49	
	7	795.7	796.1	462.5	2.385	2.509	95.06	
	8	1181.1	1182.4	689.2	2.395	2.509	95.46	

在交工验收阶段，沥青面层压实度是否合格，常通过压实度代表值和标准值的比较确定。一个评定路段的平均压实度、标准差、变异系数按下式计算

$$K_0=\frac{K_1+K_2+\cdots+K_N}{N} \tag{8-3}$$

$$S=\sqrt{\frac{(K_1-K_0)^2+(K_2-K_0)^2+\cdots+(K_N-K_0)^2}{N-1}} \tag{8-4}$$

$$C_{\mathrm{V}}=\frac{S}{K_0} \tag{8-5}$$

式中，K_0——该评定路段的平均压实度，%；

S——一个评定路段的压实度测定值的标准差，%；

C_{V}——一个评定路段的压实度测定值的变异系数，%；

K_1、K_2、…、K_N——该评定路段内各测定点的压实度，%；

N——该评定路段内各测定点的总数，其自由度为 $N-1$。

由上式计算得加再生剂再生沥青路面试验段 K_0=97.04%，S=1.30%，C_{V}=1.34%；不加再生剂再生沥青路面试验段 K_0=95.09%，S=1.31%，C_{V}=1.38%，如表 8-15 所示。

表 8-15　再生沥青混合料路面压实度特征值

混合料类型	平均压实度/%	标准差/%	变异系数/%
右幅(加再生剂)	97.04	1.30	1.34
左幅(不加再生剂)	95.09	1.31	1.38

一个评定路段的压实度代表值按下式计算。

$$K'=K_0-\frac{t_\alpha S}{\sqrt{N}} \tag{8-6}$$

式中，K'——个评定路段的压实度代表值，%；

t_α——t 分布表中随自由度和保证率而变化的系数，见《公路沥青路面施工技术规范》(JTG F40—2004) 附表 E，t_α 查表后取值为 0.819。

参照《公路沥青路面施工技术规范》(JTG F40—2004)，加再生剂再生沥青路面试验段 $K'=96.50\%$，不加再生剂再生沥青路面试验段 $K'=94.55\%$。

参照《公路沥青路面施工技术规范》(JTG F40—2004)，沥青面层压实度规定值 K_1

=96%。①当 $K' \geqslant K_1$ 且全部测点不低于(规定值-1%)时，压实度合格率为 100%；②当 $K' \geqslant K_1$ 时，按测定值不低于(规定值-1%)的测点数计算合格率；③当 $K' < K_1$ 时，压实度不合格，因此，不加再生剂再生沥青路面压实度不合格。

由图 8-20 可看出，加与不加再生剂的芯样有较明显的差异，加再生剂的芯样密实、无明显坑洞，芯样完整，厚度均匀；不加再生剂的芯样有较明显孔洞，芯样厚度不均。孔洞出现的原因可能有两种，其一，没有添加再生剂，再生胶结料性能较差，在钻芯取样外力作用下，部分集料与沥青剥离，出现孔洞；其二，没有加再生剂，再生沥青混合料和易性稍差，压实度低于添加再生剂的路面。

图 8-20　再生沥青路面试验段芯样对比(上排不加再生剂，下排加再生剂)

8.6　工 程 示 范

1. 重庆地区应用

(1) 重庆市九龙坡西城大道项目，项目位于九龙坡区，改建道路全幅采用再生沥青混合料铺筑下面层，运用厂拌热再生技术生产 AC-20 与 AC-25C 两种再生沥青混合料共约 5000 吨。

(2) 重庆市大渡口市政道路项目，项目位于大渡口区，改建道路全幅采用再生沥青混合料铺筑中面层，运用厂拌热再生技术生产 AC-20C 再生沥青混合料约 800 吨。

(3) 重庆市九龙坡创业大道道路项目，项目位于九龙坡区，改建道路全幅采用再生沥青混合料铺筑中面层，运用厂拌热再生技术生产 AC-20C 再生沥青混合料约 1220 吨。

(4) 重庆市快速路一纵线项目，项目位于九龙坡区，改建道路全幅采用再生沥青混合料铺筑中面层与下面层，运用厂拌热再生技术生产 AC-16C 与 AC-25C 两种再生沥青混合料共约 2350 吨。

(5) 重庆市空港项目，项目位于渝北区，改建道路全幅采用再生沥青混合料铺筑中面层与下面层，运用厂拌热再生技术生产 AC-20 与 AC-25 两种再生沥青混合料共约 9000 吨。

(6) 重庆市机场项目，项目位于渝北区，改建道路全幅采用再生沥青混合料铺筑下面层，运用厂拌热再生技术生产 AC-20 再生沥青混合料约 5000 吨。

(7) 重庆市巴南项目，项目位于巴南区，改建道路全幅采用再生沥青混合料铺筑下面层，运用厂拌热再生技术生产 AC-20 再生沥青混合料约 5000 吨。

(8) 重庆市沙坪坝区山洞项目，项目位于沙坪坝区，改建道路全幅采用再生沥青混合料铺筑下面层，运用厂拌热再生技术生产 AC-25C 再生沥青混合料约 4200 吨。

(9) 重庆市食品大道维修项目，项目位于渝北区，改建道路全幅采用再生沥青混合料铺筑下面层，运用厂拌热再生技术生产 AC-20 与 AC-25 两种再生沥青混合料共约 9000 吨。

(10) 重庆市水土项目，项目位于北碚区，改建道路全幅采用再生沥青混合料铺筑下面层，运用厂拌热再生技术生产 AC-20 再生沥青混合料约 4000 吨。

(11) G75 兰海高速渝黔段 K1015. 11～K1105. 86 段路面大修工程，该工程累计铣刨原沥青层 74801m^3，RAP 掺量为 50%，应用厂拌热再生技术共计生产使用约 14.5 万吨再生沥青混合料，节省工程造价 1638.5 万元。

2. 贵州地区应用

(1) 依托贵州省交通厅科技项目“高掺量废旧改性沥青混合料厂拌热再生技术在贵州干线公路工程中的应用研究”(2016-123-024) 和“贵州省典型沥青再生剂对比研究”(2015-123-031)，在贵州省的铜仁、毕节、安顺、都匀、盘州、六枝和贵阳等地区进行了厂拌热再生技术应用的推广，共铺筑沥青路面约 1000km，生产、使用再生沥青混合料 60 余万吨。

(2) 依托贵州省交通运输厅科技项目“大掺量废旧沥青混合料厂拌热再生技术研究”，试验路选取 G326 国道大方县雨冲至凤山段公路改扩建工程的其中一段，全长 300m，公路等级为二级，路基宽度 8.5m，设计时速 40km/h。

8.7 本章总结

通过对厂拌热再生施工工艺研究，并结合重庆、贵阳等地的工程项目，得出以下结论：

(1) 与新拌沥青混合料相比，厂拌热再生施工工艺增加了对 RAP 的回收、预处理以及储存。由于 RAP 级配变异性大，应对 RAP 进行破碎、筛分及分档储存，限制最大粒径，控制级配范围。

(2) 再生沥青混合料生产时，由于 RAP 掺量较大，为了保证再生沥青混合料的出料温度，在现场试验及试拌基础上，对新、旧料和沥青的预热温度进行严格控制。

(3) 确定了再生沥青混合料施工工艺参数包括：摊铺机行走速度、碾压温度、碾压遍数以及碾压组合方式。

(4) 经再生沥青路面依托工程试验路段铺筑，以及对现场路面进行平整度和压实度指标检测，证明了厂拌再生沥青路面质量完全能满足规范要求。

主要参考文献

曹青霞, 2014. 基于SBS改性沥青的高性能再生剂研发[D]. 重庆: 重庆交通大学.

曹青霞, 何兆益, 李庆, 2013. SBS改性沥青老化研究现状综述[J]. 石油沥青, 27(4): 1-5.

柴子钦, 2017. 大掺量RAP厂拌热再生沥青混合料路用性能研究[D]. 重庆: 重庆交通大学.

陈启宗, 2005. 我国沥青路面再生技术与设备的现状和展望[J]. 交通世界, (12): 16, 36-46.

陈涛, 2009. 现场热再生沥青混合料路用性能研究[D]. 南京: 东南大学.

崔文峰, 2008. SBR反应共混改性沥青制备及结构与热贮存稳定性能研究[D]. 兰州: 西北师范大学.

戴跃玲, 刘道胜, 杨鹏, 等, 2002. 道路沥青老化后组成与使用性能关系的研究[J]. 抚顺石油学院学报, 22(2): 9-11, 15.

董玲云, 2013. 厂拌热再生沥青混合料疲劳性能研究[D]. 重庆: 重庆交通大学.

董玲云, 何兆益, 黄刚, 等, 2013. 热再生沥青混合料的疲劳特性研究[J]. 重庆交通大学学报, 32(4): 606-609.

董玲云, 黄刚, 何兆益, 2014. 不同废旧材料热再生沥青混合料的疲劳性能[J]. 大连交通大学学报, 35(2): 71-75.

杜亚丽, 常春清, 2010. 基于DSR试验的胶粉改性沥青性能评价[J]. 内蒙古公路与运输, (1): 16-18.

方海林, 2008. 高分子材料加工助剂[M]. 北京: 化学工业出版社.

耿九光, 2007. 高速公路旧沥青混合料热再生技术研究[D]. 西安: 长安大学.

耿九光, 2009. 沥青老化机理及再生技术研究[D]. 西安: 长安大学.

耿九光, 戴经梁, 陈忠达, 2008. 热再生沥青混合料低温抗裂性能全程评价[J]. 武汉理工大学学报, 32(6): 1029-1032.

韩世新, 纪宏, 于润海, 1997. 旧沥青路面再生利用可行性分析[J]. 辽宁交通科技, 20(5): 30-32.

贺孟霜, 2013. 道路石油沥青结构行为与性能表征[D]. 西安: 长安大学.

何兆益, 陈龙, 陈先勇, 等, 2016. 厂拌热再生沥青混合料力学性能及应用研究[J]. 建筑材料学报, 19(5): 871-875, 914.

何兆益, 冉龙飞, 曹青霞, 2015. 基于光谱分析的SBS改性沥青再生机理研究[J]. 建筑材料学报, 18(5): 900-904.

何兆益, 冉龙飞, 孙宗波, 2014. 浅析SBS改性沥青老化及再生利用研究现状[J]. 2014全国公路养护技术学术年会论文集桥隧卷: 73-76.

侯睿, 李海军, 黄晓明, 2005. 路面旧沥青回收及其影响因素的试验分析[J]. 公路, (4): 170-173.

胡达平, 2002. 沥青路面再生利用应用技术研究[J]. 交通世界, (6): 36-37.

胡小告, 2011. 沥青路面再生技术的应用及其社会经济效益分析[J]. 现代交通技术, 8(5): 27-31.

黄晓明, 赵永利, 江臣, 2001. 沥青路面再生利用试验分析[J]. 岩土工程学报, (4): 468-471.

交通部公路科学研究院, 2004. 公路沥青路面施工技术规范(JTG F40—2004)[S]. 北京: 人民交通出版社.

交通部公路科学研究院, 2008. 公路沥青路面再生技术规范[M]. 北京: 人民交通出版社.

交通部规划研究院, 2004. 国家高速公路网规划[S]. 15-17.

金鸣林, 杨俊和, 史美仁, 2001. 道路沥青老化机理分析[J]. 上海应用技术学院学报, (1): 14-17.

孔令然, 2010. 就地热再生沥青混合料耐久性研究[D]. 大连: 大连理工大学.

李立寒, 曹林涛, 罗芳艳, 等, 2004. 沥青混合料劈裂抗拉强度影响因素的研究[J]. 建筑材料学报, 7(1): 41-45.

李立寒, 麻旭荣, 2007. 级配离析沥青混合料性能的试验研究[J]. 同济大学学报, 35(12): 1622-1626.

李龙, 2003. 沥青混合料再生利用研究[D]. 西安: 长安大学.

李严, 2009. 再生剂对就地热再生沥青混合料路用性能的影响[D]. 南京: 南京林业大学.
刘丽, 2015. 基于热、光耦合条件下SBS改性沥青老化机理研究[D]. 重庆: 重庆交通大学.
刘玉磊, 2007. 再生沥青混合料路用性能的试验研究[D]. 哈尔滨: 东北林业大学.
刘祖愉, 秦建忠, 闫儒峰, 1998. 剥落率法定量测定沥青与石料的粘附性[J]. 太原理工大学学报, 29(2): 150-152.
芦军, 2008. 沥青路面老化行为与再生技术研究[D]. 西安: 长安大学.
吕伟民, 1986. 关于再生剂质量指标的研究[J]. 华东公路, (5): 68-73.
吕伟民, 2007. 沥青再生原理与再生剂的技术要求[J]. 石油沥青, 21(6): 1-6.
吕伟民, 严家彶, 1989. 沥青路面再生技术[M]. 北京: 人民交通出版社.
美国沥青协会, 2005. 高性能沥青路面(Superpave)基础参考手册[M]. 江苏省交通科学研究院, 等译. 北京: 人民交通出版社.
美国沥青再生协会, 2006. 美国沥青再生指南[M]. 深圳海川工程科技有限公司, 译. 北京: 人民交通出版社.
聂忆华, 康彦晶, 刘苹, 2013. 旧沥青路面厂拌热再生利用经济效益分析模型研究[J]. 公路工程, 38(4): 120-123.
聂忆华, 刘苹, 周志刚, 等, 2012. 再生剂对沥青再生机理的影响研究[J]. 公路工程, (6): 65-68.
欧阳自强, 2016. 典型沥青再生剂性能研究与评价[D]. 重庆: 重庆交通大学.
欧阳自强, 朱建勇, 袁泉, 等, 2016. 沥青再生剂性能研究与评价[J]. 中外公路, 36(5): 294-299.
亓玉台, 王明刚, 陈斌, 等, 1993. 石油沥青在连续热和空气老化中化学族组成的变化及动力学研究[J]. 石油沥青, (4): 17-22.
冉龙飞, 2016. 热、光、水耦合条件下SBS改性沥青老化机理研究及高性能再生剂开发[D]. 重庆: 重庆交通大学.
冉龙飞, 何兆益, 曹青霞, 2015a. SBS改性沥青再生剂性能研究[J]. 建筑材料学报, 18(4): 578-583, 595.
冉龙飞, 何兆益, 曹青霞, 2015b. SBS改性沥青再生剂耦合老化研究[J]. 公路交通科技, 11(5): 66-68.
任靖峰, 2007. 高速公路沥青砼废料再生应用研究[D]. 长沙: 长沙理工大学.
沙庆林, 2001. 高速公路沥青路面早期破坏现象及预防[M]. 北京: 人民交通出版社.
沈金安, 2001. 沥青及沥青混合料路用性能[M]. 北京: 人民交通出版社.
沈金安, 李福普, 陈景, 2004. 高速公路沥青路面早期损坏分析与防治对策[M]. 北京: 人民交通出版社.
拾方治, 孙大权, 吕伟民, 2004. 沥青路面再生技术简介[J]. 石油沥青, 18(5): 56-59.
宋奕臻, 2016. 耦合条件下SBS改性沥青及再生沥青老化规律研究[D]. 重庆: 重庆交通大学.
宋奕臻, 朱建勇, 高诗龙, 等, 2016. 沥青再生剂环境影响研究与评价[J]. 中外公路, 36(5): 327-330.
栗培龙, 2007. 道路沥青老化行为与机理研究[D]. 西安: 长安大学.
谭学章, 2010. SBS改性沥青老化及再生利用研究[D]. 西安: 长安大学.
王冲, 徐世法, 季节, 等, 2006. 再生SBS改性沥青混合料再度老化性能的研究[J]. 北京建筑工程学院学报, (3): 20-23.
王继山, 2007. 热再生沥青混合料的再生剂研究[J]. 北方交通, (11): 29-31.
王日彬, 王全学, 吕连洪, 2002. 废旧沥青混合料再生利用[J]. 黑龙江交通科技, 25(2): 17-19.
王仕峰, 张玉军, 王迪珍, 等, 2003. SBS改性沥青的老化行为[J]. 合成橡胶工业, 26(5): 301-304.
王旭东, 2002. 沥青路面材料动力特性与动态参数[M]. 北京: 人民交通出版社.
王玉杰, 2017. 再生SBS改性沥青混合料配合比设计及路用性能研究[D]. 重庆: 重庆交通大学.
吴桂金, 2011. 厂拌热再生沥青混合料马歇尔配合比设计方法探讨[J]. 公路, (5): 185-187.
吴宁, 2009. 厂拌热再生沥青混合料再生工艺研究[D]. 西安: 长安大学.
吴少鹏, 黄晓明, 赵永利, 2001. 路用沥青再生剂的研究[J]. 国外建材科技, 22(4): 47-50.
小池迪夫, 等, 1992. 最新建筑防水设计施工手册[M]. 王庆修, 李先瑞, 等译. 北京: 地震出版社.
徐惠生, 2007. 改性沥青红外光谱分析[J]. 安徽化工, 33(1): 62-64.

闫锋, 王海彦, 廖克俭, 2001. 高等级道路沥青老化动力学研究[J]. 石油炼制与化工, 32(6): 56-59.

杨俊毅, 2008. 沥再生预防性养护技术的应用研究[D]. 重庆: 重庆交通大学.

姚家鑫, 2008. 沥青再生剂的研制[D]. 重庆: 重庆交通大学.

应荣华, 郑健龙, 陈骁, 2007. 沥青老化效应的试验研究[J]. 公路交通科技, 24(6): 20-23, 28.

俞志龙, 2013. 厂拌热再生沥青混合料路用性能及施工工艺研究[D]. 重庆: 重庆交通大学.

俞志龙, 黄刚, 何兆益, 等, 2013. RAP 离析对再生沥青混合料性能的影响分析[J]. 重庆交通大学学报, 32(5): 953-957.

原健安, 李玉珍, 周吉萍, 2005. SBS 改性沥青的两种典型亚微观结构[J]. 长安大学学报, (5): 19-24.

张道义, 屈言宾, 赵永利, 等, 2008. 对再生沥青进行改性的可行性分析[J]. 石油沥青, 22(1): 69-71.

张杰文, 2014. 基于光热耦合条件下 SBS 改性沥青老化特性研究[D]. 重庆: 重庆交通大学.

张利冬, 2014. 新旧沥青砂浆组成与热再生沥青混合料路用性能相关性研究[D]. 南京: 东南大学.

张亮, 2006. 大粒径沥青混合料抗裂性能试验研究[D]. 长沙: 长沙理工大学.

张瑜, 2013. 沥青的老化机理研究及再生剂开发[D]. 重庆: 重庆交通大学.

郑南翔, 侯月琴, 纪小平, 2009. 老化沥青再生性能的预估分析[J]. 长安大学学报, 29(3): 6-10.

郑晓光, 徐健, 丛林, 等, 2008. 离析对沥青混合料路用性能的影响[J]. 公路交通科技, 25(11): 16-19.

周安娜, 朱静, 2001. 道路沥青老化过程中沥青组成与分子量分布的变化[J]. 安徽工业大学学报, 18(4): 347-350.

朱成, 2012. 高比例 RAP 热再生沥青混合料性能试验研究[D]. 广州: 华南理工大学.

Asphalt Recycling and Reclaiming Association, 1992. An overview of recycling and reclamation methods for asphalt pavement rehabilitation[G]. Annapolis, USA: [s.n.].

Charrie-Duhaut A, Lemoine S, Adam P, et al., 2000. Abiotic oxidation of petroleum bitumens under natural conditions[J]. Organic Geochemistry, 31(10): 977-1003.

Martin C L, Bowering R H, 1981. The durability of various asphalts in pavement seals in South Eastern Australia[C]. Association of Asphalt Paving Technologists Proceedings, 50: 417-441.

Cortizo M S, Larsen D O, Bianehetto H, et al, 2004. Effect of the thermal degradation of SBS copolymers during the ageing of modified asphalts[J]. Polymer Degradation&Stability, 86(2): 275-282.

Daranga C, 2005. Characterization of aged polymer modified asphalt cements for recycling purposes[D]. Baton Rouge: Louisiana State University, 4-37.

Guardian, 2011. World carbon dioxide emissions data by country: China speeds ahead of the rest[OL]. http: //www. guardian. co. uk/news/databloy/2011/jan/31/world-carbon-dioxide-emissions-country-data-co2.

Herrington P R, Patrick J E, George F A B, 1994. Oxidation of roading asphalts[J]. Industrial&Engineering Chemistry Research, 33: 2801-2809.

Mastrofini D, Scarsella M, 2000. The application of rheology to the evaluation of bitumen ageing [J]. Fuel, 79: 1005-1015.

Petersen J C, 1993. Asphalt oxidation-AH overview including a new model for oxidation proposing that physicochemical factors dominate the oxidation kinetics[J]. Fuel Science and Technology International, 11(1): 57-87.

Petersen J C, Harnsberger P M, Robertson R E, 1996. Factors affecting the kinetics and mechanisms of asphalt oxidation and the relative effects of oxidation products on age hardening[J]. Preprints of Papers, American Chemical Society, Division of Fuel Chemistry, 41(4): 1232-1244.

Siddiqui M N, Ali M F, 1999. Studies on the aging behavior of the Arabian asphalt[J]. Fuel, 78: 1005-1015.

Slater G F, Lollar B S, King R A, et al, 2002. Isotopic fractionation during reductive dechlorination of trichloroethene by zero-valent iron: influence of surface treatment [J]. Chemosphere, 49 (6) : 587-596.

Stepek J, Daoust H, 1983. Additives for plastics[M]. New York: Springer-Verlag.

Su C M, Robert W P, 1999. Kinetics of trichloroethylene reduction by zerovalent iron and tin: pretreatment effect, apparent activation energy, and intermediate product[J]. Environmental Science&Technology, 33 (1) : 163-168.

Traxler R N, 1961. Relation between asphalt composition and hardening by volatilization and oxidation[C]. Association of Asphalt Paving Technologists Proceedings, 30: 359-372.